本书是国家社科基金项目"先秦淮河流域族群演化与文化融合研究"（项目批号：16BZS035）的最终成果。

金荣权 著

先秦淮河流域族群演化与文化融合

Ethnic Evolution and Cultural Fusion of
Huai River Basin in Pre-Qin Dynasties

中国社会科学出版社

图书在版编目(CIP)数据

先秦淮河流域族群演化与文化融合/金荣权著．—北京：中国社会科学出版社，2020.10
ISBN 978-7-5203-7304-3

Ⅰ.①先… Ⅱ.①金… Ⅲ.①淮河流域—地方文化—研究 Ⅳ.①G127.54

中国版本图书馆 CIP 数据核字(2020)第 179621 号

出 版 人	赵剑英
责任编辑	李金涛
责任校对	张依婧
责任印制	李寡寡

出　　版	中国社会科学出版社
社　　址	北京鼓楼西大街甲 158 号
邮　　编	100720
网　　址	http://www.csspw.cn
发 行 部	010-84083685
门 市 部	010-84029450
经　　销	新华书店及其他书店

印　　刷	北京君升印刷有限公司
装　　订	廊坊市广阳区广增装订厂
版　　次	2020 年 10 月第 1 版
印　　次	2020 年 10 月第 1 次印刷

开　　本	710×1000　1/16
印　　张	21
字　　数	330 千字
定　　价	118.00 元

凡购买中国社会科学出版社图书，如有质量问题请与本社营销中心联系调换
电话：010-84083683
版权所有　侵权必究

目 录

绪 论 …………………………………………………………（1）
    一 远古部族、族群与华夏民族 ……………………………（1）
    二 淮河流域与淮河的南北过渡特征 ………………………（4）
    三 先秦族群迁徙与淮河流域的族群演化 …………………（7）
    四 淮河流域辉煌灿烂的史前文化 …………………………（9）

第一章 淮河流域旧石器时期文化 …………………………（11）
    一 淮河上游旧石器时期文化 ………………………………（12）
    二 淮河中游及安徽江淮之间旧石器时期文化 ……………（19）
    三 淮河下游旧石器时期文化 ………………………………（21）

第二章 新石器时期淮河上游的族群迁徙与文化融合 ……（27）
    一 裴李岗文化在淮河上游的生存与传播 …………………（27）
    二 屈家岭文化的北渐 ………………………………………（33）
    三 大汶口、龙山文化的西进 ………………………………（37）
    四 多文化的相互影响与融合 ………………………………（39）

第三章 新石器时期淮河中游族群迁徙与文化交流 ………（44）
    一 以蚌埠双墩为代表的淮河中游早期地域文化 …………（44）
    二 裴李岗文化与后李文化在淮河中游的交会 ……………（46）

三　大汶口—龙山文化向淮河中游的拓展 …………………… (47)
　　四　凌家滩文化与史前东夷文化的关系 ……………………… (50)
　　五　长江下游史前文化的北上 ………………………………… (58)
　　六　结论 ………………………………………………………… (60)

第四章　新石器时期淮河下游族群演化与文化交流 …………… (62)
　　一　特色本土文化之一：泗洪顺山集文化 …………………… (62)
　　二　特色本土文化之二：淮安青莲岗文化 …………………… (64)
　　三　贾湖族群的东迁与北辛文化的形成 ……………………… (72)
　　四　大汶口文化的南移与刘林、大墩子文化的形成 ………… (77)
　　五　崧泽文化—良渚文化与大汶口文化的交流与融合 ……… (78)

第五章　从神话传说看淮河流域早期族群的迁徙与融合 ……… (81)
　　一　从伏羲、女娲神话的演变看民族的迁徙与融合 ………… (82)
　　二　神话传说中的帝俊与早期的越人和东夷族群 …………… (90)
　　三　炎黄之争与炎黄二族向中原与淮河流域的迁徙 ………… (99)

第六章　东夷族群与东夷文化 …………………………………… (107)
　　一　夷与东夷 …………………………………………………… (107)
　　二　东夷族群的形成 …………………………………………… (110)
　　三　东夷族的演化 ……………………………………………… (114)
　　四　"东夷""淮夷"与"南淮夷"之关系 …………………… (121)

第七章　秦人的西迁及其早期历史 ……………………………… (125)
　　一　关于秦人的族源 …………………………………………… (125)
　　二　秦人在春秋以前的演化 …………………………………… (127)
　　三　秦人西迁历史探考 ………………………………………… (128)
　　四　小结 ………………………………………………………… (134)

第八章 祝融八姓的演化及其在淮河流域的活动 …………………（135）
  一 淮河流域的妘姓后裔之国 ………………………………（137）
  二 淮河流域的曹姓后裔之国 ………………………………（144）
  三 淮河流域己姓的番国 ……………………………………（162）
  四 祝融八姓的其他后裔在淮河流域的迁徙与兴亡 ………（165）

第九章 "夷夏之争"与夏人的东迁及对淮河流域的影响 ………（168）
  一 鲧放羽山与夏族的第一次大规模东迁 …………………（168）
  二 "羿代夏政"与华夏之争 ………………………………（171）
  三 夷夏之争与岳石文化的衰落 ……………………………（177）
  四 夏王朝势力向淮河流域的拓展与文化交流 ……………（180）

第十章 商族的起源、发展与商王朝向淮河流域的拓展 ………（185）
  一 关于商族起源的几种观点 ………………………………（185）
  二 商族的起源与发展探考 …………………………………（191）
  三 商王朝对淮河流域的统治与文化传播 …………………（197）

第十一章 周代淮河流域主要诸侯国简述 …………………………（205）
  一 姬姓诸侯国 ………………………………………………（206）
  二 姜姓诸侯国 ………………………………………………（219）
  三 祝融八姓后裔之国 ………………………………………（222）
  四 嬴姓诸侯国 ………………………………………………（225）
  五 偃姓诸侯国 ………………………………………………（229）
  六 其他诸侯国 ………………………………………………（230）

第十二章 周代淮河流域族群融合 …………………………………（237）
  一 肢解族群而淡化其集体记忆 ……………………………（238）
  二 采用怀柔之术而笼络"异族"人心 …………………（242）

三　以夷夏杂处之法实现族群的渐融…………………………（246）
　　四　以武力征伐以实现兼并式融合…………………………（250）

第十三章　春秋战国楚人的北进与淮河流域族群的演化………（255）
　　一　楚人的族源与楚国发展史………………………………（255）
　　二　吴楚之争与春秋时期政治格局的变化…………………（260）
　　三　楚人对淮河流域的统一促进了族群的融合……………（265）

第十四章　周代淮河流域的文化融合…………………………（270）
　　一　中原宗周文化对淮河流域的影响………………………（270）
　　二　吴、楚文化的交流与淮河流域文化的融合……………（276）
　　三　战国时期淮河流域的族群融合与文化交流……………（281）

第十五章　周代淮河流域文化激荡与诸子思想的发展…………（291）
　　一　儒家思想在淮河流域的产生与发展……………………（292）
　　二　道家思想在淮河流域的产生与传播……………………（295）
　　三　黄老之学的兴起和其与淮河流域文化的关系…………（298）
　　四　全球视野下的驺衍大九州观念…………………………（300）

第十六章　先秦淮河流域文化发展及其历史地位………………（302）
　　一　史前时期淮河流域的主源文化…………………………（303）
　　二　先秦淮河流域文化的历史地位…………………………（308）

参考文献…………………………………………………………（314）

后　记……………………………………………………………（328）

绪　　论

一　远古部族、族群与华夏民族

在中外学术界对于民族概念之讨论中，有"古代民族"和"近代民族"概念之分。恩格斯在《家庭、私有制和国家的起源》中说："住得日益稠密的居民，对内和对外都不得不更紧密地团结起来。亲属部落的联盟到处都成为必要的了。不久，各亲属部落的融合，从而分开的各个部落领土融合为一个民族的整个领土，也成为必要的了。"① 恩格斯所说的这种民族的概念显然属于古代民族。而斯大林在《马克思主义和民族问题》中讲道："民族是人们在历史上形成的一个有共同语言、共同地域、共同经济生活以及表现于共同文化上的共同心理素质的稳定的共同体。"② 同时斯大林又进一步补充说："民族不是普遍的历史范畴，而是一定时代即资本主义上升时代的历史范畴。"③ 斯大林认为在资本主义时代以前没有民族，斯大林对"民族"界说却属于近代民族的概念。

在原始时代，从氏族到部落，再到部落联盟，经历过一个漫长的历史时期，最后才形成有着共同语言、共同地域、共同习俗甚至共同文化心理的部族，随着部族的迁徙、交流以及武力的征伐、兼并等，部族进一步扩大，从其他地区进入这一部族生活区的氏族或者部落经过漫长时期的生活，与原住民逐渐产生融合，并受到原住民的语言、习俗甚至原始信仰的影响，从而成为一这区域新的部族，于是产生了"族群"。在这一族群中，

---

① 《马克思恩格斯选集》第4卷，人民出版社1995年版，第164页。
② ［苏联］斯大林：《斯大林全集》，人民出版社1953年版，第294页。
③ 同上书，第300页。

先秦淮河流域族群演化与文化融合

他们来自不同的部族，有不同的祖源、不同的血统，却生活在同一区域，有着相似的语言、习俗、文化。这些族群进一步融合，最终产生了民族。

在远古时期，由于历史渺茫，我们今天没有更多的材料来了解从几十万年前一直到170多万年前元谋猿人、蓝田猿人、北京猿人等原始时期的生活状况。然而从后来众多的考古成果来看，至少在距今9000—4000多年以前，生活在中华大地上的先民们，以他们杰出的智慧创造了足以傲视全人类的上古文明，诸如裴李岗文化、河姆渡文化、北辛文化、仰韶文化、大地湾文化、红山文化、三星堆文化、大汶口文化、马家滨文化、大溪文化、良渚文化、龙山文化等。这些众多的文化遗址分布于广阔的古老中国大地的每一个区域，它们不仅清晰地展示着华夏先民们以坚实的步伐大踏步迈进文明时代的足迹，同时也可以说明中华文明原本便是多元发展的，无论是以前的黄河流域文化源头说还是后来的黄河、长江两大文化源头说都不足以科学地概括中华民族文化在其发生、发展阶段的多元性。我们虽然不能准确地统计出在远古时期中国大地上有多少个部族，但可以肯定的是他们有着不同的祖先，也生活在不同的地区，在部族繁衍、生活和发展的过程当中，曾经出现过一个个杰出的祖先，他们曾经带领自己的部族战胜过一次又一次自然灾害，也一次又一次击退其他部族的入侵而使自己的族人获得生存的机会。这些祖先的事迹和故事让他们记忆深刻，于是部族的后裔们用神话传说的方式代代传诵这些古老的故事。这些先祖不仅有伏羲、炎帝、黄帝、少昊、颛顼、帝喾、唐尧、虞舜、鲧、大禹，还有在中国古代神话中曾光芒四射的东方大神帝俊、具有反叛精神的中原大神共工和上古时代一直被中原部族所打击的三苗族的先祖们。有很多神话人物如帝俊、伏羲、少昊等既不是炎帝部族的一脉，也不是黄帝的后裔子孙。

在原始时代，通过无数次征战、兼并，那些相对弱小的部族逐渐被强悍的部族所征服、吞并，这些被征服者在失去了他们世代生活的土地的同时，也失去了部族的称号，从而成为另一部族的子民。然而，自己祖先的姓名和英雄业绩永远保存在他们的历史记忆当中。虽然自己的部族已不存在，然而自己部族中的神话人物却永远存在。当我们翻开现存的记载中国古代神话最为集中、丰富的《山海经》一书时，发现它就是一部中国远古时代的世系和神谱。正因如此，就形成了中国古代神话的独有的特色：多神而无中心神。

　　这是正常现象，因为华夏民族本就是融合上古多部族而形成的一个强大民族，当黄帝部族战败炎帝部族、击败东方帝俊部族之后，一举入主中原，成为原始时期最强大的部族，炎黄之战也为后来华夏民族的融合、形成奠定了基础。对于黄帝之后的颛顼、帝喾、唐尧、虞舜、禹等，我们不能轻易否定他们存在的真实性，但绝对不能轻信他们都是源于黄帝一脉而代相传递的历史人物。在最讲究世系的《山海经》中，除记载颛顼和大禹是黄帝的后裔子孙之外，帝喾、尧、舜都和黄帝没有直接的"血缘"关系。从黄帝时代到启建立夏王朝之前，没有任何一个神话传说中的英雄能够一统中华，可以说是"万邦林立"的时代。

　　史前时代的族群经过夏、商、周三代的融合，到秦汉之时形成了后来意义上的中华民族。王雷《民族定义与汉民族的形成》一文对部族和民族的概念进行论述说：

> 　　部族是在部落联盟基础上产生的。一方面具有血缘关系为基础的氏族社会的某些特点，另一方面又具有按照地域单位统一起来的最初的国家形式。部族的形成是以部落方言相同、地理位置相连、部落文化相近，部落间发生经济往来为前提的。部族的形成开始打破以往部落和部落联盟间的界限，但并没有使氏族制度的影响完全消除。因此还不能建立起一个真正具有公共职能的国家。我们说任何部族国家都不可能是稳定统一的，其基本原因就是建立国家的原部落联盟和部落中的上层集团利益，因政治、经济、文化的分散状态，而不能够得到高度的集中。"部族"作为一个从血缘关系的氏族社会，向按地域联系起来的阶级社会过渡的共同体，可以存在于奴隶社会、封建社会两种社会形态中。[①]

王氏的观点极具参考价值。

春秋战国时期，周王朝和中原诸侯以东夷、南蛮、西戎、北狄来称呼四周不服王化的族群，而自称为"华""华夏""诸夏""夏"等，显示出

---

① 王雷：《民族定义与汉民族的形成》，《中国社会科学》1982年第5期。

民族的自觉意识产生。而秦汉之后所产生的、被后来传统文化所共同接受的"汉民族"正是在这"华夏民族"基础上所形成的。

那么，华夏民族到底形成于何时呢？王震中先生认为：华夏民族的形成当开始于夏代，而"华夏民族"就是"夏民族"，当然，它与"夏王朝""夏文化"并不是一回事。"它是夏王朝内包含了夏部族、商部族、周部族等众多部族在内的民族，它以夏代多元一体复合制王朝国家结构为基础。在某些时候，国家可以视为民族的外壳或民族聚合的一种形式。夏、商、周三代复合制国家就是华夏民族的外壳，是复合制国家机制促使了以华夏文化为纽带、为血脉的华夏民族的形成。"① 这种结论是十分有道理的。经过夏商以来的融合与凝聚，至西周时期已经形成了一个包括众多族群在内的大华夏民族，并且成为上至周王朝下自中原诸侯各国共同维护的一种"共同体"。

二 淮河流域与淮河的南北过渡特征

淮河是我国主要河流之一，在古代它与长江、黄河和济河并列为"四渎"。《礼记·王制》说古代天子祭天下名山大川，所祭的对象就是五岳与四渎。《史记·殷本纪》云："东为江，北为济，西为河，南为淮，四渎已修，万民乃有居。"② 淮河发源于河南省桐柏山，干流向东经河南、安徽、江苏三省，直接进入大海。全长1000余千米，安徽省西部阜南县的王家坝以上为上游，王家坝至江苏省东部洪泽湖三河闸为中游，三河闸以下为下游。淮河流域处于黄河流域与长江流域之间，西起桐柏山和伏牛山，北至沂蒙山系与黄河流域分界，南抵大别山和江淮间的丘陵与长江流域分界，流域面积达27万多平方千米。淮河支流众多。南部有浉河、白露河、史灌河、淠河、东淝河、池河。北岸则有洪汝河、沙颍河、西淝河、涡河、新汴河、奎濉河等，下游与泗、沂、沭河水系相接。这里地处南北过渡带，土地肥沃、气候湿润、植被丰富，早在旧石器和新石器时代就有先

---

① 王震中：《中国古代国家的起源与王权的形成》，中国社会科学出版社2013年版，第372—373页。

② （西汉）司马迁：《史记·殷本纪》，上海古籍出版社1997年版，第65页。

民们在这里繁衍、生息，并创造了辉煌的史前文明。

淮河流域介于长江与黄河之间，由于淮河的整体长度与长江和黄河相比并不算长，加上历史上黄河曾夺淮入海，所以淮河流域在文化地理上丧失了其独立性，淮河以北地区大多归于中原文化或黄河文化，而江淮之间的文化往往被划入长江文明之内。同时，淮河流域又与中原文化区、齐鲁文化区、吴越文化区、楚文化区产生交叉与重叠，因此淮河流域的文化区又常常被中原文化区、齐鲁文化区、吴越文化区和楚文化所分割。正因如此，淮河流域文化也就丧失了其存在的历史基础与空间基础。

近20年来，随着历史研究的深入和考古的新材料尤其是史前时期淮河流域的旧石器和新石器时期的文化遗址的相继发现，使淮河文明越来越被历史研究者所关注，于是淮河流域文化作为一个相对独立的文化区域的说法也逐渐被越来越多的学者所关注、接受。

由于黄河从河南省郑州荥阳市广武镇的桃花峪一直到入海口，全长700多千米皆为悬河，因而河南境内郑州以东的黄河南岸的水系大都进入了淮河，而安徽省和山东省中部以南的主要水系也都进入了淮河流域，所以淮河流域的地域比我们一般所想象的要广阔得多。

本书中的"淮河流域"的概念即指淮河主干流及其主要支流所流经的地域，不仅包括淮河主干流两岸地区，也包括河南省郑州以南的中原地区、安徽省中北部地区、山东省南部、江苏省北部地区和湖北省北部的一部分。

淮河不仅是中国天然的南北气候过渡带，也是南北文化的过渡带。在历史上，淮河是南下和北上的军事屏障，也是南北政权割据时的军事与政治上的分界线。清人顾祖禹《读史方舆纪要》曾如此总结淮河在中国古代历史上的重要地位：

> 江南以江淮为险，而守江莫如守淮，昔人论之详矣。宋吴氏师道曰："吴据荆、扬，尽长江所极而有之，而寿阳、合肥、蕲春，皆为魏境。吴不敢涉淮以取魏，而魏不敢绝江以取吴。盖其轻重强弱，足以相攻拒也。故魏人攻濡须，吴必倾国以争之；吴人攻合肥，魏必力战以拒之。终吴之世，曾不得淮南尺寸地，故卒无以抗魏。及魏已下

先秦淮河流域族群演化与文化融合

蜀，经略上流，屯寿春，出广陵，则吴以亡矣。"唐氏庚曰："自古天下裂为南地，其得失皆在淮南。晋元帝渡江迄于陈，抗对北寇者，五代得淮南也。杨行密割据迄于李氏，不宾中国者，三姓得淮南也。吴不得淮南，而邓艾理之，故吴并于晋。陈不得淮南，而贺若弼理之，故陈并于隋。南得淮，则足以拒北；北得淮，则南不能自保矣。"刘氏季裴曰："自古守淮，莫难于谢玄，又莫难于杨行密。淝水之役，谢玄以八万人当苻坚九十万之众。清口之役，杨行密以三万人当朱全忠八州之师。众寡殊绝，而卒以胜者，扼淮以拒敌，而不延敌以入淮也。孙仲谋以江守江，杨行密以淮守淮，晋人以淮守江。"胡氏安国曰："守江者必先守淮，自淮而东，以楚、泗、广陵为之表，则京口、秣陵得以遮蔽；自淮而西，以寿阳、历阳为之表，则建康、姑孰得以遮蔽。长江以限南北，而长淮又所以蔽长江也。"又曰："淮之东，根本在广陵，而山阳、盱眙为门户；淮之西，重镇在合肥，而钟离、寿春为捍蔽。自古未有欲守长江，而不保淮甸者。淮甸者国之唇，江南者国之齿。"叶氏适曰："自古保江，必先固淮。曹操不能越濡须，苻坚不能出涡口，魏太武不能窥瓜步，周世宗不能有寿春，以我先得淮也。"王氏希先曰："三国鼎立、南北瓜分之际，两淮间常为天下战场。孙仲谋立坞濡须，曹操先计后战，不能争也。谢幼度师于淝上，苻坚拥众山立，不能抗也。沈璞守一盱眙，佛狸倾国南向，往复再攻，其城不能下也。"张氏虞卿曰："前世南北战争之际，魏军尝至瓜步矣，石季龙掠骑尝至历阳矣，石勒寇豫州，至江而还。此皆限于江，而不得骋者也。周瑜谓舍鞍马，事舟楫，非彼所长。赤壁之役，果有成功。至于羊祜之言，则以南人所长，惟在水战，一入其境，则长江非复所用。有如瑜者为用，则祜之言，谓之不然可也；无如瑜者为用，则祜之言，不可不察也。"……王氏彦恢曰："建康自古用武之地，然必内以大江为控扼，外以淮甸为藩篱。夫大江以南，千里浩邈，决欲控扼，非战舰不可。大江以北，万里坦途，欲扼长驱，非战车不可。至于舒、庐、滁、和，良畴百万，并力营田，措置军食，此

6

又战守之先资也。"[1]

历史上的南北自然、政治、军事、文化的过渡带形态决定了淮河流域文化的多样性与复杂性，也造就它的文化包容性。

三 先秦族群迁徙与淮河流域的族群演化

早期的女娲部族主要活动在河南省北部、山西省南部、陕西省西部一带，而伏羲部族则为东夷族的一支。当这两支部族因迁徙而相会于以周口为中心的河南东部地区以后，便产生了大融合。随着部族的融合，两种不同体系的神话传说也在相互交会中得以丰富、发展和变异，并产生新的"洪水逃生""龟为媒""滚磨成婚"和"抟土造人"等系列神话传说。新的神话传说使二人由部族英雄上升至中华民族的始祖神。神话的传播与变异反映了早期民族迁徙与融合过程。

神话传说中的帝俊是崧泽—良渚文化区的始祖神，良渚文化中的神人、神兽、神鸟三位一体的"族徽"是对帝俊神话传说中一些重要因素的具体注解。当崧泽—良渚文化北渐之后，其代表着原始宗教意义的族徽也随着族群的迁徙和文化的传播而被带入大汶口文化区，并为大汶口文化所吸纳、改造，将良渚部族中关于帝俊与十日的传说继承下来，并把鸟与太阳组合起来，从而形成了鸟负太阳或三足乌载太阳飞行的文化意象。这种神话传说与原始宗教信仰被后来形成的东夷族群所继承，从而成为东夷原始文化的核心内容之一。

在先秦时期，随着周代华夏文化圈的逐渐形成，各族对华夏民族的认同感也随之加强，于是就形成了以中心区为华夏族，以东夷、南蛮、西戎、北狄为四方异族的五方观念。其中东夷族群在中国历史上具有极其重要的影响，这一族群的先辈在新石器时代曾经创造了辉煌的后李文化、大汶口文化、龙山文化和岳石文化，在夏、商时期多次与中央王朝分庭抗礼。所以夏、商也曾数次出兵征伐东夷，并为此耗费了巨大的人力、物力

---

[1] （清）顾祖禹：《读史方舆纪要》卷十九，中华书局2005年版，第916—918页。

先秦淮河流域族群演化与文化融合

与财力。在商王朝后期，商纣对东夷的征讨间接地加快了商人灭亡的进程。西周初年，东夷部族参加武庚之乱，使周成王下决心解决东夷问题，所以命周公东征。经过三年的征讨，消灭了以奄等为核心的东夷叛乱的主要力量，并将徐国等原来生活于鲁中南的东夷国家驱赶至淮河中下游一带。经过西周至春秋时期周王朝与中原诸侯的多次征讨，东夷族群发生大分化。由于不断迁徙，使东夷族群的分布范围也越来越大，因此在不同时期便形成了夷、东夷、淮夷和南淮夷等多个不同的称谓和概念，这种称谓的变化也反映了东夷族群在夏、商、周三代族群演化的历史。

东夷族群并不是由单一的氏族、部族而发展形成的，它是由多个不同的部族最后经过漫长时期融合而成的。由于生活于同一区域，在文化上从相互碰撞，到自觉交流，又到相互学习、吸收、融合，最终实现文化的趋同，从而形成了一个具有同一文化基础的庞大群体。后李文化、北辛文化、大汶口文化都可以视为东夷族群所创造的史前文化。

早在夏商两朝，淮河流域就是方国林立的区域，夏商王朝对之或安抚、分封，或武力征讨，但这一带仍然没有能纳入夏商两代的核心统治区域。周代采取分封制，大量的姬姓子弟和其他族群后裔被分封到淮河流域，诸侯国的族源几乎包括了上古时期大部分古老的部族。如周王室姬姓的息国、蒋国、赖国、道国、顿国、蔡国、应国，炎帝族的弦国、许国、胡国，东夷族嬴姓的黄、江国、养国、莒国，东夷族偃姓的英国、六国、舒国、舒蓼、舒庸、舒鸠、舒龙、舒鲍、舒龚，舜之后裔妫姓的陈国，柏皇氏之后裔柏国，尧之后裔祁姓的房国等。

在整个西周时期，东夷、西戎、北狄和南蛮依然是威胁周王朝的主要外部势力。经过西周历代君王的东征和齐、鲁两国的讨伐，原本生活于胶东半岛和鲁中南的东夷族已不足为患。然而从这里迁到淮河流域的东夷族和原本生活在淮河流域的土著居民，则形成了另一庞大的势力，这便是西周中期到春秋时代史书和金文中多次提到的"淮夷"和"南淮夷"。当以炎、黄等为核心的"中原族群"业已逐渐形成且在文化上基本达到共识的时候，而淮河流域除姬姓以外的很多诸侯国仍然保持着其各自的族群文化习惯，有着深刻的族群意识。

当代表着强大的南蛮势力的楚人进入淮河流域之后，吞并了淮河流域的诸侯国，占有其土地，在其国土上设立郡县，或将其王室成员南迁至楚国本土，或就地疏散、安置，并让来自不同族群的人们混居、杂处。经过500多年的经营，不仅结束了淮河流域诸侯林立的局面，同时也有效地使这一区域不同部族、族群的人们融合在了一起，为秦王朝"编户齐民"的实施创造了条件，也使这一区域在汉代顺理成章地纳入了汉民族文化圈。

四 淮河流域辉煌灿烂的史前文化

1977年在江苏省北部泗洪县下草湾发现的长臂猿化石，被考古界命名为双沟醉猿。它是新第三纪长臂猿类化石在亚洲的首次发现。

在旧石器时代，淮河流域和江淮地区一直有古人类在这里生存、繁衍，并留下了分布地域广泛、数量较多的文化遗址。如淮河上游的河南许昌的灵井人；淮河中游的安徽和县猿人、巢县人；淮河下游山东沂源县的沂源猿人、日照的秦家官庄人、沂水的南洼洞人，江苏泗洪的下草湾人、新泰乌珠台人、沂源县千人洞人、郯城黑龙潭人，江苏的东海县大贤庄人等。

至新石器时代，淮河流域的文化遗址更是星罗棋布，文化形态也是丰富多彩。在这一时期，淮河流域的北部有黄河流域的仰韶文化、大汶口—龙山文化，南部长江流域有屈家岭文化、彭头山文化、河姆渡—马家浜—崧泽—良渚文化，而处于中间地带的淮河流域也有自己独立形成与发展的本土文化。如淮河上游的贾湖文化，淮河中游的双墩文化，淮河下游的顺山集文化、青莲岗文化和北辛文化等。贾湖文化距今9000—7000年前，与长江中游的彭头山文化、黄河下游的后李文化相当；北辛文化、双墩文化和青莲岗文化都在距今约7000年，北辛文化稍早，它们与黄河流域的仰韶文化、长江流域的马家浜文化年代相当；顺山集文化约为距今8500—7000年，与黄河下游的后李文化相当，早于长江下游的河姆渡和马家浜文化。

贾湖文化或被视为裴李岗文化的一个地方类型，它是长江下游、淮河流域和黄河下游一带迄今为止发现最早的成熟的新石器时期的文化，这一支文化后来渐次向北、向东、向东南和西南方迁移，其文化也以中原为中心向四周扩散，其主流文化随着贾湖人的迁徙沿淮河从上游向下游传播，从而成为新石器时期淮河流域的主源性文化。

由此来看，产生并发展于淮河上游的贾湖文化不仅深刻影响了后来中原文化的形成，同时由于它的广泛传播，也影响着淮河中游的新石器时期的文化，并且直接孕育了淮河下游的北辛文化，在此基础上形成了后来在中国新石器文化史中占有重要地位的大汶口—龙山文化。

在中国新石器时代中期后段和晚期，由于自然的和社会的诸种因素的影响，随着各个不同族群的大规模迁徙，长江流域的屈家岭文化、彭头山文化、马家浜—崧泽—良渚文化的北渐，黄河中游的仰韶文化的东进，黄河下游的大汶口—龙山文化的南移，使淮河流域成为不同类型的史前文化的交汇点，不同的部族文化在这里产生交流、碰撞，最终形成融合、新变，不仅为淮河流域史前时期文化的发展做出杰出贡献，同时也为后来中华民族的产生、华夏文化的形成奠定了基础。

第一章　淮河流域旧石器时期文化

在人类从生活在丛林中的古猿到能够在地上直立行走的人类再到智人和现代人这一漫长的进化过程中，旧石器时代是一个极其重要的阶段，它不仅让我们原始祖先彻底地与古猿分道扬镳，同时也让我们的祖先学会了使用工具和火等，并使大脑得到快速进化，从而实现了人类从智人向现代人的发展。

在距今300万年到两三万年以前，人类的祖先进入旧石器时代，迈入以使用打制石器为标志的物质文化发展阶段。这一时期的地质时代属于上新世晚期更新世。学术界一般将300万年的旧石器时代划分为早期、中期和晚期三个时期，分别对应于人类体质进化史上能人和直立人阶段、早期智人阶段、晚期智人阶段。世界各地在人类进化过程中，由于早期人类的迁徙路径、自然环境、生活资源等差异，进入旧石器时代的时间也有早有晚，具体文化特征也有所不同。

中国旧石器时代，早期文化有西侯度文化、元谋人石器、匼河文化、蓝田人文化、东谷坨文化、北京人文化和观音洞文化等；中期文化有丁村文化、大荔人文化、许家窑人文化等；晚期有萨拉乌苏文化、峙峪文化、小南海文化、山顶洞文化、水洞沟文化、下川文化、虎头梁文化、小孤山文化、阎家岗文化、富林文化、猫猫洞文化等。

在淮河流域和江淮地区，旧石器时代的早期文化有山东沂源县骑子鞍山沂源猿人、日照秦家官庄文化遗址、沂水县南洼洞文化遗址，安徽和县龙潭洞的和县猿人；早中期之交的安徽巢县人；中期和中晚期的江苏泗洪县下草湾人、河南许昌的灵井人；晚期文化有山东新泰乌珠台文化、沂源县千人洞文化、郯城黑龙潭文化，江苏东海县大贤庄文化等。

由此可以证明，最迟在距今五六十万年以前，淮河流域就有原始人类在这里生息、繁衍，并以自己的智慧创造了旧石器时期的地方文化，从旧石器早期一直延续到旧石器时代的中期、晚期，并下启淮河流域的新石器时代文化。淮河流域的旧石器时代的文化在中国旧石器时代文化体系中占有一席之地。

一　淮河上游旧石器时期文化

淮河上游地区，北有黄河，南阻于大别山，在这里，不仅有生活在距今约10万年的许昌灵井人，还有处于旧石器时代晚期和从旧石器时代向新石器时代过渡时期的新密市李家沟文化遗址和舞阳大岗遗址。

1. 许昌灵井文化

灵井旧石器遗址位于许昌市灵井镇西，1965年春，当地村民在挖井时挖出距离地表约10米深的堆积物，从中发现了一批动物化石、细石器及打制石器，当时认为是中石器时代的遗址。2005—2008年，河南省文物考古研究所连续对遗址进行考古发掘，2007年12月，在遗址中发现了距今10万—8万年的人类头盖骨化石，这一发现引起了考古界的关注，并因此入选"2007年度全国十大考古新发现"。从发现的人类和动物化石以及收集到的出土文物来看，这一遗址的旧石器时代的文化从旧石器时代中期一直延续到旧石器时代晚期。

灵井遗址出土的石器主要具有以下特点：

（1）石器的类型主要有刮削器、砍砸器、尖状器、雕刻器以及球状物等。石器的种类有石锤、石核、石砧、石片、断块、碎屑等。

（2）石器的原料以小型的白色脉石英砾石和较大的石英岩为主，其中脉石英占97%，石英岩占3%；脉石英主要用于制作中小型的刮削器、尖状器，石英岩主要用于制作大型的砍砸器。

（3）打片多采用锤击法，还有部分脉石英采用砸击法来打片。

（4）出土了大量的盘状石核，这是灵井遗址一种较为典型的石器。

（5）在遗址中发现一个直径85—88毫米、重达414克的石球。表面

第一章 淮河流域旧石器时期文化

有经过人工琢制的痕迹，由此说明我国石器的琢制技术很早就已出现①。

将灵井石器与我国旧石器时期其他石器特点相比较来看，它与南北方细石器都有一定的联系。

首先，灵井文化与北方细石器文化有着渊源关系。灵井遗址的石器跟山西大同峙峪旧石器晚期遗址十分接近：都以砾石为主要原料，用小石片制造体型较小的细石器，很多器物都体现出较为发达的细石器文化的特点。"在峙峪石器中有原始型的扇形石核石器、带有'柄部'的器物、圆刮器、小圆头刮器、雕刻器等，与灵井遗址大致相似和完全相同的；峙峪石器中可与欧洲旧石器时代晚期相比较的器物和制作技术；在灵井遗址中也可找到踪迹。"② 但灵井和峙峪遗址的石器也有很多不同的地方：灵井既有细石器文化中诸如锥状石核、窄长小石片等标准器物，也有一些较大型的石片石器，而峙峪遗址则没有；峙峪遗址中的"箭镞"，在灵井遗址中却没有发现。灵井石器一部分石片石器和位于其北部的河南安阳小南海遗址很接近，如小南海文化中代表性的"弧背长刮器"，在灵井遗址占有很大比例；小石片的打制风格非常接近。但两者也有所不同，如小南海文化中没有灵井遗址典型的细石器；灵井遗址石料以石英为主，小南海文化石器的石料以燧石为主，这大概与当时石料的来源有关。尽管灵井文化与峙峪文化、小南海文化存在着不同，然而灵井文化与二者无疑存在着比较密切的关系。峙峪遗址和小南海遗址都与内蒙古的萨拉乌苏河遗址很接近，从而也说明了许昌灵井遗址与我国北方地区旧石器文化有着一定的渊源关系③。

2009年在灵井遗址发现一件用鹿角雕刻而成的鸟，它与2008年在同一地方出土的细石器、赤铁矿颜料等处于属同一文化层，是旧石器时代晚期物品。鸟雕的线条简洁而流畅，翅膀有羽毛状刻线，体态优美，给人一种动静结合、栩栩如生的感觉。有研究认为："微型雕刻鸟在许昌'许昌人'灵井遗址出土，其来源可能和同一层出土的细石器一样，是末次冰期

---

① 李占扬：《河南许昌灵井旧石器遗址研究思路及最新进展》，《东方考古》第9辑。
② 周国兴：《河南许昌灵井的石器时代遗存》，《考古》1974年第2期。
③ 同上。

盛冰期（距今约 1.8 万年）由北向南传播所致。"①

灵井出土了一批哺乳动物化石，据《许昌灵井旧石器时代遗址 2006 年发掘报告》称：

> 宽吻灵猫相似种，熊未定种，中国硕鬣狗相似种，古菱齿象未定种，披毛犀，梅氏犀，普通马，蒙古野驴，李氏野猪，更新獐，河套大角鹿，马鹿，普氏原羚和原始牛。此外还有两个鹿科化石新种类：灵井轴鹿新种，许昌三叉角鹿新属、新种。综上所述，从灵井遗址出土的食肉目、长鼻目和奇蹄目化石共有八个种，加上偶蹄目八个种，还有两种啮齿目的门齿，灵井遗址出土的已鉴定出的哺乳动物化石共有十八个种。……从生态环境的角度分析，灵猫和熊偏向于森林型，鬣狗偏向于草原型，犀类、长鼻类、猪类、鹿类偏向于半开阔的树林型，马类和洞角类偏向于草原型。熊类、野驴、马鹿是温带偏寒地区的常见种类，大角鹿和披毛犀是寒冷区常见的种类。因此，灵井动物群的生态环境应为平原地区以开阔的草原为主，镶嵌有零散的森林和混交林，属北温带半湿润——半干旱大陆性季风气候，年平均温度应和现在相当。②

从动物种类和古动物生活属性、地理的角度看，灵井出土的宽吻灵猫、鬣狗、更新獐等主要分布在过渡区或北方区，而棕熊、披毛犀、古菱齿象、普通马、梅氏犀、野驴、李氏野猪、普氏原羚、原始牛、大角鹿、马鹿等则主要分布在北方区，也就是说灵井遗址中发现的大部分动物种类都属于中国北方区物种。

由此判断，灵井人生活的环境属于较为湿润的草原灌木环境，周边的湖泊分布着大片草原，成群的马、驴等食草动物在这里生活，丘陵地带的灌木丛林里还有一些诸如鬣狗、熊、灵猫等出没。灵井人不仅进行狩猎，还辅以采集、捕捞活动。灵井人的主体属于来自北方的猎人族群。

---

① 李占扬:《河南灵井"许昌人"遗址的考古新收获》,《化石》2009 年第 3 期。
② 河南省文物考古研究所:《许昌灵井旧石器时代遗址 2006 年发掘报告》,《考古学报》2010 年第 1 期。

其次，灵井文化又与南方细石器文化存在着某种联系。如灵井人用砾石做的砍砸器等有着南方旧石器的因素。由此说明，很早时期，这里就有南北文化交流的痕迹。

2. 新密李家沟与舞阳大岗文化

（1）李家沟文化

李家沟遗址位于河南省新密市东北部岳村镇，地处嵩山东麓，淮河水系溱水河上游的椿板河自北向南从遗址的西侧流过。2009年，北京大学考古文博学院与郑州市文物考古研究院联合对李家沟遗址进行发掘，发现了距今10500—8600年连续的史前文化堆积。在文化堆积的下层出土有细石核与细石叶等比较典型的细石器文化遗存，而在遗址的中部则出土了含有绳纹及刻画纹等装饰的夹砂粗陶和石磨盘等新石器时期的遗物，上部发现了典型的裴李岗文化陶片。

李家沟文化遗址包括南北两个区域，北区的文化层厚约3米，分为7层。其中第4—6层为新石器时代早期文化层，出土大量陶片、石器；第7层为旧石器文化层，只发现打制的石器。在北区还发现了人工搬运石块的遗迹。南区也分为7层，第5层出土的夹砂陶片和石磨盘与北区的5层和6层相当；第6层发现典型的细石器文化遗存，与北区的第7层相当。经碳14测定，南区第6层为距今10500—10300年的文化遗存，北区第4—6层为距今10000—9000年和8600年的文化遗存[①]。

李家沟出土的细石器有刮削器、石镞、琢背刀和雕刻器等。石器轻巧精致、口刃锋利。同时还在细石器文化层发现了2件陶片与1件局部磨制的石锛。

李家沟出土的动物化石，主要有牛、马、鹿、猪、鸟类等。其中牛、马、鹿等大型食草类动物达半数以上。由此说明，早期的李家沟人仍是以狩猎为主的，捕获大型食草动物是他们主要的食物来源。

李家沟文化中包含旧石器晚期的细石器文化层、由旧石器到新石器过

---

① 北京大学考古文博学院、郑州市文物考古研究院：《河南新密市李家沟遗址发掘简报》，《考古》2011年第4期。

渡的文化层和新石器时期的裴李岗文化层。尤其是在第二层的黑垆土层中出土的夹砂陶和无足石磨盘，填补了中原地区从旧石器晚期文化向裴李岗文化之间过渡的空白。然而，李家沟文化层发现大量的陶片，它与典型的细石器并存，年代远比当地的新石器时期裴李岗文化要早，从制作技术、器物形制和纹饰方面与后来的裴李岗文化大不相同。李家沟大部分陶片质地坚硬，火候较高；颜色呈浅灰黄色、褐色；陶器单一，多为直口筒形；绝大部分陶器有绳纹、刻画纹等；石磨盘呈板状无足。而裴李岗文化的陶质松软，火候低；陶器以泥质红陶为主；陶器多为素面，少数有篦点纹、篦划纹和绳纹等；石磨盘多数形如鞋底，下有四足。可见在距今10000—9000年，在裴李岗文化之前还存在着一支不同于裴李岗文化的新石器早期文化①。而在李家沟文化与裴李岗文化之间似乎还存在着文化上的断层。

（2）舞阳大岗文化

舞阳县大岗遗址位于漯河市舞阳县北28千米侯集乡大岗村，最早在这里发现了一处新石器早期时代裴李岗文化遗址，1989年又发现了旧石器时代的文化遗存。在大岗文化遗址的第4层发现一层稳定的黑垆土，可以据此判断它当在距今1万年前后，处于旧石器时代向新石器时代过渡期。

大岗遗址在裴李岗文化层的下面发现了典型的细石器遗存，出土的旧石器时代的石制品有300余件。石器制作原料大部分是燧石，还有部分脉石英；主要采用锤击法和砸击法来打片；细石核以楔状为主；石器大多比较精致，器物类型主要是刮削器，包括端刮器、凹缺刮器、边刮器等，还有琢背石刀和尖状器等；大多数石器在加工过程中采用锤击法来修理，也有少数石器用砸击进行修理，这也是大岗石器制作的一个特色②。

从大岗遗址出土的石器来看，大岗文化与李家沟文化有相似的因素，同属于北方猎人文化。

3. 灵井、李家沟、大岗与中原新旧石器时期文化的发展

灵井遗址出土的距今10万—8万年的人类化石，说明早在距今10

---

① 王幼平：《新密李家沟遗址研究进展及相关问题》，《中原文物》2014年第1期。
② 张居中、李占扬：《河南舞阳大岗细石器地点发掘报告》，《人类学学报》1996年第2期。

万年前，灵井就有属于旧石器中期的先民们在这里生活，因为考古资料之缺，我们不能知道最早灵井人的来源及后来的去向。但是从上文的考察结果来看，生活在从旧石器晚期到中石器过渡时期的灵井人则很有可能来自北方。灵井遗址中出现的北方细石器和北方动物群，说明这一文化遗址与北方旧石器文化的关系。在距今约 1.8 万年，末次冰期达到最盛时期，冰雪覆盖着原本较为温暖的北部广大地区，由于气候转寒，大量生活在北方的动物向南方迁徙，而以狩猎为主的北方猎人也随着南迁的猎物而向南迁徙，他们越过黄河，到达当时气候湿润、草原茂盛、灌木浓密的许昌及其周边地区，并在这里定居下来，而北方的细石器文化也随之被带到这里。

在灵井的西北有李家沟文化，其南部有舞阳的大岗文化，这两处文化遗址中的旧石器时代晚期的文化面貌与灵井有相同的因素，都属于细石器文化，它们也是新石器晚期来自北方的猎人族群的有机组成部分。从目前考古资料来看，北方猎人文化在中原地区到达的最南端为舞阳大岗。在距今 1.2 万年前后，全球气候变暖，这批北方来的猎人族群又陆续向北方回迁，从而结束了旧石器时代的灵井文化。

灵井文化为我们提供了研究中原地区从旧石器中期到旧石器晚期的发展线索，而李家沟文化和大岗文化则提供了中原地区从旧石器晚期到新石器早期的过渡材料。在李家沟旧石器文化层发现的夹砂陶和无足石磨盘，在大岗第 6 文化层之上覆盖着是贾湖第 3 期文化，似乎可以找到中原地区新旧石器过渡时代发展的线索，也似乎看到了从灵井文化、李家沟文化和大岗文化向裴李岗文化发展的脉络。

但是，通过研究，这里面还存在着很多问题尚没有得到解决：

其一，中原旧石器到新石器时代之间仍存在时间上的断层。在灵井遗址中，钙板层和新石器时期的文化层中间有大约 3 米厚的地层，里面既没有旧石器时代遗物也没有新石器时代的遗物；大岗遗址第 6 层距今 1 万年前后，而上面覆盖的贾湖第 3 期文化距今为 8000 多年。由此表明，在北方猎人族群于距今 1 万年以前北撤之后，到裴李岗人来到这里之前，还有 2000 年左右的时间断层。

其二，中原旧石器到新石器时代之间的文化缺乏有机衔接。李家沟文

先秦淮河流域族群演化与文化融合

化遗址中发现了一些陶片，它与典型的细石器同时存在于一个文化层中，并且有裴李岗文化遗存中常见的石磨盘。但是，李家沟文化中的陶器在时代上远早于裴李岗文化，器物的类型、式样、工艺、纹饰等都与新石器时期的裴李岗文化大不相同，北方的猎人文化与裴李岗成熟的农业文化之间似乎没有交集。无论是李家沟文化还是大岗文化，都不能确定它们与裴李岗文化的渊源关系。

基于此，我们认为，生活在距今10万年前后的许昌灵井人是迄今为止发现的最早的生活在淮河上游和黄淮之间旧石器时代的原始族群，这个族群在之后数万年里，大概因为自然或社会原因而发生迁徙，不知去向。到距今1.8万年前后，由于北方温度变寒，生活于北方草原上以狩猎为生的族群随着大型动物的南迁而南移，最终来到中原地区，并在此定居，在黄淮之间的许昌灵井、新密李家沟、舞阳大岗等地留下了他们的遗迹，同时也将北方的细石器文化带入中原。距今1万年前后，随着中原气候的变化，气温升高，不适应高温的草原猎人又退回北方，淮河上游和黄河之间的细石器时代也随之结束。

在猎人族群生活在中原的时期，多支来自不同族群的先民也同时来到中原的黄淮地区，所以这里就有了惯于使用砾石作砍砸器的南方人，也有已经掌握了较为先进的陶器制作技术的其他先民。而随着北方猎人的迁徙，这些先民们也都相继离开。

在距今约9000年之后，一支掌握较为先进的农业文化的先民来到中原地区，发展成为淮河上游地区著名的裴李岗—贾湖文化。创造裴李岗新石器时期文化的这支先民到底来自何方，学者持有不同的意见，李占扬在《关于中原地区新、旧石器时代文化过渡问题的思考——以灵井遗址为例》一文认为："大概与猎人文化北迁的同时，华南的早期新石器大体循着旧石器时代南方主工业砾石石器文化北进的路线，向北扩展，经洞庭湖地区、长江流域、江淮地区、进而扩展到中原腹地，之后继续北进，东扩西传，在河南、河北、山东、陕西、山西南部这一广袤地区，或直接发展成本地早期新石器文化，或同当地大约同期形成的早期新石器文化汇合，发展成今天看到的具有各自特点的早期新石器文化的面貌，农业经济也以往日从未有过的速度在沃土上迅猛发展。"[1] 张弛的《论贾湖一期文化遗存》[2] 一文也认为贾湖人就是长江流域人北迁而来。而陈德珍、张居中等人的《早期新石器时代贾湖遗址人类的体质特征及与其他地区新石器时代人和现代人的比较》一文根据贾湖人类的体质特征证明贾湖人来自北方族群[3]。

但无论裴李岗—贾湖文化的人群到底来自南方、北方还是其他地区，抑或本地文化的延续与发展，这都有待于今后考古发现来进一步证明，而中原新旧石器时期的文化断层也将由考古发现来完成衔接。可以确定的是，淮河上游和黄淮之间，自古就是各种文化汇集、碰撞、融合的地区，每个时期的文化都是由来自不同地区的文化经过长期的交流、融合而形成的，并最终纳入中华民族文化系统之中。

二　淮河中游及安徽江淮之间旧石器时期文化

在淮河中游及江淮地区，发现了以安徽和县汪家山龙潭洞和县猿人和巢县银山人为代表的旧石器早期文化，和县猿人生活在距今约30万—15万年，而巢县猿人生活在距今约20万—16万年。

1. 和县猿人

和县猿人遗址位于安徽省和县陶店镇汪家山北坡的龙潭洞，龙潭洞东西长9米，南北宽3—4米，深5米，洞穴堆积共有5层。1974年发现，1980年和1981年先后进行了两次考古发掘，在第4层出土了古人类化石和脊椎动物化石。

1980年出土的化石主要有1个头盖骨、1段下颌骨和5个牙齿。头骨属于一个男性青年的脑颅，从这个头盖骨来观察，其颅骨眶上圆枕外侧比

---

[1]　李占扬：《关于中原地区新、旧石器时代文化过渡问题的思考——以灵井遗址为例》，《考古学研究》第七辑。
[2]　张弛：《论贾湖一期文化遗存》，《文物》2001年第3期。
[3]　陈德珍、张居中：《早期新石器时代贾湖遗址人类的体质特征及与其他地区新石器时代人和现代人的比较》，《人类学学报》1998年第3期。

较平缓，不像北京猿人那样向后和向下延收；眉脊至额鳞间不像北京猿人那样深凹，其平缓度却与爪哇猿人相似；额骨低平，比较宽厚，略短于顶骨，也接近爪哇猿人；颅内的脑膜中动脉沟分支较为简单。从综合情况来看，和县猿人基本形态特征属于猿人阶段，某些性质与爪哇猿人相似，也有一些接近北京猿人①。

在和县猿人生活的区域同时发现了一批动物化石，这些动物的种属有华北周口店期的动物，如肿骨鹿、棕熊、中国鬣狗、剑齿虎、葛氏斑鹿、额鼻角犀、居氏巨河狸和李氏野猪等；也有华南动物种群，如大熊猫、中国貘、巨貘、剑齿象、小型猪等；还有一部分华东地区的种属，如扬子鳄和四不像等②。

1981 年发现的化石主要有 5 个牙齿、1 块额骨眶上部残片，1 块顶骨残片。牙齿中的上内侧门齿呈铲形，显得很粗壮，明显大于直立人；舌面底结节十分发达，舌结节游离缘分出几条指状突，其形态特征与郧县猿人、北京猿人相近；眶上圆枕发达，与北京猿人有所区别，而与爪哇猿人相似；上臼齿颊面和舌面均有一垂直沟，齿尖有一条主嵴，主嵴两侧有两条副嵴，与北京猿人相同；下臼齿的尺寸大于北京猿人和爪哇猿人。从化石来看，和县人类化石属直立人，从化石的铲形门齿来看，与北京猿人、郧县猿人、和县猿人等基本形态特征相似，这在后来发现的丁村人、山顶洞人和柳江人等都继承了这一特征，这也是后来黄种人的早期特征。③。

综上所述，在和县猿人生活的时期，这一带属于较暖湿的亚热带气候。分布着森林、草原、河网、湖泊纵横，具备多种哺乳动物共同生存的条件。和县猿人具有北京猿人的特征，但他的脑颅较大，这一点超过了北京猿人，和县猿人的生活时代可能要晚于北京猿人。

2. 巢县古人类

巢县古人类，又被学术界称为巢县智人或银山智人，发现于安徽省巢

---

① 黄万波：《安徽和县猿人化石及有关问题的初步研究》，《古脊椎动物与古人类》1982 年第 3 期。
② 同上。
③ 吴茂霖：《1981 年发现的安徽和县猿人化石》，《人类学学报》1983 年第 2 期。

湖市南部约6千米的银山洞穴堆积层中。1982—1986年先后3次对该遗址进行发掘,发现了2件人类化石,分别为人枕骨和右上颌骨。枕骨化石代表一青年女性个体①,枕骨骨壁较薄,枕外圆枕不发达,曲度较大,平面与项平面不呈角状过渡,从枕骨弯曲角度、枕骨骨壁的厚度等形态来看,她与北京直立人不同而与某些早期智人相似;上颌骨带有6枚牙齿,颌稍前突、牙齿粗壮、鼻宽、颌窦扩展,也带有早期智人的特点②。

而在巢县人化石的特征中也有直立人形态特征,主要表现在:枕骨的上枕鳞弦长和北京人10号头骨相近,枕骨宽度比较接近北京人,鼻阔值也与北京人大体相当,上颌所带的6枚牙齿的粗壮度也都在我国直立人牙齿的变异范围内③。

从此可以说明,巢县人生活的时代比北京猿人、和县猿人都要晚一些,处于从直立人向早期智人发展的时间段内。年代约在距今20万—16万年前。

在淮河中游及江淮地区所发现的和县猿人与巢县人,说明至迟在距今30万年前后,淮河中游地区就有人类活动,并且持续达15万年之久,他们可能来自北方,是远古北京人种属的一部分。

三 淮河下游旧石器时期文化

淮河下游的旧石器时期文化遗存主要分布在鲁中南、苏北和滨海地区,从考古发现来看,相比淮河上游与中游地区,淮河下游的旧石器时期的文化遗存更为丰富,范围更广泛,持续的时间也最长。

1. 旧石器时代早期文化

(1) 山东沂源猿人

沂源猿人遗址位于山东省沂源县城西北7.5千米的土门镇骑子鞍山,

---

① 许春华、张银运、陈才弟、方笃生:《安徽巢县发现的人类枕骨化石和哺乳动物化石》,《人类学学报》1984年第3期。
② 许春华、张银运:《安徽巢县人类化石地点的新材料》,《人类学学报》1986年第4期。
③ 沈冠军、房迎三、金林红:《巢县人年代位置新证据及其意义》,《人类学学报》1994年第3期。

是一处旧石器时代遗址。发现于 1981 年，先后出土人类化石有：头盖骨 1 块、牙齿 8 颗、肱骨 1 块、股骨 1 块、眉骨 2 块、肋骨 1 块，出土的沂源猿人全部化石材料至少代表了两个成年个体。同时出土大量伴生哺乳动物如肿骨鹿、葛氏斑鹿、梅氏犀牛、三门马、居氏大河狸、李氏野猪、鬣狗、虎等十几种中更新世化石。沂源猿人生活的时代与北京猿人为同一时期，距今四五十万年。

沂源猿人的形态特征为直立人，其眉脊骨具有眶上沟并在眶上圆枕外侧向下延伸，不同于安徽和县猿人，却与北京人相类；动物化石所显示的主要动物种属也都是周口店第一地点动物群的主要成员。所以人们认为沂源猿人可能是北京猿人的分支①。

（2）山东日照秦家官庄遗址

日照秦家官庄旧石器遗址位于日照东北 14 千米的秦家官庄村南，遗址发现于 1983 年，从地层堆积来判断，其生活的时代与沂源猿人相同，出土的石器也属于旧石器早期遗物。在第二层底部出土打击石器共有 10 件，包括 3 件石核、1 件石片、4 件刮削器、2 件砍砸器。3 件石核中砸击石核 1 件、锤击石核 2 件，锤击石核都呈双台面，砸击石核的两长端各有一个砸击出来的刃；1 件石片打击点突出，劈裂面凹下，呈现出人工锤击的特征；4 件刮削器中包括凹刃刮削器 1 件、端刃刮削器 1 件、石片刮削器 2 件；2 件砍砸器分别为 1 件单凸刃砍砸器和 1 件两侧刃砍砸器②。

从石器制作方法来看，秦家官庄人制作石器的石质多为板岩、脉石英和石英石；在加工石器时，打片多采用石锤直击法，然后再进行加工、修理，且以单面修理较多；石器类型主要是刮削器和砍砸器③。

（3）山东沂水县南洼洞遗址

南洼洞遗址位于沂水县城西北约 34 千米诸葛镇范家旺村西南的山顶上，高出山下河面约 100 米。遗址最初发现于 1958 年，20 世纪 80 年代对

---

① 徐淑彬：《鲁东南旧石器考古的新收获——兼谈鲁东南与苏北地区旧石器文化的关系》，《东南文化》1988 年第 2 期。
② 逄振镐：《山东旧石器文化概论》，《华夏考古》1994 年第 4 期。
③ 徐淑彬、杨深富：《山东日照秦家官庄发现旧石器》，《考古》1985 年第 5 期。

这处遗址进行深入调查，先后发现多面石核 2 件，双台面石核 1 件，石片 3 件、骨器 1 件、砍砸器 1 件。石制品的原料均为石灰岩。石器的时代应为旧石器时代早期，距今约为 20 万年前①。

秦家官庄旧石器时代遗址与"沂源猿人"的时代基本相同，而南洼洞遗址要晚些。秦家官庄遗址与沂源猿人遗址距离不足 200 千米，南洼洞遗址介于两地之间。目前我们尚不能证明秦家官庄人、南洼洞人是否就是"沂源猿人"的一个分支，但可以说明，在旧石器早期的鲁中南地区，有大量的远古人类生活，其范围从泰沂山区直到黄海之滨。

2. 旧石器时代中晚期文化

（1）山东沂源县骑子鞍山的千人洞遗址

千人洞遗址位于山东沂源县城西北 12 千米处的鲁山之阳，距离沂源猿人遗址仅约 5.5 千米。该遗址最早发现于 1965 年。在遗址中发现了大量旧石器，主要有刮削器 15 件、石核 11 件、石柱核 3 件、石片 10 件。石品的制作原料为石英岩和脉石英岩，石器的打制方法是：刮削器都以单刃者居多，单面修制；石片用直接打击法制成，一些石片不经过修理而直接使用；石核的台面有天然和人工的两种。

哺乳动物化石主要有野猪、野马、野驴和鹿等。此处文化遗址为旧石器晚期遗址，其时代距今有 3 万—2 万年②。

（2）山东新泰乌珠台文化遗址

乌珠台遗址位于泰山南麓新泰市乌珠台村南部山区凤凰山与玉皇山之间的沟壑之中。1966 年 4 月，当地群众在找水源时意外发现了 1 枚人牙化石和一些哺乳动物化石。经过鉴定，人类牙齿化石属少女个体的左下臼齿。在遗址中还出土了一批哺乳动物如虎、马、猪、鹿、牛、披毛犀等的牙齿化石。据研究，"人牙化石和哺乳动物化石所代表的时代同骑子鞍山千人洞遗址的时代基本一样，都是属于更新世晚期的文化遗存，距今亦是

---

① 徐淑彬、马玺伦、孔凡刚：《山东省沂水县南洼洞发现旧石器》，《考古》1985 年第 8 期；徐淑彬：《鲁东南旧石器考古的新收获——兼谈鲁东南与苏北地区旧石器文化的关系》，《东南文化》1988 年第 2 期。

② 逢振镐：《山东旧石器文化概论》，《华夏考古》1994 年第 4 期。

两三万年"①。

(3) 山东郯城望海楼文化遗址

郯城望海楼旧石器时代遗址位于郯城县东南马陵山，出土遗物有222件，石器制作原料以脉石英、石英岩、砂岩等为主。石制品主要为石片、石核、尖状器、砍砸器等。尤以船底形石核、楔状石核等最具代表性。研究表明，"望海楼地点的遗存明显地早于附近地区黑龙潭地点上文化层、大贤庄的细石器及凤凰岭等地的典型细石器遗存，而与黑龙潭地点的下文化层相当"②。

(4) 山东郯城黑龙潭细石器遗址

黑龙潭细石器遗址位于郯城县东南约20千米的红花乡大尚庄村东马陵山西坡，西距大尚庄约1千米，东与江苏省东海县交界。该遗址于1982年发现。石器主要有细石叶；细石器，包括：刮削器（拇指盖状小刮削器、圆头刮削器、端刃刮削器、盘状圆刮削器、凹刃刮削器、斜边刮削器、长刮器、两侧刃刮削器）、雕刻器、尖状器；细石核，主要有船底形石核、锥状石核、柱状石核、三棱状石核、砸击石核等。石器加工技术主要采用砸击技术。制作材料主要为石英、玛瑙、燧石、石髓、水晶、板岩等。黑龙潭细石器的时代处在旧石器时代晚期的后一阶段，呈现出旧石器时代晚期文化向新石器时代早期文化的过渡的特征③。

(5) 江苏将军崖遗址

将军崖遗址位于连云港市海州区锦屏山下，2004—2006年考古研究者连续三次对其进行发掘工作，出土石制品1500余件。石器的原料主要为石英、燧石、水晶等。制作工艺为锤击法、砸击法和间接锤击法。将军崖出土的石器特征与苏南有很大差别，苏南地区旧石器以大型砾石石器为主，砍砸器最多，属于中国南方的砾石石器；而将军崖出土的石器类型以小型刮削器为主，与中国北方的石片石器工业比较接近④。

(6) 江苏大贤庄细石器遗址

大贤庄遗址位于江苏省连云港市东海县山左口乡前贤村西南的马陵山

---

① 逄振镐：《山东旧石器文化概论》，《华夏考古》1994年第4期。
② 徐淑彬、赵敏民、黄新忠：《山东郯城望海楼发现旧石器地点》，《考古》1989年第11期。
③ 徐淑彬、徐敏生：《山东郯城县黑龙潭细石器遗址》，《考古》1986年第8期。
④ 房迎三、沈冠军：《江苏旧石器时代考古20年回顾》，《东南文化》2010年第6期。

山顶和山坡地段。初发现于 1974 年，后经过多次采集发掘，发现了大量的石制品。主要有石锤、石球、手斧、砍伐器、尖状器、盘状器、刮削器等；制作石料有玛瑙、燧石、水晶、石英、石英岩、玉髓和脉石英等；加工方法主要是砸击法、锤击法。石器类型与山西下川遗址出土的细石器极其相似。遗址年代距今 16000—10000 年①。

位于鲁南和苏北的黑龙潭、大贤庄等地的旧石器时期的晚期文化遗存，分布在同一区域，很有可能属于同一族群。

3. 几点结论

（1）淮河下游的旧石器早期人类属北方族群

在淮河下游的鲁中南和苏北一带所发现的旧石器时代文化遗址，从旧石器时代早期一直延续到旧石器时代晚期，从发现的早期人类与动物化石来看，多与北方原始族群特别是北京人极其相近，当是北方原始属群南迁而来。

（2）从旧石器到新石器过渡的线索较为清楚

考古界在山东沂源县东南部山区的扁扁洞中发现了一处文化遗址，出土了几片石英岩类石片，还有石磨盘、石磨棒、陶片等。经碳 14 测定，人头骨碎片距今 11000—9600 年，属于新石器时代早期。石磨盘呈长方形，简洁规整，器身较厚，表面因为较长时期的使用而磨损下凹约 1 厘米；石磨棒较短，两端细中间粗。同时又在这一区域发现了黄崖洞遗址，它与扁扁洞遗址同属新石器时代早期文化，出土一些陶片，从陶片的制作工艺看，比扁扁洞先进，并且与后李文化有相似之处。所以研究者认为黄崖洞文化或许可能是后李文化的源头②。

（3）东夷族群的演化与文化的发展有着更加悠久的历史

在中国史前文化中，东夷文化一直是令人瞩目的区域文化，新石器时期的后李文化、北辛文化、大汶口文化、龙山文化等都可视为东夷族群所创造的史前文明；东夷族群自夏、商、周三代也是最为活跃的族群之一。

---

① 葛治功、林一璞：《大贤庄的中石器时代细石器——兼论我国细石器的分期与分布》，《东南文化》1985 年第 1 期。

② 孙波、崔圣宽：《试论山东地区新石器时代早期遗存》，《中原文物》2008 年第 3 期。

从新石器时代到夏、商、周时期东夷文化一直延续着。从淮河下游的旧石器时期文化遗址来看，东夷地区自古就是人类重要的栖息、繁衍地，我们虽然不能说新石器时期的东夷文化直接继承了淮河流域下游的旧石器时期时代的文化，但可以肯定的是，这一区域发达的旧石器时代文化一定对后来的东夷文化产生了深远的影响。

第二章　新石器时期淮河上游的族群迁徙与文化融合

淮河上游地区早在旧石器时代就有人类生息繁衍，生活于距今10万年前后的许昌灵井人是这一地区早期古人类的杰出代表。在灵井的旧石器遗址中不仅发现了大量的细石器、打制石器和动物化石，同时还发现了10万—8万年的人类头盖骨化石。灵井人凭借原始的刮削器、尖状器、砍砸器、雕刻器和球等中石器时代的石器从事着狩猎和捕捞活动。由于考古材料的缺乏，尽管我们不知道灵井人最后去了何方，其原始文化为新石器时代的哪一个族群所继承、发展，但灵井人无疑为淮河上游地区的早期史前文明带来了一抹亮丽的曙光。

在新石器时代，淮河上游形成了独具一格且有着重要地位的裴李岗文化，裴李岗文化不仅确立了淮河上游在史前时代的文化地位，使这一地区成为考古学界关注的对象，同时这一文化因素对淮河中下游的北辛文化—大汶口—龙山文化等产生了重大影响。而随着史前族群的迁徙，南方的屈家岭文化北进、西北仰韶文化南渐、东部的大汶口和龙山文化西迁，它们都在淮河上游地区交会、融合，甚至演化出新的文化类型。由此可见，淮河流域上游地区在史前时期，不仅是南北文化的过渡带，还是南北、东西文化的融合区。研究这一地区新石器文化，厘清这一时期的族群迁徙与文化交流，对于探索我国远古文明的起源、族群的迁徙与融合、史前文化的发展有着极其重要的学术意义。

一　裴李岗文化在淮河上游的生存与传播

裴李岗文化以1977年开始发掘的河南新郑裴李岗遗址为代表而命名。

遗址位于新郑县西北的裴李岗村，双洎河从遗址的西边自北向南流过，然后再转而向东，在这里形成了一个较为开阔的河湾，遗址处于这个河湾中部的一个岗地上。"裴李岗文化的主要特点是：石器以磨制为主，开制规整，制作精致。器类以农业生产工具最多，计有磨盘，磨棒、石铲、石镰和石斧等。石磨盘多数形如鞋底，下有四足，磨棒均呈长条圆柱状。石铲较大，两端有缺口以捆绑镰把。石斧较小，顶平，刃弧，断面作椭圆形。陶器以泥质红陶为主，砂质红陶少见。陶质松软，火候低，均为手制，造型规整。器壁较薄，打磨光滑，少数夹砂陶器表面饰篦点纹、篦划纹和绳纹等。墓葬，已有氏族公共墓地，墓圹为长方竖穴土坑，排列整齐。葬式多单人直肢，随葬品一般有4—8件，多者达20多件。男性多随葬石磨盘、石磨棒、石铲和石斧等生产工具，女性则多随葬陶器等生活用具。"① 其中，制作十分精致的鞋底状四足磨盘、圆柱形的磨棒和锯形齿镰等器形是裴李岗文化最明显的标志之一，双耳壶、三足钵、筒形深腹罐和钵等是其最常见的器形。"裴李岗文化目前已有11个遗址42个标本测定了碳14年代，其数据绝大部分落在公元前7000—前5500年之间，这也大约是裴李岗文化的绝对年代。"②

目前发现的属于裴李岗文化的遗址约160多处，主要分布于河南省境内，西抵灵宝、卢氏，北至林州、濮阳，东到项城，南达潢川，而以河南中部的嵩山周围一带最为密集。现已发掘的该文化主要遗址除新郑市裴李岗遗址之外，还有新密莪沟遗址、新密李家沟遗址、长葛石固遗址、汝州中山寨遗址、巩县铁生沟遗址、舞阳贾湖遗址、潢川霸王台遗址等，其中以舞阳贾湖遗址的文化内涵最为丰富，也最具考古影响。

贾湖遗址位于舞阳县城北22千米的北舞渡镇贾湖村，遗址年代距今9000—7500年，这也是淮河流域迄今所发现的年代最早的新石器时代文化遗存，因而被评为20世纪中国100项考古大发现之一。经过多次发掘，从其墓葬、生活方式和出土器物来看，主要特征和文化内涵体现在如下几个方面：

---

① 周到主编：《河南省志·文物志》，河南人民出版社1993年版，第24—25页。
② 魏兴涛：《新中国成立以来河南新石器时代考古发现与研究》，《华夏考古》2012年第2期。

其一，石器仍以磨制为主，兼有少量的打制器。用以从事农业的生产工具有齿刃镰、弧刃斧、斜刃斧、两端弧形斧等。谷物加工工具有裴李岗文化的典型器物鞋底状四柱足石磨盘和磨棒，同时还有一些从事渔猎活动的工具。

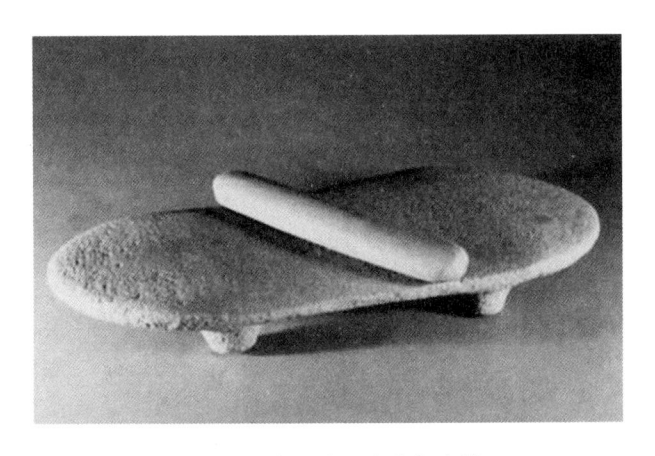

贾湖遗址出土的石磨盘与磨棒

其二，陶器主要是夹砂陶、泥质陶，兼有夹炭陶、夹云母陶，以红色、褐色为主，也有少量的灰色和黑色陶。陶器表面以磨光和素面为主，纹饰有绳纹、篦点纹、拍印纹、划纹、戳刺纹、乳钉纹和齿状纹等。典型器物有罐形壶、折肩壶、圆肩圆腹壶、扁腹横耳壶、折沿深腹罐、束颈鼓腰圆底罐、筒形角把罐、卷沿深腹罐、凿形足卷沿罐形鼎、凿形足盆形鼎、圈足或假圈足碗、敛口钵和浅腹钵等。其中的盆形鼎、罐形鼎、深腹罐、双耳壶、三足钵、圈足碗等也是裴李岗文化常见器物。"从器种看，裴李岗的三足壶、圈足壶等少见或不见于贾湖；贾湖的釜形鼎、折肩壶、陶锉等也不见于裴李岗。同一器种，器形也各具特征。如小口圆腹壶，裴李岗以直口直颈为主，少见喇叭口束颈；贾湖则相反，均为喇叭口束颈，不见直口直颈。裴李岗的三足器均为圆锥状足，不见锛状足；贾湖则多锛状足，较少圆锥状足。乳钉纹盆形鼎在裴李岗多敞口侈沿；在贾湖则为直口方唇，唇外沿饰齿状花边等等。这些可能反映二者在制陶工艺上的区别。"[①]

---

① 张居中:《试论贾湖类型的特征及与周围文化的关系》,《文物》1989 年第 1 期。

其三，贾湖出土了大量的骨器，代表性的有骨针、骨钗、骨鱼镖等。值得一提的是出土了一批条状骨形器，学术界称为骨笛，经研究表明，这些骨笛是用鹤类的尺骨做成，笛孔有2、5、6、7、8之分，而大多数为7孔，骨笛上有划痕和改造过的痕迹，说明当时贾湖人在做笛时，先刻好等分记号，然后再钻孔，笛子成形后经过试音再作矫正。经过现代测音技术，骨笛能够发出6声或7声音阶。这是考古界目前发现的最古老的笛子或笛状乐器。裴李岗遗址多陶器、石器，骨器少见；贾湖遗址则是多骨器，陶器、石器数量相对较少。

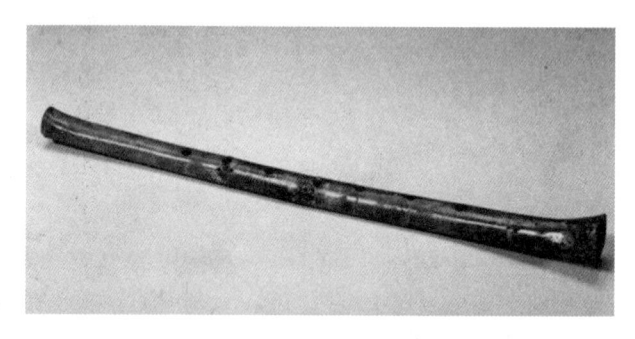

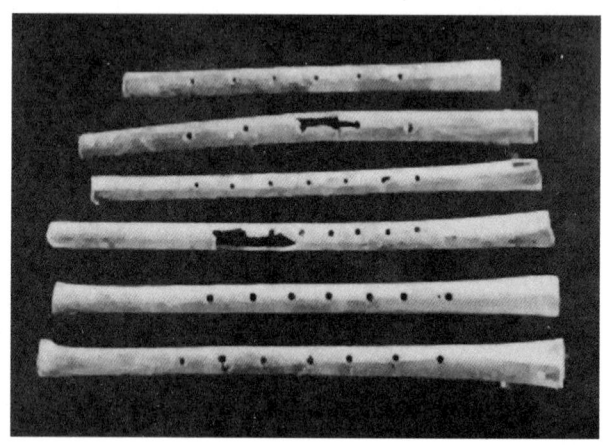

贾湖遗址出土的骨笛

其四，在一些龟甲、石器、骨器上面，发现了有近似于殷墟甲骨文字的刻画符号，它可能是贾湖人用来记事，或标记制作人或表达其他意义的符号，为研究我国文字的起源提供了有价值的线索。

贾湖遗址出土的刻符龟甲

其五，在少数墓葬中，发现随葬器物中有成组的龟甲，"随葬龟甲的墓葬有23座。其中有8龟者6座，6龟者2座，4龟者2座，3龟1鳖者1座，2龟者2座；随葬1件较完整者1座；其余9座只随葬不完整的龟甲碎片。随葬龟甲者一般为成年男女，其中有10座为多人合葬墓。"[①] 这些龟甲多有穿孔，孔内填装有不同颜色的小石子。同时贾湖墓葬中有狗的骨骸，有10个专门埋葬狗的坑穴。有学者认为，这是贾湖人的龟灵观念和"以犬为牲"习俗的体现，它是目前所知的中国远古时代龟灵现象和龟灵崇拜的源头，也是殉犬于足下的"犬牲"现象的始源。随葬品中还有很多獐牙。这种墓中随葬龟甲、獐牙的现象不见于裴李岗文化其他遗址。

从贾湖遗址的出土器物、动植物化石来看，贾湖人农业生产已经十分

---

① 邵望平、高广仁：《贾湖类型是海岱史前文化的一个源头》，《考古学研究》（五），2003年，第123页。

发达，在一定程度上掌握了水稻的栽培与加工技术，这为研究黄淮之间稻作乃至中国水稻种植与发展史提供了有益的实证资料。

对于裴李岗文化的考古类型，学术界曾将其划归为磁山文化①，一些学者认为磁山比裴李岗发展进步，而磁山遗址的年代要晚于裴李岗遗址，因此认为裴李岗与磁山是同一种文化中的两个不同的文化类型，建议暂时统称为裴李岗文化②。还有学者通过贾湖遗址中的罐与盆搭配方式、器物形制、农业发展的现象分析认为，"釜与钵的陶器群搭配则正好是长江中游地区万年以前自陶器开始出现就一直延续下来的传统。贾湖一期遗存中稻属与橡子并用的生业形态也是长江中下游地区新石器时代在晚期以前的传统。因此贾湖一期文化遗存应当是南方人群向淮汉和黄河中游地区扩张的结果。……贾湖一期遗存出现的时代正是全新世大暖期来临之际，随着暖温带和亚热带的持续北迁，在长江中游地区类似彭头山文化的人群逐渐北迁。"由此进一步认为"黄河中下游地区6000BC以降的新石器时代中期文化的形成主要是长江流域和淮汉一带文化及人群北进的结果"③。

这些观点的提出，在当时的学术环境下，对解释裴李岗文化的来源都是有一定道理的。然而，随着考古工作发展，新的考古发现让我们重新审视一些学术观点，并得出相对合理的结论。而李家沟遗址的发掘，为我们解开裴李岗文化的来源找到了窗口。李家沟遗址位于河南省新密市岳村镇李家沟村西边，遗址于2009年发掘，通过发掘，展示了距今10500—8600年连续的史前文化堆积的剖面。文化堆积层大致可分为三个时期，最下部为细石器时期遗存；中部出土了有施压印纹的粗夹砂陶，还有具有裴李岗文化特征的石磨盘，属新石器时代早期遗存；最上部发现了典型的裴李岗文化陶片。发掘报告认为："该遗址包含旧石器时代晚期到新石器时代早期文化叠压关系的地层剖面，即裴李岗、前裴李岗与细石器三叠层，为寻找中原及邻近地区旧、新石器时代过渡阶段遗存提供了地层学的参照。黑垆土层出土的压印纹夹砂陶器与板状无支脚的石磨盘等文化遗存或可命名为'李家沟文化'，填补了中原及邻近地区从旧石器晚期文化到裴李岗文

---

① 严文明：《黄河流域新石器时代早期文化的新发现》，《考古》1979年第1期。
② 陈旭：《仰韶文化渊源探索》，《郑州大学学报》1978年第4期。
③ 张弛：《论贾湖一期文化遗存》，《文物》2001年第3期。

化（阶段）之间的空白。"① 李家沟人不仅完成了早期居住于河南中部一带的原始先民们由居无定所的游牧生活向固定居住的部落生活过渡，也开始了由狩猎大型食草类动物为生到以植物采集与狩猎并重的早期新石器时代的历史演化。这在中原史前考古文化乃至黄淮地区史前人类演化历程中都具有重要的意义。这进一步说明以舞阳贾湖和新郑裴李岗文化等为代表的裴李岗文化，既不是来源于磁山文化，也不是来源于仰韶文化，更不是长江流域彭头山文化的延续，其早期文化应受到距今1万多年前生活在李家沟的原始族群所创造的文化影响，是在中原黄淮地区的原居住族群中的土著文化中孕育、发展、演化而来，文化特性自成一体。

由于自然因素或群体内部的因素，裴李岗族群后来开始分化、迁徙，向北迁徙的一支进入河北省境内，与当地文化结合生成磁山文化。向西迁徙的一支进入伏牛山区。大部分裴李岗族人则向东、向南沿淮河主干流和主要支流迁徙，向南迁徙的一支进入潢川境内，留下霸王台遗址，这是目前所知的裴李岗文化南移的最南限，这一支后来又沿淮河南岸东迁，进入淮河中下游南岸，与当地文化结合，发展出中游的侯家寨文化和下游的龙虬庄文化。而其重要的一支则在淮河北岸进行同纬度迁徙，经皖北进入鲁南、苏北，与当地文化结合，深刻地影响了北辛—大汶口文化系统。因为裴李岗文化的迁徙、传播，不仅使裴李岗文化成为史前中原新石器文化的代表，同时也使它成为史前淮系文化的主源性文化。②

二 屈家岭文化的北渐

屈家岭文化以江汉平原为中心向四周发展、扩散，其分布范围，东达湖北东部和江西西北，南到湖南的北部，西抵四川东部，北至河南西南和南部地区。屈家岭文化的年代距今5000—4500年前后③。早期陶器以黑陶

---

① 北京大学考古文博学院、郑州市文物考古研究院：《河南新密市李家沟遗址发掘简报》，《考古》2011年第4期。
② 高广仁、邵望平：《试论淮系史前文化及裴李岗文化的主源性》，《燕京学报辑刊》2004年第17期。
③ 方酉生：《试论屈家岭文化》，《武汉大学学报》1986年第3期。

居多，灰陶次之，黄陶和红陶较少，主要器形有薄胎黑陶带盖鼎、蛋壳黑陶杯罐盘、朱绘黑陶罐、圈足豆、三足盘等，其中朱绘黑陶具有代表性，彩陶纹饰有仰韶文化的风格。晚期陶器的颜色以泥质灰陶为主，出现蛋壳彩陶杯、碗、豆、鼎、高圈足杯等。彩绘蛋壳陶和彩绘陶纺轮是屈家岭文化的代表器物，双肩石锄是屈家岭文化常用农具之一。在生活习俗方面，屈家岭文化的族群有拔上侧门齿的现象。

屈家岭文化早期已越过湖北影响到豫西南地区，在河南南阳地区存在着较为丰富、集中的屈家岭文化遗存，代表性的遗址有河南淅川下王岗遗址、黄楝树遗址、下集遗址和邓州市八里岗遗址等。到屈家岭文化晚期，则几乎成为南阳地区的主流文化，遗存遍布南阳地区绝大多数地方，如唐河寨茨岗、影坑遗址，新野的凤凰山、西高营、翟官坟、邓禹台、光武台遗址，社旗的茅草寺遗址，镇平赵湾遗址，淅川双河镇、埠口、雷嘴、马岭遗址，南阳黄山遗址，邓州黑龙庙遗址，方城金汤寨、大张庄遗址，南召二郎岗遗址，内乡香花寨遗址，这些遗址中都存在着明显的屈家岭晚期文化因素[①]。

当屈家岭文化在豫西南快速发展、扩张的同时，也向河南其他地方发展，其中一路沿淮河东进至豫南地区；另一路则穿过伏牛山和外方山，北上进入豫中。形成信阳阳山、李上湾、梨园堆、擂台子、魏庄遗址，淮滨肖营遗址，光山王围孜、赵山遗址，驻马店党楼遗址，泌阳三所楼遗址，确山丁塘遗址，上蔡十里铺遗址，临汝北刘庄遗址，郑州大河村遗址等一系列具有明显屈家岭文化的遗存。其中重要的遗址有：

1. 驻马店党楼遗址

党楼遗址位于驻马店市西 6 千米的刘阁乡党楼村北部，党楼遗址的一期前段遗存和湖北青龙泉屈家岭文化的早期遗存比较接近，从陶质上来看，二者都以灰陶为主，且大部分为素面或磨光陶；从器物类型上来看，主要器型都有盆、罐、鼎和钵之类；从陶器种类上看，党楼出土的圈足杯、圈足小罐、双腹豆与青龙泉屈家岭文化晚期同类器物相似。但是，党

---

① 孟原召：《屈家岭文化的北渐》，《华夏考古》2011 年第 3 期。

楼一期前段文化与有着较为明显的地方特点，"占相当比例的夹炭、夹蚌陶为青龙泉遗址所不见，数量颇多的斜弧腹盆、直腹罐也很有特色。同时，青龙泉流行的黑彩网格纹在此遗址未见。另外，青龙泉此时流行豆、碗、杯、壶类圈足器，这与党楼一期前段多平底钵、盆的情况也显然有别"。[1] 因此，发掘报告认为："党楼一期一类遗存在淮河上、中游地区分布广泛，其时代大体和仰韶时代末期的屈家岭文化时期相当。文化面貌既与长江流域的屈家岭文化有诸多相似之处，也和黄河流域的临汝北刘庄二期一类遗存以及大汶口文化晚期遗存有相近的一面，同时又具有浓厚的地方特色。"[2] 驻马店党楼遗址一期遗存的年代距今4600年前后。

2. 罗山李上湾遗址

李上湾遗址位于河南省罗山县城西偏北16千米的高店乡三河村李上湾村东北。李上湾第一期文化遗存发现的陶器以夹砂灰黑陶和泥质的黑陶为主，多为素面，常见的器物有圈足钵、折腹盆形鼎、圆鼓腹罐形鼎、敛口折肩豆、矮圈足夹砂罐等。李上湾遗存中有诸多屈家岭文化因素，如矮圈足罐、折腹盆形鼎是屈家岭文化早中期十分常见的器形。但二者也有所不同：李上湾一期所发现的夹砂陶较多，与屈家岭文化中以泥质黑陶和泥质灰陶为主不同；屈家岭文化早、中期的常见的曲腹杯、薄胎彩陶碗等不见于李上湾。这体现出李上湾文化遗存的地方特色。发掘报告认为：李上湾一期的相对年代相当于大河村三期、江汉平原的屈家岭文化早中期，李上湾二期的年代相当于屈家岭文化晚期[3]。

3. 淮滨肖营遗址

肖营遗址位于淮滨县城西北30多千米赵集乡一处沙冢台地上，在淮河北岸，北面紧靠驻马店地区新蔡县。在肖营遗址中出土的高柄壶形罐和

---

[1] 北京大学考古系、驻马店市文物保护管理所：《河南驻马店市党楼遗址的发掘》，《考古》1996年第5期。
[2] 同上。
[3] 河南省文物考古研究所、信阳市文物管理委员会：《河南罗山县李上湾新石器时代遗址》，《华夏考古》2000年第3期。

圈足壶形罐也是屈家岭文化的常见器形，在遗址中发现的盘、杯等器物上面都可以在屈家岭文化同类器物中找到相同或十分相似的因素。但是，肖营遗址也和淮河流域其他包含屈家岭文化因素的遗址一样有着十分鲜明的地域特色，如屈家岭的壶形器施橙黄色陶衣，而肖营的壶形罐则施灰色陶衣；屈家岭的壶形罐一般腹部较扁，而肖营的腹部较鼓。同时，无论在器物的胎质、造型艺术和轮制技术方面，肖营沙冢遗址都要比屈家岭文化前进一步[1]。

4. 泌阳三所楼、信阳三里店和阳山遗址

1951—1952年在泌阳三所楼发现新时期时代遗址，1953年春在信阳城南三里店发现新石器晚期古文化遗址[2]，同年秋天在信阳市区阳山又发现年代相近的新石器时期遗址[3]。这三处遗址存在着一定的关系，都存在着屈家岭文化因素，其中以三所楼遗址最有代表性。三所楼遗址位于泌阳县板桥西约1千米沙河北岸的三所楼村。出土的圈足碗、高圈足豆、高柄小壶等，和信阳三里店及阳山遗址的出土器物大体相同或相似，具有屈家岭文化特征[4]。

从现有的考古材料来看，淮河上游的屈家岭文化遗址或包含着屈家岭文化因素的遗址主要集中在淮河干流两岸的信阳市、驻马店市一带，从时间序列来看，淮河干流上游周边的屈家岭文化是由豫西南的南阳顺淮河而下，沿淮河南岸进入信阳地区，然后再向北越过淮河进至驻马店地区。淮河上游虽然有一些屈家岭早期文化因素，但主要为屈家岭中期和晚期文化。

屈家岭文化渐进淮河上游，不仅充实和丰富了淮河上游史前文化，同时又与地方文化和同时代的其他文化因素结合，生成了独具特色的新文化类型，为淮河上游史前文化的发展做出一定的贡献。

---

[1] 欧谭生、李绍曾：《河南淮滨发现新石器时代墓葬》，《考古》1981年第1期。
[2] 《河南信阳三里店古文化遗址》，《文物参考资料》1954年第6期。
[3] 河南文物工作队信阳发掘小组：《河南信阳市阳山新石器时代遗址试掘记》，《文物参考资料》1955年第8期。
[4] 河南省文化局文物工作队：《河南泌阳板桥新石器时代遗址的调查和拭掘》，《考古》1965年第9期。

三 大汶口、龙山文化的西进

大汶口文化为距今6500—4500年的新石器时代文化，它以泰山地区为中心，东至黄海，北到渤海南岸，西面延伸到河南，南及安徽中部。早期以红陶为主，晚期多灰、黑陶，同时有一些白陶、蛋壳陶出现，器形主要有三足器和圈足器，主要器物有鼎、鬶、盉、觚形杯、高柄豆、高柄杯、背水壶、尊、高领罐等。常见的纹饰有划纹、篮纹、锥刺纹、附加堆纹和弦纹等。高柄杯和白陶器是大汶口文化中最具特征的陶器。居民有拔牙的风俗，墓葬以仰卧直肢葬为主，墓中有随葬獐牙的习俗。大汶口文化上承北辛文化，下启山东龙山文化，在我国新石器中后期文化中有着举足轻重的地位。

大汶口文化大规模向西进入河南境内的淮河流域始于新石器中期，盛于后期，遗存遍及淮河上游的平顶山、许昌、驻马店、周口和信阳等地区，主要的遗址有周口烟草公司、临汝北刘庄、禹县谷水河、鹿邑栾台、淮阳平粮台、上蔡十里铺、鄢陵古城、商水章华台、淮滨肖营、潢川新印堆子遗址等。

在平粮台一期文化层中，发现鸭嘴形足鼎、深腹罐等陶器，这些器物与郸城段寨遗址早期和山东滕县大汶口文化晚期的鼎和罐十分相似[1]。1975年秋季在商水县城北一里左右发现的章华台遗址，属于一处大汶口文化的墓地，出土有完整的鼎形鬶、罐形鼎、高柄杯、长颈背壶、长颈盉、盘形豆、宽肩壶和筒形杯陶器以及口沿下鸟喙形泥突等，均常见于大汶口晚期墓葬，具有大汶口文化的风格[2]。1978年在淮滨县肖营遗址中采集的高柄镂孔杯与大汶口文化的高柄镂孔杯相似。[3]

淮河上游的大汶口文化遗存以周口为中心的地带最为集中，当大汶口先民们从东方迁移至河南东部之后，一部分在中原地区的黄淮之间继续西

---

[1] 河南省文物研究所、周口地区文化局文物科：《河南淮阳平粮台龙山文化城址试掘简报》，《文物》1980年第3期。
[2] 商水县文化馆：《河南商水发现一处大汶口文化墓地》，《考古》1981年第1期。
[3] 欧谭生、李绍曾：《河南淮滨发现新石器时代墓葬》，《考古》1981年第1期。

进，另一部分则在晚期越过淮河进入淮河南部信阳的潢川等地区。虽然在大汶口文化的中期已开始进入中原和淮河上游地区，而它在淮河上游的大面积传播则在晚期，在这一地区所发现的从仰韶文化向龙山文化过渡阶段的文化遗址中，具有大汶口文化特征的陶器在数量上大量增加，大汶口文化中典型的陶器如鬶之类也在多处遗址中发现①。

典型的山东龙山文化于1928年在山东章丘龙山镇城子崖首次发现，距今4500—4000年。它上承大汶口文化，下启岳石文化。龙山文化的陶器与大汶口文化一样，绝大部分素面无纹，所以比较朴素雅致，器型多鬶和鼎，有较多的薄胎黑陶高柄杯；居民生前也有拔牙的风俗。但与大汶口文化相比，龙山文化也有所变化，如龙山文化的陶器大部分为黑陶，而大汶口文化只是晚期才有比较多的黑陶；龙山文化绝大部分为轮制，制作工艺先进，而大汶口文化中只在晚期才出现少量轮制工艺。蛋壳黑陶是山东龙山文化最有代表性的陶器，蛋壳陶高柄杯和陶鬶更是其他文化中少见的。山东龙山文化以山东为中心，东至海滨，北到鲁北、冀东，南部扩展至江淮，西部延伸到豫东、皖西北。从它在淮河流域的分布情况来看，对中下游的影响很大，而对上游的影响则相对较弱。

从目前考古发现来看，淮河上游北岸的中原地区的龙山文化遗址绝大多数属于河南龙山文化，而山东龙山文化则主要分布在淮河上游的主干流两岸，如周口淮阳的平粮台遗址和信阳阳山遗址等。

淮河上游的豫南地区的山东龙山文化主要是经由皖西而再沿淮河逆流而上传入的。1982年北京大学考古队和安徽省文物工作队对霍邱扁担岗、绣鞋墩、六安众德寺、西古城、城都，寿县青莲寺、斗鸡台7处遗址进行了发掘和研究。在青莲寺遗址第一期遗存中出土的生活用具多为陶器，陶质以泥质黑陶为主。器物有鼎、罐、盆、瓮、碗、杯、豆、鬶、甗等，其中以鼎、罐的数量最多。在斗鸡台遗址中出土的陶器有罐形鼎、鬶、鬲式鼎。这些都具有明显的山东龙山文化的因素②。20世纪，考古工作者相继在信阳三里店、阳山、南山嘴等地发现具有龙山文化因素的新石器时期古

---

① 武津彦：《略论河南境内发现的大汶口文化》，《考古》1981年第3期。
② 北京大学考古学系商周组、安徽省文物工作队：《安徽省霍邱、六安、寿县考古调查试掘报告》，《考古学研究》（三），科学出版社1997年版，第240—299页。

文化遗址，以阳山遗址最有代表性。阳山遗址发现于1953年，出土了大量的生产工具，如石斧、石刀、石镞等，出土的生活物品有：高足陶壶、陶碗、陶杯、陶鼎、陶纺轮、陶豆、陶盆。这些器物有彩陶和光面的黑陶。发掘报告认为，信阳阳山遗址中的一些器物与霍邱等地的器物相似，说明两地的新石器时代晚期文化有一定关系[①]。

大汶口文化和山东龙山文化西进向淮河上游传播与古老的东方民族西迁有关。在古代神话传说中，东方部族有帝俊、羲和、太皞、少昊等，他们正是商周时期史籍中所说的东夷部族的先祖。后来太皞伏羲氏族的一支东迁至周口淮阳一带，并在此生活、繁衍，《左传·昭公十七年》："陈，大皞之虚也。"[②]《汉书·地理志下》也说："陈本太昊之虚。"[③] 相传太皞（太昊）在陈地定都，陈故地淮阳尚有太昊伏羲陵。史载伏羲氏早于炎帝与黄帝，其主要活动时间当在距今5000多年前，当为大汶口文化中晚期，这与周口淮阳平粮台遗址的大汶口文化时限相同。无论从神话传说、史籍记载还是地下考古，都可以说明东方的伏羲部族确实在5000多年前西移至以周口淮阳为中心的豫东一带，从而也带来了东方的大汶口文化。在稍后的龙山文化时期，东方部族中的一些分支又陆续西迁至淮河上游地区，使山东龙山文化得以向这一地区传播。

四 多文化的相互影响与融合

在淮河上游的新石器时代，早期独领风骚的裴李岗—贾湖文化在距今7000年前后突然从这里消失，让今人为之赞叹的精致石磨盘、小巧的石磨棒此后没有被重新发现，曾经响彻辽阔天宇的原始骨笛再也听不到其余音，龟灵崇拜与犬牲之俗只能在东方和其他地方重见。在其原来发生地——淮河上游地区几乎再也见不到之后的文化遗存，也几乎见不到它对这一区域后续文化的明显影响。这种现象在我国其他区域的远古文化中是

---

① 河南文物工作队信阳发掘小组：《河南信阳市阳山新石器时代遗址试掘记》，《文物参考资料》1955年第8期。
② （晋）杜预：《春秋经传集解》，上海古籍出版社1988年版，第1426页。
③ （东汉）班固：《汉书·地理志》，中华书局1985年版，第1653页。

极为少见的。这说明在距今7000年前后，不知是因为自然的还是社会的原因，使裴李岗—贾湖族群发生了大规模的集体迁徙，走得如此坚决而彻底。

裴李岗—贾湖文化衰退之后，这一区域的文化并没有久久沉寂，随着来自四面八方的新的族群的进入，东方的大汶口文化、南方的屈家岭文化和西方的仰韶文化重新在这里传播，各种文化相互交流、融合并产生了新的文化系统，并在中国新石器时期有着重要的影响。

由于淮河这一道天然的屏障，使新石器后期的淮河流域的南北两地在文化交流与融合方面呈现出各自明显的不同特征，从而也昭示着整个先秦时期南北文化的差异。

1. 淮河上游黄淮地区以仰韶—龙山为主体的文化序列形成

仰韶文化是我国新石器时代最重要的考古文化之一，其时代距今7000—5000年，延续2000年左右。从其分布范围来看，东至豫东，西到甘肃、青海，北抵内蒙古长城一线，南伸江汉，其中心区域为陕东、豫西和晋南。

仰韶文化有着较为发达的农业，主要作物粟和黍，大量饲养猪、狗等家畜。主要器物有甑、灶、盆、罐、鼎、碗、杯、瓮等；陶质以细泥红陶、夹砂陶为主，灰陶、黑陶次之；在制作工艺方面，采用手制法，先用泥条盘成器形，然后将器壁拍平；在红陶器上常见有用红彩或黑彩绘的几何形图案或者动物形花纹，其中人面形纹、鱼纹、鹳衔鱼纹、蛙纹、鹿纹、鸟纹等形象生动逼真。这种陶纹是仰韶文化的明显特征，因此仰韶文化也称为彩陶文化。

就在淮河上游地区的裴李岗—贾湖文化退出的同时，仰韶文化则沿黄河向东发展至豫中地区，在此基础上产生了河南龙山文化。中原地区早期龙山文化以手制灰陶为主，杯、敛口罐、敞口盆、尖底瓶、折沿盆等陶器在形制上仍然保留和吸收了仰韶文化的因素。仰韶—龙山文化在随后的数千年里，与西进的大汶口文化、北渐的屈家岭文化在淮河上游的北部相互影响与融合，并最终成为中原新石器中后期主流文化。

武津彦在《略论河南境内发现的大汶口文化》一文中分析了大汶口文

化与仰韶文化—龙山文化的融合趋势时说：

> 目前在河南地区仰韶文化晚期遗址中出土的大汶口文化陶器数量很多，其分布仅限于郑州和禹县以东地区。在仰韶向龙山过渡阶段发现的大汶口文化陶器，在数量上又有增加，在器类方面也更多些，而且出现有典型的大汶口陶器如鬶之类。在河南龙山文化早期遗址中，发现的大汶口文化陶器的数量较少，器形也仅三四种，其分布范围则明显扩大已到达洛阳和信阳地区。以上各个阶段大汶口文化总的发展趋势是从东往西、往南，最后一直到达洛阳和信阳地区。大汶口文化在各个阶段反映出数量上的变化是由少到多，又由多到少，最后逐渐互相趋于融合。我们伟大的中华民族，就是在这种不断地相互交流、相互影响和逐渐融合的过程中发展和壮大起来的。①

从武氏的分析来看，尽管大汶口文化很早就进入中原地区，但在淮河上游北部的中原地区最活跃的时期则是仰韶文化向河南龙山文化过渡的时期。而之后，在族群的长期交往与融合中，其器物特征也随之发生了变化，河南龙山文化则成为淮河上游的主体文化。

在龙山文化时期，北渐的屈家岭文化与河南龙山文化相遇，今天，在淮河上游的北部发现很多屈家岭文化遗存，而这些遗存又往往与龙山文化同时存在。这一地区的屈家岭文化与豫西南地区占有主导地位的情况不同，由于河南龙山文化的强势，使屈家岭文化在这一区域影响较弱，且逐渐被河南龙山文化所吸收、融合，从而形成别具一格的综合型文化。

2. 淮河上游豫南地区多文化的并存与融合

淮河上游豫南区主要指上游主干道两岸的地区，这一区域新石器早期的文化遗存极少发现，当贾湖人东迁时在潢川霸王台遗址曾留下过生活的足迹。至新石器中后期，由于部族迁徙的频繁和文化交流的加速，来自四面八方的族群在这里生息，同时也带来了各自不同的文化。然而，值得注

---

① 武津彦：《略论河南境内发现的大汶口文化》，《考古》1981年第3期。

意的是，来自不同的文化在这一区域交会时，被快速地相互融合从而形成一种相对独立的文化。在这里，每种文化都没有取得过主导地位，在每个遗存中既可以看到各种文化的影子，但又不能说它是某种典型的文化。

经过对豫南区三所楼、李上湾、沙冢、阳山等多处比较典型的新石器时代遗址的研究，"学术界普遍认识到了这里处南北文化区之间，遗存复杂，但对文化属性，却存在归入或倾向仰韶文化、划归屈家岭文化和认为因地域特征明显而难以归入南北考古学文化，是一支独立的地方文化"①。

如罗山的李上湾遗址第一期文化遗存中出土的陶器从器物质量、工艺、花纹、器形等方面看，在器物上融合多文化因素。如矮圈足罐等是屈家岭文化早中期常见的器形，夹砂圆鼓腹罐形鼎与大河村三期同类器有相似。李上湾二期所见的夹砂深腹盆为鄂东北同期遗存中常见器物，薄胎彩陶杯和厚胎杯类似于屈家岭遗址晚期同类器物②。

信阳阳山遗址整体上属于龙山文化遗址，但同样包含了多种文化因素，发掘报告认为："阳山遗址内，器物形制与苏北、皖北及豫南其他新石器时代遗址有密切关系，如陶器的条蓝纹与泌阳板桥水库三所楼遗址的相似，在彩陶杯的陶壁内的深红色彩壁与苏北青莲岗器内彩绘相仿。圆镂孔的喇叭状高圈足也与皖北霍邱及浙江杭县良渚的圈足器类相似，灰坑内的平底小碗与郑州龙山期的相似，圆柄三棱石镞在苏北也经常发现。"③

信阳淮滨沙冢遗址的高柄镂孔杯与大汶口文化的镂孔高柄杯相类；沙冢的三角镂孔装饰表现出江苏青莲岗文化的常见特征；高柄壶形罐和圈足壶形罐为屈家岭文化常见的壶形器；钵形鼎可以在河南庙底沟二期文化中发现其影子。④

驻马店泌阳的三所楼遗址，下层的陶器敛口圆唇罐、直壁鼎、敞口盆等在形制上接近仰韶文化；上层的陶器和河南龙山文化中一些遗址的陶器

---

① 魏兴涛：《新中国成立以来河南新石器时代考古发现与研究》，《华夏考古》2012 年第 2 期。
② 河南省文物考古研究所、信阳市文物管理委员会：《河南罗山县李上湾新石器时代遗址》，《华夏考古》2000 年第 3 期。
③ 河南文物工作队信阳发掘小组：《河南信阳市阳山新石器时代遗址试掘记》，《文物参考资料》1955 年第 8 期。
④ 欧谭生、李绍曾：《河南淮滨发现新石器时代墓葬》，《考古》1981 年第 1 期。

有共同之处①。

总之,在新石器时代,淮河上游地区既有裴李岗—贾湖这样古老而辉煌的本土文化,又是东方大汶口文化、南方屈家岭文化、西方仰韶文化的交会地,各种文化在这里传播、碰撞、融合并产生新变,最终产生代表新石器晚期具有集大成意义的河南龙山文化,这种集成文化为中原文化乃至夏、商、周时期中国文化的形成奠定了坚实的基础。然而由于所处地域不同,淮河上游地区的北部与南部又表现出不同的特点,在北部的中原地区,文化冲突更为激烈,文化序列的交替也更为明显,这种文化的变化与传说中的伏羲部族西迁、炎黄部族的东迁及两部族在中原的争夺有很大的关系。传说时代的伏羲、炎帝和黄帝等主要活动于距今5000年前后,这一时期正是中原地区各种文化交流最频繁的时期,也是文化融合最快最有成效的时期。仰韶文化在吸纳其他文化精华的基础上发展成河南龙山文化,龙山文化也成了新石器晚期的中原主导文化。相较中原来说,豫南地区则呈现出多种文化并存、共同发展的格局。因为它处于古老的各大部族征战的边缘地带,在这里,大汶口、仰韶、屈家岭、龙山等很多我国新石器时代有代表性的古文化的中晚期文化都在这里得以传播和发展,同一时期、同一遗址的文化共生共存,且又表现出自己的特点。说明,在这一区域来自不同族群的人们在和平环境下安然相处,在传承各自族群的古老文明的同时又有所创新,既显示出这一地区文化的包容性,也显示其文化南北过渡带的特性。

---

① 河南省文化局文物工作队:《河南泌阳板桥新石器时代遗址的调查和拭掘》,《考古》1965年第9期。

第三章　新石器时期淮河中游族群迁徙与文化交流

以安徽中部和北部为主体的淮河中游地区，在上古时期位于多种文化序列的交接处，其东北部有大汶口—龙山文化，东部有青莲岗文化，东南部有长江下游的马家浜—崧泽—良渚文化，南部有分布于皖中的薛家岗文化，西南部有产生于长江中游的屈家岭文化，西部有产生于中原地区的裴李岗文化、仰韶文化—中原龙山文化。而在这一区域的中心地带，也有产生、发展于本土的蚌埠双墩文化。周边多种文化不仅都在淮河中游地区交会、融合，同时也通过这一文化走廊向更远的地方传播、发展。

一　以蚌埠双墩为代表的淮河中游早期地域文化

双墩遗址位于安徽省蚌埠市淮上区的双墩村，遗址距淮河北岸约4千米，在双墩遗址所出土的遗物中除大量的陶片外，还有石器、蚌器、骨器、角器等。陶器的颜色有红褐色、外红内黑色、黑色和灰色陶，其中以红褐色陶为主；陶质多数为夹蚌末、夹炭和夹云母末陶；器形有罐形釜、鼎、钵形釜、碗、钵、甑、支架、鼎足、器座、器盖。陶器以素面陶为主，还有一些器物上有刻画纹、乳钉纹、附加堆纹、戳刺纹、刺点纹、指切纹和彩陶等纹饰；在陶器形状上，最常见的是平底、矮圈足和假圈足、圆柱形锥状鼎足、鸡冠形和扁形錾手、鸟首形和牛鼻形耳；陶器均为手制，在一些器物上留有手制的指痕、拼接的缝痕和刮削痕。双墩遗物中四鍪平底釜、底部或腹部满布箅孔的甑都为这一文化所独有。①

在双墩遗址中最引人注目的就是在一些器物上有大量的刻画符号，这些符号大多数刻在陶碗的外圈足内，也有少数划在碗的外腹部、豆圈足内、缸底或钵底部，共计600多件。这些符号有鱼形、猪形、鹿形、蚕形、花瓣形、三角形、"十"字形、网状形、圆圈形、建筑形等，其内容包括对太阳、山川、河流、动物、植物等自然物象的描绘，也有对捕鱼、狩猎、种植、养蚕、编织等自己日常生活的记录，还有关于居住的房屋等写实作品和一些不可知的记事类符号。有学者认为，"双墩刻画符号的形体结构自成一套，是一套成熟的表意记事符号。……目前这套形意结构的符号在双墩文化分布区域中广泛使用并随文化的传播而传播，如在侯家寨遗址下层发现80多件，在石山子发表的材料中发现1件，在南京丹阳丁沙地遗址发现10件。由此，双墩刻画符号是一种具有文字性质和作用的刻划符号，对汉字的形成和发展似可起到借鉴和影响的作用，同样是中国汉字的源头之一"②。

双墩文化距今约7000年，是目前已经发现的淮河中游地区最早的新石器时代文化。那么他的源头在哪？后来又是怎样发展与衰落的？对此，考古界一直有不同看法，未有定论。一种比较有影响的观点认为，安徽宿县的小山口文化受河南舞阳贾湖文化东进的强烈影响，并吸收部分磁山文化和江淮地区文化的因素，从而形成了双墩文化，约公元前5000年以后，双墩文化与后李文化融合又形成了北辛文化③。

从目前考古发现和相关报告来看，双墩遗址的某种文化因素与贾湖文化相似，如双墩的平底鍪手罐形釜与贾湖的平底罐有些相似，双墩遗址中篦纹陶罐也与舞阳大岗遗址出土的篦纹陶罐基本相同，在一些器物上有刻画符号等。但是，这些相似因素并不是两种文化的主流，也不排除偶然因素。而两者文化上实质性差异是最突出的。

其一，在裴李岗—贾湖文化中最为典型的石器有齿刃镰、鞋底状四柱

---

① 参见阚绪杭、周群《安徽蚌埠双墩新石器时代遗址发掘》，《考古学报》2007年第1期。
② 同上。
③ 韩建业：《双墩文化的北上与北辛文化的形成——从济宁张山"北辛文化遗存"论起》，《江汉考古》2012年第2期。

足石磨盘、磨棒等，这些经典的从事农业生产的工具都不见于双墩遗址。

其二，贾湖出土的典型陶器如凿形足盆形鼎、凿形足卷沿罐形鼎、卷沿深腹罐、折沿深腹罐、罐形壶、折肩壶、圆肩圆腹壶、筒形角把罐、束颈鼓腰圆底罐、扁腹横耳壶等，大都不见于双墩遗址；双墩出土的鸡冠形和扁形錾手、鸟首形和牛鼻形耳等特色器物，也不见于贾湖遗址。

其三，在贾湖遗址中出土了大量的骨器，其中有一种被认为是骨笛的管状器最受关注，无论这种器物是单纯的乐器还是用于宗教活动的圣物，它都是贾湖人精神文化生活的象征之物，但也不见于双墩。

其四，贾湖墓葬中有随葬龟甲、狗、獐牙的习俗，体现出贾湖人的龟灵、犬牲崇拜。这种宗教崇拜应当是一个族群根深蒂固的文化信仰，也许某些器物的形制会轻易受到另一种文化的影响而产生变化、更新，但宗教信仰却会产生持续的影响。

综上所述，我们认为，双墩文化之源既不是山东后李文化，也不是中原裴李岗—贾湖文化，它是在淮河中游地区独立生存、发展而成的一种独立的区域文化，并对周边文化产生过一定的影响。至新石器后期，由于外部族群的侵入或内部的分化等原因，使这种文化逐步衰落。

二 裴李岗文化与后李文化在淮河中游的交会

迄今发现的在黄淮之间较早的新石器时期的文化是河南的裴李岗文化和山东的后李文化。随着族群的迁徙和文化的传播，这两种文化虽然在早期没有直接的人员交流和文化上的源流关系，但随着两者分别东进和西移，在淮河中游产生碰撞与融合，从而形成了新的文化类型，这种新的文化类型即为安徽的小山口文化和侯家寨文化。

小山口遗址位于安徽省北部宿县桃山乡的小山口村。遗址一期文化层中出土的陶片以红陶为主，有少量的灰陶；陶质以夹砂陶居多，同时也有少量的泥质陶；陶器以素面为主，有少量器物上有附加堆纹、按窝纹；器形有罐、盘、杯等。发现有石磨盘、磨棒、石锛等石器，石磨盘由灰色细砂岩琢磨而成，呈长方形①。遗址年代距今8000—7700年②，与小山口文化属于同一类型的还有位于安徽省淮北市濉溪县平山乡石山子村的石山子遗址。石山子、小山口文化遗址与定远县侯家寨遗址有相似之处：两者陶器均以夹砂红褐陶为主，流行錾手、耳系等；长圆锥形鼎足、鹿角靴形器等均为石山子遗址中的代表性器物。其绝对年代为距今7500—7000年。研究表明，"总体上，石山子类型与侯家寨类型的主要文化特征是一致的，而所存在的差异则可能是由于地域上的原因造成的，当然也有可能存在着时间上的早晚差别。但就目前材料而言，它们应为一个文化共同体中不同的两个地方类型"③。

从小山口、石山子文化特征上看，它与后李、裴李岗文化有一定的相似性，如陶器颜色以红色为主，绝大多数器物为素面，都有石制磨盘、石磨棒等。与裴李岗文化相比，两者差异明显：裴李岗文化中有较多的鼎、壶，釜比较少见，小山口文化不见鼎，而釜的数量较多；裴李岗文化中的磨盘为圆头四足磨盘，而小山口文化的磨盘呈长方形。小山口文化与后李文化存在着更多的相同点：两者都以圈底器居多；器物以釜为主；小山口出土的折沿釜、乳丁足器、盆、圈底钵、假圈足碗等与后李文化的也相同或者相似；磨盘都呈方形。

从以上分析来看，当裴李岗文化东移、后李文化向西南扩展时，先后到达淮河中游地区，它们与当地的原始文化相互交流、影响，从而形成了一种新的文化类型。

三　大汶口—龙山文化向淮河中游的拓展

大汶口文化是东夷族群迄今为止最具有影响力的新石器时期代表性文化之一，随着东夷部族势力的扩张，其文化也以山东为中心传播至河南、安徽、江苏、河北等地。从目前所发掘的遗址来看，淮河干流两岸及其南

---

① 王吉怀、吴加安、梁中合：《安徽宿县小山口和古台寺遗址试掘简报》，《考古》1993年第12期。
② 朔知：《安徽淮河流域早期原始文化略说》，《东南文化》1999年第5期。
③ 冀和：《试论皖北地区新石器时代早期文化》，《中原文物》1997年第2期。

部地区的大汶口文化早期和中期的遗址较少,晚期遗址有所增加,虽然在肥西、霍邱、六安、寿县等地也发现有大汶口文化遗址,但沿淮河由东向西遗址逐步递减,一些遗址虽具有大汶口文化的因素却又呈现出显著的地方特色。由此说明,当大汶口文化向南推进时,由于受到淮河这个天然屏障的影响和当地土著文化的阻力,使它的影响力大大小于皖北地区。

目前,皖北地区比较典型的大汶口文化遗址有蒙城尉迟寺、亳州富庄、萧县花家寺、睢溪安郎寺、涡阳侯堌堆、宿州古台寺和小山口、灵璧县玉石山、泗县程台遗址等。位于亳州涡河南岸的富庄大汶口文化遗址,从墓葬文化来看,除单人葬外,还有双人或多人合葬;多采用仰身直肢葬;发现有生前拔牙的习俗。出土的背壶、镂孔豆、罐形鼎等都有大汶口文化中期同类器物的特点。说明在大汶口文化中期或更早的时候,大汶口人便已到达皖北地区[1]。

在皖北地区最具代表性的大汶口文化遗址是尉迟寺遗址,该遗址位于皖北的蒙城县许町镇毕集村,属于大汶口文化偏晚阶段的遗址。遗址一期文化出土的陶器以夹砂陶为主,泥质陶次之。陶器颜色以红褐色为主,还有灰陶和灰褐陶;器形主要有三足器、圈足器和平底器;常见器物有罐形鼎、鬶、长颈壶、杯、深腹罐和大圈足豆等。墓葬大多为竖穴土坑墓,葬式分仰身直肢、侧身直肢、侧身屈肢葬等类型,随葬品有陶器、玉器、獐牙、猪下颌骨等,个别墓葬有拔牙的习俗;儿童流行瓮棺葬[2]。从主要文化特征来看,尉迟寺遗址一期文化属于大汶口文化。2002 年在遗址中发现一个鸟形"神器",器物通高 59.5 厘米,中部直径 22 厘米。鸟体造型是古老的东夷族群标志性崇拜造型,这进一步证明居住于尉迟寺一带居民来自山东大汶口文化区的东夷族。

但尉迟寺大汶口文化遗址和山东大汶口文化也有所不同:山东大汶口文化中典型的背壶和瓠形器在这里很少见到;尉迟寺遗址出土的有三个凿形足的圆底罐不同于山东大汶口文化中的平底罐形鼎;山东大汶口文化墓葬中流行随葬龟甲牙或骨雕饰品,死者口含石球或陶球等葬俗,大多不见

---

[1] 吴加安:《安徽北部的新石器文化遗存》,《考古》1996 年第 9 期。
[2] 王吉怀:《专家座谈安徽蒙城尉迟寺遗址发掘的收获》,《考古》1995 年第 4 期。

于尉迟寺遗址大汶口文化墓葬中。说明在东夷族群来到这里之前，本地原本存在着一种土著文化，两个族群在这里和平生活、相处，从而使得各自的文化完全融合，而更加先进的大汶口文化逐渐占主导地位，并最终成为这一带的主流文化。所以说，尉迟寺大汶口文化遗址的出现既是东夷文化向东扩展的结果，也是东夷文化与皖北地方文化融合的结果。

尉迟寺大汶口文化遗址出土的陶制鸟形器

相比大汶口文化来说，龙山文化对淮河中游的影响范围要更大一些。在淮河中游的干流两岸、江淮之间和淮北地区都有大量的龙山文化遗址的分布。这一地区的很多龙山文化既体现出山东龙山文化特色，又具有中原龙山文化的特征，甚至在同一文化遗址中两种文化同时存在。如在古埂遗址发现的鼎的腹部饰有细绳纹，这是中原龙山文化时期常见的纹饰[1]。安徽蚌埠禹会遗址中出土的侧三角式足鼎具有豫东龙山文化的特点，而鬶和

---

[1] 安徽省文物考古研究所：《安徽肥西县古埂新石器时代遗址》，《考古》1985年第7期。

鬼脸式足鼎又具有山东龙山文化特点①。尉迟寺二期文化、萧县花家寺、宿县芦城子、皖西霍邱和寿县一带的很多龙山文化遗址也同时具有中原与山东两地的龙山文化因素。②

淮河中游的龙山文化特色反映出这一地区在史前时代的重要区域地位，它不仅是各种史前文化向周边传播的重要通道，同时也是众多史前文化的交会、融合之地。经过融合的龙山文化经皖西又沿淮而上，到达淮河上游南岸的信阳市固始、商城、潢川等地，这就是豫东南多地的龙山文化面貌与皖西相同或相近原因。

四　凌家滩文化与史前东夷文化的关系

凌安滩遗址位于安徽省含山县铜闸镇西南约10千米的长岗乡凌家滩村的南部，裕溪河从遗址的南面流过。自1985年发现以来，先后经过六次考古发掘，发现了分布十分密集的房址、壕沟、墓葬、祭坛、祭祀坑、积石圈等新石器时代的遗迹，出土了大量精美而独特的玉器、陶器、石器等遗物，它是巢湖流域所发现的新石器时代晚期重要的大型原始聚落。研究表明凌家滩遗址的年代距今5300—5100年③。或认为"在距今5500年前后"④ 在这个遗址中，既反映出新石器时代皖中地区原始的土著文化特征，又有来自当时江南、淮北地区的诸种文化因素。而凌家滩文化的渊流与古老的东夷文化关系更加密切，从史前传说和考古发现来看，凌家滩文化的核心成员当为东夷部族的一支。

1. 凌家滩文化的太阳崇拜与东夷文化

在凌家滩遗址出土了大量的器物，而玉器则是其最有影响的器物种

---

① 中国社会科学院考古研究所安徽工作队、蚌埠市博物馆：《安徽蚌埠市禹会龙山文化遗址祭祀台基发掘简报》，《考古》2013年第1期。

② 安徽省博物馆：《安徽肖县花家寺新石器时代遗址》，《考古》1966年第2期；冀和、王敏：《安徽宿县发现新石器时代遗址》，《考古》1986年第4期；北京大学考古学系商周组、安徽省文物工作队：《安徽省霍邱、六安、寿县考古调查试掘报告》，《考古学研究》（三），科学出版社1997年版，第240—299页。

③ 张敬国：《含山凌家滩遗址第三次考古发掘主要收获》，《东南文化》1999年第5期。

④ 朔知：《从凌家滩文化看中国文明的起源》，《安徽史学》2000年第3期。

类，其中的一块玉版和一件玉鹰尤为考古界所关注。

凌家滩遗址出土的玉版

玉版整体呈长方形，长为11厘米，宽为8.2厘米。在这块玉版上面雕刻着两个大小相套的圆圈。在内圆里面刻有八角形图案，在内外圆之间用八条直线分割成八等份，在每一个区间里刻有一个箭头。在外圆的四角各刻有一个对称的箭头。学者认为玉片上的圆形图案及其箭头是太阳的象征，八角是太阳辐射的光芒[①]。这种观点具有很大的代表性，它说明凌家滩所出玉版中的图案确实代表着凌家滩人对太阳的崇拜，所以这块玉版也就具有了某种宗教意义，它是应用在宗教仪式上的圣物，也是一种权力的象征，而并非一般的把玩之物。

同时凌家滩还出土一件玉鹰，鹰的双翼展开，双翼为对称的猪首形状，鹰嘴如钩，鹰眼十分突出，鹰首向左方侧视，尾部自然分开，不仅形象逼真，而且充满生气。玉鹰的胸部刻有大小两个圆圈，在两圆之间刻有八角星纹。这种图案可以看作是玉版上图案的略写，与是太阳图案的象征。于是，太阳、鹰、猪三者便紧密联系起来，张敬国先生认为这是"想把百鸟之王的雄鹰飞上天，把牲品带给太阳神，反映了凌家滩先民的原始宇宙观和对宗教崇拜的虔诚。把猪当作牲品，说明凌家滩先民是以农耕为

[①] 陈久金：《含山出土玉片图形试考》，《文物》1989年第4期。

主的部落"①。

凌家滩遗址出土的玉鹰

从这两件经典的玉器来看，凌家滩人对太阳和鸟十分崇拜，并将其融入宗教信仰之中，成为整个族人文化生活的重要组成部分。

由于太阳是生命之源，而鸟不仅是人们习见之物，也是其主要食物来源之一，所以在原始时代，先民们大多对太阳和鸟具有超乎寻常的感情，甚至将其作为崇拜对象。但从神话传说以及相关典籍记载来看，在我国各地区生活的先民当中，对太阳和鸟的崇拜莫过于东夷部族。

在上古神话传说中人们经常会忽略一个比伏羲、炎帝和黄帝等都还要早得多的神话人物帝俊，他也是东夷部族最早的神话人物，《山海经》中有很多关于帝俊及其子孙的记载，从记载中可见，鸟与太阳的关系在关于东夷部族的神话传说中体现得十分清楚，凌家滩遗址中所见的玉版上的太阳图案及玉鹰腹部的太阳图案，都说明它与古老的东夷文化有着不可分割的关系。从凌家滩玉鹰图案来看，早期的东夷文化中是以鹰作为太阳的驾鸟的，而并非鸟。只是由于历史的演变，神话传说的变异，使太阳鸟从原始文化中的鹰变成了后来的鸟。

帝俊之后，东夷部族又出现一批杰出的首领，如太皞、少皞，及后来的伯翳、皋陶等。这些东夷部族的子孙们仍然继承了前代的宗教文化，以

---

① 张敬国：《朝拜圣地：凌家滩》，《中原文物》2002年第1期。

太阳为崇拜物,太皞、少皞的"皞"都与太阳有关,连"皋陶的'皋'仍是太皞、少皞的'皞'"。① 所以"皋陶"的名字也与太阳有关。不仅是太阳,鸟也是东夷部族后继者们的崇拜对象,据《左传·昭公十七年》载,当少皞领导东夷部族时,连每种官职的名字都是以鸟来命名的:

> 郯子来朝,公与之宴。昭子问焉,曰:"少皞氏鸟名官,何故也?"郯子曰:"吾祖也,我知之。昔者黄帝氏以云纪,故为云师而云名;炎帝氏以火纪,故为火师而火名;共工氏以水纪,故为水师而水名;大皞氏以龙纪,故为龙师而龙名。我高祖少皞挚之立也,凤鸟适至,故纪于鸟,为鸟师而鸟名。凤鸟氏,历正也;玄鸟氏,司分者也;伯赵氏,司至者也;青鸟氏,司启者也;丹鸟氏,司闭者也。祝鸠氏,司徒也;鴡鸠氏,司马也;鸤鸠氏,司空也;爽鸠氏,司寇也;鹘鸠氏,司事也。五鸠,鸠民者也。五雉,为五工正,利器用、正度量,夷民者也。九扈为九农正,扈民无淫者也。自颛顼以来,不能纪远,乃纪于近,为民师而命以民事,则不能故也。"②

这完全是一个鸟的王国,尽管没有更古老的文献可以确定郯子所言的真实性,也不能确定在远古时代,其职官划分得是否会如此清楚,但从这则记载至少可以说明,鸟文化在原始东夷部族的突出地位。

凌家滩出土玉器上展示的太阳崇拜在新石器时代的代表东夷原始文化的大汶口文化中多有发现,所以李修松认为:"玉鹰的八角星纹连同星的内圆(太阳图形)都来自大汶口文化。黄淮平原大汶口文化刘林期便已发现这种图形,在邹县野店 M35 墓出土的彩陶盆上亦有发现。虽然后来在诸如良渚文化等遗址中也有发现,但追根溯源,还是来自大汶口文化。"③

总之,凌家滩出土的玉版、玉鹰等玉器及其上面图案所显示的太阳崇拜、鸟崇拜等文化信息,说明凌家滩人正是东夷部族的一支,而凌家滩文

---

① 徐旭生:《中国古史的传说时代》,文物出版社 1985 年版,第 54 页。
② (晋)杜预:《春秋经传集解》,上海古籍出版社 1988 年版,第 1420—1421 页。
③ 李修松:《试论凌家滩玉龙、玉鹰、玉龟、玉版的文化内涵》,《安徽大学学报》2001 年第 6 期。

化则是东夷文化中大汶口文化的一个支系。

2. 凌家滩的龟灵崇拜、占卜术与东夷文化

在凌家滩遗址墓地所出土的玉器中引人注目的另外一种器物就是玉龟。在 2007 年第五次发掘过程中，在一座大墓的墓主人腰部中间放置有 3 件龟形器：1 件精致的玉龟，2 件玉龟状扁圆形器物。玉龟长 9.4 厘米，宽 7.6 厘米，高 4.6 厘米，厚 0.3—0.6 厘米；在玉龟的背甲两端各有两个对钻的圆孔，尾部对钻四个圆孔；腹甲的两侧与背甲钻孔的对应处也有两圆孔，尾部中间有一圆孔。2 件龟形器在上腹面的一端对钻三个小圆孔。3 件器物腹内分别有一两件玉签，玉签为扁圆形圭状，顶部呈圆弧状，底部则呈三角形，且有一对钻孔。

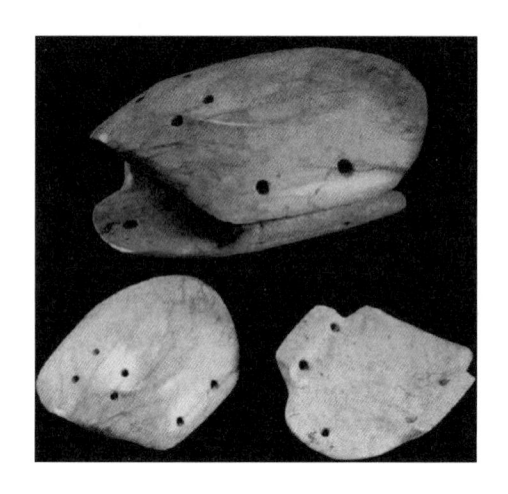

凌家滩遗址出土的玉龟

玉龟和前文提到的玉版在出土时是放在一起的，玉龟腹甲在上，背甲在下，中间夹着玉版。根据玉龟、玉签、玉版等组合形式和上面的图形等来看，学者推测"这是一组占卜工具，它们的发现表明凌家滩遗址所处的远古时期，占卜和原始八卦在上层社会已经普遍运用，反映出当时人们对于天体、宇宙等的认识。人们崇拜神灵，利用长寿的龟作为人与天沟通、交流的载体，而拥有占卜工具和手段的人（巫）代表了神的意志，也就能够维持其统治权力。……印证了古代文献中有关龟、八卦和占卜的记载确

有史实依据"①。

从考古情况来看，凌家滩墓葬出土的玉龟、玉签及玉版是目前所见到的远古时代最早的玉制占卜器物。但对龟的崇拜及用龟等来占卜吉凶的方法却并非始于凌家滩文化。

在距今约9000年的贾湖文化中就已经有了龟灵崇拜，在贾湖墓葬中很多龟壳内都装有多小不等的小石子。学者认为这是龟崇拜的始源，也是原始占卜术的开端，甚至直接启发了伏羲的八卦发明②。

这种原始习俗在大汶口文化区得到进一步继承与发展，在大汶口文化分布区的山东南部到江苏淮北一带，如山东泰安大汶口、邹县野店、茌平尚庄、兖州的王因，江苏邳县的刘林、大墩等大汶口文化遗址都发现与贾湖类似的龟灵崇拜，它们的年代都早于凌家滩。大汶口墓地在11座成年人的墓葬中出土龟甲20件，有些在脚下，有些放在胸前，还有的放在膝部，更多的则是置于墓主人的腰间。龟的背、腹甲上面有数量不等的小孔，部分龟甲上涂有朱彩。47号墓中出土的龟甲内盛有数十颗小石子。江苏邳县大墩子发现的龟甲大都在青壮年墓葬中发现，一般放在墓主人的腰间，一些龟甲内装有4—6粒小石子或6枚骨针。大墩子墓中随葬龟甲内也装有小石子或粗骨针、骨锥，有些龟甲上面有烧灼的痕迹③。在刘林类型墓葬发现的几副穿孔龟甲内装有6枚骨针或骨锥，另2个龟甲内均装十余粒小石子④。

从贾湖到苏北、鲁南、鲁中，再到皖南，这样一个广阔的范围内，竟然有不同时期出现如此相似的文化现象，它们绝非偶然，这些文化现象自有其传承关系。其文化源头当来自中原贾湖文化。当生活在距今9000—7000年的贾湖人在自然或人为的压力下，沿淮河干流和主要支流东迁至皖、苏地区，然后又从苏北、鲁南北上进入山前平原，从而孕育和催化出北辛文化、大汶口文化。距今5300多年前，大汶口人的一支又南移过淮河进入皖中的凌家滩地区，将大汶口文化带到凌家滩，与地方土著文化相

---

① 参见张敬国《安徽含山县凌家滩遗址第五次发掘的新发现》，《考古》2008年第3期。
② 李学勤：《论含山凌家滩玉龟、玉版》，《中国文化》1992年第1期。
③ 王树明：《大汶口文化墓葬中龟甲用途的推测》，《中原文物》1991年第2期。
④ 南京博物院：《江苏邳县四户镇大墩子遗址探掘报告》，《考古学报》1964年第2期。

结合，创造出独具特色而又深深打上大汶口文化烙印的凌家滩文化。

按照凌家滩文化的年代推算，凌家滩文化略晚于传说中的伏羲时代，伏羲是原始东夷部族中的杰出领袖人物，传说中伏羲与白龟有不解之缘，又发明了八卦，这些传说虽缺乏史籍可证，但从考古发掘来看，伏羲与龟的关系、伏羲与占卜术的发明并非空穴来风。生活在大汶口文化时期的伏羲将大汶口文化的龟灵崇拜与占卜术进一步总结、发展，从而为后世的八卦理论的形成奠定了基础。当伏羲部族中的一支西迁至河南周口淮阳一带留下平粮台文化之时，而东夷部族的另一支也南迁至皖中含山地区创造了凌家滩文化。

3. 凌家滩文化对周边多种文化的吸纳与融合

在凌家滩文化中，除其太阳崇拜、鸟崇拜、龟灵崇拜等受大汶口文化深刻影响之外，其陶器也同样包含了大汶口文化的因素。从目前发掘的情况来看，凌家滩上文化层出土遗物的石器、玉器与陶器和下文化层中的器物所体现出来的文化特色区别不是太大，表明这一文化遗址具有稳定性和文化的连续性。器物种类有鼎、豆、壶、盘、罐、器盖等；器形以扁圆形足较多；陶器品质上以泥质灰陶为主，胎质较硬；纹饰以镂孔、刻画菱格纹为主，素面者较少[①]。背壶是大汶口文化中代表性的器形，凌家滩 M9：55 背壶形态介于大汶口 M81：8 和 M98：13 的背壶之间，与高皇庙的背壶形式近似；凌家滩 M9：42 高柄杯也有大汶口文化中同类器物的因素[②]。

但同时，由于凌家滩所处的特殊位置，使之成为北方东夷文化、淮河文化与南方长江中下游的崧泽—良渚文化和薛家岗文化的交会地，所以凌家滩文化同时受到多种文化因子的影响。凌家滩遗址早期墓 M15：5 豆形壶呈现出宽沿棱，有马家浜文化的因素；凌家滩的喇叭形高圈足器和平底壶都具有崧泽文化早期的风格，几何形镂孔豆与崧泽晚期同类器物极其相似；凌家滩的三足盘则是崧泽文化类型徐家湾遗址常见的器物；凌家滩晚期墓葬 M9：51 三足细颈平底鬶、钵形豆盘具有安徽薛家岗文化同类器物

[①] 张敬国：《含山凌家滩遗址第三次考古发掘主要收获》，《东南文化》1999 年第 5 期。
[②] 田名利：《凌家滩墓地玉器渊源探寻》，《东南文化》1999 年第 5 期。

的风格①。这些都说明，凌家滩文化与周边同时期古文化的交流与融合。

当然，凌家滩文化也表现出显著的地方特色。凌家滩遗址出土器物种类繁多，有些造型非常奇特，其中深腹卷沿盘、鸡形器、圈足壶、小口鼓腹平底罐、三高足浅腹鼎、细高柄大镂孔喇叭形圈足钵形豆等器物在其他地方少见或不见，一些器物"具有江淮地区土著文化的特征。与此相近的器物在江淮地区的巢县、庐江、肥东、肥西、长丰、六安等地都曾发现"②。

这种独特的文化既有别于大汶口文化，也有别于崧泽文化，更是中原文化没有的。它是皖中江淮地区自有的古老文化的遗存与延续。实际上，在凌家滩文化周边，也有同类的文化现象存在，如距离含山县城西北约15千米大城墩遗址，遗址一期出土的97Ⅲ式鼎和凌家滩早期M4:95鼎十分相似，并且从形制上看，它早于凌家滩。距离凌家滩墓葬区约2.7千米处的韦岗遗址所出土器物从材质、样式、工艺到器物组合等方面来看，都与凌家滩有很大关系，所以发掘报告认为"韦岗遗址无疑属于凌家滩文化的一部分"③。

范晔《后汉书·东夷列传》载："夷有九种，曰畎夷、于夷、方夷、黄夷、白夷、赤夷、玄夷、风夷、阳夷。故孔子欲居九夷也。昔尧命羲仲宅嵎夷，曰旸谷，盖日之所出也。夏后氏太康失德，夷人始畔。自少康已后，世服王化，遂宾于王门，献其乐舞。桀为暴虐，诸夷内侵，殷汤革命，伐而定之。至于仲丁，蓝夷作寇。自是或服或畔，三百余年。武乙衰敝，东夷浸盛，遂分迁淮、岱，渐居中土。"④ 按照《东夷列传》的记载，东夷族群分支繁多，世居于山东东部地区，至商代中后期才开始"分迁淮、岱，渐居中土"。从目前考古发现来看，东夷族群的西进和南移的时间比《东夷列传》所记载的时间要早得多，至迟在新石器中晚期，东夷族群就开始了大规模的迁徙，他们向东进入中原地区，向南沿东海之滨和泗水等水系南渐至江南地区，向西南则进入安徽中部和南部地区。位于皖中

---

① 田名利：《凌家滩墓地玉器渊源探寻》，《东南文化》1999年第5期。
② 张敬国：《安徽含山凌家滩新石器时代墓地发掘简报》，《文物》1989年第10期。
③ 朔知等：《安徽含山县韦岗遗址新石器时代遗存发掘简报》，《考古》2015年第3期。
④ （南朝）范晔：《后汉书·东夷列传》，中华书局2001年版，第2807—2809页。

地区的凌家滩文化的主要创造者正是东夷部族中南迁的一支。这一支东夷人深入皖中土著居住区，他们带来了东夷族群中先进的制陶工艺和其他生产、生活的先进技术，并吸纳和融合土著文化及同时期周边原始文化，形成了既具有东夷文化特征，又具有地域特色，同时还兼容其他文化因素的新型原始文化。由于这支东夷族群强势的发展，他们很快为土著居民所接纳，并且后来者居上，成为当地占据统治地位的外来族群，从而也使他们的一系列原始宗教信仰成为凌家滩人的共同宗教意识。

在凌家滩文化之后，这支东夷族人仍然在皖中地区生活、发展，在新石器时代晚期和夏代初年，形成了一个独立、庞大的东夷集团，其中最杰出的氏族首领就是曾协助大禹治水的偃姓的皋陶。《史记·夏本纪》载："皋陶卒，（禹）封皋陶之后于英、六。或在许。"[①] 英在安徽金寨东南，六在今安徽六安西北。同属于偃姓的还有这一地区的舒鸠、舒龙、舒鲍、舒龚、宗、巢、桐等国。他们从夏至商、周时代都一直生活在皖中地区，是商周时期皖中地区最强大的地方势力和主要方国与诸侯国。

总之，凌家滩文化的主体源于东夷部族的大汶口文化，凌家滩文化中的太阳崇拜、鸟崇拜是东夷文化中最为突出和根深蒂固的文化现象之一；凌家滩人的龟灵崇拜是对大汶口文化中龟灵崇拜的继承与发展；凌家滩遗址中某些器物直接脱胎于大汶口文化。凌家滩文化在形成过程中，以大汶口文化为主体，吸纳皖中地区古老的土著文化，并同时融合了同时期周边的史前文化，从而形成了独具特色的文化类型。从凌家滩文化来看，至迟在新石器时代中晚期东夷族群便已较大规模的迁徙，其中一支南移至凌家滩地区，成为先秦典籍中所称淮夷的组成部分。这一支经历传说中的尧、舜、禹时代，已成为皖中地区最强大的族群，在夏、商、周时期建立了以偃姓为主体的众多方国和诸侯国。

五 长江下游史前文化的北上

从目前考古发现来看，史前时代长江下游的文化以河姆渡—马家浜—

[①]（西汉）司马迁：《史记》，上海古籍出版社1997年版，第55页。

崧泽—良渚文化序列为代表。

马家浜文化因浙江嘉兴马家浜遗址而得名，其主要分布在太湖地区，年代距今7000—6000年前后。马家浜文化的居民主要从事稻作农业，兼有渔猎，农具主要有穿孔斧、骨耜、木铲等，开始饲养猪、狗、水牛等家畜；代表性的石器为石锛等；陶器主要是红色泥质陶，多素面，代表性器形有宽檐釜、牛鼻形器耳的罐、喇叭形圈足豆、圆锥足鼎等；盛行使用玉玦、玉环、玉镯和玉璜等装饰品，为其后的崧泽文化、良渚文化的玉器发展奠定了基础；盛行俯身直肢葬，头部一般朝向北方；有用陶器覆盖人头骨或置头骨于陶器中的葬俗。

崧泽文化距今6000—5300年前后，因发现于上海市青浦区崧泽村而得名，其上承马家浜文化，下启良渚文化。陶色以灰陶为主，红陶为辅，还有部分黑陶，器型有釜、鼎、罐、壶、觚、豆、杯、瓶、盆、匜等，器物纹饰有堆纹、压划纹、镂孔、彩绘等，塔形壶、鸟型三足盉、鹰头壶、兽面钟形壶等独具特色。墓葬习俗从马家浜文化时期的俯身直肢葬和头向朝北演变成崧泽文化早期的仰身直肢葬和头北足南、崧泽文化中晚期的仰身直肢、头南足北葬俗。

良渚文化因发现于杭州余杭区良渚镇而得名，主要分布于太湖流域，距今5300—4000年。该文化最大特色是玉器，玉琮、玉璧、玉钺、玉璜、玉管、玉珠、玉环、玉镯、玉坠、玉带等精美别致；陶器以泥质黑皮陶最具特色，流行圈足器、三足器，代表器形有丁字形足鼎、贯耳壶、大圈足浅腹盘、宽把带流杯等。良渚文化葬俗基本继承了崧泽文化中晚期的特点：仰身直肢、头南足北。

长江下游的新石器时代文化对淮河中游产生了一定的影响。在肥西古埂晚期遗存中出土的黑陶扁侧足罐形鼎与薛家岗文化第四期的同类器相同[1]；安徽六安众德寺、西古城文化遗址中也发现薛家岗文化因素[2]。虽不能说薛家岗向北发展、迁徙，但至少可以证明薛家岗文化已影响到了淮河流域。

---

[1] 安徽省文物考古研究所：《安徽肥西县古埂新石器时代遗址》，《考古》1985年第7期。
[2] 北京大学考古学系商周组、安徽省文物工作队：《安徽省霍邱、六安、寿县考古调查试掘报告》，《考古学研究》（三），科学出版社1997年版，第297页。

而长江下游的新石器时代文化对淮河中游影响最大者当是崧泽—良渚文化。在古埂出土的长颈红陶鬶等物品为良渚文化中常见的器物[①]。在禹会遗址中也曾出土把手连于足、身之间的大袋足陶鬶与卞家山良渚文化遗址中的同类器物相同[②];有段石锛是长江下游史前时期代表性的器物,在良渚文化时期使用最为广泛、制作更加精细,成为能够表现良渚文化基本特征的器物之一。根据考古资料,有段石锛在淮河中游的安徽泗县、寿县等都有发现。[③];1986年安徽省萧县金寨村发现167件玉器、石器和陶器,其中玉器134件,石器4件,绿松石片27件,另有陶器2件,据研究,这批物器的形制和上海福泉山、江苏昆山良渚文化遗址所出土的同类器物很相似,为良渚文化遗址[④]。

六 结论

综上所述,在新石器时期,安徽淮河中游地区即是一个多族群生息的地方,也是一个多元文化汇聚之地,同时更是族群迁徙、文化交流的大通道。其独具本土特色双墩文化是迄今发现的淮河中游最早的史前文明,在我国史前文化中也占有重要地位,由于目前考古材料不足,不知什么原因这种文化特色在后来没能发扬光大。中原的裴李岗—贾湖人在距今7000年前后分别从淮河南北穿越安徽向东发展,进入江苏、山东,在族群的迁徙过程中,不仅在淮河中游留下了远古中原文明的种子,同时也一路吸纳当地的土著文化来丰富改造自己,并且将一种全新的文化带入苏北、鲁南,从而孕育、形成了北辛—大汶口—龙山文化;随后,随着东夷族群的壮大和强势扩张,大汶口文化、山东龙山文化从皖北向南发展,并穿越淮河进入江淮、江南地区,并进一步沿淮河西进至淮河上游的豫南地区,大汶口—山东龙山文化的南移,使淮河中游的史前文化得到快速发展,但同

[①] 安徽省文物考古研究所:《安徽肥西县古埂新石器时代遗址》,《考古》1985年第7期。
[②] 中国社会科学院考古研究所安徽工作队、蚌埠市博物馆:《安徽蚌埠市禹会龙山文化遗址祭祀台基发掘简报》,《考古》2013年第1期。
[③] 涂乔、赵彦志、云峥等:《安徽泗县程台新石器遗址调查简报》,《南方文物》2005年第1期。
[④] 安徽省萧县博物馆:《萧县金寨村发现一批新石器时代玉器》,《文物》1989年第4期。

时也使其土著文化特色消失殆尽；仰韶—中原龙山文化也向东发展，成为影响淮河中游新石器时期文化的一个重要因素；与此同时，长江下游的崧泽—良渚文化和薛家岗等史前文化对淮河中游也产生了一定的影响，但与大汶口—龙山文化相比，它的影响就小得多了。

第四章　新石器时期淮河下游族群演化与文化交流

在新石器时期，淮河下游地区同样具有文化多样性特色。这里不仅有著名的本土文化如顺山集文化、青莲岗文化、北辛文化，同时北方有大汶口文化—龙山文化，南方有长江下游的马家浜—崧泽—良渚文化，在各个阶段南北文化或北进，或南侵，不仅使淮河下游地区呈现出文化过渡带的特色，也使这一地区成为史前族群演化和文化交流的重要区域。

一　特色本土文化之一：泗洪顺山集文化

顺山集遗址位于江苏泗洪县城西北约15千米的梅花镇大新庄，1962年南京博物院尹焕章、张正祥等先生在对洪泽湖周围调查时发现，当时被归入"青莲岗文化"[1]，2010—2012年南京博物院考古研究所与泗洪县博物馆联合对顺山集遗址进行三次考古发掘，清理新石器时代墓葬92座，同时清理出一些房址、灰沟、灰坑，通过考古发掘发现该遗址的新石器时期遗存共为三个时期，第一、二期遗存的时代距今8500—8000年，第三期遗存距今8000—7000年[2]。这是目前发现的淮河下游沿淮地区最早的新石器时期遗址。

遗址第一、二期遗存中的陶器主要是夹砂陶，占全部陶器的90%以上，还有少量的泥质陶。泥质陶大多为红陶，器物表面施红衣；夹砂陶大

---

[1] 尹焕章、张正祥：《洪泽湖周围的考古调查》，《考古》1964年第5期。
[2] 林留根、甘恢元、闫龙、江枫：《江苏泗洪县顺山集新石器时代遗址》，《考古》2013年第7期。

多数外表呈红褐色，陶胎较厚，器形多不规整。器物以素面为主，一些器物有乳钉纹、附加堆纹、按捺纹、指甲纹、刻画纹等。器形以圆底器和平底器为主，以釜、钵、双耳罐、灶、盆、支脚等为基本组合，还有匜、豆、壶等，其中釜的数量最多，第一期多为圆底浅腹，第二期多圆底深腹。石器主要有石锛、石斧、石磨球、石锤、石凿等，陶纺锤见于二期遗存。在第二期遗存中有平底圆形磨盘及带脚磨盘各1件。玉器有玉管、绿松石饰件，玉管双面管钻，打磨光滑。在第二期文化层中发现一批墓葬，采用长方形竖穴土坑墓，排列有序，多为单人仰身直肢葬，墓向多为北偏东，个别朝向南方，大部分墓葬没有随葬品，少数墓葬有1—3件陶釜、壶、钵等随葬品。第三期遗存的陶器中绝大部分是夹砂陶，陶色以红色和褐色为主，有少量灰陶和黑陶，纹饰主要有绳纹、刻画、附加堆纹等。主要器物类型有釜、钵、壶、圈足盘、罐、盆、灶、支脚等，并发现了陶锉。石器有斧、锛、锤、磨球和凿等。出土一件玉锛。三期墓葬多为南北向，死者头部大多数朝南，部分朝东，一部分墓葬尺寸比较大，且随葬品也较多[①]。

顺山集遗址第一期和第二期遗存的文化面貌一致，说明二期是一期的延续，但第三期遗存与一、二期存在很大差异。在墓葬习俗方面：第二期墓葬头向多数朝北偏东，第三期墓葬头向多朝南；在陶器组合方面：第三期出土较多的折沿釜、翻折沿盆、圈足盘、折腹钵和陶锉等都不见于第一、二期。所以第三期与第一、二期似乎不是同一种文化的持续发展。

在淮河流域和黄淮地区，与顺山集一、二期文化处于同一时代的有河南贾湖文化和山东的后李文化，这三者在某些方面有相近的文化因素，如都以夹砂陶为主，陶色以红色或褐色陶为主，都有石磨盘。但这三者却存在着巨大的差异：贾湖、后李代表性的陶器类型大都不见于顺山集遗址；贾湖墓葬的头向多向西或西南，后李为西或东，而顺山集则为东或南；贾湖人的龟灵、犬牲崇拜现象不见于后李和顺山集；贾湖石磨盘多如鞋底状并且有四足，后李的石磨盘呈长方形或椭圆形，而顺山集的石磨盘则为圆

---

① 林留根、甘恢元、闫龙、江枫：《江苏泗洪县顺山集新石器时代遗址》，《考古》2013年第7期。

形。可见，三者虽处于同一时期，但并没有直接族群之间的人员来往和文化交流。

发掘报告认为，顺山集第三期遗存和钱塘江流域的跨湖桥文化之间有着很多相同或相似的因素。如在器物组合上，"顺山集第三期常见的侈口折沿釜、垂腹釜、翻折沿盆、敞口斜腹圈足盘、高领双耳壶，以及陶釜折沿外的鸡冠耳手状装饰、釜身饰绳纹等，均见于同属跨湖桥文化的跨湖桥或下孙遗址之中。制陶工艺上，顺山集第三期常见用植物末作为羼和料的现象同样普遍见于跨湖桥文化。跨湖桥文化的源头在本地上山文化中找到了线索，顺山集第三期遗存虽有少量顺山集文化特征，但主体文化因素尚未在本地找到来源。仅就目前考古材料推断，顺山集第三期遗存可能来源于跨湖桥文化的跨区域迁徙，抑或是受其强烈影响。"① 尽管顺山集文化与跨湖桥文化处于同一时代，也有一些相近的文化因素，但两者的差异还是最主要的。

从目前考古发现来看，顺山集第一、二期遗存与淮河流域及其周边的同期文化尽管存在着某些联系，但这是时代的共性，而其文化却具有独特性，自成系统，属于淮河下游的本土文化的一部分。由于目前考古发掘材料不足，我们尚无法得知顺山集文化的来源。

二 特色本土文化之二：淮安青莲岗文化

青莲岗位于淮河下游的江苏省淮安市淮安区东北35千米青莲村，青莲岗新石器时期遗址1951年发现，至1958年先后进行四次调查和一次发掘。1956年，赵青芳在《南京市北阴阳营文化遗址发掘的近况》中首次提出了"青莲岗文化"的概念②，1961年，曾昭燏、尹焕章二位先生的《江苏古代历史上的两个问题》③一文对青莲岗文化的年代、文化特征及其分布的范围进行了系统论述，"青莲岗文化"也正式命名。随着苏北沭阳

---

① 林留根、甘恢元、闫龙：《江苏泗洪顺山集新石器时代遗址发掘报告》，《考古学报》2014年第4期。
② 赵青芳：《南京市北阴阳营文化遗址发掘的近况》，《江海学刊》1956年第1期。
③ 曾昭燏、尹焕章：《江苏古代历史上的两个问题》，《江海学刊》1961年第12期。

万北、灌云大伊山、连云港二涧村、邳县大墩子等遗址的相继发现,"青莲岗文化"内涵也逐渐丰富,面貌也越来越清晰,但由于学术界对"青莲岗文化"内涵与外延的不断修正,也使"青莲岗文化"这一考古学概念越来越复杂,不同意见也越来越多,使之成为一种"备受争议"的考古学概念。

我们认为,"青莲岗文化"概念的提出对重新认识我国新石器文化的分布与深化过程具有重要的历史意义,对"青莲岗文化"的争论更有助于厘清淮河流域特别是淮河下游新石器时期文化的特色及其独特地位。下面笔者就"青莲岗文化"的概念、分布、特征及其地位谈一些个人的看法。

1."青莲岗文化"几种代表性的观点

从1956年赵青芳先生首次提出"青莲岗文化"命题以来,学术界对其争论就一直持续着,目前,考古界主要观点有以下7种:

(1)"青莲岗文化"是江淮下游地区的史前文化

1963年,曾昭燏、尹焕章二位先生将《江苏古代历史上的两个问题》的文章进行修改,以"古代江苏历史上的两个问题"为题作为1963年出版的《江苏省出土文物选集》的前言,在文章中,他们将江苏境内的原始文化分为"青莲岗文化""刘林文化""龙山文化""良渚文化"和"湖熟文化"五个文化区,认为青莲岗文化的中心地区是江苏省,同时扩展到周边的省份,如上海的马桥、青浦崧泽,浙江吴兴邱城、嘉兴马家浜,安徽萧县曹庄、芜湖蒋公山等,其分布范围东到淀山湖以东,南至太湖南岸,西迄安徽南部,北达鲁南[①]。曾昭燏、尹焕章二位先生充分注意到青莲岗文化与大汶口文化的差异,而将青莲岗文化与江南的马家浜文化联系起来,但是考虑到二者也存在着很多差别,从而提出了"青莲岗文化系统"的观点。

(2)"青莲岗文化"是长江下游和黄河下游之间的史前文化

吴山菁《略论青莲岗文化》一文认为青莲岗文化的分布区域主要以江

---

① 曾昭燏、尹焕章:《古代江苏历史上的两个问题》,《江苏省出土文物选集·前言》,文物出版社1963年版。

苏为中心，东迄阜宁，东南至淀山湖以东地区，南到太湖，向西延伸至苏皖交界地带，向北一直到达山东的中、南部地区，分布的面积有10万平方千米之广。已发掘或探掘的代表性遗址有新沂花厅，连云港二涧，邳县刘林、大墩子，苏州越城，吴江梅堰，吴县草鞋山、华山，南京北阴阳营、太岗寺，常州的圩墩村等。除这些核心区的遗址之外，由于青莲岗文化的传播，江苏周边的一些省份如安徽芜湖的蒋公山、萧县花家寺、滁县朱勤大山，山东的邹县野店、滕县岗上、曲阜西夏侯、安邱景芝镇，浙江嘉兴马家浜、吴兴邱城等遗址，也都可归为青莲岗文化范畴。由于江南与江北青莲岗类型文化的差异，可将青莲岗文化划分为江南类型和江北类型，江北青莲岗文化的年代顺序是："青莲岗期"—"刘林期"—"花厅期"—"大汶口晚期"，江南青莲岗文化的顺序则是"马家浜期"—"北阴阳营期"—"崧泽期"。相对较晚的良渚文化则是"青莲岗文化"江南类型的延续①。

吴氏在曾昭燏、尹焕章二位先生的观点基础上，再次将"青莲岗文化"分布区域扩大，将长江以南的宁镇、太湖地区的史前文化和黄淮平原龙山文化之前的所有史前文化都归属到青莲岗文化之中，从而使"青莲岗文化"分布区域被大大扩展，成为后来学术争议的重要焦点。

（3）"青莲岗文化"为新石器时期的东夷文化

刘敦厚《考古传说与典型龙山文化》认为，山东和苏北地区的龙山文化是"青莲岗文化"的"江北类型"的发展，而山东龙山文化为古老的东夷文化，所以"青莲岗文化"的江北类型（包括大汶口文化）也是东夷族的原始文化②。

在前人的"青莲岗文化"为东夷文化论和曾昭燏、尹焕章的"青莲岗文化系统论"的基础上，张敏先生提出了大的青莲岗文化系统和广泛的东夷文化区的概念。他将青莲岗文化系统即东夷民族文化特征归纳为：以"鸟"为图腾崇拜对象，以鼎、豆、壶、杯、鬶为宗教器物，"饭稻羹鱼"为生活习惯，崇尚玉制品等四大特色。所以他认为："青莲岗文化系统的

---

① 吴山菁：《略论青莲岗文化》，《文物》1973年第6期。
② 刘敦厚：《考古传说与典型龙山文化》，《山东大学学报》1963年第2期。

空间范畴应从山东半岛至太湖流域,包括海岱地区的后李文化、北辛文化、大汶口文化、龙山文化和胶东贝丘遗址,江淮地区的双墩文化、侯家寨文化、龙虬庄文化、薛家岗文化和凌家滩文化,宁镇地区的北阴阳营文化和太湖地区的马家浜文化、崧泽文化、良渚文化等不同空间、不同时间的新石器时代考古学文化;而具有上述文化特征的裴李岗文化、贾湖文化、王油坊类型龙山文化等淮系文化,甚至辽东地区的贝丘遗址,也可纳入青莲岗文化系统。简言之,青莲岗文化系统即'东夷民族文化区'。"[1]

刘敦厚、张敏二先生将青莲岗文化视为史前时期的东夷文化是有道理的,特别是张敏先生提出的泛"东夷文化系统"在我国新石器时代考古文化中也具有重要的启发意义。

(4)"青莲岗文化"与大汶口文化同属一个系统

严文明《论青莲岗文化和大汶口文化的关系》认为,"青莲岗文化"主要分布在苏北和鲁南,它与大汶口文化同属于一个文化系统,青莲岗文化早于大汶口文化[2]。严氏更注重青莲岗文化与长江下游诸文化本质性的区别,而将它与黄淮平原的史前文化放在同一个体系之中。

(5)"青莲岗文化"为江南马家浜文化的一个类型

肖燕的《苏北淮海地区青莲岗文化新论》认为,从器物种类与器型上看,青莲岗文化与马家浜文化有惊人的相似,而与淮河流域的北辛文化、侯家寨一期文化有明显的区别,所以应当把它归入马家浜文化的一个地方类型,即"青莲岗类型"。它的时代距今7000—6500年。在这一段历史时期,太湖周围受到海侵的威胁,马家浜人的生存空间被压缩,于是生活在太湖流域的马家浜人只好向北迁徙,一支马家浜人约在距今6600年越过长江到达苏北的淮海地区定居,从而留下了"青莲岗文化"[3]。肖氏吸纳了曾昭燏、尹焕章先生一些看法,但又有所不同,并不赞同青莲岗文化包含马家浜文化的观点,而认为它只是马家浜文化的一个地方类型,是马家浜

---

[1] 张敏:《青莲岗文化的回顾与反思》,《东方考古》(第8集),科学出版社2011年版,第128页。

[2] 严文明:《论青莲岗文化和大汶口文化的关系》,《文物集刊》第1辑,文物出版社1980年版。

[3] 肖燕:《苏北淮海地区青莲岗文化新论》,《华夏考古》1998年第1期。

文化在江北的延续与发展。

（6）"青莲岗文化"是淮河下游苏北地区新石器时期的文化

1955年，南京博物院的赵青芳先生在《淮安县青莲岗新石器时代遗址调查报告》中首次提出青莲岗遗址代表了淮河下游的一支独特的文化："青莲岗新石器时代遗址的发现，给研究中国远古文化提供了重要的材料，它说明了当原始社会末期，在淮河下游，江苏省北部，生存着我们的祖先，吸收了其他地区不同文化的优点，创造了自己独特的文化。"[①]

徐基的《试说青莲岗文化与北辛—大汶口文化的关系》认为"青莲岗文化"是史前时期分布于淮河下游和滨海地区新石器时代较早时期的文化，主要分布在苏北地区的淮河下游两岸，时代距今为7000年前后，并将"青莲岗文化"的特征表述如下："它以手制的红色陶器为主，崇尚几何形内彩和压、划、戳印的花纹，在器物形制方面，长嘴、流、耳、鋬、角状把手和腰沿运用较多是该文化陶器的造型特点，常见器形有宽腰沿釜、盆形或钵形鼎、小平底钵、碗、盉、小口短颈（或附双耳）壶、三足罐、细柄豆和器盖等；墓葬多东西向，有的采用石棺为葬具，以头部覆盖的一件大红陶钵最具特色。"[②]

向绪成《对黄河下游青莲岗时期诸类文化遗存的认识》一文认为，属于青莲岗文化的遗存，目前代表性的遗址有江苏淮安青莲岗、灌云大伊山、连云港二涧村和大村、邳县的大墩子等。其分布范围主要限于苏北地区，文化年代在距今7300—6300年。虽然它与周边的北辛、马家浜、北阴阳营等文化遗存有某些联系或相似之处，但只是文化交流与影响的结果，青莲岗文化与它们都不属于同一性质的考古文化，而是独立的文化类型[③]。

这种观点看起来比较保守，却更能把握青莲岗及其周边相同或相似文化的本质特征。在此基础上，徐基提出青莲岗文化为古淮夷文化的主要源头的观点。进一步将青莲岗文化与江南以马家浜为代表的越文化和淮北以

---

① 华东文物工作队：《淮安县青莲岗新石器时代遗址调查报告》，《考古学报》1955年第9期。
② 徐基：《试说青莲岗文化与北辛—大汶口文化的关系》，《山东大学学报》1991年第1期。
③ 向绪成：《对黄河下游青莲岗时期诸类文化遗存的认识》，《华夏考古》1995年第2期。

大汶口为代表的东夷文化区别开来①。

(7)"青莲岗文化"是淮河中下游的新石器时期的文化

邹厚本、谷建祥的《青莲岗文化再研究》认为,"青莲岗文化"是淮河中下游地区较早的新石器时期文化,与黄河下游北辛文化和长江下游的马家浜文化平行发展,年代为距今7000—6000年。在青莲岗文化鼎盛期之后的距今6000年前后,由于被南来的崧泽文化和北上的大汶口文化的双重挤压、吞并、同化,从而使青莲岗文化发生裂变,淮北地区的青莲岗文化为大汶口文化所整合,淮南地区的青莲岗文化为崧泽文化所吞并,唯有"安徽的江淮和皖南宁镇地区仍强烈地保持着自身文化特征,先秦时期淮夷势力的迅猛增大其根即深深地植于此"②。

相较前6种观点,邹厚本、谷建祥先生的观点更加客观,视青莲岗文化为新石器较早时期淮河中下游地区的代表性文化,将它与长江下游的马家浜文化和黄河下游的北辛(包括大汶口文化)放在同一层面上考察,从而在考古学意义上客观地确立了青莲岗文化的重要价值和文化学意义,也揭示了淮河中下游地区史前文化的独立地位。

2. 青莲岗文化特征及文化属性

在青莲岗遗址中出土的器物主要有陶器、石器及渔猎用具等。陶器常见器形有红陶钵、鼎、带流壶、双鼻小口罐、釜、支座等,还有少量的深腹圆底罐、碗以及角状把陶器,器形比较单一;制作工艺粗糙,陶器纹饰主要有刻画纹、压印纹、附加堆纹等,而出土的彩绘陶器风格独特。石器主要有穿孔石斧、石锛和石凿等。

与青莲岗遗址具有相同文化特性的有位于江苏省连云港的二涧村、大村遗址,灌云的大伊山遗址,邳县大墩子下层。二涧村发现7座墓葬,既无墓圹也无葬具,都采用单人葬,死者头向东;随葬品很少,只有两三件日用陶器和极少的生产工具;大多数墓葬都用红陶钵覆盖在死者的头部。大村的墓葬习俗与二涧村基本相同③。

---

① 徐基:《试说青莲岗文化与北辛—大汶口文化的关系》,《山东大学学报》1991年第1期。
② 邹厚本、谷建祥:《青莲岗文化再研究》,《东南文化》1992年第1期。
③ 向绪成:《对黄河下游青莲岗时期诸类文化遗存的认识》,《华夏考古》1995年第2期。

大伊山遗址东北距大村遗址约 30 千米，南距二涧遗址 30 千米，三遗址成鼎足分布。大伊山出土的陶器陶质主要为夹砂陶和泥质陶两种，以红色和红褐色为主要色调，同时也发现一些灰色、黑色陶；陶器类型主要有鼎、钵、罐、釜、盆、碗等；陶器以素面为主，部分器物上有细泥条附加堆纹、指甲纹、乳丁纹。该遗址最显著的特色是发现了大量的石棺墓，38 座墓葬中有 37 座为石棺墓；墓葬多为单棺，分布密集，同向排列，墓向朝东；皆为单人仰身直肢葬，尸体置于石棺内；葬俗中有用红陶钵覆盖在死者的头部习俗，在第一次发掘的 38 座墓中有 16 座墓的墓主人头部盖有红陶钵。随葬品有鼎、钵、釜等陶器，也有锛、斧等石器，甚至出现了玉璜、玉玦等玉器。大伊山遗址年代距今约 6500 年，略早于青莲岗时期。大伊山文化遗址与二涧村、大村遗址的原始文化一脉相承，三地墓葬习俗都是采用单人仰身直肢葬，死者的头向大都朝东方，头部多覆盖红陶钵。从时代上，二涧村、大村遗址早于大伊山遗址，大伊山遗址的器物比二涧村、大村遗址的同类器物更加成熟，并出现了一些二涧村、大村遗址中没有出现过的器物；在葬俗方面大伊山在继承二涧村、大村遗址的文化基础上也有所改进，如使用石棺葬等。①

从几处代表性的青莲岗文化遗址来看，我们可以将典型的青莲岗文化概括为以下特征：青莲岗文化主要分布在淮河下游的淮河南部及滨海地区，是距今 7000—6000 年的新石器时期淮河下游的史前文化。陶器以夹砂和泥质红陶为主；纹饰有附加堆纹、划纹、指甲纹、乳钉纹、点状压印纹等；内壁有彩绘的陶器，彩陶纹饰有波状纹、八卦状纹、弧线纹、斜方格纹等，其技法与绘画特征与仰韶文化风格迥异，独具一格，显然与仰韶文化的彩陶没有直接的渊源关系；器物类型有带流钵、带把钵、圆腹和深腹的平底钵、红顶钵、带把三足器、三足釜、钵形鼎、釜形鼎、圆底釜、小口双耳罐、小口细颈瓶、深腹盆等，其中圆锥形足鼎和带流、带嘴、带把手器为其代表。部分釜、鼎、盆的腹部饰一周附加堆纹或一周突棱状堆纹，即人们常说的宽带状腰檐。一些墓葬采用石棺为葬具，死者头多向

---

① 纪达凯：《江苏灌云大伊山新石器时代遗址第一次发掘报告》，《东南文化》1988 年第 2 期；吴荣清：《江苏灌云大伊山遗址 1986 的发掘》，《文物》1991 年第 7 期。

东，头部覆盖红陶钵最具特色。

由于地处淮河下游的苏北地区，在它北面有北辛文化，南边有马家浜文化，所以它与北辛文化、马家浜文化有一定的交流。

青莲岗文化遗存与北辛遗存有一些相同的因素，如都有圆锥足的钵形鼎、釜形鼎、三足釜、平底钵、圆底釜、带把钵、锥状支座等。但两者之间的差异是主要的：在陶器纹饰上，北辛文化以窄泥条堆纹为主，而青莲岗文化以附加堆纹类为主；青莲岗最具代表性的彩陶不见于北辛文化；在同类器物的形制上大有不同，如鼎，青莲岗常见浅腹大圆底鼎，北辛常见的是深腹尖圆底鼎；青莲岗文化中的带把三足罐、三足与平底盉、豆和小口罐座等器物不见于北辛文化，北辛文化中的深筒腹圆底罐等也不见于青莲岗文化；青莲岗文化中以红陶钵覆盖在死者头部的葬俗、大伊山遗址的石棺墓等不见于北辛文化。

青莲岗文化与南方的马家浜文化有一些关联，马家浜文化中有些器物表面施红衣，一些器物如钵、釜、豆等在形制上有相同或相似的特征，都有腰沿釜、平底与三足盉、红顶钵、带把三足器、无镂孔的圈足豆、小口双耳罐等；草鞋山遗址发现少量的以红色陶钵覆盖在死者头部的葬俗，与青莲岗文化的葬俗相同；玉制装饰品都有玉璜、玉玦等。但它们之间的差异是明显的：青莲岗期常见的内壁绘彩的陶钵、羊角式的把手等不见于马家浜文化；马家浜文化中的牛鼻式双耳罐等也不见于青莲岗文化；在大伊山墓葬出土了玉璜、玉玦等五件玉器，而在其他青莲岗遗址中很少发现玉器，但当时马家浜文化的玉器制作工艺却相当发达，玉文化是马家浜文化的杰出代表。

将青莲岗文化和周边同时期的文化相比较，虽然它与北辛和大汶口早期文化、马家浜文化有一些相同或相近的因素，然而其独特性是显著的、主要的，可以说明青莲岗文化是在距今7000—6000年与北辛文化、马家浜文化并行发展的淮河下游至滨海地区的一种古老的地方原始文化，由于考古资料的缺乏，我们尚不能断定青莲文化的源头，但它既不是南方马家浜文化的一个地方类型，也不是北方北辛文化的一个支系，它是后来被称为淮夷的一支古老的部族所创造的史前文化。因为它处于黄河流域和长江流域的过渡地带，这一特殊的自然环境决定了它具有联系南北史前文化的纽带作用，随着青莲岗文化的发展与传播，它吸收了北辛文化、马家浜文化中的一些因素，同时也对周边同期文化有所影响。

在后来的发展中，北方的北辛文化发展成了大汶口—龙山文化，而南方的马家浜文化则产生了崧泽—良渚文化，而从目前考古发现来看，在距今6000年时，青莲文化没有能够继续发展或演化为其他类型的新的后续文化。这是因为在距今6000年前后，淮河下游地区因为族群迁徙的原因致使这一区域的文化发生了大裂变，淮北地区被南侵的大汶口文化所融合，而江淮地区则被北进的崧泽文化所同化。

三 贾湖族群的东迁与北辛文化的形成

在黄淮之间，迄今发现的较早的新石器时代的文化中，裴李岗文化贾湖类型、后李文化（主要指后李一期文化）和北辛文化是较早的、具有代表性的史前文化，贾湖文化处淮河上游，延续的时间在距今9000—7000年前后；后李文化则居于淮河下游与黄河下游之中间地带，延续的时间在距今8500—7500年[1]。北辛文化处于淮河下游，延续时间在距今7500—6300年[2]。虽然这三种文化分处不同区域，但由于它们在时间上相近，文化特色又有很多相似和相关联的地方，多年来学术界对它们之间的相互关系十分关注。

研究北辛文化有助于我们全面认识淮河下游新石器时期的文化；而弄清北辛、贾湖和后李三种文化的关系，不仅为黄淮之间的新石器前期到中期的演化找到更清晰脉络，同时对于探讨这一区域的史前时期族群迁徙、文化交流具有重大的意义。

北辛文化因首先发现于滕州市的北辛遗址而得名，文化范围以鲁中南为中心，南及苏北，东迄胶东半岛，北至黄河南。目前发掘的主要遗址有山东滕州的北辛、泰安的大汶口、兖州的王因和西桑园、济宁的玉皇顶和

---

[1] 何德亮、牛燕：《后李遗址与后李文化》，《史前研究》，三秦出版社2010年版，第336—346页。

[2] 何德亮：《山东新石器时代环境考古学研究》，《东方博物》（第11辑），浙江大学出版社2004年版，第24—37页。

张山、汉上的东贾柏、邹平的西南庄、章丘的王官庄、临淄的后李和青州桃园等。北辛文化特征，从陶器上来看，陶质多为夹砂陶和泥质陶，陶色多为红褐色；常见的器物组合为釜形鼎、小口双耳罐、直口深腹釜、三足钵、红边钵、三足罐、碗、大口罐（缸）和陶支座，其中红顶钵、筒形深腹圆底罐、敞口釜、短颈双耳罐等具有典型性；陶器的纹饰主要有窄堆纹、划纹、压划纹和蓖纹等。石器出土的较多，主要有斧、铲、刀镰、锛、磨盘和磨棒等，以大型石铲和无足石磨盘最具有代表性。墓葬中，死者头向一般向东方，多鼎、碗、壶等为随葬品[①]。

1. 北辛文化与贾湖文化关系

贾湖文化与北辛文化虽然两地相隔千里，时间上也相差一千多年，但因两者有太多的相同或相关联的文化因素，一直备受学术界所重视。两种文化相同因素主要表现在以下几个方面：

（1）两者都有相同的代表性的石器。两者出土的石器中都有带足的磨盘、石磨棒、齿刃石镰，都有相同的大型圆头圆刃石铲。尽管石磨盘的形制不完全相同，但这组有代表性文化特征的大型石器如此相似，并非偶然现象，其间一定有着源流关系。

（2）两者陶器有很多相同的地方。在裴李岗—贾湖文化遗址中发现有大量陶锉，其中贾湖发现有58件陶锉，而北辛遗址中也发现了这种陶锉；陶器类型中均有乳头状足器；钵和小口双耳罐，形态特征较为接近；两者所出土的三足壶、三足钵、碗等器类，外形也很接近；两者陶质都主要是夹砂陶和泥质陶；都以红色、褐色为主，灰色和黑色较少；两者陶器中均有一定数量的乳丁纹、蓖纹、划纹等装饰。

（3）在墓葬习俗中，两者有很多共同之处。两者都流行仰身直肢葬，兼有多人合葬、二次葬、迁出葬等，这在同时期其他文化中并不多见。

（4）两者都有相同或相似的原始宗教文化。都有龟灵崇拜意识，在贾湖墓葬中出土大量龟甲，其中放有石子等物，反映出贾湖人的某种宗教崇拜；而在东贾柏村北辛文化遗址灰坑中也发现了多枚规整的地平龟，这种

---

① 徐基：《试说青莲岗文化与北辛—大汶口文化的关系》，《山东大学学报》1991年第1期。

对龟灵崇拜绝非偶然。贾湖人有随葬獐牙的习俗,而在东贾柏村北辛文化遗址中也发现了一些獐牙器。

当然,由于地域性的差异,也因为时代不同而产生的文化变异等原因,贾湖文化与北辛文化也呈现出各自不同的特点。贾湖出土的标志性遗物之一的骨笛不见于北辛文化诸遗址;北辛人对龟灵的崇拜远没有贾湖人那样狂热与执着;两地出土的石磨盘和石棒等物件形制上也有些差别,特别是在北辛文化遗址中出现大量无足石磨盘;贾湖文化中有代表性的绳纹、戳刺纹等几乎不见于北辛;贾湖的筒形平底罐很少见于北辛文化遗址中;贾湖人墓葬中大多都有随葬品,有些数量很多,而北辛人随葬品相对较少;贾湖人的头一般向西或西南,而北辛人的头主要是向东方。

比较贾湖与北辛两种文化,可以看到它们之间的相同点或相似之处颇多,说明两者族群有重要的关联,文化也有着一定的渊源关系。那么,这两种文化存在着很大的时空距离,又是如何联系到一起的呢?通过对距今9000—7000年淮河流域的气候变化、族群迁徙、文化传播等多方面的探讨,学者们认为,在贾湖文化繁盛的中后期,由于气候变化、外族入侵或族群内部的斗争等原因,使得贾湖人被迫离开祖居之地而向外迁徙,"他们顺淮河及其支流向南、向东南分迁。只有这个方向可以绕开豫东鲁西的大片洼地,于是在安徽淮北、江苏淮北乃至江淮之间施加了明显的影响,甚至落脚,并从苏北鲁南沿古泗水等北上,来到高亢平缓、旱涝保收、最适宜于农耕的广阔的山前平原定居下来,与当地的土著农人文化结合,而发展起北辛文化及其后续大汶口文化。"[①] 可以说,北辛文化中许多因素直接来源于贾湖文化,它是东迁的贾湖文化与当地土著原始文化有机结合的产物。

2. 北辛文化与后李文化的关系

后李与北辛文化都是山东新石器时期具有代表性的文化,一位于鲁中偏北,一位于鲁南,中间有泰沂山系相隔,两者的延续时间相差千年。因

---

① 邵望平、高广仁:《贾湖类型是海岱史前文化的一个源头》,《考古学研究》(五),2003年,第127页。

所处地理位置很近，加上族群迁徙和文化传播的原因，这两种文化在泰山北侧的山前平原地带有重叠、交叉分布的现象，有些地方则发现两种文化处于同一遗址之中，互相叠压。所以两者是否存在着源流关系也成为考古界所关心的问题。

后李文化与北辛文化在某些特征方面有着一定的相似性：两者的石器种类十分接近，如铲、镰、磨盘、磨棒等，并且都有大型石铲和无足石磨盘等；在陶器的陶质、器形、纹饰等方面有很多相同的文化因素，陶器都多为红陶和褐色陶，器表装饰都流行附加堆纹，都有数量较多的支脚，都流行圆底器；在墓葬习俗中，都流行单人仰身直肢葬，头部都有朝东的习惯。

然而，后李文化与北辛文化之间的差异是主要的：

（1）主要石器类型与形态差异较大。后李石器数量很少，代表性的主要有锤、斧、铲、磨盘、磨棒等，磨盘包括有足和无足的两大类型。后李文化中小荆山遗址出土的"犁形器"不见北辛文化。

（2）陶器的陶质不在同一文化层面上。后李只有夹砂陶而不见泥质陶；北辛不仅有夹砂陶，还有数量可观的泥质陶，泥质陶中有非常典型的红陶衣。

（3）陶器纹饰差别很大。后李文化主要是素面，一些器物上的纹饰非常简单，主要有指甲纹、戳印纹、压印纹等，少数釜的腹饰有附加堆纹；北辛遗址的陶器纹饰则丰富多彩，主要有窄堆纹、划纹、篦纹和压划纹等，其窄堆纹以多条为一组，从而又组成不同的纹饰，最具特色。

（4）制陶工艺完全不同。后李人尚没有掌握陶土的淘洗技术，而北辛人则已经掌握了这种技术，所以开始制作泥质陶；后李人主要用泥圈套接和模制工艺，北辛人则以泥条盘筑为主[①]。

（5）在陶器类种与器型方面，两者也有着不同的文化特征。后李陶器以圆底器为主，约占总数的95%，有少量的平底器和圈足器，罕见三足器，器类单调，造型质朴、古拙，主要种类有"釜、罐、钵、匜形器、

[①] 何德亮、牛燕：《后李遗址与后李文化》，《史前研究》，三秦出版社2010年版，第336—346页。

盆、盂、壶、碗、圈足盘及杯等"，深腹圆底釜是这一文化最有代表性的器物①。北辛文化的陶器群中，流行圆底器和三足器，少平底器，未见圈足器，器物种类以鼎、釜、钵和罐四类最重要，其中釜形鼎、直口深腹釜、红边钵、三足钵、小口双耳罐、筒形深腹圆底罐和三足罐等器物最具特色②；"北辛文化的三足碗、小口双耳壶、小口扁腹壶、红顶钵、漏器和陶勺等不见于后李文化。后李文化的叠唇釜、堆纹釜、敞口平底罐、高领束颈瓶、小口高领壶、圈足器和箕形器也不见于北辛文化"③。

（6）在墓葬文化中，也有很多不同之处。后李文化的墓葬均为单人小墓，墓穴仅容1人④；而在东贾柏村北辛文化墓葬中，除单人葬外，还有合葬、二次葬和迁出葬现象，并且发现10具尸骨拔除了侧门牙齿⑤。

尽管两者文化差别远远多于相同点，但由于处于相邻地区，在后李文化向南发展的过程中，势必对北辛的早期文化有所影响。如北辛文化的多条窄堆纹应是从后李文化中的简单的横条窄堆纹发展而来；北辛文化中的釜形鼎、乳足釜、筒形深腹圆底罐、筒形圆底釜等似乎受到后李文化的影响。

通过以上对贾湖、后李和北辛文化三者之间的比较，可以说明，贾湖文化与后李文化虽然处于同一时期内，但是两者在文化特征上没有太多的相同之处，说明两个族群之间的人员并没有直接的交流，文化上也没有相互影响的迹象。而贾湖和后李这两种文化与北辛文化之间都有着某种联系，相较而言，贾湖文化对北辛文化的影响更大，从文化的渊源关系上看，贾湖文化是北辛文化的源头，同时北辛文化也受到了北来的后李文化的一定影响。从三者文化特征来判断，早在距今7500年前，处于中原的贾湖人中的一支离开贾湖而沿着淮河主干流向东迁徙，最终到达淮河下游的鲁南山前平原地区，与北辛地区的土著文化相结合，创造了北辛文化，

---

① 王永波、王守功、李振光：《海岱地区史前考古的新课题——试论后李文化》，《考古》1994年第3期。
② 栾丰实：《北辛文化研究》，《考古学报》1998年第3期。
③ 王永波、王守功、李振光：《海岱地区史前考古的新课题——试论后李文化》，《考古》1994年第3期。
④ 同上。
⑤ 胡秉华：《山东汶上县东贾柏村新石器时代遗址发掘简报》，《考古》1993年第6期。

由于贾湖文化相对发达，精神文化达到更高层次，所以贾湖文化遂征服北辛土著文化而成为主流，这也是为什么在北辛文化中保留着很多贾湖人的原始文化特征。同时，后李文化也向南扩张，越过泰沂山系，与鲁南的北辛早期文化相遇，使得北辛文化有机会吸纳了后李文化的某些特征，并且保留在北辛文化之中。在贾湖文化和后李文化基础上形成的北辛文化最终发展孕育出大汶口—龙山文化。

四 大汶口文化的南移与刘林、大墩子文化的形成

刘林遗址位于江苏省邳州市西北 30 千米戴庄镇刘庄村西南，东南距花厅遗址约 60 千米。发现于 1957 年。遗址出土大量陶品、石器和玉器。陶器有夹砂陶、泥质陶，其中以夹砂红陶数量最多，占 68.2%；陶器常见的纹饰有点纹、划纹、弦纹和附加堆纹等；在第二次发掘时，墓葬中出土有四件彩陶器，其中 3 件陶钵、1 件三足觚形杯，这些彩陶很可能是受到了青莲岗文化影响所致。出土的石器主要有獐牙钩形器、石锛、石磨棒、具有石磨盘功能的砺石；第一次发掘出土穿孔龟甲 9 件，背甲尾部的边沿有圆形穿孔十二个或两个，背甲的下半部有穿孔四个，成方形；在第二次发掘时，发现 6 副龟甲，其中 182 号墓 2 副龟壳内都有十余粒小石子，一副放在死者的裆部，另一副在右臂内侧。墓葬的头向多向北偏东，少数有北偏西、西偏南、南偏东、南偏西的情况；多为仰身直肢单人葬，也有个别合葬墓。有用狗殉葬的现象。

刘林遗址体现出较多的大汶口文化特征，在墓葬习俗上也与大汶口相似，随葬龟甲现象在大汶口文化墓葬中经常可以见到，如山东邹县野店和茌平尚庄等大汶口文化墓地。这种习俗应与原始宗教文化有密切的关系；出土的黑陶镂空豆、平底杯、高柄杯也常见于大汶口文化[1]。

大墩子遗址位于江苏邳州北 40 余千米的四户镇竹园村，发现于 1962

---

[1] 尹焕章、张正祥：《江苏邳县刘林新石器时代遗址第一次发掘》，《考古学报》1962 年第 1 期；尹焕章、袁颖、纪仲庆：《江苏邳县刘林新石器时代遗址第二次发掘》，《考古学报》1965 年第 2 期。

年。大墩子遗址可以分为两个主要时期，下层文化为青莲岗文化早期的遗存，上层为大汶口文化中、晚期文化遗存。遗址年代距今6500—4500年。上层的墓中发现少量的彩陶，多为泥质红陶，也有一些为夹砂红陶，彩陶主要由红、白、黑三彩组成，早期彩陶器形有折缘盆、敛口钵、平底罐等，晚期的彩陶有背壶、小口壶、钵形鼎等；墓葬大多都采用单身仰身直肢葬，死者头向一般都朝东方，多用獐牙钩形器随葬，也有以狗殉葬的现象，在上层文化中发现几副穿孔龟甲，一些龟壳内装有6枚骨针或骨锥，有的套在人的右肱骨上①。

在大墩子遗址中发现的四系罐、筒形圈足杯、双鼻壶、有段石锛和玉璜等则属于南方良渚文化的典型器物，说明这一文化区在大汶口文化繁盛的同时，江南居民也北迁到此，并在这一带与大汶口人共同生活。

刘林和大墩子遗址是大汶口族群南迁至淮河下游北岸的一个重要的集居地，也是大汶口人在淮河流域的一个重要的活动中心。这一遗址的文化特征说明，在大汶口族群南迁淮河下游时，与当地的土著居民融合，并吸纳了当地文化如青莲岗文化，从而丰富和发展了大汶口文化。而江南北迁的良渚族群也带来了良渚文化，并与之相互交流、融合。

五　崧泽文化—良渚文化与大汶口文化的交流与融合

崧泽文化属于长江下游的史前文化，而在崧泽文化繁盛时期，崧泽人便开始北渡长江扩展至淮河流域地区，所以在长江以北的江苏海安青墩、高邮龙虬庄等留下了崧泽文化的遗存，甚至在淮河以北的江苏新沂市小徐庄遗址中也有属于崧泽文化的墓葬和文化遗存。可以证明，在崧泽文化时期，其势力已经扩张至淮河流域，北至海岱地区②。栾丰实先生通过分析北方北辛—大汶口文化与南方马家浜—崧泽文化的陶豆、大口尊的数量、形制等各方面的区别，从而探讨两种文化之间的交流与融合现象：马家浜

---

① 南京博物院：《江苏邳县四户镇大墩子遗址探掘报告》，《考古学报》1964年第2期。
② 张敏：《崧泽文化三题》，《东南文化》2015年第1期。

文化中使有陶豆，而大汶口文化之前的北辛文化基本看不见陶豆，说明这种器物原本不产生于海岱地区，它是由马家浜文化特别是崧泽文化向北扩张过程中带来的，经大汶口文化的吸纳和进一步改造，竟然成了大汶口文化重要因素；大口尊广泛存在于崧泽文化区中，其使用范围不仅用于日常生活，也用于陪葬，大汶口文化早期的大口尊的数量很少，因此可以认为大汶口早期文化中出现的极少数的大口尊也是从崧泽文化区传播过来的，这种器物经过大汶口文化的发展也成了其文化的核心因素之一[①]。

在良渚文化时期，良渚人沿着祖辈北进的路线继续向北方扩张，在与大汶口文化的碰撞中产生相互交流与融合，从而对淮河流域地区的史前文化发展做出了重要贡献，也为后来淮河下游文化特色的形成打下了基础，其中淮河北岸的新沂花厅遗址清晰地展示了南北两种文化的交流与融合现象。

花厅遗址位于江苏省新沂市西南18千米马陵山西麓的花厅村附近，遗址发现于1952年，1952—1989年先后进行四次发掘，清理出一大批史前墓葬，并出土大量陶器和玉器等。在最开始发现时，这处遗址曾被称为青莲岗文化的"花厅期"或"花厅类型"。随着后续的发掘，一般认为它属于大汶口文化早期，距今约5300年[②]。花厅墓地可分为南区和北区，南区墓葬人的头向一般朝东偏南，随葬品主要有猪、狗、陶器和玉器等，一般采用仰身直肢葬式，少数还采用侧身葬。陶器主要有罐式鼎、高把觚形杯、大镂孔座豆、空足鬶和球腹罐等。从文化特征看，主体为大汶口文化，时间属于大汶口文化早期。北区墓葬和出土器物，具有良渚文化和大汶口文化中、晚期两种不同的文化因素。出土的大量瓦足鼎、圈足豆、高颈罐等多见于江南良渚文化遗址之中，在M18、M19中出土的灰陶宽錾杯与武进寺墩和上海福泉山良渚文化遗址中同类器物相同，为数较多的贯耳壶是良渚文化典型器形，少数豆柄上由两个三角形和一个圆形镂孔合成的组纹常见于良渚文化；随葬品中的玉器无论在玉质、器形还是在纹饰方面都与良渚文化中的玉器相同；出土的有段石锛为长江下游代表性的生产工

---

① 栾丰实：《崧泽文化向北方地区的扩散》，《东南文化》2015年第1期。
② 南京博物院：《1987年江苏新沂花厅遗址的发掘》，《文物》1990年第2期。

具，也是良渚文化所常见的。而出土的猪形罐、背壶、深腹罐、扁三角凿形足折腹鼎、管状流盉等为大汶口文化中晚期典型器物。分布在北区西部的墓葬，主人的头向都朝东，都采用仰身直肢葬。

花厅墓地的一些现象表明，这一文化中有人殉的现象，发现的殉人墓数量多达9座，部分殉人骨架有被捆绑的痕迹，被殉者多数为幼儿、少年和女性。如 M18 的墓主为一青壮年男性，其右边有一成年女性，右边和脚后各有一幼儿骨架。M20 墓主为一成年男性，脚后有两个少年的骨架[①]。这种大量的人殉现象在以前的海岱文化区很少发现，在我国史前文化的其他地区也少见。它直接影响了夏、商、周时期东夷文化中的人殉习俗。

从花厅墓地来看，生活在这里的较早的居民属于大汶口族群，他们在大汶口文化早期就南迁到这里。随着南方文化的北渐，江南的良渚人开始渡过长江而北迁，并且一直越过淮河也到达这里，南北两种文化在这一带交流、融合。

花厅文化主要包含三个阶段，在第一阶段，良渚文化因素较少，石器可见有段石锛，陶器则有贯耳壶等；第二和第三阶段，南方的良渚文化因素逐渐增多，不仅陶器增多，同时刻有简化神人兽面纹的良渚玉琮等带有宗教意义的玉器大量出现，表明不仅良渚人群已融入当地文化，其宗教文化也渗透了当地的原始文化领域。从墓葬习俗来看，花厅墓葬的墓圹多为坚穴土坑，这与长江下游地区流行的堆土葬俗完全不同；死者的头部一般都朝向东方，与江南的崧泽—良渚文化中头朝北方或南方也截然不同。可以看出，花厅遗址中的文化主体为大汶口文化。由此可以说明，尽管南方的良渚人北进至此，也带来的独具特色的良渚文化，并且其文化的一部分也为当地的大汶口族群所吸纳，然而良渚文化并没有改变这一带的主体文化，相反，良渚人入乡随俗，或主动或被动地改变了自己族群的葬俗，而与当在人的习俗渐趋一致。

[①] 南京博物院：《1987 年江苏新沂花厅遗址的发掘》，《文物》1990 年第 2 期。

第五章 从神话传说看淮河流域早期族群的迁徙与融合

神话传说是一个氏部或部族甚至一个族群对自己历史的模糊、夸张的记忆，一部神话史就是一个部族的史前史。尽管由于时代的久远，岁月的流逝，有些神话传说荒诞不经，但它们毕竟记录着远古时期自己祖先的英雄事迹，记载着自己部族（或族群）的历史进程，透过这些神话传说可以让我们去认识那个洪荒的、没有文字记录的一段漫长的历史。

我国现在流传的一些古老神话传说大都发生在新石器晚期，有些则是有历史纪元的夏、商、周时代，一些著名的神话人物如女娲、伏羲、炎帝、后羿、蚩尤、夸父、黄帝、颛顼、共工、尧、舜等大都是新石器晚期的部族首领或部族英雄。这些神话英雄或始祖神可能来自不同的部族，来自不同的区域，但最后因为部族迁徙、部族之间的战争，他们自己或他们的后裔们都汇集到了中原地区，并在黄淮地区"碰了面"，通过战争征服、文化交流等方式，最终形成了部族的合并与文化的融合，而神话传说也随着部族的融合、文化的交流而得到传播，甚至发生了新变，有些神话则随着部族的灭亡而消失，有些则随着部族的融合而产生新的神话传说，这些现象在淮河流域的史前神话传说中都得到了充分的体现。

女娲部族本来生活在太行山区，而伏羲则是东夷部族的一支，当女娲部族向东南迁徙，而伏羲部族向西迁徙之时，两个素来没有关系的部族在周口地区相遇，最终实现了部族的融合，从而在女娲补天神话基础上又产生洪水神话和龟为媒、滚磨成婚等神话；帝俊为史前时期长江下游崧泽—良渚文化的始祖，当良渚文化北进之时，在淮河下游地区与大汶口文化相遇，经过文化的碰撞、交流与融合，良渚文化中的部分精华为大汶口文化所吸纳，帝俊神话也流传至大汶口文化区，从而生成了新的十日神话，并对东夷文化产生了影响；从西部和北部进入中原的炎帝和黄帝部族，经过多次战争，最终以黄帝部族入主中原而告结束，从而在中原地区产生诸多与炎帝、黄帝相关的神话传说，这些传说为我们探知远古时代炎黄之争提供了诸多的线索。炎黄帝族进入黄淮之间的中原地区，为后来华夏民族圈的产生、中原文化的形成奠定了坚实的基础。

一 从伏羲、女娲神话的演变看民族的迁徙与融合

在远古时期，我们的先民们在风雨、雷电、洪水、烈火等自然灾害的威胁下，在毒蛇猛兽的交替进攻中，在各部族为了生存或获得统治权而掀起的血雨腥风中，艰难地一步一步从蒙昧走向文明。在漫长的史前时代，先民们对自己所经历的每一件历史大事都有执着的记忆，对自己部族中杰出的祖先更有着铭心刻骨的怀念。在没有文字的时代，部族的重大事件和自己英雄祖先的事迹只能依靠神话传说代代口口相传。当一个部族发生迁徙时，其神话传说也随之被带入他们新的居住地，并与当地的神话传说融合，从而生成新的神话。当一个部族被其他更强大的部族所吞并、融合时，其部族神话也会部分被保存下来，成为部族融合的历史见证。

在我国众多的远古神话中，伏羲与女娲神话的传播与融合最具代表性。伏羲女娲神话不仅再现了我们先民的艰难生存状态，表现出他们杰出的智慧和非凡的创造力，同时也反映出民族融合的历史和神话传播的途径。

1. 伏羲部族探考

在中国古代神话中，伏羲是以始祖神和文化神的双重身份出现的，他在神话传说中占据着重要的地位。在先秦文献中，伏羲或写作伏戏、宓牺、宓戏，虽书写各异，但实为同一人，同音不同字是在口头流传过程中所造成的同音通假现象。在后来社会中随着其文化地位的逐步提升，其影响力也不断扩大，遗迹遍布各地，民间传说更是丰富多彩。而关于他的出

生地和主要活动地的争论也众说纷纭。然而从神话传说来看，伏羲原为传说中的东方大神帝俊集团中的一支，为东夷部族的重要成员，是远古时代东方始祖神之一。

对伏羲的解释，从来就有不同的说法，近代闻一多先生首创伏羲即"葫芦瓢"说，他认为《易传》将伏羲写作包戏，所谓"包"字即为"匏"，亦即匏瓠，也就是葫芦，"包戏"二字就是"葫芦瓢"；而女娲二字以声求之实即"匏瓜"，也是葫芦，只不过是女葫芦①。闻一多先生以声训学为基础，又假之以民间传说中伏羲兄妹逃过洪水所用的工具是葫芦这一民俗学证据，其结论多为近现代神话学者所采信。然而闻先生的观点犹有可疑者：伏羲与女娲原本来自两个不同的部族，二者结合较晚，或因为洪水神话将伏羲、女娲和葫芦联系起来，后世遂将"匏"字融入伏羲、女娲的名字之中。

如果要探究"伏羲"二字的真实含义，还应从古代神话中寻找线索。《山海经》的"大荒经"中记载了很多后代典籍中几乎看不到的一个远古东方大神"帝俊"，其神系中有一个著名的神话人物叫"羲和"："羲和者，帝俊之妻，生十日。"② 帝俊之子"羲和"与伏羲有着十分密切的关系。何新在《诸神的起源》中有过较为详细的论证，何先生以为"伏"通"溥"，大也，即伟大之义；"羲"读为"羲俄"，"伏羲"即是"伟大的羲俄"，亦即古神话中的太阳神"羲和"③。

我们以为何氏释"羲"为"羲和"之"羲"是对的，但训释"伏"为"溥"，为伟大，则有待商榷。伏羲之"伏"或写为"虙"，《说文》释云："虎貌。"那么"伏羲"实际上是上古太阳神羲和部族中以虎为氏族标志或以虎为崇拜物的氏族首领。

在汉代以后的绘画中，伏羲多与虎这种动物同时出现，在山东出土的汉画砖上，有一幅图，其中黄帝居中，伏羲、女娲分列左右，他们的下方是西王母、玉兔和虎神。湖南长沙马王堆汉墓出土的西汉帛画，上半部分

---

① 闻一多：《神话与诗》，古籍出版社1957年版，第59页。
② （清）毕沅：《山海经新校正·大荒南经》（二十二子本），上海古籍出版社1986年版，第1382页。
③ 何新：《诸神的起源》，生活·读书·新知三联书店1986年版，第35页。

中间是一蛇身、人面的神,左有月、蟾蜍,右有日、乌,下面有龙、豹、虎神,中间的人面蛇身神应是伏羲。这些均可证明伏羲与虎不寻常的关系。

在上古文献中,关于伏羲的出生地与主要活动地大都在东方。《太平御览》卷七八引《诗含神雾》说华胥生伏羲于雷泽,那么雷泽到底在哪里呢?《山海经·海内东经》曰:"雷泽中有雷神,龙身而人头,鼓其腹,在吴西。"① 吴西即今江苏省苏州市以西,亦为今之太湖。《汉书·地理志》"会稽郡"吴县条云:"具区泽在西,扬州薮,古文以为震泽。"② 古之具区泽即今之太湖,雷与震互训。据此,雷泽当为今江苏之太湖。

又,《史记·五帝本纪》:"舜耕历山,渔雷泽。"③《集解》引郑玄语云:"雷夏,兖州泽,今属济阴。"《正义》引《括地志》云:"雷夏泽在濮州雷泽县郭外西北。《山海经》云雷泽有雷神,龙身人头,鼓其腹则雷也。"④ "雷夏"与"雷夏泽"均指"雷泽"。《汉书·地理志》"济阴郡成阳"县条引《禹贡》云:"雷泽在西北。"⑤ 济阴郡成阳,地在今山东定陶、曹县一带。《尚书·禹贡》:"济、河惟兖州。九河既道,雷夏既泽,灉、沮会同。"⑥

以上有关雷泽的两种主要传说均在我国东部,界于黄河、长江之间,跨江苏、山东两省,兼带河南东部与安徽北部,这一带正是神话时期帝俊部落的活动地。所以后来传说伏羲所都之地为陈,并在这里发明八卦。陈地为今周口淮阳县。

而皇甫谧的《帝王世纪》云:"太昊帝庖牺氏,风姓也。母曰华胥,燧人之世,有巨人迹出于雷泽,华胥以足履之,有娠,生伏羲。长于成纪,蛇身人首,有圣德。"⑦ 成纪远在今甘肃境内,如果依皇甫氏之说,则伏羲本为西方人了。然而,雷泽自古传说虽地方不一,但均在东方,西方

---

① (清)毕沅:《山海经新校正》(二十二子本),上海古籍出版社1986年版,第1380页。
② (东汉)班固:《汉书》,中华书局1985年版,第1590页。
③ (西汉)司马迁:《史记》,上海古籍出版社1997年版,第22页。
④ 同上书,第23页。
⑤ (东汉)班固:《汉书》,中华书局1985年版,第1571页。
⑥ 《尚书》,线装书局2007年版,第35页。
⑦ (晋)皇甫谧:《帝王世纪》,辽宁教育出版社1997年版,第2—3页。

无之,华胥绝无在东方雷泽怀孕而去西方生子的道理。"成纪"盖当为"成阳"之误。

正因为伏羲原本出自东方的东夷部族,所以其大部分后裔都生活在山东、安徽与河南东部地区,有些成为夏、商、周时期的方国和诸侯国。《左传·僖公二十一年》:"任、宿、须句、颛臾,风姓也。实司太皞与有济之祀,以服事诸夏。"① 郑樵《通志》说:"风姓,伏羲氏之姓,任、宿、须句、颛臾四国皆风姓。"②

综上所述,伏羲本为东夷之人,是远古时期帝俊部族中以虎为图腾崇拜的氏族。

2. 女娲部族考

由于受中国传统文化在发展、成熟过程的影响,中国古代的女性神地位集体没落,我们所知道的少数女性神中,其神话传说绝大部分也都湮没在历史的烟云之中。女娲是我国远古神话中最光彩夺目的女性神。

女娲补天造人和制嫁娶之礼是其神话传说的主体内容,也是女娲成为最著名女性神的主要功绩。《淮南子·览冥训》载:

> 往古之时,四极废,九州裂;天不兼覆,地不周载;火爁炎而不灭,水浩洋而不息;猛兽食颛民,鸷鸟攫老弱。于是女娲炼五色石以补苍天,断鳌足以立四极,杀黑龙以济冀州,积芦灰以止淫水。苍天补,四极正,淫水涸,冀州平,狡虫死,颛民生。③

在这场足以灭绝人类的大洪水中,女娲以其超人的智慧和非凡的神力,不仅除掉了为害人间的鸷鸟、猛兽、黑龙,而且平息了滔天的水患,使其部族的子民们得以在洪水灾害中保全生命。为了快速地繁衍生命,女娲还大量造人。对此,很多典籍都有所反映。

《山海经·大荒西经》说:"有神十人,名曰女娲之肠,化为神,横道

---

① (晋)杜预:《春秋经传集解》,上海古籍出版社1988年版,第321页。
② (南宋)郑樵:《通志》,中华书局1995年版,第104页。
③ (西汉)刘安:《淮南子》(二十二子本),上海古籍出版社1986年版,第1232页。

而处。"①《淮南子·说林训》说:"黄帝生阴阳,上骈生耳目,桑林生臂手,此女娲所以七十化也。"②屈原《天问》说:"女娲有体,孰制匠之?"③这些材料说明女娲或亲手造人,或以自己的身体化育生民,这都与民间所传说的女娲造人形成印证。

然而,这个女娲到底属于上古传说时代的哪一个部族呢?其活动中心又在何处呢?

《帝王世纪》曰:"女娲氏,亦风姓也,承庖牺制度。亦蛇身人首。一号女希,是为女皇。"④按此,则女娲与伏羲出于同一部族,并且是伏羲的继承者。然而从女娲的很多传说来看,其遗迹遍布以中原为中心的广大地域,在河南、山西、陕西、山东、四川等省都有女娲的出生地、活动地、葬地,而最集中的是在黄河中下游地区:

(蓝田谷)次北有女娲氏谷,则知此地是三皇旧居之所。⑤

(女娲),太昊氏之女弟,出于承筐。⑥

潼关口河潭上有树数株,虽水暴涨,亦不漂没。时人号为女娲墓。⑦

太行,一曰皇母山,亦曰女娲山。崔伯易云:一曰皇母。云女娲于此炼石补天。按:今济源县之女娲山。上有祠庙,一曰母山。⑧

天皇封弟娲于汝水之阳,后为天子,因称女皇。⑨

《成冢记》云:女娲墓有五,其一在赵简子成东,今在晋之赵城东南五里,高三丈。《九域志》:晋州有帝女娲庙。⑩

---

① (清)毕沅:《山海经新校正》(二十二子本),上海古籍出版社1986年版,第1382页。
② (西汉)刘安:《淮南子》(二十二子本),上海古籍出版社1986年版,第1285页。
③ (南宋)洪兴祖:《楚辞补注》,中华书局1986年版,第104页。
④ (晋)皇甫谧:《帝王世纪》,辽宁教育出版社1997年版,第3页。
⑤ (北宋)宋敏求:《长安志》,成文出版社1960年版,第388—389页。
⑥ (南宋)罗泌:《路史》(四库本),上海古籍出版社2003年版,第1页。
⑦ (五代)李昉:《太平广记》,中华书局1961年版,第3115页。
⑧ (南宋)罗泌:《路史》(四库本),上海古籍出版社2003年版,第5页。
⑨ (清)秦嘉谟辑:《世本八种》,商务印书馆1957年版,第14页。
⑩ (南宋)罗泌:《路史》(四库本),上海古籍出版社2003年版,第4页。

今峨眉亦有女娲洞，常璩《华阳国志》等谓伏羲、女娲之所常游。①

《水经注》"渭水条""（渭水）过冀县北"，郦道元注曰："山上有女娲祠。庖羲之后，有帝女娲。与神农为三皇矣。"②

从以上资料可见，女娲遗迹以山西、河南和河北居多。从女娲神话的核心内容——补天神话来看，也说明这一带是其部族的活动中心。在女娲部族遇到足以灭绝其族人的自然灾害面前，女娲"断鳌足以立四极，杀黑龙以济冀州，积芦灰以止淫水"。说明女娲部族活动区域与冀州有关，这一神话传说正是对上古时代黄河及其支流水患的记载。今天在太行山区有关女娲的传说和遗迹最为集中，也最有代表性。太行山别名女娲山；位于太行山区的河南济源市有女娲庙，卫辉有女娲祠；山西洪洞县有女娲庙和女娲墓。

从女娲神话本体和后来的传说来看，女娲神话最早产生于潼关以西、黄河以北的河南北部和山西、河北的南部一带，其活动中心为太行山区。早期的女娲部族既不属于东方的帝俊部族，也不属于西方的炎黄部族，而是最早活动于中原地区的一个独立部族。后来，随着女娲部族的迁徙和其神话传说的扩展，全国各地也都有与女娲相关的传说、遗迹。

3. 从神话的传播、演变看民族的迁移与融合

（1）伏羲与女娲部族的迁徙与融合

《后汉书·东夷列传》载："夷有九种，曰畎夷、于夷、方夷、黄夷、白夷、赤夷、玄夷、风夷、阳夷。故孔子欲居九夷也。昔尧命羲仲宅嵎夷，曰旸谷，盖日之所出也。夏后氏太康失德，夷人始畔。自少康已后，世服王化，遂宾于王门，献其乐舞。桀为暴虐，诸夷内侵，殷汤革命，伐而定之。至于仲丁，蓝夷作寇。自是或服或畔，三百余年。武乙衰敝，东夷浸盛，遂分迁淮、岱，渐居中土。"③虽然东夷大规模地迁移是在商周之际，但实际

---

① （南宋）罗泌：《路史》（四库本），上海古籍出版社2003年版，第5页。
② （北朝）郦道元：《水经注》，岳麓书社1995年版，第263页。
③ （南朝）范晔：《后汉书》，中华书局1965年版，第2807—2808页。

上，早在夏商时期甚至更早的时候，东夷部族的各支已开始向淮河流域和中原地区迁徙了。其向淮河流域迁徙者在夏商有英、六等方国，在周代建立有徐、六、英、群舒、黄、江、养等诸侯国；向北方迁徙者有传说的虞舜、秦人和赵人的祖先；向中原迁徙者最重要的一支便是伏羲族。

按《竹书纪年》记载："太昊庖羲氏……元年继位都宛丘。"[1]《左传·昭公十七年》曰："陈，大皞之虚也。"杜预注曰："大皞居陈。"[2] 班固《汉书·地理志》说："陈本太昊之虚。"[3] 古史所载的太皞之墟地在今周口市淮阳县，在这里不仅有太昊伏羲陵，同时还有最丰富的伏羲神话传说，包括伏羲造八卦、兄妹通婚等传说。

1979年在淮阳县城东南4千米发现了属于龙山文化和大汶口文化的平粮台遗址，该城址包含大汶口文化晚期、龙山文化中期、龙山文化晚期等多个文化层，经过碳14测定，其文化遗址距今4000年前后。[4] 大汶口文化和龙山文化都属于东夷民族所创造的早期文化，其文化由东夷文化区传入淮阳地区是民族迁移的结果，可以说明，在距今4000年以前，东夷民族中的一支移居至周口淮阳一带。

结合神话传说和考古发现，证明这支东迁的东夷部族当为伏羲的后裔。

当伏羲族西迁至河南东部之时，最早活动于太行山区的女娲族的后裔们也走下太行山，越过黄河，其中一支沿黄河东迁，到达河南东部的周口地区，并在这里生息、繁衍，于是在今天河南东部周口市的淮阳、西华、商水、沈丘和驻马店市的正阳、汝南等地形成了女娲神话传说群。西华县思都岗又称女娲城，据考证该城始建于春秋时代，在城址下面发掘出土有地下管道、陶片、器皿、砖刻等物，"女娲城"门上的"祸"字砖刻还保存完好。[5]

当伏羲与女娲部族的后裔们由于迁徙而在这里相会时，两个源于不同部族的先民们生活在同一片土地之上，后来逐渐发生融合，这两个部族融

---

[1] （清）徐文靖：《竹书纪年统笺》（二十二子本），上海古籍出版社1986年版，第1040页。
[2] （晋）杜预：《春秋经传集解》，上海古籍出版社1988年版，第1426页。
[3] （东汉）班固：《汉书》，中华书局1985年版，第1653页。
[4] 周到主编：《河南省志》，河南人民出版社1993年版，第99—101页。
[5] 张振犁：《中原古典神话流变论考》，上海文艺出版社1991年版，第51—52页。

合的标志就是伏羲与女娲的联姻。

（2）伏羲、女娲神话的传播与演变

伏羲与女娲联姻神话产生的契机是远古时代的一场大洪水。大凡有古代神话传说的民族，大都会有洪水神话的内容，尽管人们对待洪水的态度、逃生的方式、洪水之后的结局等各有不同，但洪水对人类的伤害却是一致的，对洪水灾难的记忆也是深刻的。

据《山海经·海内经》记载："洪水滔天，鲧窃帝之息壤以堙洪水，不待帝命。帝令祝融杀鲧于羽郊。鲧复生禹。帝乃命禹卒布土以定九州。"[1] 可见在远古的尧舜时期，生活在中国大地上的先民们也曾遭受到了这场大洪水，一直到大禹时期才最终平息。从神话传说来看，洪水泛滥让这两个来自东夷和太行山上不同的部族都留下了深刻的记忆，随着部族的融合，对原始灾难的记忆所演生的洪水神话传说被继续演绎且产生新变，于是，以洪水神话为母题、以伏羲和女娲为主人公的系列神话就此产生。

新生的女娲与伏羲神话以"洪水逃生""龟为媒""滚磨成婚"和"抟土造人"等为主体内容。其主要情节为：少年时代的伏羲、女娲兄妹二人每天都结伴上学，经常善待一头老牛，洪水即将到来，老牛让他们兄妹钻到自己肚子里，二人就这样逃脱了这场灭绝人类的大灾难。洪水过后，大地一片汪洋，其他人类已都不存在。于是一只白龟便替二人做媒，让兄妹结为夫妻，担负起繁衍人类的重任。这种请求被女娲以亲生兄妹不能婚配为理由拒绝了。但随着时间的流逝，天地一片荒凉，到处没有人烟，人类总不能就这样灭绝了。在白龟的一再要求下，伏羲和女娲二人决定在相对的两座大山上同时各滚下一片石磨，如果石磨能够合在一起了，就说明是天神的意旨，不可抗拒。当二人将石磨滚下山时，果然完全合在了一起，于是两人就正式结为夫妻。虽然结成了夫妻，两人却并没有生育，而是以抟土造人的方式来重育人类。于是，伏羲、女娲因造人之功，被尊称为人祖。

至此，伏羲与女娲这两位在早期神话中来自不同神话系统的毫无关系的人物，由部族领袖而变为兄妹，再变成夫妇，从而上升至中华民族的共同始祖神。

---

[1] （清）毕沅：《山海经新校正》（二十二子本），上海古籍出版社1986年版，第1387页。

二 神话传说中的帝俊与早期的越人和东夷族群

在我国早期的神话传说中,提到神话始祖,我们就想到有巢氏、燧人氏、伏羲氏、女娲、炎帝、黄帝、颛顼、帝喾、尧、舜、禹;说到英雄神,我们自然也会想起后羿、刑天、夸父、蚩尤、共工、鲧等。然而,由于各种原因,使中国远古神话从先秦开始经过政治化的选择、文化的整合、历史化的改造,使诸多精彩绝伦的神话变得支离破碎,甚至面目全非,一些原本在上古时期十分有影响的始祖神、英雄神也从后来流传下来的神话体系中消失,帝俊便是一个著名的例子。

很少有人知道关于帝俊的神话传说,不知道他在神话王国中是一位赫赫有名的大神,他的地位甚至超过了炎帝、黄帝和伏羲等。而今天,除了《山海经》中还保存着有关他的一些神话与传说之外,在其他的典籍中几乎很少能见到他的名字。

从神话传说来看,帝俊为远古时代东方族群的祖始神,结合后来的考古发现,帝俊与早期的越人族群和东夷族群都有着一定的联系,清理帝俊传说的真相对于研究史前时期长江下游和黄河下游之间的族群的演化具有一定的历史意义。

1. 帝俊神话的主要内容

帝俊神话主要见于今本《山海经》中的"海经""荒经"和"海内经"三部分之中,《山海经》中涉及始祖神记载最多的就是帝俊,多达16次,其次是黄帝有10次,舜9次,炎帝有4次,喾3次,尧2次。书中关于帝俊神话的主要描述有:

《大荒东经》:有五采之鸟,相向弃沙,惟帝俊下友,帝下两坛,采鸟是司。[1]

---

[1] (清)毕沅:《山海经新校正》(二十二子本),上海古籍出版社1986年版,第1381页。

《大荒南经》：东南海之外，甘水之间，有羲和之国，有女子名曰羲和，方日浴于甘渊。羲和者，帝俊之妻，生十日。①

《大荒西经》：有女子方浴月，帝俊妻常羲，生月十有二，此始浴之。②

《大荒东经》：有中容之国，帝俊生中容。中容人食兽，木实，使四鸟：豹、虎、熊、罴。③

《大荒东经》：有白民之国，帝俊生帝鸿，帝鸿生白民，白民销姓，黍食，使四鸟：虎、豹、熊、罴。④

《大荒东经》：有司幽之国，帝俊生晏龙，晏龙生司幽，司幽生思士，不妻；思女，不夫。食黍，食兽，是使四鸟。⑤

《大荒东经》：有黑齿之国，帝俊生黑齿，姜姓，黍食，使四鸟。⑥

《大荒南经》：帝俊妻娥皇，生此三身之国，姚姓，黍食，使四鸟。⑦

《大荒南经》：有襄山，又有重阴之山，有人食兽，曰季厘。帝俊生季厘，故曰季厘之国。……有水四方，名曰俊坛。⑧

《海内经》：帝俊生禺號，禺號生淫梁，淫梁生番禺，是始为舟。番禺生奚仲，奚仲生吉光，吉光是始以木为车。⑨

《海内经》：帝俊生晏龙，晏龙是为琴瑟。⑩

《海内经》：帝俊有子八人，是始为歌舞。⑪

《海内经》：帝俊生三身，三身生义均，义均是始为巧倕，是始作下民百巧。⑫

---

① （清）毕沅：《山海经新校正》（二十二子本），上海古籍出版社1986年版，第1382页。
② 同上书，第1383页。
③ 同上书，第1380页。
④ 同上。
⑤ 同上。
⑥ 同上。
⑦ 同上书，第1381页。
⑧ 同上。
⑨ 同上书，第1387页。
⑩ 同上。
⑪ 同上。
⑫ 同上。

《海内经》：帝俊生稷，稷降以百谷，稷之弟曰台玺，生叔均。叔均是代其父及稷播百谷，始作耕。①

《海内经》：帝俊赐羿彤弓素矰，以扶下国。羿是始去恤下地之百艰。②

从这些材料中，我们大致能够勾勒出帝俊及其神话家族的主要面貌：

（1）帝俊为上古东方族群神话传说中的始祖神

在以帝俊为中心的神话体系中，其事迹主要见于《山海经》一书的"大荒东经"，而这部分内容主要是记录上古时期东方滨海地区和渤海、黄海、东海等近海一带的奇闻逸事、史前部族、神话英雄及其神话传说等；帝俊的妻子羲和所在的羲和之国在东海南海之间，她所生下的十日也生活在东海之中的扶桑树上；帝俊的诸多子孙之国中绝大多数都在东部地区，如中容国、白民国、司幽国、黑齿国等；帝俊部族中最为著名的神话英雄羿，古称为夷羿，也是东方的神话英雄。所以可以认为帝俊是史前时期东方族群的始祖神之一。

（2）帝俊部族以太阳、鸟等为崇拜对象

帝俊及其子孙都与太阳和鸟结下了不解之缘，根据《大荒东经》记载，与帝俊经常在一起的是"五采鸟"，帝俊的妻子羲和为太阳之母，而帝俊本人正是太阳之父。他们共同生下的十日就生活扶桑树上："大荒之中有山名曰孽摇頵羝，上有扶木，三百里，其叶如芥，有谷曰温源谷，汤谷上有扶木，一日方至，一日方出，皆戴于乌。"郭璞注曰："中有三足乌。清人毕沅注曰：旧本戴作载。"③"有汤谷，十日所浴，在黑齿北，居水中。有大木，九日居下枝，一日居上枝。"④《大荒南经》和《海外东经》中的两条记载相互补充，正好形成一个较为完整的体系：帝俊所生的十日栖息在汤谷上面的一片枝叶覆盖三百里的扶桑树上，此树有十个树枝，十个太阳各占据一个树枝，他们轮流出来值班，轮值的太阳住在最上

---

① （清）毕沅：《山海经新校正》（二十二子本），上海古籍出版社1986年版，第1382页。
② 同上书，第1387页。
③ 同上。
④ 同上书，第1381页。

面的一个树枝上，其余的则在下面休息。当太阳出发时，都骑在鸟的背上，由鸟带着飞翔。同时，关于帝俊的子孙之国，尽管国名不同，居住地不同，但绝大多数国家都有一个共同的标志："使四鸟：虎、豹、熊、罴。"虽名为四鸟，然而实际是豹、虎、熊、罴四种猛兽。这说明，在古老的帝俊部族中，崇拜的是鸟兽合体的图腾。

（3）帝俊在后世神话历史化进程中被肢解与淘汰

作为上古神话中最为著名的神话始祖神之一的帝俊其地位甚至超出了炎帝、黄帝等，但他本人及其相关的神话在后世民间传说与文献记录中突然消失了，究其原因，是从西周至西汉以来中国古代神话历史化的结果。从西周以来，为了确立华夏文化体系，便推出了以黄帝为中心的文化世系，至西汉时期终于形成了以黄帝、颛顼、帝喾、尧、舜五位传说中的人物作为五帝系统，而作为上古时代卓有影响力的东方大神帝俊却没法安排在这一系统中，所以一批史官和文化精英们便采用肢解法将帝俊神话系统进行了分解，将原本属于帝俊的事迹分别嫁接到其他人身上，将帝俊家族的成员分别移植到其他族群之中，所以在后来文献记载中，帝俊的事迹与上古诸神的传说常常有很多重叠之处，致使帝喾、尧和舜等人的身上都有帝俊的影子，《太平御览》卷八十引《帝王世纪》说，帝喾生而神异，自言其名为"夋"，"夋"即"帝俊"；十日神话本是帝俊神话的精华，十日不仅是帝俊的儿子，同时也是帝俊命后羿来惩戒他的十个儿子，至《淮南子》则变成了"尧之时，十日并出"，尧命羿射日；帝俊的另一个妻子叫常仪，生下十二年月亮，但到后来史书中，"常仪"变成了"娥皇"，成了舜的妻子。

通过移植与嫁接的手法，抽去了帝俊神话中最核心的内容，实现了消灭帝俊神话和将帝俊剔除"神坛"的目的。

2. 帝俊为史前崧泽—良渚文化族群的始祖神

在崧泽文化特别是其后续的良渚文化中，最为引人注目的文化现象之一就是玉器上雕刻有人、兽、鸟三者合体的族徽。

1986 年在属于良渚文化的余杭反山墓葬中出土一件玉琮，这件玉琮通高 8.9 厘米、上射径 17.1—17.6 厘米、下射径 16.5—17.5 厘米、孔外径

5厘米、孔内径3.8厘米,是目前已发现的良渚玉琮中最大、做工最精美的一件玉琮,因此被称为"琮王"。据《浙江余杭反山良渚墓地发掘简报》称,玉琮四个正面的直槽内上下各有一个基本相同的神人与兽面复合像,共有八个,神人的脸部为倒梯形,以重圈为眼,以两侧的短线勾勒出眼角,宽鼻、阔嘴。头上戴有高耸宽大的冠,冠上以十余组单线和双线组合成放射性羽毛状,因此可称为"羽冠"。上肢形态为耸肩、抬臂弯肘、五指平张叉向腰部。下肢作蹲踞状,脚为三爪的鸟足。神人的腹部绘有兽面,以重圈为眼,宽鼻、阔嘴,两对獠牙向两侧外伸,嘴里还有向上和向下的獠牙。在这件玉琮上还有一些简化了的人兽复合像,以细弦纹和连续的卷云纹作为神人冠的变体,冠下为神人的脸部,兽面纹与直槽内的兽面纹相似而无鼻,兽面纹两侧各雕刻有一变形夸张的鸟纹。与直槽内的人兽像相比,这种简化的人兽合体图像省去了神人的四肢,增加了一对神鸟。简报认为,"无论是繁是简,反映的都是良渚部族崇拜的'神徽'。"[①]

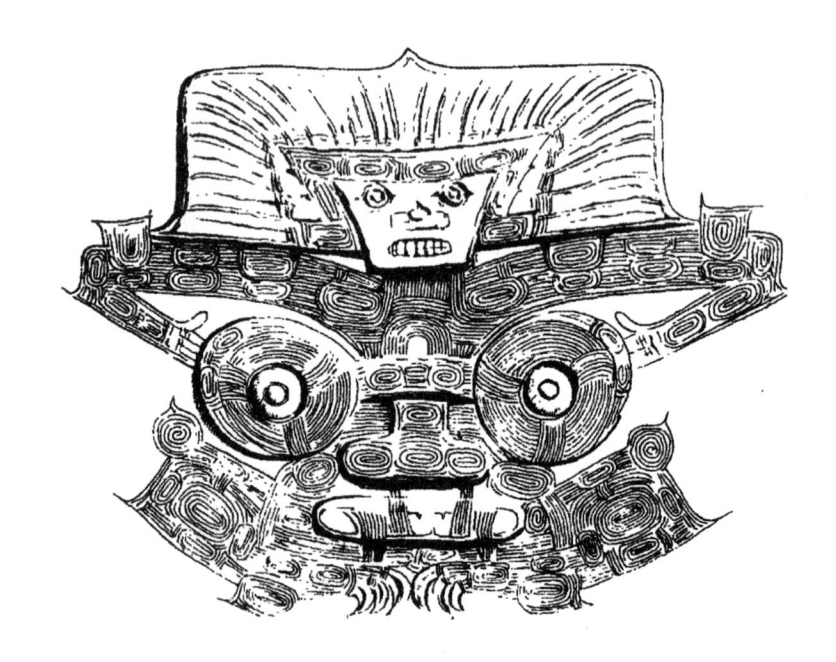

反山良渚文化遗址出土的神人兽面"神徽"

---

① 王明达:《浙江余杭反山良渚墓地发掘简报》,《文物》1988年第1期。

第五章　从神话传说看淮河流域早期族群的迁徙与融合

有学者认为这是"一幅神人御兽升天图,图像上头戴羽冠的神人即是巫师"。① 这种族徽不仅出现在玉琮上,也同时出现在属于良渚文化的玉钺、玉璜、权杖、带钩、柱形器、冠状饰、三叉形冠饰、琮形管和其他玉器之上,神徽纹饰虽然有简有繁,但都有眼、鼻、口组成面纹,简化的神徽图像主要是省略了神人的四肢。神徽图像反映出良渚人的社会结构、政治制度、宗教文化的特质。李伯谦先生认为:"作为良渚文化前身的崧泽文化,以大墓随葬玉钺为标志,反映其在文明演进模式上,走的是军权—王权的道路。但发展到良渚文化阶段,堪称'王'墓的大墓以既随葬象征军权、王权的玉钺,又随葬象征神权的刻有神徽的玉琮、玉璧,并在玉钺上也刻出神徽,表明这期间已发生重大变化,开始走上神权、军权、王权相结合而突出神权的道路。"②

如果仔细来观察这些完整的和简化了的图像,可以看出它主要由三种元素组成:神人、神兽、神鸟。神人是主体,也是神兽、神鸟的主人;神兽是神人的坐骑;神鸟则是帮助神人和神兽飞翔的,所以在完整图像中,只在下方显示鸟足,而有简化了的图像中则在两侧显示完整的鸟形状。这种神徽所表示的意义在于:良渚人最有权威的人既是部族的族长,也是最高的军事长官,同时兼着巫师的功能,他不仅在地下能统帅其部族的臣民,同时也可以上通于天,并且可以借助神兽与神鸟飞翔。

《山海经》所记载的关于帝俊的相关材料与良渚文化所反映出来的文化现象可以相互印证,帝俊当为崧泽—良渚文化族群的始祖神,主要基于以下三方面的考虑:

(1) 帝俊神话的核心区域与崧泽—良渚文化核心区重叠

崧泽—良渚文化为长江下游太湖流域新石器时期的重要文化,崧泽文化处于新石器时代母系氏族社会向父系氏族社会过渡阶段,而良渚文化则已发展至父系氏族社会时期。这一文化上承马家浜文化,甚至与河姆渡文化也有一定的关系。其分布的中心地区是太湖流域,东达上海直至海滨。而帝俊的子孙之国大部分都在江淮下游的滨海一带,其妻子羲和部族则活

---

① 李伯谦:《从崧泽到良渚——关于古代文明演进模式发生重大转折的再分析》,《考古学研究》(十),科学出版社2012年版,第522页。
② 同上书,第529页。

95

动在"东南海之外"。所以帝俊及其相关的部族的活动区域与崧泽—良渚文化区相重叠。至于说,帝俊的其他子孙之国分布于南方、西方等地,也许与帝俊部族的后期迁徙有关。

(2) 崧泽—良渚文化中的族徽与传说中帝俊部族的文化特征相同

早在崧泽文化时期,长江下游及滨海地区便有鸟崇拜习俗,这种原始崇拜也反映在器物造型上,如崧泽文化遗址中出土了很多经典的动物陶器如鹰头壶、鸟型三足盉等。这种习俗至良渚文化时期得到进一步强化,良渚玉器中众多的神人族徽图像中,神人头戴羽冠,下有三爪鸟足,反映出对神鸟的崇拜,简化的图像中神鸟是完全独立的,在神人两侧,则是对《大荒东经》所说"有五采之鸟,相向弃沙,惟帝俊下友,帝下两坛,采鸟是司"① 最好的注解。由于时间的推移和神话传说的变异,族徽图像中的长有三爪足的神鸟在《山海经》中变成了三足乌。

神兽也是良渚族徽图像中的重要元素,这与《山海经》所记帝俊后裔之国都有"使四鸟:虎、豹、熊、罴"的记载密切相关。虎、豹、熊、罴四种动物可能是帝俊部族最崇拜的四种野兽,也可能是帝俊部族中各个氏族不同的图腾。

(3) 帝俊神话传说的时代与崧泽—良渚文化时期相当

崧泽文化距今6000—5300年,良渚文化则为距今5300—4000年,两种文化延续达2000年之久,从帝俊妻日神羲和和月神常仪来看,帝俊当为母系氏族社会到父系氏族社会过渡时期的神话人物,处于崧泽文化期;帝俊"妻羲和""妻常仪"反映出作为最早跨入父系氏族的强势帝俊部族对周边尚处于母系氏族时期的部族的征服、融合过程,通过不断的征服与融合,帝俊最终实现了对长江下游广大地区各不同部族的统一,从而建立了一个强势的族群,这个族群在良渚文化时期进一步得到发展,并越过长江向黄淮流域扩张,深入大汶口文化区。

3. 帝俊族群的北迁及其对东夷文化的影响

从考古资料来看,早在崧泽文化时期,崧泽人就开始越过长江,进入

---

① (清)毕沅:《山海经新校正》(二十二子本),上海古籍出版社1986年版,第1381页。

江淮下游地区，甚至影响到淮河下游的北部，而在良渚文化时期，这些帝俊族的后裔们再次沿着前辈北进的路线大量向北方迁徙，甚至渗透到大汶口文化的核心区域。

位于淮河下游北部的江苏邳州市北40余千米的大墩子遗址，是一处距今6500—4500年的新石器时代遗址，大墩子遗址上层文化为大汶口文化中、晚期文化，同时也发现了属于良渚文化的一些典型器物，如双鼻壶、四系罐、筒形圈足杯、玉璜和有段石锛等，说明这一地区虽然以大汶口人为主体，但也生活着从江南迁来的良渚人，同时将良渚文化带到这一地区，并为大汶口文化居民所接受，据张学海、李玉亭的《大汶口文化的新发现》一文所介绍，山东临沂市收藏家苏昭杰先生收藏了一批来自大墩子村民手中的一些大汶口文化器物。代表器物有：阳鸟石璧1件，以璧为太阳，在外璧内沿刻一周锯齿纹的光芒，在太阳下部的璧上刻一鸟；骨雕鸟1件，骨雕鸟的一面雕有一太阳图案，下有对称的双鸟承托[1]。这两件器物所反映出的文化，既有大汶口文化中对鸟的崇拜习俗，也融入了良渚文化中三足鸟的传说。这也是大汶口文化与良渚文化相融合的最好例证。

当良渚文化继续北上时，一直扩展至泰沂山系，甚至到达鲁中和胶东半岛一带。在大汶口、野店、西夏侯、岗上、沙沟、建新等遗址，都有良渚文化因素[2]。在山东诸城、莒县一带发现的大汶口文化陶器上，可能看到与良渚文化玉器有关的因素，在日照市一带发现的龙山文化玉器和陶器上往往带有兽面纹饰，这些纹饰与良渚文化玉器上的"族徽"有着一定的关系[3]。

大汶口文化对崧泽和良渚人的图腾文化吸纳的同时，又结合自己的图腾崇拜加以改造，从而形成了不同的宗教文化。如距今5500年前后的凌家滩文化，属于东夷文化的，在凌家滩出土一件玉鹰，鹰的双翼展开，双翼为对称的猪首形状，鹰嘴如钩，鹰眼十分突出，鹰首向左方侧视，尾部自然分开，不仅形象逼真，而且充满生气。玉鹰的胸部刻有大小两个圆圈，在两圆之间刻有八角星纹。这种图案可以看作玉版上图案的略写，也

---

[1] 张学海、李玉亭：《大汶口文化的新发现》，《华夏考古》2009年第4期。
[2] 栾丰实：《良渚文化的北渐》，《中原文物》1996年第3期。
[3] 杜金鹏：《关于大汶口文化与良渚文化的几个问题》，《考古》1992年第1期。

是太阳图案的象征。于是,太阳、鹰、猪三者便紧密联系起来,张敬国先生认为这是:想把百鸟之王的雄鹰飞上天,把牲品带给太阳神,反映了凌家滩先民的原始宇宙观和对宗教崇拜的虔诚。把猪当作牲品,说明凌家滩先民是以农耕为主的部落①。从凌家滩玉鹰图案来看,大汶口人将良渚文化中的三爪鸟变成了鹰,将良渚文化中的神兽变成了与他们生活息息相关的猪,将神人自己升天的想象变成了由神鹰代为升天。这既是对崧泽和良渚文化信仰某些内涵的吸收,又是一种创造。

在安徽尉迟寺大汶口晚期文化遗址中出土了一件鸟形"神器",器物通高59.5厘米,器形呈瓶状,由手工制作然后经过高温烧制,从器物本身来看,它不是一件实用工具,而更像一件具有宗教意义的象征物,是大汶口后裔的一件原始崇拜物。

由此可以说明,当崧泽—良渚文化北渐之后,其代表着原始宗教意义的神人、神兽、神鸟合体的族徽也因为族群的迁徙和文化的传播而带入大汶口文化区,并为大汶口文化所吸纳、改造,大汶口人基本上摒弃了崧泽和良渚人神徽上的神兽图案而代之以更加温和的猪的形状,将本族群的神鸟崇拜与良渚部族中关于帝俊与十日的传说结合起来,从而形成了鸟负太阳或三足乌载太阳飞行的文化意象。所以后世神话传说中太阳中有三足乌或乌负太阳飞行等,都属于大汶口文化在崧泽和良渚文化基础上改造过的神话传说。这种神话传说与原始宗教信仰被后来形成的东夷族群所继承,从而成为东夷文化的核心内容之一。

后来东夷部族的首领之一的少皞,不仅崇拜鸟,而且以鸟名官,据《左传·昭公十七年》载:

> 郯子来朝,公与之宴。昭子问焉,曰:"少皞氏鸟名官,何故也?"郯子曰:"吾祖也,我知之。昔者黄帝氏以云纪,故为云师而云名;炎帝氏以火纪,故为火师而火名;共工氏以水纪,故为水师而水名;大皞氏以龙纪,故为龙师而龙名。我高祖少皞挚之立也,凤鸟适至,故纪于鸟,为鸟师而鸟名。凤鸟氏,历正也;玄鸟氏,司分者

---

① 张敬国:《朝拜圣地:凌家滩》,《中原文物》2002年第1期。

也；伯赵氏，司至者也；青鸟氏，司启者也；丹鸟氏，司闭者也。祝鸠氏，司徒也；鴡鸠氏，司马也；鸤鸠氏，司空也；爽鸠氏，司寇也；鹘鸠氏，司事也。五鸠，鸠民者也。五雉，为五工正，利器用、正度量，夷民者也。九扈为九农正，扈民无淫者也。自颛顼以来，不能纪远，乃纪于近，为民师而命以民事，则不能故也。"仲尼闻之，见于郯子而学之。既而告人曰："吾闻之：'天子失官，学在四夷'，犹信。"①

这是一个鸟的王国，也是一个以鸟为图腾崇拜的部族，它正是对古老的帝俊部族神话的改造，也是对古老的大汶口文化的继承。

三 炎黄之争与炎黄二族向中原与淮河流域的迁徙

1. 炎黄之争及炎帝后裔向中原与淮河流域的迁徙

在今天的陕西岐山县西，有一条不大的河流，这条小河古称姜水，后称岐水，它源于岐山，东南与诸水合流汇入渭水。就是这条小河流，在远古时代孕育了一位杰出的神性英雄，也孕育了他的部族，这便是炎帝及炎帝部族。在后代历史上，人们一致认为炎帝与黄帝本出于同一祖先，他们都是少典氏的后代。《国语·晋语四》载："昔少典娶于有蟜氏，生黄帝、炎帝，黄帝以姬水成，炎帝以姜水成，成而异德，故黄帝为姬，炎帝为姜。二帝用师以相济也，异德之故也。"②《国语》所记当为先秦时的传说，似乎炎、黄二人为同父同母兄弟。但二人并非生在同一时期。从传说中，我们可以看出，在古远之时，陕甘交界之地曾有过两个较为强大的氏族，一为少典氏，二为有蟜氏，且两个氏族有着代代相传的通婚关系。在这段漫长的历史时期，少典氏家族逐渐扩大，分化为一个个独立的氏族，其中一个以羊为图腾的姜姓氏族和另一个以熊为图腾的姬姓氏族在少典氏

---

① （晋）杜预：《春秋经传集解》，上海古籍出版社1988年版，第1420—1421页。
② 《国语》，上海书店1987年版，第127页。

的大家族中逐渐崛起、强大起来。他们分别生活在渭水流域的东部和西部，那便是我们华夏民族的远祖炎帝与黄帝氏族。当炎、黄两个氏族强大之后，各自组成了自己的部族。炎帝以羊为图腾表明已进入动物饲养阶段，要先进于以狩猎为主的姬姓部族。由于部族的壮大，山林原野已无法为他们提供足够的食物了，于是两大部族便相继向东迁徙，走出山林，进入广阔的中原地区和冀州平原。按部族迁徙顺序，当以炎帝为先，他们沿渭河东进，越过黄河，到达山西，然后南进至中原地区。进入中原之后，由于农业的发明，结束了游牧时代，因而氏族成员的生活相对安定，于是炎帝部族便在这里生殖、繁衍。从神话残留与野史所载来看，炎帝部族进入中原最初的活动地域，西至山西、陕西交界的黄河边，东至河北东部，北至河北、山西中部，南至河南西北部。在这广阔地域中，处处留下了可资证明的神话遗迹。《山海经·北山经》载发鸠山上的精卫乃炎帝少女女娃所化。发鸠山在今山西省中部，为浊漳水的发源地，可见这一带当为炎帝部族的活动地带。《山海经·中山经》云休与山、鼓钟山之东有姑瑶山，帝女死于此，变成一种可以媚人的灵草。这里的帝便是炎帝，帝女即指《襄阳耆旧记》中的"赤帝女曰瑶姬，未行而卒"者。休与、鼓钟二山均在灵宝与嵩县之间，姑瑶在其东不远，大致也在这一带。后来，由于炎帝族南迁之后，这个传说也带到了南方，地名换成了巫山，瑶姬也成了巫山神女。共工亦为炎帝后代。朱芳圃先生以为："共工之国，当即河内共县（今河南辉县），共工振滔洪水，亦即降水。"①

  炎帝部族在中原生息之时，黄帝部族已渐次循迹而至，这两大部族为了争夺这块生命之地，终于爆发了神话史上最惨烈悲壮的战争，即"炎黄之战"。战争的失败，使炎帝后裔们丧失了在中原生存的资格，不得不再次迁徙。而黄帝则一战定乾坤，完成了入主中原的大业。他的部族也成了中原最强大的集团。炎帝部族的遗民们，一部分仍然生活在中原，最后融入黄帝集团；另一部分则进入东夷族群生活区，而还有一部分越过长江，进入了今江西、湖南、湖北地区，随后，向西南发展。

  在黄帝之后的漫长历史时期，炎帝后裔们一直处在被打击、诛伐的境

---

① 朱芳圃：《中国古代神话与史实》，中州书画社1982年版，第6—7页。

地之中，在炎帝后裔共工族被灭之后，至尧、舜时期，姜姓部族出现了一位杰出的人物伯夷。《国语·周语下》载太子晋语曰："昔共工弃此道也，虞于湛乐，淫失其身，欲壅防百川，堕高堙庳，以害天下。皇天弗福，庶民弗助，祸乱并兴，共工用灭。其在有虞，有崇伯鲧，播其淫心，称遂共工之过，尧用殛之于羽山。其后伯禹念前之非度，厘改制量，象物天地……比类百则，仪之于民，而度之于群生，共之从孙四岳佐之……祚四岳国，命以侯伯，赐姓曰'姜'，氏曰'有吕'，谓其能为禹股肱心膂，以养物丰民人也。"①韦昭注云："尧以四岳佐禹有功，封之于吕，命为侯伯，使长诸侯也。……姜，四岳之先，炎帝之姓也，炎帝世衰，其后变易，至四岳有德，帝复赐之祖姓，使绍炎帝之后。"②《新唐书·宰相世氏表》也说："姜姓本炎帝，生了姜水，因以为姓。其后子孙变易他姓。尧遭洪水，共工之从孙佐禹治水，为四岳之官，以其主四岳之祭，尊之，故称曰'大岳'，命为侯伯，复赐以祖姓曰姜，以绍炎帝之后。"③

从史料中可见，吕国是姜姓部族在虞、夏时首封的第一个方国。至夏、商时期，作为炎帝之裔的姜姓，除有吕国之外，其子孙还被封之于封、申。《新唐书·宰相世系表》云："封氏出自姜姓，炎帝裔孙钜为黄帝师，胙土命民，至夏后氏之世，封父列为诸侯，其地汴州封丘有封父亭，即封父所都。至周失国，子孙为齐大夫，遂居渤海蓨县。"④当周部族兴起时，姜姓之裔与姬姓的周部族保持着相当密切的关系，《诗经·生民》记载，生下周人始祖的便是姜姓之女姜嫄，此后，姜姓与姬姓经常保持通婚关系。正因如此，当周王朝建立之时，除封氏不存外，申、吕两国依然续封，并增封许国、州国、向国、纪国等侯国。所以《国语·周语中》引富辰语曰："齐、许、申、吕由大姜。"⑤韦注说："四国皆姜姓，四岳之后。大姜之家也。大姜，大王之妃也，王季之母也。"⑥《史记·齐太公世家》说："太公望吕尚者，东海上人。其先祖尝为四岳，佐禹平水土甚有功。

---

① 《国语》，上海书店1987年版，第35—37页。
② 见《国语》韦注，上海书店1987年版，第36页。
③ （北宋）欧阳修等：《新唐书·宰相世系表》，中华书局1975年版，第2963页。
④ 同上书，第2341页。
⑤ 《国语》，上海书店1987年版，第16页。
⑥ 见《国语》韦注，上海书店1987年版，第16页。

虞、夏之际封于吕，或封于申，姓姜氏。夏、商之时，申、吕或封枝庶子孙，或为庶人，尚其后苗裔也。本姓姜氏，从其封姓，故曰吕尚。"①《世本·姓氏篇》云："许、州、向、申，姜姓也，炎帝后。"②《新唐书·宰相世系表》云："纪氏出自姜姓。炎帝之后封于纪，侯爵，为齐所灭，因以国为氏。"③《左传》隐公元年"纪人伐夷"。桓公八年，祭公代表周桓王来纪迎娶纪季姜为后。纪国后来被齐所蚕食。

炎帝后裔在淮河流域立国者，有淮河上游的许国和后来从南阳迁到信阳的申国，以及淮河中下游的州国、向国。

2. 炎帝族群中的蚩尤部落的南迁

炎帝族群本来是一个庞大的体系，在古代神话与传说中，逐日的夸父、舞干戚的刑天、怒触不周山的共工等或都出自炎帝族群。随着炎帝族群被黄帝族群所击败，炎帝族群的英雄们也纷纷成为神话传说中的悲剧人物或被描画成邪恶的代表。炎、黄两族的斗争并没有随着炎帝的战败而结束，炎、黄两族后裔的斗争史成了中国古代神话传说的重要内容。而炎帝族中最有影响的传说人物就是具有战神之称的蚩尤。后代文献中有诸多关于蚩尤的记载：

> 阪泉氏蚩尤，姜姓，炎帝之裔也。兄弟八十一人。……帝榆罔立，诸侯携贰，胥伐虐弱，乃分正二卿，命蚩尤宇于小颢，以临四方，司百工德不能驭。蚩尤产乱出羊水登九淖，以伐空桑，逐帝而居于涿鹿。封禅号炎较之。乃驱罔两与云雾祈风雨以肆志于诸侯。顿戟一怒并吞无亲，九隅无遗，文无所立，志士寒心。参庐于是与诸侯委命于有熊氏，有熊氏于是暨力牧、神皇厉兵称旅，顺杀气以振兵。……传战执尤于中冀之野而诛之……身首异处。④

> 蚩尤作兵伐黄帝，黄帝乃令应龙攻之冀州之野。应龙蓄水，蚩

---

① （西汉）司马迁：《史记》，上海古籍出版社2005年版，第1196页。
② （清）张澍粹集补：《世本·姓氏篇》，中华书局1985年版，第41页。
③ （北宋）欧阳修等：《新唐书》，中华书局1975年版，第2883页。
④ （南宋）罗泌：《路史》卷十三（四库全书本），上海古籍出版社2003年版，第20—23页。

尤请风伯、雨师纵大风雨。黄帝乃下天女曰魃，雨止，遂杀蚩尤。①

有宋山者，有赤蛇，名曰育蛇。有木生山上，名曰枫木。枫木，蚩尤所弃其桎梏，是为枫木。②

炎帝欲侵陵诸侯，诸侯咸归轩辕。轩辕乃修德振兵，治五气，五种，抚万民，度四方，教熊罴貔貅貙虎，以与炎帝战于阪泉之野。三战，然后得其志。蚩尤作乱，不用帝命。于是黄帝乃征师诸侯，与蚩尤战于涿鹿之野，遂禽杀蚩尤。③

昔天之初，□作二后，乃设建典，命赤帝分正二卿，命蚩尤于宇少昊，以临四方，司□□上天末成之庆。蚩尤乃逐帝，争于涿鹿之河，九隅无遗。赤帝大慑，乃说于黄帝，执蚩尤，杀之于中冀，以甲兵释怒，用大正顺天思序，纪于大帝。用名之曰：绝辔之野。乃命少昊请司马、鸟师，以正五帝之官，故名曰质。④

蚩尤氏强，与榆罔争王于汲鹿之野。⑤

榆罔居空桑，空桑为陈留，故《归藏·启筮》云：蚩尤伐空桑，帝所居也。⑥

《世本》云汲鹿在彭城，今上谷有汲鹿县及蚩尤城。阪泉县又有黄帝祠，皆黄帝战蚩尤之处也。⑦

昔黄帝驾象车交龙，毕方并辖，蚩尤居前，风伯进扫，雨师洒道，虎狼在后，虫蛇伏地，大合鬼神于太山之上，作为清角。⑧

蚩尤冢在东平郡寿张县阚乡城中，高七丈，民常十月祀之。有赤气出，如匹绛帛，民名为蚩尤旗。肩髀冢在山阳郡钜野县重聚，大小与阚冢等。传言黄帝与蚩尤战于涿鹿之野，黄帝杀之，身体异处，故

---

① （清）毕沅：《山海经新校正·大荒北经》（二十二子本），上海古籍出版社1986年版，第1385页。
② 同上书，第1382页。
③ （西汉）司马迁：《史记·五帝本纪》，上海古籍出版社1997年版，第3页。
④ 黄怀信、张懋镕、田旭东：《逸周书汇校集注》，上海古籍出版社1995年版，第781—784页。
⑤ （晋）皇甫谧著，（清）宋翔凤辑：《帝王世纪》，辽宁教育出版社1997年版，第5页。
⑥ 同上。
⑦ 同上书，第8页。
⑧ （东汉）应劭：《风俗通义》（百子全书本），岳麓书社1993年版，第3620—3621页。

别葬之。①

从正史、野史和民间传说来看，可能不是炎帝后裔，但是炎帝族的同盟，也是实力最强的一支，从"蚩尤兄弟八十一人"来看，说明这一支也是由诸多氏族或部族所组成的部落大联盟。由于炎帝为黄帝所败，蚩尤担当起与黄帝族作战的重任。因为在后来所确立的正统文化序列中，炎帝、黄帝同为中华民族的始祖神，而这两位始祖本是"冤家"总是不雅，所以史家便千方百计地想避开炎黄之战这一远古的历史。但是，炎帝与黄帝二族的战争确实存在，古史记载斑斑可查，历史传说不绝于口，这些都不容抹去，所以就让蚩尤变成了炎帝族的叛臣，最后由炎帝族、黄帝族联合天下诸侯共同剿灭之而告结束。这样一来，既隐去了炎帝、黄帝二族不盟的历史，同时也使炎黄之战具有了历史的合理性与合法性。

但是事实上，蚩尤与黄帝族的战争正是炎黄之战的继续。最初战斗的地点在古冀州地区涿鹿一带，在炎帝族早期生活地区的北部，蚩尤部族最终为黄帝所击败，蚩尤被杀。蚩尤死后，其部族残余一部分仍留在北方，一部分则南迁至山东地区，进入东夷活动的地区，并最终融入东夷族群之中。

正因为蚩尤部族南迁至淮河流域和东夷地区，所以在后来文献和传说中，山东地区有很多关于蚩尤的故事、蚩尤的遗迹等。如蚩尤曾统治过东夷上古领袖人物少昊的族人，曾在空桑作战，山东也有涿鹿的地名，山东与河南交界处还有蚩尤墓等。

与蚩尤一起迁徙而来的炎帝族人在东夷地区发展壮大，在夏、商、周三代成为后来东夷族群的一大宗。《山海经·海内经》记载："炎帝之孙伯陵，伯陵同吴权之妻阿女缘妇，缘妇孕三年是生鼓、延、殳，始为侯。鼓、延是始为钟，为乐风。"② 这个伯陵的后代，最终也成为商代东夷族群中的一个重要的方国。《左传·昭公二十年》载晏子语曰："昔爽鸠氏始居此地，季萴因之，有逄伯陵因之，蒲姑氏因之，而后大公因之。"③《国

---

① （西汉）司马迁：《史记·五帝本纪》，上海古籍出版社1997年版，第4页。
② （清）毕沅：《山海经新校正》（二十二子本），上海古籍出版社1986年版，第1386页。
③ （晋）杜预：《春秋经传集解》，上海古籍出版社1988年版，第1464页。

语·周语下》说:"伯陵,大姜之祖,有逢伯陵也,逢公,伯陵之后,大姜之侄,殷之诸侯,封于齐地。逢公之所凭神也。"① 可见炎帝之裔伯陵及其后代早期就活动在齐地,后来姜尚被封于齐地也算是回到了自己祖先所居之地。

3. 神话传说与黄帝族入主中原

与炎帝族一样,黄帝族最早也是生活于西部,《史记·五帝本纪》索隐引皇甫谧语云:"(黄帝)长于姬水,因以为姓。"②《水经注·渭水》曰:"黄帝生于天水,在上邽城东七十里轩辕谷。"③ 天水,即今之甘肃天水,秦时为上邽县;姬水,亦地名,在今陕西省;有熊,地名,今之河南新郑县。《水经注·洧水》引《帝王世纪》:"(新郑)县故有熊氏之墟,黄帝之所都也。郑氏徙居之,故曰新郑矣。"④ 黄帝古称为轩辕氏,《山海经·海外西经》载:"轩辕之国,在此穷山之际。"⑤《大荒西经》又称:"轩辕之国,江山之南栖为吉。"⑥ 可见轩辕国在西方。同书《西山经》云:"又西四百八十里,曰轩辕之丘。"郭璞注曰:"黄帝居此丘,娶西陵之女,因号轩辕丘。"⑦《山海经》中的"轩辕国"应是黄帝族之后裔相聚而成之国,可证这里确是黄帝早期活动地。

当黄帝族人向东进入河北大地和中原地区之后,与早先迁入的炎帝部族发生了持久的战争,并最终击败炎帝族人,从而统治了中原。黄帝族人进入中原之后,主要生活在以新密和新郑为中心的地带,以神话传说和古史记载相印证,黄帝在有熊(河南新郑)建都之说由来已久,并非子虚乌有。

在新郑县四十余里的密县有一个"云岩宫",又叫"灵岩宫",这里是中原地区黄帝神话传说最丰富且最集中的地方,据旧《密县县志》记载,

---

① 《国语》,上海书店1987年版,第47页。
② (西汉)司马迁:《史记》,上海古籍出版社1997年版,第2页。
③ (北朝)郦道元:《水经注》,岳麓书社1995年版,第265页。
④ 同上书,第325页。
⑤ (清)毕沅:《山海经新校正》(二十二子本),上海古籍出版社1987年版,第1370页。
⑥ (清)毕沅:《山海经新校正》(二十二子本),上海古籍出版社1986年版,第1383页。
⑦ (清)毕沅:《山海经新校正》(二十二子本),上海古籍出版社1987年版,第1346页。

云岩宫的山门左有轩辕门，右有讲武台，中间是一个点兵台，附近均是黄帝的遗迹，其中，东面有马场沟，为黄帝畜马处，山岩上有王母洞，上有王母庙，是九天玄女授黄帝九战九胜兵法之处；东南八里处有"力牧台"，又叫熊台、拜风台、黄台子、台子岗，从它的别名来看，"熊"与黄帝国号"有熊"有关，"拜风台"大概是拜风后为相之处，"黄台子"应是"黄帝台"的省称。

随着黄帝族入主中原，东方族群势力开始向东回撤，而西方的仰韶文化则在中原地区强势扩张，最终融合各种文化形成了中原龙山文化，为后来华夏文化区的形成奠定了基础。

第六章　东夷族群与东夷文化

一　夷与东夷

"夷"字作为先秦时期我国东部一个重要的族群的代称,古代典籍和后来的学者们对其解释多有不同,《后汉书·东夷列传》云:"夷者,柢也,言仁而好生,万物柢地而出。故天性柔顺,易以道御,至有君子、不死之国焉。"①《说文解字》说:"夷"者意为"平"也,从字的组合来看从"大"、从"弓",是东方之人。《东夷传》所言"仁而好生""天性柔顺"是对东夷族群性格的总体评价,相对于西方、北方等早期族群的好斗、好战的特性来说,东夷是一个讲究礼让、爱好和平的族群。而《说文》的解释则概括了东夷族群的生活习性,因为这个族群虽然不生活在草原,却也有以狩猎为生者,《山海经》记载东方有"大人之国",上古神话传说中的神射手后羿便为东夷的英雄,所以又称为夷羿。由此可见,以"夷"来命名的族群在早期并没有贬义。不仅"夷"字如此,与夷并列的蛮、戎、狄等也没有贬义,所以《说文》解释"蛮":"南蛮蛇种。"释"戎"曰:"牧羊人也。"释"狄"曰:"赤狄,本犬种。"这也都是根据其原始崇拜和生活方式来命名的。

而郭沫若则认为:"金文凡夷、狄字均作尸,卜辞屡见尸方,亦即夷方,揆其初意盖斥异族为死人,犹今人之称为鬼也。后乃通改为夷字。"②

---

① (南朝)范晔:《后汉书》,中华书局1965年版,第2807页。
② 郭沫若:《两周金文辞大系图录考释》,科学出版社1957年版,第15页。

郭氏观点将"夷"字视为华夏族对东方族群的贬称，恐与其原本的意义有所出入。

在早期文献中，"夷"并非东方族群的专称，而是对周边除华夏族之外所有族群的通称，所以《左传·僖公二十一年》云："蛮夷猾夏，周祸也。"①《左传·僖公二十五年》云："德以柔中国，刑以威四夷。"②《周礼》载："职方氏，掌天下之图，以掌天下之地，辨其邦国、都鄙、四夷、八蛮、七闽、九貉、五戎、六狄之人民。……乃辨九服之邦国：方千里曰王畿，其外方五百里曰侯服，又其外方五百里曰甸服，又其外方五百里曰男服，又其外方五百里曰采服，又其外方五百里曰卫服，又其外方五百里曰蛮服，又其外方五百里曰夷服。又其外方五百里曰镇服，又其外方五百里曰藩服。"贾疏曰："四夷者，据四方之夷总目，诸方以九貉为东夷之处。"③ 以上所举《左传》《周礼》所说的"蛮夷""四夷""夷服"中的"夷"均非专指周代的东方族群，而是泛称。

在史前时期，为多氏族、部族或族群共同发展的时期，既没有所谓的华夏文化圈，也没有四夷的概念。夏代，夏与东夷族关系极为密切，从少康复国之后，华夏族便以优势力量使东夷族处于屈从地位了，成为华夏族与东夷族力量变化的转折点。在商代，从出土的文献特别是甲骨卜辞所记来看，商代已开始有了以商人为中心的政治地理意识，他们称自己统治中心的周边族群所建立的国家或部族的势力范围为"方"，所以在卜辞中多次出现多方、土方、羌方、人方、鬼方、井方、林方、盂方等，卜辞中出现了"四方""四土"等词汇，与"中土"相对，相当于周人所说的"四夷"概念。

同时，对东夷族群已开始使用了"人方""尸方"等名称：

侯告伐尸方。④

---

① （晋）杜预：《春秋经传集解》，上海古籍出版社1988年版，第321页。
② 同上书，第355页。
③ （东汉）郑玄注，（唐）贾公彦疏：《周礼注疏》（十三经注疏本），中华书局1979年版，第861—862页。
④ 郭沫若：《殷契粹编》，科学出版社1965年版，第1187页。

佳尸方受又。①

才十月又二，癸未，正人方，才售②

癸酉，来正人方，在攸。③

才二月，癸巳，来正人方，才意、雷、商孝鄙。④

佳十祀才九月，甲午，……正人方，告于大邑商。⑤

佳王来正人方，佳王十祀又五肜日。⑥

郭沫若先生认为，这里的"人方"与"尸方"都指周人所称的东夷族群，"旧多释尸为人，余谓当是尸字，假为夷。……征尸方所至之地有淮河流域者，则殷代之尸方乃合山东岛夷与淮夷而言。"⑦按郭沫若先生意见，卜辞中的"人方"与"尸方"为一义，只是对甲骨卜辞的解读方法不同而产生的差异。陈梦家先生也说："卜辞所记'正人方'之役至于淮水而伐人方、林方，则此等邦方属于淮夷之一，当无可疑。"⑧

从商代甲骨卜辞来看，商人以"人方"或"尸方"等称代东夷族群或其建立的方国，在西周被延续下来，西周金文一般称"夷"为"尸"，称东夷之族群及其所建立的方国为"东尸"（小臣簋）、"东国"（班簋）、"东反尸"（䜌鼎）、"反尸"（旅簋）、"淮尸"（录卣）、"南淮尸"（禹鼎）、"南尸"（无其簋）等⑨。然而传世的文献则均以"夷"取代"尸"，所以《春秋》《左传》《国语》《周礼》《尚书》《孟子》《管子》《墨子》等著作都统一作"夷"字。

东夷族群早期分布核心地带在山东的东部，后来其势力逐渐扩展，范围北至辽东半岛，东迄海滨，南及苏北，西至鲁东。至夏、商、周三代分

---

① 董作宾：《中国考古报告集之二·殷虚文字甲编》，国立中央研究院历史语言研究所1948年版，第279页。
② 罗振玉：《殷虚书契前编》，民国元年上虞罗氏影印本，2.5.1。
③ 曾毅公：《甲骨缀合编》，修文堂印行，1950年，第189页。
④ 同上。
⑤ 郭沫若：《卜辞通纂》，科学出版社1983年版，第592页。
⑥ 罗振玉：《三代吉金文存》，中华书局1983年版，11.34.1。
⑦ 郭沫若：《卜辞通纂》，科学出版社1983年版，第569页。
⑧ 陈梦家：《殷墟卜辞综述》，中华书局1988年版，第305页。
⑨ 郭沫若：《两周金文辞大系图录考释》，科学出版社1957年版，第23—121页。

迁各地。《后汉书·东夷列传》云："夷有九种，曰畎夷、于夷、方夷、黄夷、白夷、赤夷、玄夷、风夷、阳夷。故孔子欲居九夷也。"①"九"为虚指，概言其多也，《尚书·禹贡》将其划分为莱夷、淮夷、鸟夷三大群体：

> 海、岱惟青州。嵎夷既略，潍、淄其道。厥土白坟，海滨广斥。厥田惟上下，厥赋中上。厥贡盐绨，海物惟错。岱畎丝、枲、铅、松、怪石。莱夷作牧。厥篚檿丝。浮于汶，达于济。……海、岱及淮惟徐州。淮、沂其乂，蒙、羽其艺，大野既猪，东原底平。厥土赤埴坟，草木渐包。厥田惟上中，厥赋中中。厥贡惟土五色，羽畎夏翟，峄阳孤桐，泗滨浮磬，淮夷蠙珠暨鱼。厥篚玄纤、缟。浮于淮、泗，达于河。……淮、海惟扬州。彭蠡既猪，阳鸟攸居。三江既入，震泽底定。筱簜既敷，厥草惟夭，厥木惟乔。厥土惟涂泥。厥田惟下下，厥赋下上，上错。厥贡惟金三品，瑶、琨筱、簜、齿、革、羽、毛惟木。鸟夷卉服。厥篚织贝，厥包桔柚，锡贡。沿于江、海，达于淮、泗。②

东夷族群不仅在新石器时代创造了高度的史前文明，在夏、商、周三代也是活跃在历史舞台上的重要角色。

二 东夷族群的形成

一个大的族群是在漫长的历史时期逐渐形成的，它们可能来自不同的氏族、部族，甚至来自不同的区域，在经过数千年甚至上万年的共同生活之后，渐渐相互融合，从而形成了大型的部落联盟，最后组成一个庞大的族群。东夷族群也是如此，它的组成复杂性可能远远超出我们的今天的想象。李白凤先生的《东夷杂考》在考证东夷族群的形成时认为：

---

① （南朝）范晔：《后汉书》，中华书局1965年版，第2807页。
② 《尚书》，线装书局2007年版，第36—38页。

东方各民族在"史前期"各个历史阶段中有着很大的变动。第一种民族应该是当地久居或原有的"土著";第二种是由夏代以前的炎帝族、黄帝族迁入的"外来户";第三种是夏代,某种原因迫迁而来的"移民";第四种应该是商代在成汤八迁中留而未去的"遗民"。在第一类原始"土著"中,莱夷各族和徐夷各族应该属于这一类;在第二类所谓"炎、黄子孙"的"外来户"中,姜姓的鱼族(炎帝族)和匽姓(或称嬴姓或盈姓)的匽族(包括匽、奄、郯在内)应该是黄帝族的遗裔;第三类大致和夏代都有血缘关系或联盟关系(在古代两种关系常常是一种关系),其中就是鬲族、戈族、过族、斟鄩、斟灌等族;至于第四种,因人数少而且大部分先被东方各族所同化,不易从太少的资料中弄清情况。[①]

但从东夷族群的形成过程来看,其来源远远不止这些,其成分要复杂得多。

1. 东夷地区的原始居民

在旧石器时代早期,鲁中南地区就生活着史前猿人,如沂源猿人,据研究沂源猿人可能是北方北京猿人的一个分支;在旧石器中期和晚期,也有大量的人类文化遗址,如日照秦家官庄遗址、沂水南洼洞遗址、沂源骑子鞍山的千人洞遗址、新泰乌珠台遗址、郯城望海楼和黑龙潭遗址等;新旧石器之交这一地区有沂源的扁扁洞遗址等。这些遗址的存在说明在东夷的生活区域内,从旧石器到新石器就一直有史前人类在这里生息、繁衍,并且在旧石器文化向新石器文化过渡的历史时期,两者存在巨大的关联度,如在扁扁洞遗址出土的石磨盘、石磨棒、陶片等遗物,与后李文化有着相似之处,因而学者认为扁扁洞文化可能就是后李文化的重要源头[②]。这些从旧石器到新石器时代留下了丰富史前文化遗址的人类,也许有些迁出了该地区,但有些则应当一直生活在这里,无疑成了东夷地区最早的土著人。

[①] 李白凤:《东夷杂考》,河南大学出版社 2008 年版,第 15—16 页。
[②] 孙波、崔圣宽:《试论山东地区新石器时代早期遗存》,《中原文物》2008 年第 3 期。

2. 淮河上游的贾湖移民与东夷族群

早在距今7000年前，淮河上游的贾湖人离开生活了近2000年的中原大地，沿着淮河南北向东方迁徙，其中一支到达鲁南的北辛地区，在吸纳地方文化的基础上创造了北辛文化，北辛文化向北传播，成为后来大汶口文化—龙山文化的源头。这一支来自中原的先民既是文化的传播者，也当然成为新石器晚期前段中原向鲁东南地区的第一批大规模的移民，当他们与原来生活在鲁中南的土著居民融为一体之后，也就成了早期东夷族群的一分子。

3. 江南移民与东夷族群

早在崧泽文化时期，长江下游的崧泽人便开始越过长江进入淮河下游地区，有一部分甚至迁徙至鲁南；在良渚文化时期，良渚人沿着前辈走过路线大批北迁，越过淮河到达江苏的淮河北部和鲁中南地区。这些南方人深入大汶口人聚居区，并且与当地人和谐相处，如江苏省新沂花厅遗址本属于大汶口文化占主导地位的大汶口人聚居区，但当良渚人到来之后，两个来自不同族群的人们共同生活在同一地方，并广泛开展文化交流与融合。同时，在龙山文化时期，在鲁中南及胶东半岛也发现具有良渚文化特征的文化遗址，由此说明，这批江南移民中有一部分定居于这一区域，也成了后来东夷族群中的一个重要组成部分。

4. 北方族群的南迁与东夷族的融合

在我国古代神话传说中，炎黄之战是一件足以影响我国史前历史发展走向的一场旷日持久的战争，其中黄帝与蚩尤之战更是最为惨烈的战争，炎黄之战的结果导致了炎帝部族的失败而黄帝部族则由此顺利地入主中原。战败的炎帝部族中的分支或南迁到江南、西南，或回到西方，或流落到北方，而其中的一部则进入山东的东夷先民生活区。徐旭生认为蚩尤本为"九黎"部族的首领，"九黎为山东、河北、河南三省接界处的一个氏族，蚩尤为其酋长，所以他败死以后就葬在他那属地的东境"[①]。后来九黎

[①] 徐旭生：《中国古史的传说时代》，文物出版社1985年版，第52页。

族又向东南迁徙，成为东夷族群的一支。

还有观点认为山东的岳石文化的主要因素是北方草原的夏家店下层文化，由于气候变化的原因，这一支部族南迁至辽东半岛小珠山，然后渡过渤海海峡进入山东半岛并打败了创造山东龙山文化的土著人而入主该地区，夏家店人在吸收龙山文化精华的基础上创造了岳石文化，并认为："岳石文化一般被称作'东夷文化'，但这种'夷人'应为包括夏家店下层文化人、于家村下层文化人、山东龙山文化人甚至还有少量中原地区人在内的混合民族，与大汶口—龙山时代相对较单纯的'夷人'是有区别的。"①

至于说岳石文化是否源于夏家店下层文化，学术界尚有争议，但在新石器晚期到夏代，无论是神话传说还是传世文献，抑或地下考古材料，都可以说明，北方族群中的分支有进入山东东夷文化区者。

5. 其他地域先民的迁徙与东夷族群

在东夷族群活动区内，当大汶口文化、山东龙山文化兴盛并向四周扩张之时，而来自黄河中游的仰韶文化、中原龙山文化、二里头文化也向东渗透，所以在鲁中南一些地方留下相关的文化遗迹，有些是由于文化传播所致，而有些也则可能是由于族群迁徙的原因。

东夷族群并不是由单一的氏族、部族而发展形成的，它是由多个不同的部族最后经过漫长的融合而成的，由于生活于同一区域，在文化从相互碰撞，到自觉交流，又到相互学习、吸收、融合，最终实现文化的趋同，从而形成了一个具有同一文化基础的庞大群体。这一族群最终形成于新石器晚期至夏代前期。

在东夷文化形成过程中，贾湖文化对其产生了重大影响，前面已经说过，当贾湖人东迁到鲁南之后，创造了北辛文化，并进而影响了大汶口—龙山文化，贾湖人的文化（包括精神文化）也同时注入这一文化圈中：贾湖人的龟灵崇拜，不仅影响着大汶口文化，同时也与东夷族群的领袖人物之一伏羲氏创造八卦有一定的关系；贾湖人的以犬为牲的葬俗，直接为大汶口文化所继承。

---

① 张国硕：《岳石文化的渊源再探》，《郑州大学学报》1994年第6期。

影响东夷文化的第二重要因素为崧泽—良渚文化，良渚人的太阳崇拜被大汶口文化所吸收，并与自身的鸟崇拜相结合，从而形成了后来的太阳鸟崇拜系统，这也是后来东夷族群的典型文化之一。

三 东夷族的演化

《后汉书·东夷列传》说：

> 昔尧命羲仲宅嵎夷，曰旸谷，盖日之所出也。夏后氏太康失德，夷人始畔。自少康已后，世服王化，遂宾于王门，献其乐舞。桀为暴虐，诸夷内侵，殷汤革命，伐而定之。至于仲丁，蓝夷作寇。自是或服或畔，三百余年。武乙衰敝，东夷浸盛，遂分迁淮、岱，渐居中土。及武王灭纣，肃慎来献石砮、楛矢。管、蔡畔周，乃招诱夷狄，周公征之，遂定东夷。康王之时，肃慎复至。后徐夷僭号，乃率九夷以伐宗周，西至河上。穆王畏其方炽，乃分东方诸侯，命徐偃王主之。偃王处潢池东，地方五百里，行仁义，陆地而朝者三十有六国。穆王后得骥騄之乘，乃使造父御以告楚，令伐徐，一日而至。于是楚文王大举兵而灭之。偃王仁而无权，不忍斗其人，故致于败。乃北走彭城武原县东山下，百姓随之者以万数，因名其山为徐山。厉王无道，淮夷入寇，王命虢仲征之，不克，宣王复命召分伐而平之。及幽王淫乱，四夷交侵，至齐桓修霸，攘而却焉。及楚灵会申，亦来豫盟。后越迁琅邪，与共征战，遂陵暴诸夏，侵灭小邦。……秦并六国，其淮泗夷皆散为民户。①

按《东夷列传》所说，传说中的尧时期的羲仲当为东夷族的早期首领，夷人叛离华夏始于夏初太康时期，从夏到商夷人与中原王朝或离或合，至商代中期之后，由于商王朝走向衰落，而东夷力量越来越强大，于是东夷族群开始从其居住的中心区域向淮河中游、中原等地区迁徙。至周

---

① （南朝）范晔：《后汉书》，中华书局1965年版，第2807—2808页。

王朝初年由于参与殷之余民叛乱而被周公大力征伐，使东夷族大批邦国被灭，而一部分居住于鲁中南的邦国也被迫向淮河下游或中游迁徙。至西周中期，东夷的一支徐国发展成为东夷具有领导地位的诸侯国，带领夷人北侵中原，势力甚至到达黄河流域和中原腹地，最终为周穆王所灭。此后东夷族群势力渐弱。至春秋时期，强大的齐国、鲁国乃至宋国对周边东夷族群所建立的诸侯国加以征伐，原本在鲁北、鲁东、鲁中南立国的东夷人大部分被亡国。同时，随着楚人东进和吴、越势力的北渐，生活于淮河流域的东夷族群所建立的诸侯国也被灭亡殆尽。至战国时期，残余的东夷之国最终全部灭亡，其族人分别成为鲁、齐、楚等大国之民。秦亡六国而统一中国，分布于鲁地或淮泗一带的诸夷"皆散为民户"，于是东夷族不再作为独立的族群。

从传世文献可见，经过融合之后而形成的东夷族群，有三支大的集团：嬴姓集团、偃姓集团和风姓集团。

1. 嬴姓集团及其流变

嬴姓为伯翳（柏翳）之后，《史记》载："秦之先，帝颛顼之苗裔孙曰女修。女修织，玄鸟陨卵，女修吞之，生子大业。大业取少典之子，曰女华。女华生大费，与禹平水土。已成，帝锡玄圭。禹受曰：'非予能成，亦大费为辅。'帝舜曰：'咨尔费，赞禹功，其赐尔皂游。尔后嗣将大出。'乃妻之姚姓之玉女。大费拜受，佐舜调驯鸟兽，鸟兽多驯服，是为柏翳。舜赐姓嬴氏。……大费生子二人：一曰大廉，实鸟俗氏；二曰若木，实费氏。其玄孙曰费昌，子孙或在中国，或在夷狄。费昌当夏桀之时，去夏归商，为汤御，以败桀于鸣条。大廉玄孙曰孟戏、中衍，鸟身人言。帝太戊闻而卜之使御，吉，遂致使御而妻之。自太戊以下，中衍之后，遂世有功，以佐殷国，故嬴姓多显，遂为诸侯。……太史公曰：秦之先为嬴姓。其后分封，以国为姓，有徐氏、郯氏、莒氏、终黎氏、运奄氏、菟裘氏、将梁氏、黄氏、江氏、修鱼氏、白冥氏、蜚廉氏、秦氏。然秦以其先造父封赵城，为赵氏。"① 按司马迁所记，嬴姓之后在夏、商或周代立国者有徐

---

① （西汉）司马迁：《史记·秦本纪》，上海古籍出版社1997年版，第117—150页。

国、郯国、莒国、钟离国（终黎国）、黄国、江国、养国、秦国等。

《史记》所言"秦之先，帝颛顼之苗裔孙曰女修"，明显是受到春秋战国以来逐渐建立起来的以黄帝为首的五帝系统的影响，于是将秦人之祖先少皞变成了帝颛顼。嬴姓得姓之祖虽为伯翳，但其最早的祖先是少昊（皞）。《左传·昭公十七年》记郯子之言曰，少皞氏，"吾祖也。"少昊之后裔大费在舜之时助禹治水有功而被封赏，并被舜赐为嬴氏，大费就是伯翳或伯益。由此可以说，嬴姓的远祖为少昊，近祖为伯益。

奄国（运奄氏）、郯国、莒国一直生活在东夷族群的活动区内，奄国在周初为周公东征时所灭，莒国在公元前431年为楚所灭，郯国于公元前414年为越王朱勾所灭。

嬴姓中的支族早在夏商时期就开始了向内地的迁徙，伯益的后裔蜚廉氏为赵姓之祖。《史记·秦本纪》载："大费生大廉，大廉玄孙曰孟戏、中衍，自太戊以下，中衍之后，遂世有功，以佐殷国，故嬴姓多显，遂为诸侯。其玄孙曰中潏生蜚廉。蜚廉生恶来，恶来有力，蜚廉善走，父子俱以材力事殷纣。蜚廉复有子曰季胜。季胜生孟增。孟增幸于周成王，是为宅皋狼。皋狼生衡父，衡父生造父。造父以善御幸于周缪王，缪王以赵城封造父，造父族由此为赵氏。自蜚廉生季胜已下五世至造父，别居赵。"① 赵氏在晋国慢慢坐大，后来赵襄子与韩、魏瓜分了晋国，建立赵国。

嬴姓西迁的重要一支为秦人。按《史记·秦本纪》的世系，大费（伯益）生大廉、若木，大费的玄孙费昌生活在夏桀之时，归顺商汤，并在伐商之役中"败桀于鸣条"。大廉的后裔中潏处于西戎之地，生蜚廉，蜚廉生恶来。蜚廉、恶来父子均事奉商纣，武王伐纣时杀恶来。《清华大学藏战国竹简二·系年》有一段关于蜚廉（飞廉）的记载："周武王既克殷，乃设三监于殷，武王陟，商邑兴反，杀三监而立录子耿。成王屎伐商邑，杀录子耿，飞廉东逃于商盖氏，成王伐商盖，杀飞廉，西迁商盖之民于朱圉以御奴虞之戎。是秦先人，世作周㧱。周室既卑，平王东迁，止于成周，秦仲焉东居秦地，以守周之坟墓，秦以始大。"② 这里的"录子耿"

---

① （西汉）司马迁：《史记·秦本纪》，上海古籍出版社1997年版，第114—118页。
② 李学勤主编：《清华大学藏战国竹简二·系年》，中西书局2010年版，第141页。

即纣子武庚禄父;"商盖"即商奄;朱圉,《汉书·地理志》天水郡冀县下写作"朱圉",地在今甘肃甘谷县西南。从这条记载来看,蜚廉在周人的打击之下,逃到奄地,进一步证明蜚廉与奄的同源关系,说明秦人源自东夷族群。恶来死后,其子女防生旁皋,旁皋生太几,太几生大骆,大骆生非子。非子居于犬丘,善养马,周孝王爱之,遂裂地而分封之为附庸,"邑之秦,使复续嬴氏祀,号曰秦嬴。"① 西周末年,犬戎与申侯伐周,杀幽王于骊山之下,秦襄公率兵救难,颇有战功,后来又派兵送周平王东至洛阳,平王提升襄公为诸侯,让秦帮助镇守西方。于是秦国开始成为堂堂正正的诸侯国。尽管秦人居于西土,但从来没有忘记自己作为东夷族群一个分支的身份,当楚人灭亡嬴姓的江国时,秦穆公"为之降服、出次、不举,过数"。② 在秦国正式成为诸侯国后,秦人为了确认自己的身份、增强影响力,便将自己的远祖少皞升为西方大神白帝,据《史记·封禅书》载:"周东徙洛邑。秦襄公攻戎救周,始列为诸侯。秦襄公既侯,居西垂,自以为主少皞之神,作西畤,祠白帝。……其后十六年,秦文公东猎汧渭之间,卜居之而吉。……于是作鄜畤,用三牲郊祭白帝焉。"③ 于是,东夷嬴姓部族的始祖少皞就与青帝太皞、炎帝、黄帝等平起平坐了。正因如此,原本生活在东方的少皞就成了西方大神,所以《山海经·西山经》说:"长留之山,其神白帝少昊居之,其兽皆文尾,其鸟皆文首,是多文玉石,实惟员神磈氏之宫。是神也,主司反景。"④

原来生活在山东的嬴姓其他支族在夏、商王朝的打击下,不断向淮河流域的中游和上游迁徙,进入江苏、安徽、河南,于是在淮河中下游有徐国,中游有钟离国,上游有嬴姓的养国、江国和黄国。徐、钟离、养、江和黄国都亡于楚。

2. 偃姓集团及其流变

《史记·夏本纪》《正义》引《帝王纪》云:"皋陶生于曲阜。曲阜偃

---

① (西汉)司马迁:《史记·秦本纪》,上海古籍出版社1997年版,第118页。
② (晋)杜预:《春秋经传集解·文公四年》,上海古籍出版社1988年版,第438页。
③ (西汉)司马迁:《史记》,上海古籍出版社1997年版,第1113页。
④ (清)毕沅:《山海经新校正》(二十二子本),上海古籍出版社1987年版,第1382页。

地，故帝因之而以赐姓曰偃。"① 对于《正义》所引的《帝王纪》言皋陶生于曲阜，且因其地势而得姓，这种说法无从考证，但说皋陶为偃姓之始祖倒是与众多古文献记载是一致的。

当禹等受命治水之时，皋陶也受命为法制，舜告诉他说："皋陶，蛮夷猾夏，寇贼奸宄。汝作士，五刑有服，五服三就；五流有宅，五宅三居，惟明克允。"② 皋陶到底如何执法，如何理民，《史记·夏本纪》说得更详细：

> 皋陶作士以理民。帝舜朝，禹、伯夷、皋陶相与语帝前。皋陶述其谋曰："信其道德，谋明辅和。"禹曰："然，如何？"皋陶曰："於！慎其身修，思长，敦序九族，众明高翼，近可远在已。"禹拜美言，曰："然。"皋陶曰："於！在知人，在安民。"禹曰："吁！皆若是，惟帝其难之。知人则智，能官人；能安民则惠，黎民怀之。能知能惠，何忧乎驩兜，何迁乎有苗，何畏乎巧言善色佞人？"皋陶曰："然，於！亦行有九德，亦言其有德。"乃言曰："始事事，宽而栗，柔而立，愿而共，治而敬，扰而毅，直而温，简而廉，刚而实，强而义，章其有常，吉哉。日宣三德，早夜翊明有家。日严振敬六德，亮采有国。翕受普施，九德咸事，俊乂在官，百吏肃谨。毋教邪淫奇谋。非其人居其官，是谓乱天事。天讨有罪，五刑五用哉。吾言厎可行乎？"禹曰："女言致可绩行。"皋陶曰："余未有知，思赞道哉。"③

皋陶采用的是德政与法制相结合的方法，以德化人，以德服人；以法威慑众生，以法惩顽冥不化者。如果司马迁所言是事实的话，皋陶当是中国有史以来第一位知名法官和第一位法制思想家。

关于皋陶的族源，学术界较为流行的观点认为他与嬴姓同祖同宗，均为远古东方少皞氏的后裔。徐旭生先生在《中国古史的传说时代》一书中引用段玉裁等人观点，证明皋陶与嬴姓的关系：

---

① （西汉）司马迁：《史记》，上海古籍出版社1997年版，第55页。
② 《尚书·舜典》，线装书局2007年版，第12页。
③ （西汉）司马迁：《史记》，上海古籍出版社1997年版，第51—52页。

第六章　东夷族群与东夷文化

　　后来皋陶的"皋"仍是太皞、少皞的"皞"。少皞嬴姓，皋陶偃姓。段玉裁说："按秦、徐、江、黄、郯、莒皆嬴姓也。嬴，《地理志》作盈。又按伯翳嬴姓，其子皋陶偃姓，偃、嬴，语之转耳。……"按段说甚是，偃、嬴原来当是一字。皋陶与少皞同姓，足证他们属于同一氏族，而前人出生较后人为后。《帝王世纪》说："皋陶生于曲阜"，如果它的说法有根据，那曲阜本为"少皞之墟"，皋陶氏族出于少皞氏族更可以得到证明了。并县奄为嬴姓，鲁国即为奄旧地，偃、嬴同字，则奄君即为皋陶后人也很难说。①

　　不论"偃"与"嬴"在古时是否为同字，但在商周时期，这两大部族却分得比较清楚，其后裔之国也各宗其祖、明其姓氏，不相混淆。《史记·夏本纪》："帝禹立而举皋陶荐之，且授政焉，而皋陶卒。封皋陶之后于英、六，或在许。而后举益，任之政。"②《世本》云："舒蓼、偃姓，皋陶之后。"③"蓼、六，皆偃姓。"④"偃姓：舒庸、舒蓼、舒鸠、舒龙、舒鲍、舒龚。"⑤

　　由此来看，偃姓部族在夏、商、周时代大都分布于淮河中游的今安徽省境内，有一支西迁后进入与安徽交界的河南东南部的固始县境。这一支东夷人聚居地比较集中，他们在淮河中游融合当地土著，创造了自己的文明，使淮河流域成了华夏文明的重要发祥地之一。因发展较快，部族力量较为强大，同时，在夏、商和西周初期，因为距离王朝统治中心地带偏远，王朝势力很难干预，所以才使这一支东夷族几乎一直独立于夏、商时期的统治之外，形成一个强大的地方集团。

　　周朝初年，对东夷族群或剿灭之，或安抚之，而偃姓一支属于安抚的对象，大多数被封为诸侯国，如英、六、群舒等。其中，英在安徽金寨东南；

---

① 徐旭生：《中国古史的传说时代》，文物出版社1985年版，第54页。
② （西汉）司马迁：《史记》，上海古籍出版社1997年版，第55页。
③ （清）茆泮林：《校辑世本》，中国书店1991年版，第560页。
④ 同上。
⑤ 同上。

119

六在今安徽六安西北；群舒包括舒鸠、舒龙、舒鲍、舒龚、宗、巢、桐等国，在今安徽六安市西南和巢湖市一带。群舒当是西周初期之后逐渐分封的子姓侯国，为偃姓集团的成员。而徐旭生先生认为："这一群戴舒名的小部落全是从徐方分出来的支部，离开宗邦的时间稍久，所用的字体也许小有不同，由于不同的字体记出，群徐就变成了群舒。这些部落也各有君长，但是全奉徐为上国。"① 徐先生所言这些小国奉徐为上国是对的，但说它们是从徐方中分出来的支部却是错误的。这批偃姓之国，最后都亡于楚。

3. 关于风姓集团

在东夷族群中有一个以"风"为姓的部族，其后裔在周代还有任、宿、须句、颛臾四个诸侯国，郑樵《通志》曰："风姓，伏羲氏之姓，任、宿、须句、颛臾四国皆风姓。……此虽姓也，古之时亦有以为氏者，黄帝之臣风后是也。"②《左传·僖公二十一年》载："任、宿、须句、颛臾，风姓也。实司大皞与有济之祀，以服事诸夏。"③

太皞伏羲是东夷集团中较早的始祖之一，王献唐《炎黄氏族文化考》认为这一支本是东夷集团中的风夷和方夷："东方九夷，一为方夷，一为风夷，均为伏羲一族，本出一名，后以音转歧字，分为二夷，基实方亦风也。"又说："伏羲后裔，周有密须四国，为东蒙主。知东蒙一带，固伏羲子孙旧壤也。"④ 何光岳《东夷源流史》也说："风夷是鸟夷最早兴盛的一支。伏羲氏风姓，又称太皋氏，当是风夷的始祖。"⑤

这一支早在新石器晚期就开始向中原迁徙，其中一大宗迁至安徽与河南交界处的周口淮阳，并在这里定居，所以古史多称淮阳为太皞之墟。这一批早期迁入中原的风姓人与中原族群相融合，后来又融入黄帝族群之中，从而也失去了对自己族群的记忆与认知。而其原来居住在山东南部的少数风姓人建立了任、宿、须句、颛臾等小诸侯国，以奉祠太皞。

---

① 徐旭生：《中国古史的传说时代》，文物出版社1985年版，第167页。
② （南宋）郑樵：《通志》，中华书局1995年版，第104页。
③ （晋）杜预：《春秋经传集解》，上海古籍出版社1988年版，第321页。
④ 王献唐：《炎黄氏族文化考》，齐鲁书社1985年版，第452—453页。
⑤ 何光岳：《东夷源流史》，江西教育出版社1990年版，第8页。

四 "东夷""淮夷"与"南淮夷"之关系

在传世典籍、出土文献及周代金文中，经常会出现东夷、淮夷、南淮夷等不同的称呼，那么淮夷、南淮夷是否就是东夷的一个分支？如果不是，那么淮夷、南淮夷与东夷又是一种什么样的关系呢？通过对史料的梳理，尤其是对周代金文的分析，我们认为，文献对三者的关系可以分三种情况：一是通称，凡是原本居住于东夷活动区的夷人和后来迁徙到淮河流域的夷人都被称作东夷；二是互称，将山东中南部至淮河下游的东夷族均称为"东夷"或"淮夷"；三是专称，周代仍居于山东中部、南部及滨海的夷人被称为"东夷"，而迁徙至淮河流域的（包括泗水流域）的为"淮夷"，后来又称被周人赶到江淮之间的东夷族群的分支为"南淮夷"。

1. "东夷"是对东夷、淮夷等夷人的通称

《史记·周本纪》载："成王既迁殷遗民，周公以王命告，作多士、无佚。召公为保，周公为师，东伐淮夷，残奄，迁其君薄姑。成王自奄归，在宗周，作多方。既绌殷命，袭淮夷，归在丰，作周官兴正礼乐，度制于是改，而民和睦，颂声兴。成王既伐东夷，息慎来贺，王赐荣伯作贿息慎之命。"[1] 这里所说的"东伐淮夷"和"残奄"本是两事，淮夷为居于淮河下游之夷，而奄则为鲁中南之夷，而最后以"成王既伐东夷"作为总结，说明在《周本纪》中，将东夷与淮夷都以"东夷"总称之。

作于周成王器时期的"小臣簋"云："东夷大反，伯懋父以殷八师征东夷。"[2] "雪鼎"也说："佳王伐东夷。"[3] 这里的"东夷"也是东夷与淮夷的总称。

2. 淮夷与东夷互称

有时，将"东夷"与"淮夷"两个概念互用，所以《尚书·禹贡》

---

[1] （西汉）司马迁：《史记》，上海古籍出版社1997年版，第90—91页。
[2] 郭沫若：《两周金文辞大系图录考释》，科学出版社1957年版，第23页。
[3] 同上书，第28页。

把东夷人分为三种,称胶东半岛的夷人为"莱夷",鲁中南至淮河的夷人为"淮夷",江淮之间的夷人为"鸟夷",《禹贡》所说的"淮夷"实际上就是原本活动于东夷核心区的"东夷"。

《史记·齐太公世家》说:"周成王少时,管蔡作乱,淮夷畔周。"①《史记·鲁周公世家》说:"管、蔡、武庚等果率淮夷而反。周公乃奉成王命,兴师东伐,作大诰。遂诛管叔,杀武庚,放蔡叔。收殷余民,以封康叔于卫,封微子于宋,以奉殷祀。宁淮夷东土,二年而毕定。诸侯咸服宗周。"② 两个《世家》所说的"淮夷"实际便是指"东夷"。

张懋镕《西周南淮夷称名与军事考》认为:"征东夷等于伐淮夷。东夷乃泛称,淮夷指具体国族,故东夷可包容淮夷,而淮夷是东夷集团中势力最强大的一支,它可以代表东夷集团,故伐东夷也可径呼之为伐淮夷。"③ 从文献记载来看,张先生的结论无疑是正确的。

3. "淮夷"是对活动于淮河流域的东夷族人的专称

《竹书纪年》云:"成王二年,奄人、徐人及淮夷入于邶以叛。"④ 这里将参加反叛的夷人一分为三:奄人为东夷核心区夷人势力的代表,徐人是淮夷力量最强大的一支,淮夷为淮河流域夷人的统称。《诗经》有反映周人征淮夷之诗,如《大雅·江汉》曰:"江汉浮浮,武夫滔滔。匪安匪游,淮夷来求。既出我车,既设我旟。匪安匪舒,淮夷来铺。"⑤ 此诗记载宣王时代,召公平定反叛的淮河流域的夷人之战,《竹书纪年》对此事也有记载:"(宣王)六年召穆公帅师伐淮夷,王帅师伐徐戎。皇父休父从王伐徐戎,次于淮。"⑥《鲁颂·泮水》曰:"既作泮宫,淮夷攸服。……既克淮夷,孔淑不逆。式固尔犹,淮夷卒获。"⑦ 诗歌反映鲁僖公南征以徐国为首的淮、泗流域夷人的诗歌,《鲁颂·閟宫》说得更加清楚:"泰山岩

---

① (西汉)司马迁:《史记》,上海古籍出版社1997年版,第1198—1199页。
② 同上书,第1224页。
③ 张懋镕:《西周南淮夷称名与军事考》,《人文杂志》1990年第4期。
④ (清)徐文靖:《竹书纪年统笺》(二十二子本),上海古籍出版社1986年版,第1074页。
⑤ 《诗经》(十三经注疏本),中华书局1979年版,第573页。
⑥ (清)徐文靖:《竹书纪年统笺》(二十二子本),上海古籍出版社1986年版,第1083页。
⑦ 《诗经》(十三经注疏本),中华书局1979年版,第611页。

岩,鲁邦所詹。奄有龟蒙,遂荒大东。至于海邦,淮夷来同。莫不率从,鲁侯之功。保有凫绎,遂荒徐宅。至于海邦,淮夷蛮貊。及彼南夷,莫不率从。莫敢不诺,鲁侯是若。"① 周穆王时期的"录卣"铭文称:"淮夷敢伐内国,汝其以成周师氏,戍于叶师。"② 铭文中的"淮夷"是专指。以上典籍、金文中的"淮夷"均是专指淮河流域的夷人,与"东夷"概念不同。

4. "南淮夷"与"南夷"

在先秦典籍和金文中有时会出现"南淮夷"或"南夷"的称呼:

昭王时青铜器"宗周钟"铭文:"王肇遹省文武,勤疆土,南国孳子敢陷处我土,王敦伐其至,扑伐厥都,孳子乃遣闲来逆昭王,南夷、东夷俱见,廿又六邦,隹皇上帝、百神保余小子,朕猷又有成亡竞,我唯嗣配皇天,王对作宗周宝钟。"③

厉王时"禹鼎"(或称"成鼎")铭文曰:"呜乎哀哉! 用天降大丧于下国,亦唯鄂侯、驭方率南淮夷、东夷,广伐南国、东国。至于厉寒。"④

厉王时"敔簋"铭文曰:"隹王十月,王在成周,南淮夷迁殳,内伐滉、昂、参泉、裕、敏阴、阳洛,王令敔追御于上洛……"⑤

厉王时"虢仲盨"铭文曰:"虢仲与王南征伐南淮夷,在成周作旅盨,兹盨有十有二。"⑥

宣王时"兮甲盘"铭文曰:"王令甲征治成周四方,积至于南淮夷,淮夷旧我布贿人,毋敢不出其布、其积。"郭沫若认为,兮甲即为尹吉甫⑦。

"宗周钟"所言的南夷、东夷分指南方的楚国和东方的夷族,而其他所称的"南淮夷"其实和"淮夷"区别不大。

---

① 《诗经》(十三经注疏本),中华书局 1979 年版,第 617 页。
② 郭沫若:《两周金文辞大系图录考释》,科学出版社 1957 年版,第 61 页。
③ 同上书,第 51 页。
④ 同上书,第 109 页。
⑤ 同上书,第 110 页。
⑥ 同上书,第 120 页。
⑦ 同上书,第 114 页。

综上所述，先秦传世典籍与金文所称的"东夷""淮夷""南淮夷"和"南夷"随着时间的变化，也有着不同的意义。金文中所指的"南夷"一般对于楚人而言，与东夷或淮夷无关，所以不在我们讨论范围。在西周前期，金文中一般只言"东夷""东国"或"东反夷"等，既不见"淮夷"之称，也没有"南淮夷"之名，是因为是西周中期以前，东夷集团中的嬴姓徐国也在鲁中地区，孔安国《尚书序》曰："鲁侯伯禽宅曲阜，徐夷并兴，东郊不开。"① 从"东郊不开"来看，从商代到西周初年徐国位于曲阜之东部，所以可以威胁着鲁国都城的安全。于是以徐和奄为代表居住于东夷核心区的东夷诸部族是叛乱的主要力量，也是成王和周公东征的主要打击对象。成、康之后，随着徐国南迁至淮河流域，鲁中南地区的东夷势力已不足为虑，居于淮水的徐国联合淮河中下游的东夷族群，形成了一股强大的势力，穆王和厉王时期，他们曾一度向北侵入中原腹地，到达黄河流域，成为周人的心腹之患，所以金文将以徐为代表的居于淮河中下游的东夷集团称为"淮夷"。至西周中后期，居于淮河中游江淮之间的群舒集团力量坐大，与徐人结合，甚至不听周王室的调遣，不为周王室纳贡，所以周人对之进行征讨，并在金文中称为"南淮夷"，主要是因为群舒集团均位于淮河之南的江淮之间地区。从称谓的变化，可以看出从西周初年到西周晚期，东夷集团的演化过程。

---

① （唐）孔颖达：《尚书正义》（十三经注疏本），中华书局1979年版，第254页。

第七章　秦人的西迁及其早期历史

东夷族作为我国上古时期最具影响的族群之一，其核心活动区在以山东为中心的东部地区，虽在夏、商、周时期，东夷族群中的一些部族也多次发生过迁徙，但其主体仍不出山东、河北、河南、江苏这一片区域。然而，作为东夷族一支的秦人却从东部迁徙到了西部，从东夷活动区到达了西戎活动区。正是这一支东夷族人经过历代首领和君王的励精图治，最终由一个远道迁徙的东夷支族发展壮大成为周代重要的诸侯国，不仅打败了一直扰商周以来中央政权的西戎族，并且将其地纳入自己的版图。春秋时曾称霸中原，战国时期挥师东进，一举攻灭中原各个诸侯国，建立了中国第一个大一统的帝国，完成了中国的统一大业。

一　关于秦人的族源

从古史记载来看，秦人是东夷族群的一支，这也是目前史学界一个比较公认的历史结论。尽管古今以来也有一部分学者认为秦人本为西戎的一支，却不能动摇秦人源于东夷的主体观点。

据《史记·秦本纪》载：

> 秦之先，帝颛顼之苗裔，孙曰女修。女修织，玄鸟陨卵，女修吞之，生子大业。大业取少典之子，曰女华。女华生大费，与禹平水土。已成，帝锡玄圭。禹受曰："非予能成，亦大费为辅。"帝舜曰："咨尔费，赞禹功，其赐尔皂游。尔后嗣将大出。"乃妻之姚姓之玉

女。大费拜受，佐舜调驯鸟兽，鸟兽多驯服，是为柏翳。舜赐姓嬴氏。①

从《史记》记载来看，秦为嬴姓，祖为伯益，也是《史记》中所说的"柏翳"。《史记索隐》说："《左传》郯国，少昊之后，而嬴姓盖其族也，则秦、赵宜祖少昊氏。"② 然而，《史记》虽然认为秦人出自伯益，嬴姓，却认为秦人是上古五帝之中的颛顼的苗裔。司马迁之所以有如此结论源于其对中国上古历史中五帝系统的构建。司马迁承袭春秋战国以来逐渐形成的五帝系统，将上古时代传说中的著名人物大都归于五帝系统之中，而作为舜、禹之时的杰出人物伯益也当归于这个系统，所以这样一来，原本作为东夷族的成员的伯益就成了颛顼之后。

综合史料来看，秦人出自东夷族，其远祖为少昊氏，近祖则是舜、禹时期嬴姓的伯益（柏翳）。

尽管秦人很早就迁出了东夷区而生活于西方，但是，秦人一直没有忘记自己出自东夷族群的身份，《左传·文公四年》记载："楚人灭江，秦伯为之降服、出次、不举，过数。大夫谏，公曰：'同盟灭，虽不能救，敢不矜乎！吾自惧也。'"③ 楚人灭掉江国之后，秦君之所以因为素服、避开正寝、不举办娱乐活动，其居丧行为甚至超出了礼数，其中主要原因是江与秦同属东夷族的嬴姓诸侯国。并且秦人从来没有忘记自己的远祖少昊，《史记·封禅书》云："周东徙洛邑。秦襄公攻戎救周，始列为诸侯。秦襄公既侯，居西垂，自以为主少昊之神，作西畤，祠白帝。……其后十六年。"④ 白帝少昊是秦人最早所祭祀的大神，说明，尽管秦人早已脱离东夷族群，且一直偏处西方，但在秦人心目中那古老的传说通过世代相传的方式，一直保留着对自己祖先少昊的深刻记忆。《山海经正·西山经》曰："长留之山，其神白帝少昊居之，其兽皆文尾，其鸟皆文首，是多文玉石，

---

① （西汉）司马迁：《史记·秦本纪》，上海古籍出版社 1997 年版，第 117 页。
② 同上。
③ （晋）杜预：《春秋经传集解》，上海古籍出版社 1988 年版，第 438 页。
④ （西汉）司马迁：《史记》，上海古籍出版社 1997 年版，第 1113 页。

实惟员神魂氏之宫。是神也，主司反景。"① 少昊（少皞）本为东夷族的早期首领之一，却跑到了西方，成为上古传说中的西方大神，这都是因为秦人西迁所带去的神话传说。也正因为秦人在西方祭祀白帝少皞，使得少皞成了后来五方大帝中西方的白帝。

周人也经常会提到秦人东夷身份，1959年陕西蓝田发现的西周中期青铜器《询簋》，其铭文有"秦尸（夷）"之称。《公羊传·昭公五年》也说：秦者，夷也。

二 秦人在春秋以前的演化

关于秦人一族的演化，《史记》有较为详细的记载，按照《史记·秦本纪》记载，大业生女华，女华生大费，大费是为伯益（柏翳），伯益助大禹治水，佐舜调驯鸟兽，而鸟兽多驯服，因其功勋卓著，舜赐之为嬴姓。由此来说伯益为秦人得姓之祖。伯益（大费）生有二子，一是大廉，鸟俗氏；二是若木，费氏。二子分为两氏，鸟俗氏是因为伯益在舜时担任驯服鸟兽之职，同时少皞一族原本就与鸟有千丝万缕的联系，以鸟名官，且对鸟有着浓厚的感情；费氏则是以其父之名为氏。是为夏代以前从东夷族群中初步分离出来的秦人一族。

至夏商时代，伯益儿子费氏、鸟俗氏两支都十分活跃，并渐渐从东夷族群中分化出来，进入中原，或向西部、北部发展。费氏若木的玄孙名为费昌，"子孙或在中国，或在夷狄。费昌当夏桀之时，去夏归商，为汤御，以败桀于鸣条。"② 鸟俗氏大廉的玄孙有孟戏、中衍，中衍助商王太戊，"自太戊以下，中衍之后，遂世有功，以佐殷国，故嬴姓多显，遂为诸侯。"③ 中衍的玄孙为中潏，"在西戎，保西垂。生蜚廉。蜚廉生恶来。恶来有力，蜚廉善走，父子俱以材力事殷纣。周武王之伐纣，并杀恶来。是时蜚廉为纣石北方，还，无所报，为坛霍太山而报，得石棺铭曰'帝令处父，不与殷乱，赐

---

① （清）毕沅：《山海经新校正》（二十二子本），上海古籍出版社1987年版，第1382页。
② （西汉）司马迁：《史记·秦本纪》，上海古籍出版社1997年版，第118页。
③ 同上。

尔石棺以华氏'。死，遂葬于霍太山。"① 可见在夏商时期，费昌之后裔显于夏商之际，至商时已没落。大廉之后在商代独盛，子孙为诸侯，其中蜚廉、恶来父子事奉商纣，为商纣所倚重的大臣，恶来因而被周人所杀。

入周之后，蜚廉之子孙从不同的途径得到发展。蜚廉之子季胜生孟增，孟增生衡父，衡父生造父。孟增有宠于周成王，而造父更是以善御而得到周穆王的封赏，造父一支由此为赵氏，别居于赵。

蜚廉之子恶来虽被周人所杀，恶来生女防，女防生旁皋，旁皋生太几，太几生大骆，大骆生非子。非子当周孝王时，居于犬丘，继承发扬了其祖先善畜鸟兽的传统，"好马及畜，善养息之。"② 于是周孝王便使非子为之养马于汧渭之间，所养之马不仅肥壮，且繁殖众多，孝王大喜，裂土而封之为附庸之国，邑之于秦地，并恢复其祖先伯益的嬴姓，史书称非子为秦嬴。

非子（秦嬴）生秦侯。秦侯生公伯，公伯生秦仲（秦仲当周宣王时），秦仲生庄公，庄公生襄公，襄公当周幽王时，申侯与犬戎攻西周，周避犬戎之难东迁洛邑，襄公以军队护送周平王，因护驾、保国有功，周平王封襄公为诸侯，赐之岐以西的广大土地。

综上所述，秦人一族在脱离东夷族群之后，分迁中原、西戎之地，经过舜、禹和夏、商、西周时期的发展，其支系或盛或衰，并发生分化，而最终有赵氏、嬴氏两支脱颖而出。对于最终迁至西方的秦人一支来说，其主要世系的演化为：少皞后裔为大业，大业生女华，女华生大费，大费（伯益、柏翳）生大廉（鸟俗氏），此为夏代以前；大廉玄孙有中衍，中衍玄孙有中潏，中潏生蜚廉，蜚廉生恶来，此为夏、商时代；恶来生女防，女防生旁皋，旁皋生太几，太几生大骆，大骆生非子，非子生秦侯。秦侯生公伯，公伯生秦仲，秦仲生庄公，庄公生襄公，是为西周时期。

三 秦人西迁历史探考

关于秦人之西迁的原因、时间、路线、过程等，古代各种文献语焉不

---

① （西汉）司马迁：《史记·秦本纪》，上海古籍出版社1997年版，第118页。
② 同上。

详,《史记·秦本纪》透露出一些信息,可以供我们去梳理秦人西迁的一些线索。而弄清秦人一族西迁之路线,首先需弄清楚和秦人有关的几个重要的历史地名。

1. 霍山与赵城

《史记·秦本纪》有两条记载,分别提到秦人与霍山、赵城的关系:

前文所载,商纣时,中衍的玄孙中潏生蜚廉,蜚廉与其子恶来同时为商纣之臣。商纣死后,蜚廉"为坛霍太山",最终也葬于霍太山。霍太山在今临汾东北部的霍州市。即霍山,也称太岳山。

《史记·秦本纪》又载:"蜚廉复有子曰季胜。季胜生孟增。孟增幸于周成王,是为宅皋狼。皋狼生衡父,衡父生造父。造父以善御幸于周穆王,得骥、温骊、骅駵、騄耳之驷,西巡狩,乐而忘归。徐偃王作乱,造父为穆王御,长驱归周,一日千里以救乱,穆王以赵城封造父,造父族由此为赵氏。自蜚廉生季胜已下五世至造父,别居赵。赵衰其后也。恶来革者,蜚廉子也,早死。有子曰女防,女防生旁皋,旁皋生太几,太几生大骆,大骆生非子。以造父之宠,皆蒙赵城,姓赵氏。"① 皋狼,地名,《史记正义》云:"《地理志》:'西河郡皋狼县也。'按:孟增居皋狼而生衡父。"汉之皋狼县在今山西吕梁市方山县一带。"赵城",《史记集解》引徐广语云:"赵城在河东永安县。"《史记正义》曰:"《括地志云》:'赵城,今晋州赵城县是。'本彘县地,后改曰永安,即造父之邑也。"② 其地在今为洪洞县赵城镇。皋狼在霍山西北,而赵城就在霍山的西麓,两处相距仅10千米。从蜚廉子孙的活动来看,从西周初期至西周中期,秦之先人曾经在山西西南部一带活动,后来蜚廉后裔中的一支造父氏被周穆王分封至赵城一带,也正是其先祖的活动中心,甚至也可能是其世袭之地。虽然造父别为赵姓,但与恶来的后代同出于蜚廉,恶来死后,他的后代也在山西西南部一带生活、繁衍,因为同宗的关系,恶来的后裔承造父一族的保护而得以生存,并且也随造父之姓为赵氏。

---

① (西汉)司马迁:《史记·秦本纪》,上海古籍出版社1997年版,第118页。

② 同上。

2. 西垂

西垂，是秦人西迁历史上的一个重要的地方，也是秦人在西方得以安居的重要据点。据《史记·秦本纪》载，在商代时，中潏在西戎，保有西垂而生蜚廉。秦文公时，也居于西垂宫，四年之后迁于汧、渭之会，地在今陕西眉县一带。春秋时，王室东迁，秦襄公始列为诸侯，也居于西垂。关于西垂之地，《史记正义》云："汉陇西郡西县也。"① 汉代陇西郡的西县故治在今天甘肃陇南市礼县一带。

从记载来看，早期的秦人在商代时便已深入甘肃省的南部一带。那么这支秦人是何时穿过山西、陕西而到达甘肃的呢？《后汉书·西羌传》载："后桀之乱，畎夷人居邠、岐之间。"② 畎夷是东方"九夷"的一种，秦人的祖先很可能是畎夷中的一支，当夏代末年畎夷西迁时，秦人的祖先也随之西迁至陕西的西部，后来又向西发展，来到甘肃南部，定居于西垂。在商代，秦之先人主要生活在陕甘一带，所以《史记·秦本纪》载申侯语曰："昔我先郦山之女，为戎胥轩妻，生中潏，以亲故归周，保西垂，西垂以其故和睦。"③ 说明，秦之祖西迁至戎地之后，入乡随俗，与当地西戎之族通婚，甚至将自己的族名也冠以"戎"字，如中潏的父亲胥轩，称为"戎胥轩"。

3. 犬丘

《史记·秦本纪》曰：

> 非子居犬丘，好马及畜，善养息之。犬丘人言之周孝王，孝王召使主马于汧渭之间，马大蕃息。孝王欲以为大骆嫡嗣。申侯之女为大骆妻，生子成为嫡。申侯乃言孝王曰："昔我先郦山之女，为戎胥轩妻，生中潏，以亲故归周，保西垂，西垂以其故和睦。今我复与大骆妻，生嫡子成。申骆重婚，西戎皆服，所以为王。王其图之。"于是

---

① （西汉）司马迁：《史记·封禅书》，上海古籍出版社1997年版，第1113页。
② （南朝）范晔：《后汉书》，中华书局1965年版，第2870页。
③ （西汉）司马迁：《史记》，上海古籍出版社1997年版，第118页。

孝王曰:"昔伯翳为舜主畜,畜多息,故有土,赐姓嬴。今其后世亦为朕息马,朕其分土为附庸。"邑之秦,使复续嬴氏祀,号曰秦嬴。亦不废申侯之女子为骆嫡者,以和西戎。……秦仲立三年,周厉王无道,诸侯或叛之。西戎反王室,灭犬丘大骆之族。周宣王即位,乃以秦仲为大夫,诛西戎。西戎杀秦仲。秦仲立二十三年,死于戎。有子五人,其长者曰庄公。周宣王乃召庄公昆弟五人,与兵七千人,使伐西戎,破之。于是复予秦仲后,及其先大骆地犬丘并有之,为西垂大夫。庄公居其故西犬丘,生子三人,其长男世父。世父曰:"戎杀我大父仲,我非杀戎王则不敢入邑。"遂将击戎,让其弟襄公。襄公为太子。庄公立四十四年,卒,太子襄公代立。襄公元年,以女弟缪嬴为丰王妻。襄公二年,戎围犬丘,世父击之,为戎人所虏。岁余,复归世父。七年春,周幽王用褒姒废太子,立褒姒子为适,数欺诸侯,诸侯叛之。西戎犬戎与申侯伐周,杀幽王郦山下。而秦襄公将兵救周,战甚力,有功。周避犬戎难,东徙雒邑,襄公以兵送周平王。平王封襄公为诸侯,赐之岐以西之地。曰:"戎无道,侵夺我岐、丰之地,秦能攻逐戎,即有其地。"与誓,封爵之。襄公于是始国。①

这段话主要陈述的是秦人在西周中期以来的发展历史,在西周前期,秦人之祖恶来之后代主要生活在山西西南部的赵城一带,并为赵氏,至大骆、非子父子时开始向西迁徙,来到"犬丘",大骆生子成,被周孝王封之于秦,并恢复嬴姓,号为秦嬴。那么这个犬丘到底在哪儿呢?

上海辞书出版社1979年出版的《辞海》"非子"条说:非子所居的犬丘在"今甘肃礼县东北"。

而古今学者多以为犬丘在今西安西北部,咸阳的西部,位于陕西省兴平市东南约4千米的阜寨乡,古称"废丘"或"槐里"。《史记集解》引徐广曰,犬丘"今槐里也。"②《史记正义》云:"《括地志》云:'犬丘故城一名槐里,亦曰废丘,在雍州始平县东南十里。'《地理志》:云'扶风

---

① (西汉)司马迁:《史记·秦本纪》,上海古籍出版社1997年版,第118—121页。
② 同上书,第118页。

槐里县，周曰犬丘，懿王都之，秦更名废丘，高祖三年更名槐里也。'"①后来学者多从是说。如段世君说："据大量的历史文献记载，犬丘并非在今甘肃礼县，而是在今陕西省兴平县东南。"②

有学者为了调节这两种不同的观点，认为，周代的"犬丘"有两个，在咸阳附近的"犬丘"为其始名，而在甘肃的"犬丘"又称为"西犬丘"。如王玉哲认为："非子因系庶出，原先本无封土，只能与嫡子成，以兄弟关系，同居陕西之犬丘。'邑之秦'后，才从陕西犬丘西迁到甘肃的清水，仍用原陕西，犬丘，旧名，名此新土。因地在原'犬丘'之西，于是又加一'西'字，名为'西犬丘'，以示区别。到周宣王时，秦人居此已历五世，故史文特加一'故'字，称'庄公居其故西犬丘'。……犬丘是指今陕西兴平县。西犬丘、西垂和秦为一地之异名，在今甘肃的天水、清水一带。非子原居陕西，自'邑之秦'以后，才从陕西西到甘肃。"③王学理则认为："先秦时期以'犬丘'作地名的就有好几个，但关系到周、秦最密切接触的，只有其中两个，这就是陕西的'犬丘'和甘肃的'西犬丘'。……'非子居犬丘'——地在今陕西兴平。……到大路、非子父子时，已经来到了关中中心的犬丘（今陕西兴平县东南的阜寨附近）一带。……'庄公居西犬丘'——地在今甘肃礼县。"④史党社、任建库著《槐里犬丘与秦人早期历史相关的一点线索》一文也认为："在今甘肃西和、礼县一带，有西犬丘。对于西犬丘的地望，学者一般没有异议。……槐里犬丘故址在今陕西兴平市东南约5千米的阜寨乡南佐村一带。……南佐村槐里犬丘周围，自然环境优越，有适于养马的良好条件，并且这里有养马的传统。第二，南佐裴姓的来历，也说明槐里犬丘可能与秦祖非子等有关。"⑤

关于周代有两个"犬丘"之说目前学术界没有异议，但哪个为早期的"犬丘"？非子所居的"犬丘"又在哪里？是值得探讨的。我们认为非子所居的"犬丘"应当在甘肃的礼县。理由有四点：

---

① （西汉）司马迁：《史记·秦本纪》，上海古籍出版社1997年版，第118页。
② 段世君：《非子所居犬丘地望辨》，《人文杂志》1984年第6期。
③ 王玉哲：《秦人的族源及迁徙路线》，《历史研究》1991年第3期。
④ 王学理：《东西两犬丘与秦人入陇》，《考古与文物》2006年第4期。
⑤ 史党社、任建库：《槐里犬丘与秦人早期历史相关的一点线索》，《文博》2002年第6期。

其一,中潏居于西垂,其地即在礼县一带,说明甘肃礼县一带是秦人西迁之后的重要据点和早期活动中心。所以当大骆、非子父子从赵城西归时,仍居于祖先开辟的故土。

其二,大骆之子成被封在秦邑,《史记正义》引《括地志》云:"秦州清水县本名秦,嬴姓邑。"① 清水县今属天水市,距礼县不远。仍没出秦人早期的活动范围。

其三,因非子"好马及畜,善养息之",犬丘人报告给周孝王,周孝王让非子养马于"汧渭之间",汧、渭是陕西西部两条河流的名称,汧即为今天的千河,源出甘肃,流经陕西入渭河,是渭河北岸较大支流之一。"汧渭之间"的地带紧邻甘肃的清水县,西部不远就是礼县。这里水草充沛,也距秦人活动中心地带很近,非子养马于此合于情理。

其四,《史记正义》引《地理志》云,槐里犬丘,周懿王曾经作为都城②,而其子周孝王是不会将父亲的都城分封给一个异姓人的。

基于此,我们认为甘肃礼县的犬丘即大骆和非子父子所居的"犬丘",也是最早的犬丘。那么为什么咸阳西部又出现了一个"犬丘",它与甘肃的"犬丘"又是什么关系呢?这里面可能隐藏了一段史书上没有明白记录的历史。从《史记·秦本纪》来看,当周厉王时,西戎进攻周王室,并灭了"犬丘大骆之族"而杀秦仲。到周宣王时,借兵七千与秦仲之五个儿子,最终击败西戎,"于是复予秦仲后,及其先大骆地犬丘并有之,为西垂大夫。庄公居其故西犬丘"③。以此来看,当周厉王时,居于甘肃犬丘的秦人曾遭西戎所屠杀,其地也为西戎人所侵占,此时无家可归的秦仲五子庄公等人可能到西周王畿附近避难,而暂居于已经废止不用的周穆王的都城槐里,并以自己所居的故地命名槐里为"犬丘"。由于从周宣王以后有两个犬丘的存在,所以司马迁在叙述宣王以后的历史时才将甘肃"犬丘"称为"西犬丘",因"西犬丘"是秦人的故地,所以司马迁才用了"庄公居其故西犬丘"一语。

---

① (西汉)司马迁:《史记·秦本纪》,上海古籍出版社1997年版,第118页。
② 同上。
③ 同上书,第120—121页。

四 小结

综上所述，我们认为秦人原本是东夷族畎夷的一支，早在夏代时便已开始向西迁徙，至夏代末年迁至陕西省西部一带，在商代，秦人主要活动于陕西与甘肃交界处，至中潏时，又向西发展，一直到达今甘肃天水、陇南一带，并在这里建立了稳定的根据地。至商朝中后期，蜚廉、恶来父子又回迁至商人活动中心地带，活动于今山西省西南部。西周时，因依附于周宗的造父而为赵氏。后来，大骆、非子父子最终又西迁至中潏所居之地，并以游牧为业，尤以善养马而闻名，为周天子所看重，被周王朝分封为附庸，复归嬴姓。秦人在陕、甘交界之处与西戎反复争夺生存之地，曾一度被西戎驱赶至西周都城附近，后又击败西戎之族而收复失地。西周末年，西戎与申侯杀周幽王，西周灭亡，秦襄公率兵救周且以兵送周平王至东都洛阳，平王封之，于是秦由附庸之国成为正式的诸侯国，拥有岐山以西的土地。春秋时，秦人相继灭亡周边的小诸侯国，参与中原诸侯争霸，遂成为影响春秋历史的强大诸侯国。至战国时代，秦人更是励精图治，不断壮大，不仅全部拥有三秦之地，向西灭亡西戎诸国，稳定大后方，且向北方、东方、南方采用蚕食之法，侵夺赵、魏、韩、楚等国之土地，并最终灭亡六国而建立起了中国历史上第一个大一统帝国。

就这样，这个从东方走出去的一支弱小的氏族，经过在西方千年的发展、经营，最终完成了中国历史上最为壮丽的大一统运动，并以王者的身份重新回到了东方。

第八章　祝融八姓的演化及其
　　　　在淮河流域的活动

史籍所载，祝融是颛顼族的一支，《左传·昭公二十九年》曰："颛顼氏有子曰犁，为祝融。"①《史记·楚世家》载："楚之先祖出自帝颛顼高阳。高阳者，黄帝之孙，昌意之子也。高阳生称，称生卷章，卷章生重黎。重黎为帝喾高辛居火正，甚有功，能光融天下，帝喾命曰祝融。共工氏作乱，帝喾使重黎诛之而不尽。帝乃以庚寅日诛重黎，而以其弟吴回为重黎后，复居火正，为祝融。"②可见祝融为古代火神的代名词。在神话传说中，也同样可以印证古史的记载，《山海经·海外南经》曰："南方祝融，人面乘两龙。"③《大荒西经》说："颛顼生老童，老童生祝融，祝融生太子长琴。"④

作为继任祝融的吴回将本部族发扬光大，子孙快速繁衍，遂成为上古时代的一个大的族群。《史记·楚世家》载："吴回生陆终。陆终生子六人，坼剖而产焉。其长一曰昆吾；二曰参胡；三曰彭祖；四曰会人；五曰曹姓；六曰季连，芈姓，楚其后也。"⑤

《国语·郑语》载史伯语曰：

祝融亦能昭显天地之光明，以生柔嘉材者也，其后八姓，于周未

---

① （晋）杜预：《春秋经传集解》，上海古籍出版社1988年版，第1576页。
② （西汉）司马迁：《史记·楚世家》，上海古籍出版社1997年版，第1341—1342页。
③ （清）毕沅：《山海经新校正》（二十二子本），上海古籍出版社1986年版，第1370页。
④ 同上书，第1382页。
⑤ （西汉）司马迁：《史记·楚世家》，上海古籍出版社1997年版，第1341—1342页。

有侯伯。佐制物于前代者，昆吾为夏伯矣，大彭、豕韦为商伯矣，当周未有。己姓：昆吾、苏、顾、温、董；董姓：鬷夷、豢龙，则夏灭之矣；彭姓：彭祖、豕韦、诸、稽，则商灭之矣；秃姓：舟人，则周灭之矣；妘姓：邬、郐、路、偪阳；曹姓：邹、莒，皆为采卫，或在王室，或在夷狄，莫之数也，而又无令闻，必不兴矣。融之兴者，其在芈姓乎！芈姓夔越，不足命矣，蛮芈蛮矣，惟荆实有昭德，若周衰，其必兴矣。姜、嬴、荆芈，实与诸姬代相干也。姜，伯夷之后也，嬴，伯翳之后也。伯夷能礼于神以佐尧者也，伯翳能议百物以佐舜者也，其后皆不失祀而未有兴者，周衰其将至矣。①

《世本》说：

昌意生高阳帝颛顼，颛顼生老童，老童生重及黎、吴回，吴回生陆终。陆终娶鬼方氏之妹谓之女隤，是生六子，孕三年，启其左肋，三人出焉；破其右肋，三人出焉。其一曰樊，是为昆吾，昆吾者，卫是也；二曰惠连，是为参胡，参胡者，韩是也；三曰籛铿，是为彭祖，彭祖者，彭城是也。姓籛名铿，在商为守藏吏，在周为柱下史，寿八百岁；四曰求言，是为会人，会人者郑是也；其五曰安，是为曹姓，曹姓者，邾是也；六曰季连，为芈姓，芈姓者，楚是也。②

综合《国语》《史记》《世本》等典籍记载来看，祝融氏吴回生六子，形成六个分支：

其一为昆吾，己姓。古代昆吾、苏、顾、温、董等都是其后裔。

其二为惠连（参胡），斟姓。《史记索隐》曰："《系本》云：'二曰惠连，是为参胡。参胡者，韩是。'宋忠曰：'参胡，国名，斟姓，无后。'"③可见参胡即惠连，参胡为国名，惠连为人名。

其三为彭祖，彭姓。彭祖、豕韦、诸、稽方国皆为其后。

---

① 《国语》，上海书店 1987 年版，第 184—185 页。
② （清）茆泮林：《校辑世本》，中国书店 1991 年版，第 545 页。
③ （西汉）司马迁：《史记》，上海古籍出版社 1997 年版，第 1342 页。

其四为会人（求言），妘姓。《国语·郑语》韦昭注曰："陆终第四子曰求言，为妘姓，封于郐。郐，今新郑也。邬、路、逼阳，其后别封也。"①"会"即"郐"也，求言在郐地建立方国，其后又有邬、路、逼阳诸国。

五曰安，曹姓。周武王克商之后，分封安之苗裔侠于邾，邾又分出小邾国。

六曰季连，芈姓。为楚人之祖。

后来，从己姓中分出董姓，有豢夷氏、豢龙氏，为夏人所灭；彭姓中分出秃姓，曾建立舟国，为周所灭。己、彭、妘、曹、斟、芈，加上董、秃两姓，史称"祝融八姓"。

祝融八姓在夏、商、周时期分居于四方，其中，己姓的昆吾及其后裔之国昆吾、苏、顾、温等主要活动在黄河以北，昆吾国曾回迁中原；芈姓的楚人后来由中原迁居于南土，春秋时开始经营淮河流域并向中原扩展；董姓的后代有豢叔安，豢叔安之裔初封于豢川（今山东定陶），被夏人所灭，其子孙遂迁移至南襄盆地，建立豢国，后世或称为蓼国或廖国。曹姓的安、妘姓的求言、彭姓的彭祖的后裔都曾分迁至淮河流域，并在淮河流域建立方国或诸侯国。从文献记载来看，祝融八姓之后裔在淮河流域建国者主要有昆吾国、彭祖国、郐国、偪阳国、鄢国、鄅国、邾国、小邾国等，芈姓之楚虽在长江流域建国，但至春秋战国时代，其势力扩展至整个淮河流域，并将都城也迁到淮河流域的淮阳和寿县。

一 淮河流域的妘姓后裔之国

考之以相关史籍，佐之以神话传说，妘姓的郐人出自于远古时代的颛顼族，祝融吴回生陆终，陆终生求言，求言为妘姓，是为郐人的得姓之祖。妘姓之祖求言最早便生活于中原腹地，《左传·昭公十七年》载曰："郑，祝融之虚也。"② 郑玄《诗谱·桧风谱》曰："桧者，古高辛氏火正

---

① 《国语》，上海书店1987年版，第185页。
② （晋）杜预：《春秋经传集解》，上海古籍出版社1988年版，第1424页。

祝融之墟。……祝融氏名黎，其后八姓，唯妘姓桧者处其地焉。"① 可见远古时期的新郑一带是祝融氏的发祥之地，其后代从这里分迁到各地，有一支流落北方，建立路国；一部分留在淮河上游，建立有邻（桧）、邬（鄢）两国。"鄢"又称为"邬"，马世之《中原古国历史与文化》一书考评说："鄢，商代妘姓国，《世本·姓氏篇》：'鄢氏，妘姓国，后为氏。'鄢国的地域在今河南省鄢陵县一带。……鄢国故城在今县西北9千米的彭店乡古城村、田岗村一带。……鄢于春秋初年被郑灭亡。"② 而另有一支则进入山东的东夷活动区，建立了偪阳国和鄅国。偪阳国与鄅国虽然为祝融之后，但因为久居东夷之区，受东夷文化的影响，中原诸侯甚至以"东夷"人视之。

1. 淮河上游的邻国

（1）关于邻国的历史

邻人在夏、商之际是否在这一带立国，由于史料缺乏，我们无从探究。至周代，在周武王、成王、康王和宣王等历代君王多次大量分封诸侯国的背景下，邻人也被周王朝分封于祖居之地，成了一个小诸侯国。陆德明《经典释文》曰："高辛氏之火正祝融之后，妘姓之国也。其封域在古豫州外方之北，荥波之南，居溱、洧之间，祝融之故墟，是子男之国。后为郑武所并焉。王云：周武王封之于济、洛、河颍之间，为桧子。"③《经典释文》所言透出邻国的两个重要的历史信息：其一，邻国为周武王所封，也是周王朝所封的第一批诸侯国。其二，邻国的爵位为子男之国。

在西周早中期，邻国周边除许国略强一些之外，没有实力很强、疆域广大的诸侯国，而邻国算是一个较大的子爵诸侯。所以《国语》说："其济、洛、河、颍之间乎！是其子男之国，虢、邻为大。"④ 再加上，此时周王朝有较强的能力可以节制中原各诸侯国，诸侯国之间的征伐与兼并情况并不像春秋时期那样严重。正因如此，邻国才能安然无恙。

---

① （东汉）郑玄笺，（唐）孔颖达疏：《毛诗正义》（十三经注疏本），1979年版，第381页。
② 马世之：《中原古国历史与文化》，大象出版社1998年版，第244页。
③ （东汉）郑玄笺，（唐）孔颖达疏：《毛诗正义》（十三经注疏本），1979年版，第381页。
④ 《国语》，上海书店1987年版，第183页。

第八章 祝融八姓的演化及其在淮河流域的活动

然而，到了春秋末期，由于郑桓公的一个决定，不仅改变了郑国的命运，也彻底改变了郐国的命运。郑桓公为周宣王之弟，宣王封之于郑，地在今陕西华县，郑桓公为周王室之司徒。宣王后期，西周王朝已经危机四伏，洞察先机的郑桓公开始为自己和后代寻找后路，于是向史伯问计，史伯献计曰："王室将卑，戎、狄必昌，不可偪也。当成周者，南有荆蛮、申、吕、应、邓、陈、蔡、随、唐；北有卫、燕、狄、鲜虞、潞、洛、泉、徐、蒲；西有虞、虢、晋、隗、霍、杨、魏、芮；东有齐、鲁、曹、宋、滕、薛、邹、莒；是非王之支子母弟甥舅也，则皆蛮、荆、戎、狄之人也。非亲则顽，不可入也。其济、洛、河、颍之间乎！是其子男之国，虢、郐为大，虢叔恃势，郐仲恃险，是皆有骄侈怠慢之心，而加之以贪冒。君若以周难之故，寄帑与贿焉，不敢不许。周乱而弊，是骄而贪，必将背君，君若以成周之众，奉辞伐罪，无不克矣。……若前华后河，右洛左济，主芣、騩而食溱、洧，修典刑以守之，是可以少固。"① 桓公依史伯之计，东徙其民，而虢、郐两国也献出十个城市，使郑国在虢、郐之地有了落脚之地。公元前773年，犬戎杀死幽王和郑桓公，公元前771年郑人立其子掘突为王，即郑武公。郑武公与卫侯、秦伯一起护送周平王入东都洛阳，郑武公在洛阳之东的留地暂居，《公羊传·桓公十一年》载："古郑国者处留。"② 按《中国古今地名大辞典》所载："留，春秋郑邑。后为周大夫刘子采地。留、刘字通也。在今河南偃师县西南三十五里刘聚。"③ 其地在今偃师市南缑氏镇附近。

但是寄人篱下并非长久之计，所以郑武公就决定消灭郐、虢等国，以长久占据其地。郑武公首先要灭掉的就是郐国。为了攻取郐国，郑武公实施了三大计谋：

其一，亲近郐国，麻痹郐君。这就是《公羊传》所说的"先郑伯有善于郐公"。④ 这一策略与它灭胡国有相同之处：先是与胡交好，且将自己的女儿嫁给胡君，趁胡人放松警惕之后，一举灭之。

---

① 《国语》，上海书店1987年版，第183—184页。
② （周）公羊高：《公羊传·桓公十一年》，中华书局1994年版，第68页。
③ （清）臧励和：《中国古今地名大辞典》，商务印书馆香港分馆1982年版，第925页。
④ （周）公羊高：《公羊传·桓公十一年》，中华书局1994年版，第68页。

其二，使用反间计。《韩非子·内储说下·六微》载："郑桓公将欲击郐，先问郐之豪杰、良臣、辩智、果敢之士，尽与姓名，择郐之良田赂之，为官爵之名而书之，因为设坛场郭门之外而埋之，衅之以鸡豭，若盟状。郐君以为内难也，而尽杀其良臣。桓公袭郐，遂取之。"① 此"郑桓公"当为"郑武公"，这个反间计，使得郐国贤能之文、武大臣尽遭屠杀，为郑人取郐奠定了基础。

其三，寻找内应。郑武公在郐国寻找的内应就是郐君的妻子。《公羊传》载："先郑伯有善于郐公者，通乎夫人以取其国而迁郑焉。"② 郑伯即郑武公。《国语·郑语》曰："昔鄢之亡也由仲任，密须由伯姞，郐由叔妘，聃由郑姬，息由陈妫，邓由楚曼，罗由季姬，卢由荆妫，是皆外利离亲者也。"韦注曰："郐，妘姓之国，叔妘，同姓之女，为郐夫人。"③

由于郑武公成功地实施了这三大计谋，再加上郐君本来恃险而贪冒，最后轻易地为郑国所灭。《竹书纪年》载，周平王六年（前765年）"郑迁于溱、洧"④。由此推测，郑人灭郐而取其地的时间当在公元前765年前后。

（2）关于郐国的故城

妘姓的郐人世居于新密、新郑一带，其都城到底在何地，至今仍有不同的意见，最有影响的观点有二：

一是在新郑市东北。《史记·楚世家》张守节《正义》引《括地志》云："故郐城在郑州新郑县东北二十二里。"⑤ 其地即今新郑市龙王乡。

二是在密县与新郑之间。晋人杜预的《春秋左传集解》"鲁僖公三十三年"注曰："故郐国，在荥阳密县东北。"⑥ 其地在今新密市东南曲梁乡大樊庄古城寨村。

从相关文献记载和近年来的考古发现来看，郐国故城当在今曲梁乡大樊庄古城寨村。据郑州市城市科学研究会华夏都城之源课题组的调查：

---

① （清）王先慎：《韩非子集解》，中华书局1998年版，第259页。
② （周）公羊高：《公羊传·桓公十一年》，中华书局1994年版，第68页。
③ 《国语》，上海书店1987年版，第16页。
④ （清）徐文靖：《竹书纪年统笺》（二十二子本），上海古籍出版社1986年版，第1086页。
⑤ （西汉）司马迁：《史记》，上海古籍出版社1997年版，第1342页。
⑥ （晋）杜预：《春秋经传集解》，上海古籍出版社1988年版，第413页。

第八章　祝融八姓的演化及其在淮河流域的活动

古城寨遗址位于新密市东南35千米的曲梁乡大樊庄古城寨周围，地处嵩山东麓的丘陵地带。在遗址西部发现一座龙山文化晚期城址，平面呈东西长方形，迄今仍较好地保存着南、北、东三面城墙和南北相对的两个城门缺口。经对城墙解剖获知，北垣长460米，南垣长460米，东垣长345米，西垣被溱水冲毁，复原长度为370米。城墙存高7—16米。城址面积17万余平方米。城外南、北、东三面有壕沟环绕，城西是溱水，水宽而沟深，成为自然屏障。城内发掘面积近千平方米，发现的重要遗迹为两座龙山文化房址，分别为大型宫殿和廊庑式建筑。古城寨城址同帝喾高辛氏火正祝融之族有关，其地望与祝融之世"居溱洧之间"的桧国故城相合，因而应为祝融之都。①

马世之的《新密古城寨城址与祝融之墟问题探索》一文也说："古城寨城址是一座龙山文化晚期城址，其时代大体上与祝融之世相合，应为祝融之族的都城。"②

郦道元的《水经注·卷二十二》记载："洧水又东经密县故城南……洧水又东南与马关水合，水出玉亭下，东北流历马关，谓之马关水。又东北注于洧。洧水又东南流，溍水注之。洧水又东南经郐城南。"③

从古代至今，洧水的主河道变化不大，洧水源于今天登封市东南部的马岭山，向东南流入新密市，经大隗镇，即秦汉时期的密县故城所在。洧水又向东，其支流泽河由南向北流入其中。泽河即《水经注》所说的马关水，它源于新密市南部苟堂镇境内的七敏山，经孙家庄、苟堂、山头湾进入洧水。洧水再向东，从北部而来的溱水与之合流，"溱水"即《水经注》中的"溍水"。从郦道元所谓"洧水又东南流，溍水注之。洧水又东南经郐城南"的记载的地理位置来看，古郐城（桧城）在洧水之北、溱洧二水合流处之东。而曲梁乡大樊庄古城寨位于溱水东岸、洧水北部，正

---

① 郑州市城市科学研究会华夏都城之源课题组：《关于华夏都城之源的课题研究报告》，《郑州日报》2012年8月24日第15版。
② 马世之：《新密古城寨城址与祝融之墟问题探索》，《中原文物》2002年第6期。
③ （北朝）郦道元：《水经注》，岳麓书社1995年版，第324页。

141

好处于这个地标之上。

2. 淮河下游的偪阳国与郳国

（1）偪阳国

偪阳国，古籍中又称逼阳，是祝融之裔孙陆终第四子求言的后代，求言本在中原地区的新密一带，与其同宗的邻国仍立国于其祖先居住地，而偪阳则远迁至山东的夷人居住区。《水经注·沭水》载："京相璠曰：（柤）宋地。今彭城副阳县西北有柤水沟，去逼阳八十里。东南流，径傅阳县故城东北。《地理志》曰：故逼阳国也。《春秋左传》襄公十年夏，四月戊午，会于柤。晋荀偃、士匄请伐逼阳而封宋向戌焉。……固请，丙寅围之，弗克。……诸侯之师久于逼阳，请归。智伯怒曰：七日不克，尔乎取之，以谢罪也。荀偃、士匄攻之，亲受矢石，遂灭之，以逼阳子归，献于武宫，谓之夷俘。逼阳，妘姓也。汉以为县，汉武帝元朔三年，封齐孝王子刘就为侯国，王莽更之曰辅阳也。"①《汉书·地理志》曰："傅阳，故逼阳国。"② 从记载来看，偪阳国故城在今山东枣庄市台儿庄区张山子镇的城里村。在周代，它的北部有姬姓的滕国、薛国、邾国，东北有同姓的郳国，东部有嬴姓的郯国，南部有徐国。关于偪阳的信息，古史中所记有限，首见于《春秋》《左传》鲁襄公十年，即公元前563年，《春秋》曰："遂灭偪阳。"③《左传》则详细地记载了晋人与诸侯之师灭亡偪阳的过程：

> 晋荀偃、士匄请伐偪阳，而封宋向戌焉。荀罃曰："城小而固，胜之不武，弗胜为笑。"固请。丙寅，围之，弗克。孟氏之臣秦堇父辇重如役。偪阳人启门，诸侯之士门焉。县门发，郰人纥抉之以出门者。狄虒弥建大车之轮而蒙之以甲以为橹，左执之，右拔戟，以成一队。孟献子曰："《诗》所谓'有力如虎'者也。"主人县布，堇父登之，及堞而绝之。队则又县之，苏而复上者三。主人辞焉，乃退，带其断以徇于军三日。诸侯之师久于偪阳，荀偃、士匄请于荀罃曰：

---

① （北朝）郦道元：《水经注》卷二十六"沭水"条，岳麓书社1995年版，第393页。
② （东汉）班固：《汉书》，中华书局1985年版，第1638页。
③ （晋）杜预：《春秋经传集解》，上海古籍出版社1988年版，第863页。

第八章　祝融八姓的演化及其在淮河流域的活动

"水潦将降，惧不能归，请班师。"知伯怒，投之以机，出于其间，曰："女成二事而后告余。余恐乱命，以不女违。女既勤君而兴诸侯，牵帅老夫以至于此，既无武守，而又欲易余罪，曰：'是实班师，不然克矣。'余羸老也，可重任乎？七日不克，必尔乎取之！"五月庚寅，荀偃、士匄帅卒攻偪阳，亲受矢石。甲午，灭之。书曰"遂灭偪阳"，言自会也。以与向戌，向戌辞曰："君若犹辱镇抚宋国，而以偪阳光启寡君，群臣安矣，其何贶如之？若专赐臣，是臣兴诸侯以自封也，其何罪大焉？敢以死请。"乃予宋公。……晋侯有间，以偪阳子归，献于武宫，谓之夷俘。偪阳妘姓也。使周内史选其族嗣，纳诸霍人，礼也。①

当晋人俘虏偪阳国君和他的臣民回晋国之后，虽曰偪阳人处于夷人之地，但毕竟是祝融之裔，所以挑选偪阳国中贤能的族人安排在霍地，以奉妘姓之祀，以示亡国不灭姓，所以《左传》称这一行为合于"礼"。

（2）鄅国

鄅国是周代处于山东地区淮河下游的一个子爵小国，《说文》曰：鄅，妘姓之国。杜预《左传·昭公十八年》注曰："鄅，妘姓国也。"今人杨伯峻《春秋左传注》也说，鄅，"妘姓，子爵，在今山东临沂县北十五里。明年宋以婚姻之国伐邾，邾尽归鄅俘，则鄅又复存。不知何年其地入于鲁，哀三年鲁城启阳即鄅国。"②然而《春秋》《左传》《国语》《世本》《史记》等史籍在记载祝融八姓的妘姓后裔中没有提及有一个鄅国的存在。

鄅国故城在汉晋时期的开阳，也就是今天的山东省临沂市兰山区南坊街道办事处鄅城古城。其周边既有同姓诸侯国，也有很多异姓诸侯国，其东部和北部为己姓的莒国，东北部为嬴姓的费国，南部为嬴姓的郯国，西南部为同姓的偪阳国，西部和西北部则为同宗的曹姓的邾国。

鄅国史实始见于《春秋·昭公十八年》："邾人入鄅。"③《左传》曰：

---

① （晋）杜预：《春秋经传集解》，上海古籍出版社1988年版，第865—866页。
② 杨伯峻：《春秋左传注》，中华书局1981年版，第1318页。
③ （晋）杜预：《春秋经传集解》，上海古籍出版社1988年版，第1429页。

"六月，郳人。邾人袭鄅，鄅人将闭门。邾人羊罗摄其首焉，遂入之，尽俘以归。鄅子曰：'余无归矣。'从帑于邾，邾庄公反鄅夫人，而舍其女。"① 当鄅君出城耕种于籍田之时，邾人偷袭了鄅的都城，并全部俘虏了包括鄅君妻子儿女在内的所有臣民，鄅君不得不以财物贿赂邾君，邾人只是送回其夫人，但仍然扣留了其女儿和其他臣民。因为鄅子的夫人是宋国人向戌的女儿，所以鄅子向宋人求助，宋人于第二年进军攻伐邾国，并攻取了其重要的城邑虫，在宋人的军事压力下，邾人才"尽归鄅俘"②。由于宋人的出面，鄅国终于躲过了一劫，但最后还是为鲁人所灭，灭亡时间不详。

二　淮河流域的曹姓后裔之国

1. 邾国的历史与地理

邾国之远祖为颛顼，近祖为吴回、陆终，陆终之子安为曹姓，也是邾人的得姓之祖。关于邾国的族源也可以从出土文物中得到证明，"邾公钘钟"铭文曰："陆终之孙邾公钘作厥和钟。"③ 作器人为邾国的国君，郭沫若认为他就是邾定公貜且④。从邾国国君自称为陆终的裔孙来看，可以证实后来文献中关于邾人是祝融后代的记载。

祝融之后裔在夏、商之时主要分布于中原地区，同时向四周扩展，作为祝融八姓之一的曹姓，迁居于今山东省的中部，与东夷杂居，成为东周时期山东境内重要的诸侯国。

然而，有学者认为邾国当为古老东夷部族的一支，如李白凤《东夷杂考》说："'黾'乃是东夷中的一族，其分支'奄''邾''郯'都是同姓中的'小宗'。"⑤ 王献唐也认为：邾属东夷⑥。学者们将邾国视为东夷的分支不是没有缘由的。早在春秋时期，中原诸侯就将邾人视为东夷的同

---

① （晋）杜预：《春秋经传集解》，上海古籍出版社 1988 年版，第 1434 页。
② 同上书，第 1440 页。
③ 山东省博物馆：《山东金文集成》，齐鲁书社 2007 年版，第 29 页。
④ 郭沫若：《两周金文辞大系图录考释》，科学出版社 1957 年版，第 192 页。
⑤ 李白凤：《东夷杂考》，河南大学出版社 2008 年版，第 64 页。
⑥ 王献唐：《炎黄氏族文化考》，齐鲁书社 1985 年版，第 68 页。

类,如《左传·昭公二十三年》鲁国大夫叔孙婼曰:"邾又夷也。"① 可见在鲁国人心目中邾人实同于东夷之族。《左传·僖公二十一年》载:"任、宿、须句、颛臾,风姓也。实司大皞与有济之祀,以服事诸夏。邾人灭须句,须句子来奔,因成风也。成风为之言于公曰:'崇明祀,保小寡,周礼也;蛮夷猾夏,周祸也。若封须句,是崇皞、济而修祀,纾祸也。'"② 成风以"蛮夷"来称呼邾人,也极具代表性。那么当时人尤其是鲁人明明知道邾非东夷之族而为何一定称之为夷人呢?晋人杜预对此解释说:"此邾灭须句而曰蛮夷。昭二十三年,叔孙豹曰:'邾又夷也。'然则邾虽曹姓之国,迫近诸戎,杂用夷礼,故极言之。"③ 这种解释是合理的,因为邾国人世居东夷之地,无论礼仪制度还是风俗习惯都深受东夷文化的影响,再加上邻近鲁国,开始是鲁之附庸之国至春秋时才成为子爵之国,进入春秋之后一直与鲁国为敌,鲁人对其既鄙视又仇恨,所以用"夷"来称呼它当然不足为怪。但这并不能说明邾人就是东夷部族的一支。

(1)"邾"之称呼

邾,《春秋》和《左传》称为"邾",《礼记·檀弓》《公羊传》称为"邾娄",《国语·郑语》《晏子春秋·内篇》《孟子》称作邹。《公羊》皆作'邾娄',盖邾娄速读而音变。传世彝器有邾公牼钟、邾公华钟及邾公钟④。

而王献唐先生从音韵学角度来考察"邾""邾娄"的来源,认为邾国是东夷民族,本是炎帝和蚩尤的后裔,邾娄为炎帝族之总名,邾或邾娄与炎帝族发音有关:

> 炎族语言邾娄,因称其族曰邾娄。因称其族曰邾。邾又转夷,亦称其族曰夷。夷即邾,邾亦即为夷。族同名同,后以音转字改,判然若不相涉。同一舌尖之语音,发音近脂,听者亦近脂。听之即书其字为夷,发音近侯,听者亦近侯,听之即书其声为邾。随方呼音,随音

---

① (晋)杜预:《春秋经传集解》,上海古籍出版社1988年版,第1496页。
② 同上书,第321页。
③ 同上书,第322页。
④ 杨伯峻:《春秋左传注》,中华书局1981年版,第7页。

署字，初无先后正转之分。夷者，诛也。夷盘亦作朱盘。诛、珠与邾同音，可知夷邾二字同纽通转之谊。书夷书邾，实出一源，凡以邾娄名地者，犹以夷名也。凡以夷名地者犹以邾名也。春秋邾国本为夷国，以国名证族名，所以为夷之故，可思过半矣。①

王献唐先生还认为"邾娄"与"訾娄"相同，"邹"也是"邾"：

邹即邾，邾娄亦即訾娄。訾娄本以语言得名，揣音举字，初无一定，犹晋唐梵语及近代译音，但取声近字或别署。若是訾娄下邑？何以用邾之国名。曰訾娄故邑，殆为邾娄族人初迁之地，人作訾娄语音，因名其族曰訾娄，其所居之地，亦曰訾娄，其所成之国，亦曰訾娄。迨后疆土日广，都邑别迁，国号未改，旧居之訾娄亦未改，邑国同名之谊，或出于是。②

王先生的结论是值得商榷的，首先，王先生认为古代所说的"四夷"均为炎帝之裔，而"华夏"皆为黄帝之裔③，实际上古老的中华民族是一个多元化的民族，只是在后来不断的战争和兼并中由小到大、从零到整、先分后合，最终形成炎、黄两大宗。即使是炎黄相争之际，仍有很多大大小小的不同部族同时存在着。尽管古代所说的四夷中很多与炎帝族有一定的关系，但并非原本就属于炎帝一族；其次，如果说"邾娄"或"邾"是炎帝族的总名，为何分布于其他地方的炎帝族后裔们不自称"邾娄"或"邾"，独有生活在东方的一支才如此称呼呢？

我们认为，邾国称"邾"是其最早的发音，而称"邾娄"则是"邾"的变音，所以清人洪亮吉《春秋左传诂》曰："《公羊传》为'邾娄仪父'，陆氏《音义》云：'邾人语声后曰"娄"，故曰邾娄'。"④ 称"邹"也是由"邾"和"邾娄"的发音转变而来。

---

① 王献唐：《炎黄氏族文化考》，齐鲁书社1985年版，第29页。
② 王献唐：《三邾疆邑图考》，齐鲁书社1982年版，第42页。
③ 王献唐：《炎黄氏族文化考》，齐鲁书社1985年版，第12—13页。
④ （清）洪亮吉：《春秋左传诂》，中华书局1987年版，第1页。

(2) 邾国的世系

关于邾国的世系，由于资料缺乏，于春秋之前不是十分详细，而春秋时期的世系记载比较清楚。绎史《世系图》所排列的邾国世系为：邾侠、非、成、车辅、訾父、夷父、叔术、夏父、仪父、子琐、文公、定公、宣公、悼公、庄公、隐公、桓公、何、邹穆公①。邾国的这些国君有些见诸史籍，有些却不能考察。

开国之君朱子侠：据欧阳修等所撰《新唐书·宰相世系表》云："朱氏出自曹姓。颛顼之后有六终，产六子，其第五子曰安。周武王克商，封安苗裔侠于邾，附庸于鲁，其地鲁国邹县是也。自安至仪父十二世，始见《春秋》。"②可见邾国的先祖为陆终，陆终之后裔有一个叫邾侠的人在周代初年被分封为邾国的国君，作为鲁国的附庸国而存在。邾侠之后的非、成、车辅、訾父四君则不可考。

邾夷父、叔术、夏父：《春秋公羊传》昭公三十一年说：邾国之君邾夷父，又称邾子颜，邾国有个女子是鲁君的夫人，当时鲁孝公还在幼年，邾颜到鲁国与九女在宫中淫乱，且收养死士。臧氏之母为鲁孝公的乳母，按照当时惯例，凡是女性进宫为乳母，其子也一同入宫。臧氏之母听说有贼人要害孝公，就用自己的孩子扮成孝公，自己则抱着孝公出逃。鲁臣鲍广父与梁买子负孝公至周王室告状，周天子杀邾颜而立叔术为邾君。邾颜的妻子颇有姿色，对别人说：能够替我杀死那个杀我丈夫的人，我就嫁给他。于是叔术便为她杀死了杀她丈夫的人，邾颜之妻便嫁给了叔术，并生子名曰盱。同时抚养邾颜之子夏父。但叔术爱盱甚于夏父，使夏父颇有微词。叔术觉悟，将君位让于夏父，夏父将邾国五分之一分封给叔术。从《公羊传》叙述中我们探测出邾夷父、叔术、夏父三人的关系。邾夷父即邾子颜，后谥为朱武公。朱子颜为人好淫，与其嫁往鲁国的姐妹淫于宫中，并准备杀死其姐妹所生的鲁国公子鲁孝公（？—公元前769年）。鲁人诉之于周王朝，周王杀了邾子颜（邾夷父）而立其弟弟叔术为邾国国君。后来叔术又让位于邾子颜的长子邾夏父。

---

① （清）马骕撰，王利器整理：《绎史》，中华书局2002年版，第45页。
② （北宋）欧阳修等：《新唐书·宰相世系表》，中华书局1975年版，第3186页。

邾伯御戎：世传有邾伯御戎鼎，郭沫若认为此鼎当为西周至春秋早期的器物①。以此可见，邾伯御戎当为邾子克之前的邾国君主。

邾子克：邾子克即邾仪父，也称邾庄公。《左传·鲁隐公元年》载："三月，公及邾仪父盟于蔑，邾子克也。未王命，故不书爵。曰'仪父'，贵之也。"② 这也是邾国首见于《左传》。邾子克卒于鲁庄公十六年（前678年）。

邾子琐：邾子琐为邾子克的继任国君，《春秋·庄公二十八年》（前666年）载："夏四月丁未，邾子琐卒。"③

邾子蘧蒢：邾子蘧蒢史称邾文公，于公元前666—公元前614年在位，是邾国历史上在位时间较长的一位国君，也是邾国历史上一位仁义而又有作为的君主，为了避开鲁人，他将国都从曲阜东南迁都峄山附近。

邾子貜且：邾子貜且，史称邾定公，于公元前614—公元前574年在位。《春秋·成公十七年》："十有二月丁巳朔，日有食之。邾子貜且卒。"④

邾子牼：邾子牼，史称邾宣公，于公元前574—公元前556年在位。《春秋·襄公十七年》载："十有七年春王二月庚午，邾子牼卒。"⑤

邾子华：邾子华，史称邾悼公，于公元前556—公元前541年在位。《春秋·昭公元年》："六月丁巳，邾子华卒。……秋……葬邾悼公。"⑥

邾子穿：邾子穿，史称邾庄公，于公元前541—公元前507年在位。《春秋·定公三年》："二月辛卯，邾子穿卒。夏四月。秋，葬邾庄公。"⑦

邾子益：邾子益，史称邾隐公，于公元前507—公元前471年在位。在位期间，因为"无道"而几次被废，又几次被复立。鲁哀公七年（前488年），鲁人侵入邾国，俘获邾子益，于次年放归。⑧ 不久，因得罪吴

---

① 郭沫若：《两周金文辞大系图录考释》，科学出版社1957年版，第193页。
② （晋）杜预：《春秋经传集解》，上海古籍出版社1988年版，第5页。
③ 同上书，第197页。
④ 同上书，第770—771页。
⑤ 同上书，第934页。
⑥ 同上书，第1169—1170页。
⑦ 同上书，第1613页。
⑧ 同上书，第1753页。

人，吴人使太宰嚭讨之，并将其囚禁。① 哀公十年（前485年）邾子益逃到齐国，哀公二十二年邾子益又自齐奔越国控告吴国人，越人送其回到邾国，重任国君。哀公二十四年（前471年）邾子益又得罪越人，越人最终将其废除②。

邾太子革：邾太子革，即邾桓公，于公元前487—公元前473年在位。公元前487年吴人废邾子益，而立太子革，至鲁哀公二十二年（前473年）越人护送其父邾子益回国，太子革被迫逃往越国。③

公子何：公子何是太子革的弟弟，鲁哀公二十四年（前471年）越人废邾子益，立其为邾国国君。其以后结果因史记间缺而不详。

进入战国之后，对邾国的情况就没有太多记载。战国时期，邾国称邹，《孟子·梁惠王下》载有孟子曾劝谏邹穆公一事。可知，战国时代邹穆公还是一位十分英明的君主。

综上所论，邾国之世系可为：邾侠、非、成、车辅、訾父、夷父、叔术、夏父、御戎、仪父、琐、文公、定公、宣公、悼公、庄公、隐公、桓公、何……邹穆公。

（3）邾国之始封与西周时期的活动

西周初年，当周人灭商之后，武王、成王曾两次大封诸侯，不仅使同姓兄弟、王朝贵戚、有功之臣、前朝圣贤后裔都各有了归属，同时也初步建立了周王朝的藩卫体系。而正在此时，邾国也被分封。关于邾国被封的史料不见于《春秋》《左传》《国语》等史籍，后世典籍中有一些相关信息：

> 《世本》："邾国，曹姓，陆终弟五子曰安，周武王封其苗裔挟为附庸，居邾。"④
>
> 《新唐书》："武王克商，封安苗裔侠于邾，附庸于鲁，其地鲁国

---

① （晋）杜预：《春秋经传集解》，上海古籍出版社1988年版，第1758页。
② 同上书，第1845页。
③ 同上书，第1842页。
④ （东汉）宋衷注，（清）张澍稡集补：《世本》，中华书局1985年版，第143页。

邹县是也。"①

《通志》："周武王时封安之苗裔曰郳挟为附庸，居于郳。"②

从这些记载来看，郳国是在周武王时期所分封的，从周初情况来看，武王继位之后，接下来就是武庚和管、蔡的叛乱，以东夷诸国为首的东方各部族也云起响应。为了稳定时局，周公带兵东征，最终平定叛乱。周公灭掉为首的东夷部族的奄国，其他一些东夷部族的分支或南迁淮南，或沿淮河西上，或归顺周王朝，为了安抚归顺的东夷各支并且分化其势力，周成王分封了大量的诸侯国，处于东夷核心地带的郳国当在此时被分封。郳国之被封于山东地带并非偶然，其一，郳本为祝融八姓之一曹姓的一支，属于上古圣贤之裔孙；其二，郳国一支与莒一样，可能很早就移居山东地区的东夷集居地，也算是较早的移民，所以就地分封；其三，虽然郳早居东夷之地，但毕竟非东夷之族，让它处于姬姓的鲁国、滕国、茅国，风姓的任国、须句，任姓的薛国，姒姓的鄫国以及诸夷国之间，可以相互牵制，这也体现出周初分封诸侯的一贯策略。

郳国最初是作为鲁国的附庸之国而存在的，《孟子·万章下》曰："天子之制，地方千里，公侯皆方百里，伯七十里，子、男五十里，凡四等。不能五十里，不达于天子，附于诸侯，曰附庸。"③朱熹注曰："若春秋郳仪父之类是也。"④可见郳国是受鲁国节制的一个小国家，本身并没有独立的地位，也没有朝见天子的机会。在西周时期，郳国的历史除《春秋公羊传·昭公三十一年》有零星记载之外，很少见于其他典籍。

（4）春秋时期郳国的扩张及其与鲁国的冲突

郳国在西周时期虽然作为鲁国的附属国，但在西周中后期郳国渐渐脱离了鲁国的控制，成为具有一定实力的小国，其国君也自称为"伯"，如西周中期的"郳伯鬲"和西周至春秋之际的"郳伯御戎鼎"都以"郳伯"自称。至春秋初期，郳国已完全独立，《春秋·鲁隐公元年》载："三月，

---

① （北宋）欧阳修等：《新唐书·宰相世系表》，中华书局1975年版，第3186页。
② （南宋）郑樵：《通志》，中华书局1995年版，第57页。
③ （南宋）朱熹：《四书集注》，岳麓书社1988年版，第452页。
④ 同上书，第453页。

公及邾仪父盟于蔑。"邾仪父即邾子克，《春秋》不称邾子克而言邾仪父，杜预解释说："未王命，故不书爵。曰'仪父'，贵之也。公摄位而欲求好于邾，故为蔑之盟。"① 这说明在春秋初期，尽管鲁人在内心里不承认这个原来隶属于自己的异姓小国，但还是与其君进行会盟，表明鲁人实际上已经认可了邾国的独立地位。其后不久，邾国正式获得子爵封号，所以鲁庄公十六年（前 678 年）当邾仪父去世时，《春秋》云："邾子克卒。"② 邾国具体在邾子克为君的哪一年、什么理由被周王朝所册封，我们不得而知，据晋人杜预推测："邾子者，盖齐桓公请王命以为诸侯。"③ 但据《春秋》和《左传》记载来看，邾国被册命为子爵诸侯国可能会更早一些，有可能是因为鲁隐公继位后为了拉拢业已实际上独立的邾国，加强与邾国的关系，在继位的第一年就与之会盟，接着再请示周王朝对它加封。

　　进入春秋以后，诸侯频频联盟，尤其在春秋中后期，诸侯之间相互攻伐，迫于大势，邾人也多次参加鲁、齐、晋、宋、楚和吴等大国所倡导的会盟，但因邾本是小国，无关大局，在会盟中大多数时间都是配角，有时甚至成为诸侯大国之间利益平衡的牺牲品。如襄公十六年（前 557 年）晋人为鲁人执邾宣公，襄公十九年（前 554 年）晋人又为鲁人而执邾悼公。但由于邾国在当时小诸侯国中十分活跃，有时也成为一些大诸侯国拉拢的对象。

　　这种频繁的外交活动也使邾国野心逐渐膨胀，在加紧提升自己的社会地位的同时也加快向周边开疆扩土的步伐。从邾国所处的位置来看，在春秋时期，其北部是强大的姬姓鲁国，东部是姒姓的费国，南部为姬姓的滕国和姒姓的郯国，西部则有风姓的任国、须句国和姬姓的茅国等。从春秋初期，邾国就不断地扩张，因北方为鲁国，邾人没有向北发展的空间，只有向东方、西方和南方发展。邾人向东占领了原属于费国的部分疆土；在西边，于僖公二十一年（前 639 年）灭掉须句国，次年又被鲁国夺回；在南方，于宣公十八年（前 591 年）邾人攻入郯国并且杀掉郯子；在东南，于鲁昭公十八年（前 524 年），侵入的妘姓的鄅国，将鄅国的人俘获后带回

---

① （晋）杜预：《春秋经传集解》，上海古籍出版社 1988 年版，第 5 页。
② 同上书，第 165 页。
③ 同上。

邾国，连鄅国国君的妻女也没有幸免，最后在宋人威逼下，邾人才不得不"尽归鄅俘"①；在西南方向，占领了姬姓的茅国，茅成子曾经是茅地的最高长官，哀公七年"成子以茅叛"，将茅地带入鲁国。

像这种由附庸发展起来的子爵诸侯小国能够吞并周边这些诸侯国，这在春秋之世是十分少见的。

邾人的扩张让鲁国感受到了威胁，同时鲁国又是区域中的大国，不能坐视邾国的行为，所以邾国与鲁国的冲突在所难免，从鲁隐公七年（前716年）至宣公十年（前599年）之间的一百多年里鲁国进攻邾国11次，几乎每位鲁国国君都发动过对邾国的征伐，其中隐公1次，桓公2次，僖公5次，文公2次，宣公1次。

为了躲避鲁人，邾文公（邾子蘧蒢）被迫于公元前614年将国都南迁至峄山，据《左传》载："邾文公卜迁于绎。史曰：'利于民而不利于君。'邾子曰：'苟利于民，孤之利也。天生民而树之君，以利之也。民既利矣，孤必与焉。'左右曰：'命可长也，君何弗为？'邾子曰：'命在养民。死之短长，时也。民苟利矣，迁也，吉莫如之！'遂迁于绎。五月，邾文公卒。"②

但是，邾文公的逃避并没有止住鲁人南进的步伐，在春秋中后期，鲁人数次侵入邾国疆域，鲁襄公3次伐邾，鲁昭公也曾大败邾师，鲁哀公更是5次伐邾。对于鲁人随意入侵，邾人只有向晋人诉求，所以昭公十三年（前529年）邾人告于晋曰："鲁朝夕伐我，几亡矣。"③春秋中后期鲁人侵邾大多数原因是为了夺取邾人的土地。襄公十九年（前554年），鲁人取得了邾国漷水以西的土地，哀公二年（前493年）又通过战争取得了漷水以东和沂水附近的邾国领土。由于鲁人的逼迫，大大地压缩了邾人的生存空间。再加上襄公二十一年邾国大夫庶其"以漆、闾丘来奔"④。昭公三十一年（前511年）"邾黑肱以滥来奔"⑤。这些大臣携国土叛逃到鲁国，

---

① （晋）杜预：《春秋经传集解》，上海古籍出版社1988年版，第1440页。
② 同上书，第489页。
③ 同上书，第1381页。
④ 同上书，第967页。
⑤ 同上书，第1592页。

不仅削弱了邾国力量,同时也对邾国带来了极坏的影响。

(5) 邾国的衰亡

在邾国历史中,也有过一些比较杰出的君主,如让出君位的叔术,为了邾国不受鲁国侵扰、为百姓安宁而迁都的邾文公等,但整体上,表现出色的国君不是太多,尤其到了春秋后期,邾国统治者是一代不如一代,非昏庸即荒淫。如邾庄公邾子穿,为人脾气暴躁且有洁癖,在他当政期间邾国日益衰弱,最后他的死也与自己个性有关:

> (鲁定公)三年春二月辛卯,邾子在门台,临廷。阍以瓶水沃廷。邾子望见之,怒。阍曰:"夷射姑旋焉。"命执之,弗得,滋怒。自投于床,废于炉炭,烂,遂卒。先葬以车五乘,殉五人。庄公卞(躁也)急而好洁,故及是。(清,洪亮吉,《春秋左传诂》,中华书局,1987,808)①

在此之前,阍者因向邾庄公要肉吃,庄公不仅没给他还打了他一棍,现在阍者借机向庄公进谗言,一方面挑拨庄公与夷射姑的关系,另一方面故意让庄公恼怒,因为庄公是一个爱清洁的人,而夷射姑竟然在庭院里小便,所以庄公下令捉拿夷射姑,因为捉不到而生气瘫倒在火炉上,因烧伤而死。他死之后同时还用了五人为他殉葬。

之后继位的是邾隐公(邾子益),《左传·定公十五年》记载邾子益到鲁国的情况:

> 十五年春,邾隐公来朝。子贡观焉。邾子执玉高,其容仰。公受玉卑,其容俯。子贡曰:"以礼观之,二君者,皆有死亡焉。夫礼,死生存亡之体也。将左右周旋,进退俯仰,于是乎取之;朝祀丧戎,于是乎观之。今正月相朝,而皆不度,心已亡矣。嘉事不体,何以能久?高仰,骄也,卑俯,替也。骄近乱,替近疾。君为主,其先

---

① (晋)杜预:《春秋经传集解》,上海古籍出版社 1988 年版,第 1613 页。

亡乎！"①

在子贡看来，邾子益是一个生性高傲且有些不知天高地厚的人，作为一个小国之君，生逢乱世，不知谦虚谨慎而保国，所以不可能长久。果然，到鲁哀公七年（前488年）时，鲁人伐邾，"以邾子益来，献于亳社，囚诸负瑕。"② 第二年，吴人为邾攻鲁，鲁才不得不释放了邾子益。邾子益回到邾国后，仍然我行我素，得罪了吴国，"吴子使大宰子余讨之，囚诸楼台，栫之以棘。使诸大夫奉大子革以为政"③。哀公十年（前485年）邾子益逃到鲁国，又到齐国，公元前473年从齐国逃到越国，在越人帮助下回到了邾国，太子革（邾桓公）被迫出走。而两年之后，邾子益又得罪了他的新靠山越国，"越人执之以归，而立公子何。何亦无道"④。

可见在整个春秋后期，从邾子穿到邾子益、太子革、太子何等，没有一个是有德有能之君，在那个诸侯纷争的时代，作为一个小国又如何能安然呢。

邾国到了战国时期，一般史书称为邹国，《山东通志》称："鲁穆公时改邹。"⑤ 到战国中期，邹国还存在着，《孟子·梁惠王下》中曾记载孟子与邹穆公对话：

> 邹与鲁閧。穆公问曰："吾有司死者三十三人，而民莫之死也。诛之，则不可胜诛；不诛，则疾视其长上之死而不救，如之何则可也？"孟子对曰："凶年饥岁，君之民老弱转乎沟壑，壮者散而之四方者，几千人矣；而君之仓廪实，府库充，有司莫以告，是上慢而残下也。曾子曰：'戒之戒之！出乎尔者，反乎尔者也。'夫民今而后得反之也。君无尤焉。君行仁政，斯民亲其上、死其长矣。"⑥

---

① （晋）杜预：《春秋经传集解》，上海古籍出版社1988年版，第1702页。
② 同上书，第1749页。
③ 同上书，第1758页。
④ 同上书，第1845页。
⑤ （清）张曜等：《山东通志·卷十二疆域志》，上海古籍出版社1991年版，第866页。
⑥ （周）孟子：《孟子》（四书集注本），岳麓书社1987年版，第321—322页。

可见，到战国中期，邾国还在原来的地区，并与鲁人相邻。有记载云，后来邾（邹）为楚所灭，楚人迁邾人至湖北黄冈，《水经注》卷35《江水》曰："江水又东经邾县故城南，楚宣王灭邾，徙居于此，故曰邾也。汉高祖元年，项羽封吴芮为衡山王，都此。"① 钱穆《史记地名考》曰："汉江夏郡邾县，今湖北黄冈县西北二十里，即吴芮为衡山王所都。又黄冈县西北十里有邾城，《道地纪》：'楚灭邾，迁其君于此。'"②

（6）关于邾国的故城

邾人最晚在商代就已进入东夷居住区，遂成为山东南部古老氏族之一，在周初被封，成为鲁的附庸之国，但毫无疑问，邾人在这一带比鲁人要早得多。邾人春秋时期曾迁都于峄，但其早期又定都何处呢？据王献唐《三邾疆邑图考》说，邾人早期的都城当在訾娄，所为鲁所取，这个訾娄就是孔子所生之陬邑，"今邹县东北五十里尼山之前昌平山，汉之昌平乡在其附近"③。我们认为这种观点有其合理性，当然还需要考古的进一步证明。

由于鲁人多次攻伐邾国，邾文公十三年（公元前614年）决定迁都于峄。当文公做出迁都决定时，邾国史官曾说此次迁都"利于民而不利于君"。但邾文公则曰："苟利于民，孤之利也。天生民而树之君，以利之也。民既利矣，孤必与焉。"④ 为了邾国子民的生存，终于将国都南迁至峄。

邾国故城俗名"纪王城"，其地在今天邹城市南约10千米的邹峄山下。"城墙依山势而建。东西两墙均自峄山南麓延至南面的廓山山顶；在今峄山街村南，东至点将台，有东西向的北墙；南墙则在廓山的山梁上，通过山的三峰。东、西墙一般高8米至4米。东墙北段长1370米，其间有一缺口名'老城门'；南段由高木山顶开始，长980米，也有一缺口。西墙北段残长530米；南段一部分长1180米，又一部分长60米，现有四处缺口。北墙高多为1米许，长约1520米，有一缺口。南墙高1米至2米，长约2530米。在北墙中部南，有'皇台'，为城内的宫殿区，发现有东周

---

① （北朝）郦道元：《水经注》，岳麓书社1995年版，第512页。
② 钱穆：《史记地名考》，商务印书馆2001年版，第927页。
③ 王献唐：《三邾疆邑图考》，齐鲁书社1982年版，第40页。
④ （晋）杜预：《春秋经传集解》，上海古籍出版社1988年版，第489页。

及汉代瓦片、陶片。"①

2. 小邾国历史与地理论考

小邾国又称郳，或倪，《春秋公羊传》作倪或兒，《左传》和《春秋谷梁传》皆写作郳。原本从曹姓的邾国中分出，为陆终之后裔。小邾国的第一任君主是邾夷父的儿子邾子友。

（1）关于小邾国的历史

关于小邾国的来源，《通志·氏族志》云："小邾国，亦出邾挟之后，姓曹，其子孙亦以姓为氏，挟七世孙夷父颜有功于周，其子友别封为附庸，居郳。曾孙黎来始见《春秋》，附从齐桓，以尊周室，命为小邾子。……自小邾穆公之孙惠公以下，《春秋》后六世，而楚灭之。"②

李锦山《郳国公室墓葬及其相关问题》一文中说："甲骨卜辞中多次出现'兒'字，它表示的不是物名和一般意义的地名，而是具有政治实体的内涵。如编号'前七，一六二、二'卜骨，表示的是方国名。而在'后二，四、一一'甲骨中，则有'兒伯'二字。这是文献记载的最早兒国国名。商代山东地区被称作人方，上古时人、夷同字，人方就是夷方，由于位于东土，故又称之为东夷。"③ 如果商代果然在山东地区存在一个儿国，它与小邾国应当没有关系。

关于小邾国的始封之君，按郑樵《通志》，小邾第一代国君是邾夷父颜即邾武公的儿子邾子友。《世本》曰："邾颜居邾，肥徙郳。"④ 而宋仲子注云："邾颜别封小子肥于郳，为小邾子。"⑤ 从记载来看，小邾国的第一任君主是邾夷父的儿子邾子友，即"邾友父鬲"中的邾友父，也叫肥。其始封时间为西周后期的周宣王时代。

小邾国的世系及其在西周后期与春秋早期的活动，由于史料的缺乏，我们不是十分了解。2002 年在山东枣庄市山亭区东江村发掘了 6 座小邾国

---

① 李学勤：《东周与秦代文明》（增订本），文物出版社 1991 年版，第 114 页。
② （南宋）郑樵：《通志》，中华书局 1995 年版，第 58 页。
③ 李锦山：《郳国公室墓葬及其相关问题》，《枣庄学院学报》2005 年第 1 期。
④ （东汉）宋衷注，（清）张澍稡集补：《世本》，中华书局 1985 年版，第 37 页。
⑤ 同上。

的墓地，其中出土了大量的有铭青铜器，铭文中出现郳友父、郳庆（郳君庆）、郳公子害等小邾国的重要人物，这些都可能是小邾国的前几代君主。李学勤先生认为：

> 根据枣庄市山亭区东江村古墓所出青铜器铭文与其他青铜器及相关传世文献的综合考虑，可以推测，小邾国第一代国君朱友父的被封约在周平王三年（公元前768年），而朱友父的儿子朱庆作为小邾国第二代国君，约当生活于春秋早期，东江小邾国墓地的第4号墓主可能就是朱庆，第1号墓则为其夫人；东江村第2、3号墓的墓主可能为朱庆的下代小邾国君（郳公子害）及其夫人；5、6号墓的墓主可能就是郳公子害的下一代，也就是《春秋》所载的犁来及其夫人。这样，根据东江村古墓及其中所出青铜器资料，可以复原出春秋早期小邾国的完整世系来。①

李光雨等人认为：东江4号墓的墓主是小邾国的始封之君郳友父，1号墓墓主是小邾国第二代君主霝父，2号墓墓主是小邾国第三代君主郳君庆②。

这些观点有合理性，但也有值得商榷的地方，我们认为：

其一，郳友父为小邾国第一代国君为学者所认可，但他并非在周平王时代所分封，而始封于周宣王时期，第一代国君郳子友跨西周与春秋两个历史时期。因为当时小邾国刚从邾国分出，其第一代主郳子友仍冠以"邾"姓；因为没有受到周王朝的册命，不称"君""子"或"伯"等。

其二，郳庆可能不是小邾国的第二代国君，因为在他之前还有金父和霝父二人。小邾墓地中出土的"金父瓶"铭文曰："霝父君金父作其金瓶，眉寿无疆，子子孙孙永宝用之。"③ 从郳子友称郳友父来看，金父和霝父应当是郳子友的儿子与孙子，也就是小邾国的第二代和第三代国君。

---

① 李学勤：《小邾国墓及其青铜器研究》，《东岳论丛》2007年第2期。
② 李光雨、刘爱民：《枣庄东江小邾国贵族墓地发掘的意义及相关问题》，《东岳论丛》2007年第2期。
③ 同上。

其三，郳庆当为小邾国春秋早期的第四代国君。从有关郳庆的铜器铭文中可以看到，在郳庆时，独立意识已大大加强，所以在他所做的铜器铭文中即称"邾庆"，也称"邾君庆"，或称为"倪庆"，这些称呼显示出的信息就是：小邾人虽没忘记自己的族源，但在国家的称呼上已有意识地与邾国祖先之国"邾"加以区别，故在名字前冠以"郳"字或"倪"字，其君由自称名字也渐渐开始使用"君"的称号。

小邾国的历史于鲁庄公五年（前689年）始见于《春秋》和《左传》，《左传·鲁庄公五年》载："五年秋，郳犁来朝，名，未王命也。"① 《春秋·鲁僖公七年》又载："夏，小邾子来朝。"晋人杜预注曰："无《传》，郳犁来始得王命而来朝也。邾之别封，故曰小邾。"② 由此可见，小邾国或郳国在西周后期和春秋前期之分封是邾国自己的事，并没有得到周王朝的认可，这一时期的小邾国君主对外只能称名，而不可以称君。所以郳犁来在鲁庄公时到鲁国，史书只言其名而不言其爵位，直到鲁僖公七年（前653年）时，才被周王朝册封为子爵诸侯国，正式摆脱了附庸国的身份，郳犁来再次见鲁君时，鲁国史书也开始称之为小邾子。

由于小邾国十分弱小，只能依附于当时鲁、齐、晋、宋等大国，其国君被迫多次参与诸侯的会盟，而其有限的军事力量被迫无休止地参与当时诸侯的争霸战争之中。当楚人东进和吴人势力北渐之后，小邾国又为吴、楚等大国所驱使。正因小邾国能够顺应大势，所以在复杂多变的春秋时代仍能以其弱小之国力而顽强地生存下来。犁来之后，主政时间最长的是小邾穆公，也是见之于史书的最有贤德的小邾国的国君。小邾穆公继位以后，于公元前566年到鲁国朝见鲁襄公，鲁昭公继位以后，于昭公三年（前539年）到鲁国见昭公，因为小邾国为一个子爵小国，鲁大夫季武子想轻慢他，穆叔劝季武子说："不可。曹、滕、二邾，实不忘我好，敬以逆之，犹惧其贰。又卑一睦，焉逆群好也？其如旧而加敬焉！《志》曰：'能敬无灾。'又曰：'敬逆来者，天所福也。'"③ 季武子最终以礼来接待小邾穆公，不仅仅是因为小邾国为鲁之盟国，同时也因为小邾穆公所表现

---

① （晋）杜预：《春秋经传集解》，上海古籍出版社1988年版，第137页。
② 同上书，第260页。
③ 同上书，第1229页。

出来的良好修养和外交能力。因此在昭公十七年（前525年）当小邾穆公再次到鲁国时，鲁昭公燕飨他，季平子在宴席上赋《采叔》，穆公答赋《菁菁者莪》。《菁菁者莪》是《诗经·小雅》中的一篇，诗曰："菁菁者莪，在彼中沚，既见君子，我心则喜。菁菁者莪，在彼中陵，既见君子，锡我百朋。汎汎杨舟，载沉载浮，既见君子，我心则休。"小邾穆公以此诗表达对鲁昭公的尊敬以及见到昭公后的喜悦。所以叔孙昭子评价说："不有以国，其能久乎？"杜预解释说："嘉其能答赋，言其贤，故能久有国。"① 小邾穆公生于何时，死于何时，由于史籍不载，故我们不得而知，但他于公元前566第一次见鲁襄公，又于公元前525年见鲁昭公，可知他在位至少有42年之久。这一时期正是春秋最为动荡的时期，也是小诸侯国先后被灭亡的时期，小邾国能够存在与穆公的外交能力是有莫大关系的。

小邾国灭亡的时代不可考，大概亡于战国时代。

（2）小邾国地理考察

关于小邾国的都城，历史上主要有以几种说法：

其一，在滕县东南部的古郳城。

《通志·氏族志》载：

> 小邾国，亦出邾挟之后，姓曹，其子孙亦以姓为氏，挟七世孙夷父颜有功于周，其子友别封为附庸，居郳。曾孙黎来始见《春秋》，附从齐桓，以尊周室，命为小邾子。《晋志》云："蕃县，古小邾国。"按：蕃县，隋改曰滕，今隶沂州，县之东南郳城是。《乐史》云："郳城在承县。"②

清人顾祖禹《读史方舆纪要·历代州域形势》载："滕县东南有郳城。"③
清人顾栋高的《春秋大事表》说得更为具体：小邾开国之君为邾公子

---

① （晋）杜预：《春秋经传集解》，上海古籍出版社1988年版，第1418页。
② （南宋）郑樵：《通志》，中华书局1995年版，第58页。
③ （清）顾祖禹：《读史方舆纪要》，中华书局2005年版，第14页。

友,国于倪,其地在滕县县城附近,"滕县东六里有倪城"。①

其二,在枣庄市山亭区东江村附近。

2002年枣庄市博物馆和枣庄市文物管理办公室发掘了枣庄市山亭区东江小邾国古墓群,东江墓地位于枣庄市西北约28千米的东江村东南一台形高地中部,海拔高度约95米,当地人称城顶。学术界很多学者认为这里就是古小邾国的都城所在地,"在墓地的北、西两侧发现了东西残长125米,南北残宽105米的夯土墙。为弄清夯土墙的基本情况,用探沟法对夯土的西北转角处进行了解剖。夯土墙底部残宽21米(探沟南边为农田石坝,故未做到边),残高2.6米。土呈褐色,土质坚硬,用棍夯法层层筑起,夯层厚约0.20米,夯窝直径0.08米。夯土墙外有护城河,是当时筑墙用土所形成的。土层中出有鬲、罐、豆等陶器残片,从形制特征来看,其年代为西周晚期或春秋早期,时代与小邾国贵族墓的时代吻合。因此,我们初步认为,在这里发现的夯土墙应该是小邾国的城墙"②。

其三,在羊庄镇东约10千米处的西集镇。

当代学者结合地下考古发现,认定此地即小邾国春秋中后期之故都,如李锦山在《邾国公室墓葬及其相关问题》一文中说:

> 昌虑为汉时所设县,辖于东海郡,后汉、晋因之,隋开皇六年曾于此处置滕县城,后废。今山亭东江村恰位于昌虑故城东北,不但发掘出倪国公室墓葬,而且还钻探到一段古城址。夯土墙体位于台地北部,经过试掘后对夯层、夯窝、夯土包含物以及文化堆积进行综合分析,可以确认城墙构筑于西周晚期或春秋早期。此城应即杜预所说的郳城。然而,东江村古城只是郳国早期都邑,并非后期城邑,各种迹象显示,郳国还应该有另外一座都邑存在。理由是:(1)在东江发掘的三座公室墓葬,无论墓葬形制还是随葬器物的造型及装饰风格,均属于西周晚期或春秋早期。(2)铜器铭文出现的是"郳君"而无爵称,证明墓主尚未受命封爵。(3)1号墓出土多件铸有友父款识的铜

---

① (清)顾栋高:《春秋大事表》,中华书局1993年版,第570页。
② 李光雨、刘爱民:《枣庄东江小邾国贵族墓地发掘的意义及相关问题》,《东岳论丛》2007年第2期。

器，此墓虽非郳国始封君墓葬，但同友父关系密切，年代亦相去不远。(4)从墓葬排序看，应是由南向北排列，辈分长的居南，尽管始封君友父墓已在早年被盗掘，但2号墓郳庆应是友父的孙子，最北侧的3号墓主公子害，应是友父曾孙辈。土台已经过仔细钻探，除了另外几座被盗掘已彻底毁坏的墓外，再无其他年代更晚的墓葬存在，说明这个墓地仅埋葬了自友父而下几代公室成员。(5)考古人员对夯土城墙横剖发现，文化层堆积共有12层。第3层为春秋文化层，第4层至12层为夯土墙体。春秋文化层叠压在夯土墙体上，说明此城至迟在春秋中期即已废弃①。

那么之后的小邾国故城又在哪里呢？李锦山认为东江郳城废弃的时间，大概在鲁庄公十五年（前679年），是因为诸侯伐郳而城破，故南迁，"新迁之地，便选择在郳城之南约10千米的今西集河北村附近，即后人所称之郳犁来城。……东江村都邑自郳友父始居至郳黎来南迁，最多只存在了110年，大概只有四代国君居此（包括郳黎来）。自郳黎来之后直至郳国灭亡，西集附近的新都邑一直是郳国后期的政治文化中心"②。

其四，在枣庄市峄城区峄城镇。

《通志·氏族志》载：

> 小邾国，亦出邾挟之后，姓曹，其子孙亦以姓为氏，挟七世孙夷父颜有功于周，其子友别封为附庸，居郳。曾孙黎来始见《春秋》，附从齐桓，以尊周室，命为小邾子。《晋志》云："蕃县，古小邾国。"按：蕃县，隋改曰滕，今隶沂州，县之东南郳城是。《乐史》云："郳城在承县。"③

清人顾祖禹《读史方舆纪要·历代州域形势》载："滕县东南有郳城。"④

---

① 李锦山：《郳国公室墓葬及其相关问题》，《枣庄学院学报》2005年第1期。
② 同上。
③ （南宋）郑樵：《通志》，中华书局1995年版，第58页。
④ （清）顾祖禹：《读史方舆纪要》，中华书局2005年版，第14页。

杨伯峻《春秋左传注·庄公五年》注说小邾国故城在"今山东峄城镇西北一里"[①]。

汉晋之承县后为峄城县，即今枣庄市东的峄城区，远在滕州市之东南。其故城在今峄城大沙河西，徐楼至岳台子一带。

综合以上观点，我们认为，小邾国之都城应当在今枣庄市山亭区东江村附近。这里不仅有小邾国贵族和小邾国君的墓地，还有西周至春秋时期的城墙遗址。同时，杜预《春秋经传集解·鲁庄公五年》注曰："东海昌虑县东北有倪城。"[②] 昌虑县为汉所置，晋延续之。今山亭东江村恰位于昌虑故城东北。结合史料和地下考古，我们认定小邾国故城当在今山亭区东江村附近。

三　淮河流域己姓的番国

番国，是周代一个小诸侯国，后代或称为"鄱""潘"。番国春秋后期的历史见诸《左传》，称其君为番子。后世出土有大量番国青铜器，铜器铭文多自称"番君""番伯""番子"等。从出土青铜器的分布来看，主要集中在豫南信阳市的平桥区、潢川县、固始县等。所以可以断定，番国在春秋时期，主要活动在淮河上游南岸地区，于春秋后期向东迁移。在春秋时期，番国较早归属于楚国，番国的上层贵族在楚国为官，为潘姓，如潘崇、潘尪、潘党等都是手握大权的内臣和将军。在春秋后期，番国都于固始县，处吴、楚之争的边缘地带，鲁定公六年（公元前504年），吴人伐楚，获潘子臣，取番地，番国历史再没见于史传。

番国的族源，史籍不载，幸赖后来出土的青铜器可补史料之缺。传世的"番匊生壶"和"番匊生鼎"是番匊生为其女出嫁时所做的媵器，番匊生女儿叫孟妃乖，按先秦惯例，孟为排行，妃为姓氏，乖为名。妃即己字，可证番国本为己姓。这从"番妃鬲"的铭文中也得到了验证。

那么这个己姓又来源于哪一部族呢？《国语·郑语》载史伯语曰：

[①] 杨伯峻：《春秋左传注》，中华书局1981年版，第166页。
[②] （晋）杜预：《春秋经传集解》，上海古籍出版社1988年版，第1379页。

第八章　祝融八姓的演化及其在淮河流域的活动

祝融亦能昭显天地之光明，以生柔嘉材者也，其后八姓，于周未有侯伯。佐制物于前代者，昆吾为夏伯矣（祝融孙），大彭、豕韦为商伯矣，当周未有。己姓昆吾、苏、顾、温、董，董姓鬷夷、豢龙，则夏灭之矣。彭姓彭祖、豕韦、诸、稽，则商灭之矣。秃姓舟人，则周灭之矣。①

祝融之后有八姓，己姓是其一支，昆吾、苏、顾、温、董等均是己姓之裔。己姓昆吾一族最早在卫地立国，后来南迁至中原腹地许昌一带。《竹书纪年》卷四载："（夏胤甲四年），昆吾氏迁于许。"②《国语·郑语》韦昭注也说："昆吾，祝融之孙，陆终第一子，名樊，为己姓，封于昆吾，昆吾卫是也。其后夏衰，昆吾为夏伯，迁于旧许。"③己姓一族南迁的原因是他们作为夏的方国而为商人所不容，据《竹书纪年》卷五载："（夏桀二十八年）昆吾氏伐商。……三十一年……商师征昆吾。……三十一年商自陑征夏邑，克昆吾。"④而苏氏则迁至焦作一带。《国语》所说的"己姓昆吾、苏、顾、温、董……则夏灭之矣"。即指在夏王朝末年，在商人的打击下，昆吾一族被迫放弃祖先所居之地而西移或南迁，其在卫的旧地遂为商人所有。

至西周时期，己姓后裔如苏、番等被封为诸侯国。从《诗经》和出土文献来看，番之立国至迟应在西周中期。"番生簋"记载番生的"皇考祖"在周王朝就在王室为官；至番生时，厉王又让他"司公族、卿事、太史寮"，恩宠有加；"番妃鬲"载周王为番妃作鬲，此为周王娶番姓女为妻的证明；至幽王时，番姓后代曾为司徒，从《诗经·十月之交》的描述来看是一个权倾一时的人物。

西周时期番国的地望无文献记载，学者或认为它应当在焦作南部的温县一带。如徐少华说："从厉王前后番国首领于王室任要职，并与周天子通婚的史实来看，西周时期的番国应在北方中原地区。番族出自己姓昆吾

---

① 《国语》，上海书店1987年版，第184—185页。
② （清）徐文靖：《竹书纪年统笺》（二十二子本），上海古籍出版社1986年版，第1059页。
③ 《国语》，上海书店1987年版，第184—185页。
④ （清）徐文靖：《竹书纪年统笺》（二十二子本），上海古籍出版社1986年版，第1061页。

163

之后，西周及其以前，己姓诸国并要黄河中游两岸活动，作为己姓支族而别封的番国，则亦应在这一地区，或与同姓的苏国（'温'）相近。"①

后来，番国从北方南迁到淮河上游的信阳地区。从文献记载和考古发现来看，番国在春秋之前没有在信阳一带活动的迹象，它迁至信阳当在春秋前期。

新中国成立后，在豫南信阳市平桥区发现了番国墓葬，并出土了几批番国青铜器，如甘岸出土的番子伯酓匜，吴家店乡杨河出土的番哀伯鼎、盘、匜，平桥西出土的番叔壶。这些铜器均为春秋早期之物。除固始侯古堆之外，这是出土番国青铜器最集中的地带。说明在春秋前期，这里应当是番人活动的地区。

甘岸、吴家店两地相邻，紧临淮河。在甘岸、吴家店所发现的番国青铜器都出自番国国君的古墓葬而非窖藏，可证甘岸至吴家店一带曾经是春秋早期番的君主和上层贵族墓葬区。从一般情况来看，诸侯国的贵族墓葬区当在其国都附近不远。由此我们可以说番国春秋早期南迁至信阳地区的都城应当不出今平桥区的长台、甘岸、吴家店一线的淮河两岸附近。

甘岸一带在西周时代和春秋前期没有诸侯国在此立国。其西南部为随国，北部是道国，东北为江国，东部是弦国，番国所处的位置正是以上诸侯国的交界处，也是一处行政管辖的真空地带。

番国之所以由黄河两岸的中原地区南迁至豫南的淮河流域地区，其主要原因是因为朝代变换而导致番氏家族在王朝中失去地位。在西周中期，番氏家族中杰出代表番生等人在厉王时期曾官至要职，权倾朝野，直到西周晚期的幽王时代，番生后代依然官至司徒。但这个司徒番却不能和他的列祖列宗相比，由于生在西周末世，适逢幽王昏庸，又加上个人不能坚守正道，以至于和卿士皇父、太宰等逢迎幽王与褒姒，废申后与太子，终至天怒人怨，申侯联合西戎一举灭掉西周，拥立周平王，东迁至洛阳。由于废太子和申后以及导致西周之灭亡等都和司徒番等王室重臣有关，所以平王东迁之后不会再重用番氏家族，番国迁往淮河流域的时间应当在春秋初期平王继位之后。

---

① 徐少华：《周代南土历史地理与文化》，武汉大学出版社1994年版，第133页。

南迁之后的番国，寄居于豫南淮河两岸的狭小地带，不仅封土有限，国力也十分贫弱，这从番国在信阳的番君墓制及其随葬品可以得到证明。在甘岸、吴家店发现的两座番君墓都是平常的墓葬，不仅规模较小，墓室也十分简陋，这与同时期稍晚的淮河上游南岸的黄君孟的大墓等比较起来就十分寒碜。而且出土的陪葬品中只有少量青铜鼎和盘、匜等，与诸侯王的身份极不相称。从此可以看到番国迁移过程的曲折和在异地建国的艰辛。从出土的青铜铭文来看，番国在信阳一带先后有番君酓伯、番哀伯（番昶伯）、番子伯耆、番君伯龙、番君召等，前后延续一百多年。

由于番国归属楚国较早，当楚国灭亡蒋、蓼之后，为了巩固其东境和向东经略淮河中游建立强大而稳固前沿据点，要有可靠的人来镇守，番国就在此时迁至固始。楚穆王在位十二年（前625—前614年），灭蓼在公元前622年，那么，番国东迁的时间当在公元前622年蓼灭之后至公元前614年穆王死之前这一段时间里。番国东移固始之后，番（潘）的主要人物常见于史传之中，除前文提到的潘崇之外，还有潘尫、潘党、潘子臣等。吴太子夫差取番后，番国便在历史上消失了。夫差不仅占有番地，也掠夺了番国的器物，并将其作为陪葬品而深埋于大墓之中。从铭文"鄱子成周"可见，这些青铜器或为"鄱子成周"自铸，或是从别处得来而据为己有，但可以说明"鄱子成周"曾经拥有过这些器物。"鄱子成周"即"番子成周"，侯古堆大墓的发现，不仅印证了《左传》《史记》中关于吴国灭番的记载，也证实了在春秋后期番国移至固始的历史。

四 祝融八姓的其他后裔在淮河流域的迁徙与兴亡

1. 昆吾氏在淮河流域的迁徙

中原地区是祝融氏早期的发祥地和主要活动地，所以，《左传·昭公十七年》载曰："郑，祝融之虚也。"① 作为祝融氏长子樊的昆吾氏早期也从这里迁出，昆吾及其子孙所建立的昆吾、顾、温、董等国，大都在黄河

---

① （晋）杜预：《春秋经传集解》，上海古籍出版社1988年版，第1424页。

以北地区。

  昆吾氏何时从中原迁往北方，已不可考，但从史料记载来看，至少在夏代初年昆吾族人便已居于黄河之北了。据《竹书纪年》载，昆吾被封为侯国的时间约在夏代前期的仲康时期，"（夏仲康）六年锡昆吾命作伯。"①徐文靖引《括地志》曰："昆吾故城在濮阳县西三十里。"②《国语·郑语》韦昭注曰："昆吾……名樊，为己姓，封于昆吾，昆吾，卫是也。"③ 徐文靖注引《括地志》曰："昆吾故城在濮阳县西三十里。"④ 其地应当在今濮阳、滑县一带。此后，昆吾族便与夏王朝结成同盟，并且一直与夏保持着极为亲密的关系。

  至夏代后期昆吾国又回迁到了其祖先发祥之地的中原，并且在许昌立国，据《竹书纪年》载，"（夏帝胤甲）昆吾氏迁于许"⑤。《左传·昭公十二年》楚灵王说："昔我皇祖伯父昆吾，旧许是宅。"⑥ 正是指这一段史实。如果从历史来考察，昆吾国的迁徙可能与逐渐强大起来的商人的征伐有关，在夏帝孔甲时，商侯王亥"迁于殷"⑦。王亥所迁之"殷"在河北省南部的临漳一带，靠近昆吾氏侯国附近，所以受到了商人的威胁。昆吾回迁是想更加靠近夏王朝王畿所在地，得到夏人的庇护。但此时的夏王朝已经没有能力保护像昆吾这样的方国了，因为夏王朝自身的安全也同样受到了商人的威胁。为了彻底剪除夏人的羽翼，商人先消灭昆吾氏的分支，在夏桀二十六年灭温，二十九年灭顾⑧。为了自保，迁到许昌的昆吾氏作为夏王朝的主要力量与商人开战，战争的结果以夏桀三十一年昆吾氏灭亡而告结束，同年商人灭夏⑨。对于这段史实，《史记·殷本纪》也有记载："当是时，夏桀为虐政淫荒，而诸侯昆吾氏为乱。汤乃兴师率诸侯，伊尹

---

① （清）徐文靖：《竹书纪年统笺》（二十二子本），上海古籍出版社1986年版，第1056页。
② 同上。
③ 《国语》，上海书店1987年版，第185页。
④ （清）徐文靖：《竹书纪年统笺》（二十二子本），上海古籍出版社1986年版，第1056页。
⑤ 同上书，第1059页。
⑥ （晋）杜预：《春秋经传集解》，上海古籍出版社1988年版，第1357页。
⑦ （清）徐文靖：《竹书纪年统笺》（二十二子本），上海古籍出版社1986年版，第1058页。
⑧ 同上书，第1061页。
⑨ 同上。

从汤，汤自把钺以伐昆吾，遂伐桀。"①

昆吾氏在夏代所建立的昆吾、温、顾等国相继灭亡之后，董国一支迁出，别为董姓，最终免于灭亡，其后代子孙在商、周时期还有诸侯国存在。

2. 彭姓之彭国的兴亡

《郑语》韦昭注曰："大彭，陆终第三子，曰籛，为彭姓，封于大彭，请之彭祖，彭城是也。豕韦，彭姓之别封于豕韦者也。殷衰，二国相继为商伯。"② 彭祖之分支豕韦封于河南滑县一带，商代中后期为商人所灭。诸、稽等国由于史料之缺，不可详考。

彭国所封之地彭城，为淮河下游的重要城市，也是古代兵家必争之地，其地在今之江苏徐州市铜山区。西周时徐偃王曾败走彭城武原县，春秋、战国时彭城为宋邑，后归楚国，楚汉之争时，楚怀王心在此建都，西楚霸王项羽也都于此，后来这里为历朝侯国的都城和州郡治所。

彭祖国在夏朝初年就已经成为东方有影响的大国，《竹书纪年》云："（夏启）十一年放王季子武观于西河，十五年武观以西河叛，彭伯寿帅师征西河，武观来归。"③ 从彭伯寿率师为夏启征武观来看，当时的彭伯是夏启所信任的人，而其军队也是夏王朝所依仗的军事力量。

至商代，彭国的国君同样是王朝的重臣，被称为"方伯"，《竹书纪年》云："（商河亶甲）三年彭伯克邳。……五年侁人入于班方，彭祖、韦伯伐班方，侁人来宾……（祖乙元年）命彭伯、韦伯……"④ 可见，在彭伯为商王朝平定叛乱的同时，也不断地扩充自己的势力，扩大自己的地盘。然而在商王武丁时期，却为商人所灭，《竹书纪年》云，武丁四十三年，"王师灭大彭"⑤。到此，从历经夏、商两朝的彭祖国从此消失。

祝融八姓中的惠连（参胡）、秃姓舟人等不可详考。季连之后芈姓的楚人将有专章论述之。

---

① （西汉）司马迁：《史记》，上海古籍出版社1997年版，第64页。
② 《国语》，上海书店1987年版，第185页。
③ （清）徐文靖：《竹书纪年统笺》（二十二子本），上海古籍出版社1986年版，第1055页。
④ 同上书，第1064页。
⑤ 同上书，第1066页。

第九章 "夷夏之争"与夏人的东迁及对淮河流域的影响

从夏人的祖先鲧开始,包括夏王朝整个朝代,夏人与东方各部族有着千丝万缕的联系。在传说时代,鲧曾为治水的英雄,后来因为治水失败而东迁到东夷居住区,这是夏人的势力最早东进的一支。在夏代初年"后羿代夏"的夷夏之争过程中,夏人或为避难或为联合部族力量以图东山再起,又一次向东转移。在夏王朝中后期,又不断地征伐东夷之族,并向淮河流域拓展。夏人势力的东扩、南侵及其与东夷和淮河流域土著的斗争,不仅使夏王朝历史的走向发生重大变化,同时为夷夏融合提供了契机。

一 鲧放羽山与夏族的第一次大规模东迁

关于夏人的族源,史籍多有记载,《史记·周本纪》曰:"禹之父曰鲧,鲧之父曰帝颛顼,颛顼之父曰昌意,昌意之父曰黄帝。"[1]《国语·鲁语上》曰:"夏后氏禘黄帝而祖颛顼,郊鲧而宗禹。"[2] 根据《国语》和《史记》史书记载,它是黄帝、颛顼之裔,是黄帝族迁至中原之后演化出来的一个分支。在尧舜时,鲧为当时的一个能够影响中原各部族的重要人物,被封为"崇伯",所以后世称为"崇伯鲧","崇"即为"嵩",说明鲧的一支主要活动在今河南洛阳之东、郑州之南、新郑之西的嵩山一带。如果《国语》《史记》等所记不错的话,鲧与祝融氏同出一源,他们同处

---

[1] (西汉)司马迁:《史记》,上海古籍出版社1997年版,第33页。
[2] 《国语》,上海书店1987年版,第56页。

于中原相邻的地区也是有原因的，这也可进一步解释为何在有夏一代，夏人与祝融之裔如昆吾、彭伯等能够结成同盟，并且昆吾族还是夏朝末年抵抗商人的主力军。

鲧后来娶有辛氏之女而生夏禹。《史记·夏本纪索隐》引《系本》曰："鲧取有辛氏女，谓之女志，是生高密。"① 又引宋衷语云"高密，禹所封国"②。《世本》也说："颛顼生鲧，鲧娶有莘氏谓之女志，是生高密，是为禹也。"③ 有莘氏也是中原上古时期一个重要的部族，活动地在今开封东部。

鲧后来为尧所灭，很多史籍和传说都提到鲧被杀的原因：

《山海经·海内经》云：

  洪水滔天，鲧窃帝之息壤以堙洪水，不待帝命。帝令祝融杀鲧于羽郊。鲧复生禹。帝乃命禹卒布土以定九州。④

《史记·五帝本纪》载：

  三苗在江淮、荆州，数为乱。于是舜归而言于帝，请流共工于幽陵，以变北狄；放驩兜于崇山，以变南蛮；迁三苗于三危，以变西戎；殛鲧于羽山，以变东夷：四罪而天下咸服。⑤

《尚书·舜典》也说：

  流共工于幽州，放驩兜于崇山，窜三苗于三危，殛鲧于羽山，四罪而天下咸服。⑥

---

① （西汉）司马迁：《史记》，上海古籍出版社1997年版，第33页。
② 同上。
③ （清）茆泮林：《校辑世本》，中国书店1991年版，第546页。
④ （清）毕沅：《山海经新校正》（二十二子本），上海古籍出版社1986年版，第1387页。
⑤ （西汉）司马迁：《史记》，上海古籍出版社1997年版，第20页。
⑥ 李民、王健：《尚书译注》，上海古籍出版社2004年版，第14页。

《国语·周语下》曰：

> 其在有虞，有崇伯鲧，播其淫心，称遂共工之过，尧用殛之于羽山。其后伯禹念前之非度，厘改度量，象物天地，比类百则，仪之于民，而度之于群生。共之从孙四岳佐之，高高下下，疏川导滞，钟水丰物，封崇九山，决汨九川，陂鄣九泽，丰殖九薮，汨越九原，宅居九隩。……皇天嘉之，祚以天下，赐姓曰姒，氏曰有夏，谓其能以嘉祉殷富生物也。祚四岳国，命以侯伯，赐姓曰姜，氏曰有吕，谓其能为禹股肱心膂，以养物丰民人也。此一王四伯，岂系多宠，皆亡王之后也。……夫亡者岂系无宠，皆黄、炎之后也。①

《韩非子·外储说右上》：

> 尧欲传天下于舜，鲧谏曰："不祥哉！孰以天下而传之于匹夫乎？"尧不听，举兵而诛杀鲧于羽山之郊。共工又谏曰："孰以天下而传之于匹夫乎？"尧不听，又举兵而流共工于幽州之都。于是天下莫敢言无传天下于舜。②

《淮南子·原道训》：

> 昔者夏鲧作三仞之城，诸侯背之，海外有狡心。③

从诸多史料来看，鲧被处死的罪名有三：其一，治水不力，采用堵截法而不是疏导法；其二，反对尧禅位于舜，想自己称帝；其三，与共工同谋，有反叛之心。然而，有些人则为鲧鸣不平，如屈原《离骚》曰："鲧婞直以亡身兮，终然殀乎羽之野。"④《九章·惜诵》："行婞直而不豫兮，

---

① 《国语》，上海书店1987年版，第35页。
② （清）王先慎：《韩非子集解》，中华书局2003年版，第325页。
③ （西汉）刘安：《淮南子》（二十二子本），上海古籍出版社1986年版，第1206—1207页。
④ （南宋）洪兴祖：《楚辞补注》，中华书局1986年版，第19页。

鲧功用而不就。"① 将自己视为鲧同样的人。

实际上，鲧之死，与鲧、舜、共工三族的斗争有关。鲧属于中原黄帝族群的代表，舜则为东夷族群的代表，共工为炎帝族群势力的代表。在这场争夺中原控制权的争斗中，以鲧和共工失败而告结束。

失败了的鲧，被舜赶到了东夷族群居住区，这是舜为了限制鲧的势力施行的一个策略。于是鲧便带着他的部分族人到了东方，这也是见诸文献记载的一次夏人的大规模地向东方迁徙。羽山，在东海边，《山海经·南山经》郭璞注曰："今东海祝其县西南有羽山，即鲧所殛处。"② 其位置在今江苏东海县和山东临沭县交界处。尽管鲧被迫迁到东方，但后来还是为舜所灭，然而其族群的其他分支和他的后裔在这里留了下来。

随鲧东迁的当有鬲族，鬲族人活动于今山东德州附近，后建立鬲国。李白凤《东夷杂考》认为："鬲族也和夏族同一部族，他们过去同自渑池一带迁来，所以仲康失国以后，他的大夫'靡'往依之。《左传·襄公四年》：'靡奔有鬲氏。……靡自有鬲氏收二国之烬以灭浞而立少康。'这也证明鬲族和夏族同源。大约就在这个时候，姒姓的诸夏与东夷发生频繁的战争，势力消长不定，从有鬲氏在山东德县一带，形成与其胞族的'过''戈''斟灌''斟寻'的一个从地带上可以联系的关系，也足可以说明他们都是属于诸夏的各族。"③ 我们认为，鬲族也是夏人的一个分支，最早生活在河南中部一带，后来在鲧迁到淮河下游之后，他们也迁至黄河下游的山东地区。

二 "羿代夏政"与华夏之争

后羿代夏，是夏王朝历史上重要的事件，这段历史见于《左传·鲁襄公四年》：

> 昔有夏之方衰也，后羿自鉏迁于穷石，因夏民以代夏政。恃其射也，不修民事而淫于原兽。弃武罗、伯困、熊髡、龙圉而用寒浞。寒

---

① （南宋）洪兴祖：《楚辞补注》，中华书局1986年版，第126页。
② （清）毕沅：《山海经新校正》（二十二子本），上海古籍出版社1986年版，第1339页。
③ 李白凤：《东夷杂考》，河南大学出版社2008年版，第24—25页。

泥，伯明氏之谗子弟也。伯明后寒弃之，夷羿收之，信而使之，以为己相。泥行媚于内而施赂于外，愚弄其民而虞羿于田，树之诈慝以取其国家，外内咸服。羿犹不悛，将归自田，家众杀而亨之，以食其子。其子不忍食诸，死于穷门。靡奔有鬲氏。泥因羿室，生浇及豷，恃其谗慝诈伪而不德于民。使浇用师，灭斟灌及斟寻氏。处浇于过，处豷于戈。靡自有鬲氏，收二国之烬，以灭泥而立少康。少康灭浇于过，后杼灭豷于戈。有穷由是遂亡，失人故也。①

《史记·夏本纪正义》引《帝王纪》云：

帝羿有穷氏未闻其先何姓。帝喾以上，世掌射正。至喾，赐以彤弓素矢，封之于鉏，为帝司射，历虞、夏。羿学射于吉甫，其臂长，故以善闻。及夏之衰，自鉏迁于穷石，因夏民以代夏政。帝相徙于商丘，依同姓诸侯斟寻。羿恃其善射，不修民事，淫于田兽，弃其良臣武罗、伯姻、熊髡、龙圉而信寒泥。寒泥，伯明氏之谗子，伯明后以谗弃之，而羿以为己相。寒泥杀羿于桃梧，而烹之以食其子。其子兴忍食之，死于穷门。泥遂代夏，立为帝。寒泥袭有穷之号，因羿之室，生浇及豷。浇多力，能陆地行舟。使浇帅师灭斟灌、斟寻，杀夏帝相，封浇于过，封豷于戈。恃其诈力，不恤民事。……初，夏之遗臣曰靡，事羿，羿死，逃于有鬲氏，收斟、寻二国余烬，杀寒泥，立少康，灭浇于过，后杼灭豷于戈，有穷遂亡也。②

这段记载讲述了夏朝初年，夏王朝的重大变故。夏启建立了中国第一个王朝，夏启死后，其子太康继立，太康荒淫而不顾国事，东夷族人后羿从鉏迁至有穷，驱逐太康，太康崩，太康之弟中康立，中康死后，中康之子帝相立。相迁至商丘，依同姓诸侯斟寻。于是后羿遂代夏后相而自为帝。后羿任用寒泥为相，寒泥杀后羿而占有其国，并霸占了他的妻子，生

---

① （晋）杜预：《春秋经传集解》，上海古籍出版社1988年版，第817—818页。
② （西汉）司马迁：《史记》，上海古籍出版社1997年版，第57—58页。

下浇、豷，并封浇于过地，豷于戈地。浇灭掉夏之同姓之国斟灌、斟寻。此时夏后相之妻有仍氏逃到母族，生下少康。夏之遗臣靡逃到有鬲之国，聚集斟灌、斟寻之遗民，最终灭掉寒浞、浇、豷。有穷国灭亡，也结束了夷人对夏王朝核心地区的统治。

在我国古代神话传说中有一个以射日而著称的后羿，《山海经》中多记其事迹，《山海经·海内经》记载："帝俊赐羿彤弓素矰以扶下国，羿是始去恤下地之百艰。"① 同时《山海经·海外南经》又载："羿与凿齿战于寿华之野，羿射杀之在昆仑虚东。羿持弓矢，凿齿持盾，一曰戈。"② 《山海经》中的后羿是一个具有超凡神性的英雄，并且可以登上西王母所在的玉山求得不死之药。神话人物后羿在《淮南子·本经训》中变成了尧的大臣："逮至尧之时，十日并出，焦禾稼，杀草木，而民无所食。猰貐、凿齿、九婴、大风、封豨、修蛇皆为民害。尧乃使羿诛凿齿于畴华之野，杀九婴于凶水之上，缴大风于青丘之泽，上射十日而下杀猰貐，断修蛇于洞庭，禽封豨于桑林。万民皆喜，置尧以为天子。"③ 但是，这个后羿当不是《左传》中曾经代夏政而专之的后羿。它们之所以混为一谈，是因为两人都是东夷部族的英雄，而且都善射，夏初的后羿因仰慕自己部族的英雄羿的威名，所以也以羿为名，这样后代史家便将两人混为一人了。

要厘清夏初夷夏之关系，必须弄清《左传》中所说的在夷夏之争中出现的几个历史地名：

1. 鉏

《史记·夏本纪正义》引《括地志》云："故鉏城在滑州韦城县东十里。"④ 唐代的韦城县在今河南滑县东南。

2. 有穷

《史记·夏本纪正义》曰："《晋地志》云：'河南有穷谷。'盖本有穷

---

① （清）毕沅：《山海经新校正》（二十二子本），上海古籍出版社1986年版，第1387页。
② 同上书，第1369页。
③ （西汉）刘安：《淮南子》（二十二子本），上海古籍出版社1986年版，第1239页。
④ （西汉）司马迁：《史记》，上海古籍出版社1997年版，第58页。

氏所迁也。"① 或以为在今山东德州。从《楚辞·天问》"帝降夷羿，革孽夏民。胡射夫河伯，而妻彼洛嫔"② 来看，后羿射河伯、妻洛嫔，其地当在今河南洛阳附近，也离当时夏太康的都城不远。

3. 寒

《左传·鲁襄公四年》杜预注曰："寒，国。北海平寿县东有寒亭。"③《史记·夏本纪正义》也曰："寒国在北海平寿县东寒亭也。"④ 平寿县，汉景帝置，其故治在今潍坊市潍城区。

4. 鬲

鬲族是一个古老的部族，是夏族的一个分支，在夏王朝之前已迁居东夷区域。《左传·鲁襄公四年》杜预注曰："有鬲，国名。今平原鬲县。"⑤《史记·夏本纪正义》引《括地志》云："故鬲城在洛州密县界，杜预云国名，今平原鬲县也。"⑥ 洛州密县，即今郑州新密市；汉晋平原郡鬲县，旧治在今德州市德城区。从史籍所载来看，这个鬲族曾经在夏王朝的发祥地的中心区域密县一带生活过，后来迁到山东德州一带。

5. 过

《史记·夏本纪正义》引《括地志》云："故过乡亭在莱州掖县西北二十里，本过国也。"⑦ 掖县在今烟台莱州市城区。

6. 戈

《左传·鲁襄公四年》杜预注曰："戈在宋、郑之间。"⑧《史记·夏本

---

① （西汉）司马迁：《史记》，上海古籍出版社1997年版，第20页。
② （南宋）洪兴祖：《楚辞补注》，中华书局1986年版，第99—100页。
③ （晋）杜预：《春秋经传集解》，上海古籍出版社1988年版，第820页。
④ （西汉）司马迁：《史记》，上海古籍出版社1997年版，第57—58页。
⑤ （晋）杜预：《春秋经传集解》，上海古籍出版社1988年版，第817—818页。
⑥ （西汉）司马迁：《史记》，上海古籍出版社1997年版，第20页。
⑦ 同上。
⑧ （晋）杜预：《春秋经传集解》，上海古籍出版社1988年版，第820页。

纪正义》等所言所此同。表明在魏晋以来，人们已无法了解这个短暂出现的戈国的具体位置了，只能言其大概，当处于豫西一带。

7. 斟寻（鄩）

《竹书纪年》云："（太康元年）羿入居斟鄩。"① 《史记·夏本纪正义》引《汲冢古文》："太康居斟寻，羿亦居之，桀又居之。"② 关于夏王朝太康所居的都，一直是学术界比较困扰的问题，随着二里头遗址的发现，多数学者认为二里头即为夏都之一的斟寻，后羿从这里赶走了夏代第二代君主太康，并都于此。由于后羿居于斟寻，所以二里头文化遗址中留下了许多山东龙山文化的因素。李伯谦《二里头类型的文化性质与族属问题》通过比较二里头早期文化因素与山东龙山晚期文化，认为二里头文化具有更多山东龙山文化的特点：二里头文化发现的束腰瘦足鬲有山东龙山文化长流鬶的特点；二里头文化的觚、豆、单耳鼓腹杯、三足盘都极为相同；二里头文化墓葬中的觚、鬶、盉组合及三足盘、平底盘、豆等常见于山东龙山文化墓葬。由此认为，这是后羿居斟寻而代夏政时，龙山文化族群大量进入中原河洛地区，将其文化与中原文化相融合，造就了二里头文化的特色③。

然而，根据诸多典籍记载，山东也有一个地方叫斟寻。《史记·夏本纪正义》引《括地志》云："斟寻故城，今青州北海县是也。臣瓒云斟寻在河南，盖后迁北海也。《汲冢古文》云太康居斟寻，羿亦居之，桀又居之。"④ 清人顾栋高的《春秋大事表》说："斟鄩，姒（姓），今山东莱州府潍县西南五十里有斟城。"⑤ 北海县，山东省潍坊市潍城区潍城西关。《水经注》卷二十六"沭水"条曰："《地理志》：北海有斟县。京相璠曰：故斟寻国，禹后。西北去灌亭九十里。"⑥

在中原和山东同时出现两个斟寻，是因为夏人迁徙的结果。当后羿占

---

① （清）徐文靖：《竹书纪年统笺》（二十二子本），上海古籍出版社1986年版，第1056页。
② （西汉）司马迁：《史记》，上海古籍出版社1997年版，第58页。
③ 李伯谦：《二里头类型的文化性质与族属问题》，《文物》1986年第6期。
④ （西汉）司马迁：《史记》，上海古籍出版社1997年版，第58页。
⑤ （清）顾栋高：《春秋大事表》，中华书局1993年版，第604页。
⑥ （北朝）郦道元：《水经注》卷二十六"沭水"条，岳麓书社1995年版，第397页。

领夏都斟寻之后，太康失国，于是夏族人便四处迁徙，其中有一支迁至山东地区，形成两个较为集中的居住区，即斟寻和斟灌。它不仅成为当时与后羿斗争的重要据点，同时也是后来灭寒浞、浇的有生力量。

1977—1981年在山东临朐县发现两座西周至春秋早期的墓葬，出土有"寻仲盘""寻仲匜"。其中"寻仲盘"内底中心有铭文20字："寻仲媵仲女子宝盘，其万年无疆，子子孙子永宝用。""寻仲匜"内底也有铭文20字："寻仲媵仲女子宝匜，其万年无疆，子子孙子永宝用。"① 说明夏代的斟寻国，在周代时还存在着。

8. 斟灌

《左传·鲁襄公四年》杜预注曰："乐安寿光县东南有灌亭。"② 《水经注》曰："尧水又东北径东西寿光二城间。应劭曰：寿光县有灌亭。杜预曰：在县东南，斟灌国也。"③ 《史记·夏本纪正义》引《括地志》云："斟灌故城在青州寿光县东五十四里。"④ 寿光市位于山东省中北部，紧邻莱州湾，治所在今寿光市东北的后牟城。其东南部为同时东迁而来的斟寻国。

9. 有仍氏

《史记·吴太伯世家索隐》曰"东平有任县，盖古仍国。"⑤ 其地当在今山东济宁市、泰安市一带。

后羿以东夷之裔的身份向西取代太康而代夏政，后来又为同是东夷族的寒浞所灭。夏王朝从太康、仲康到夏后相三代君主都是居无定所，过着漂泊流浪的生活。由于后羿和寒浞的入侵，使原本居于中原的夏之族人分迁至东夷地区，并在这里建立国家，如斟寻、斟灌等。其后裔一直延续到周代，如周代的斟寻国和鄫国等。后羿代夏，不仅没有使华夏和东夷两族

---

① 临朐县文化馆、潍坊地区文物管理委员会：《山东临朐发现齐、郯、曾诸国铜器》，《文物》1983年第12期。
② （晋）杜预：《春秋经传集解》，上海古籍出版社1988年版，第820页。
③ （北朝）郦道元：《水经注》卷二十六"沭水"条，岳麓书社1995年版，第396页。
④ （西汉）司马迁：《史记》，上海古籍出版社1997年版，第58页。
⑤ 同上书，第1191页。

群产生对立，反而进一步促进了中原族群与东夷族群的融合。

后羿与夏人的权力之争，实际上从一个侧面反映了夏代初年华夏族人与东夷族的斗争。在此之前的传说时代有尧与舜之间的权力交接，尧为中原集团，而舜则代表着东夷集团。所以《孟子·离娄下》说："舜生于诸冯，迁于负夏，卒于鸣条，东夷之人也。"① 在舜的时期，既是一个多族群大发展的时期，也是英雄辈出的时代，中原集团与东夷集团之间的交流更加频繁，联系十分密切，两个族群之间的势力也相对比较均衡。所以在舜的时期，他的手下便汇集中原集团的后稷、禹，以及逐渐融入中原族群的炎帝后裔后土、四岳等。东夷集团有商人始祖契、嬴姓始祖伯益、偃姓始祖皋陶等。尧让位于东夷族群的舜，舜让位于中原族群的禹，而禹本想让位于东夷族群的益。从此来看，在那一个历史时期，中原族群与东夷族群的权力传递是相互移交的。我们不知道这种权力移交是通过联邦推选的方式，还是出于权力平衡的惯例，但它确实反映出两大集团的平衡关系。然而，这种平衡被大禹的儿子夏启所打破，启杀伯益而夺取了本来应属于东夷集团的政权，建立了父子相传的家天下，从而引起了东夷集团的强烈不满，导致了东夷人后羿取代太康的行为。后羿代夏与其说是后羿个人行为，但从内在的历史逻辑来看，不如说它是东夷族与华夏族的权力之争。少康灭掉东夷势力寒浞及其两个儿子之后，重建夏王朝，这既是夏王朝的历史转折点，也是从史前以来东夷族群与中原族群斗争的转折点，从此华夏族一直以压倒的优势统治着中华大地，而东夷族群则处于屈从地位。夏之后商王朝兴起，尽管商人源于东夷族群，由于其脱离东夷区较早，且在它建国之前的大多数时间活动于华夏区内，所以并不以东夷族群自居，而成了华夏集团的一个有机组成部分。

三 夷夏之争与岳石文化的衰落

岳石文化是山东地区继大汶口—龙山文化之后的最重要的史前文化，其延续时代在公元前 1900—前 1450 年，根据其文化特征，考古界一般认

---

① （周）孟子：《孟子》（四书集注本），岳麓书社 1987 年版，第 415 页。

为它是大汶口—龙山文化的继承者，是夏代和商代前期的东夷文化。在山东龙山文化分布区之内一般都存在着岳石文化的遗址，其分布范围东至胶东半岛，南迄苏北地区，西到聊城和菏泽一线，北至黄河的河北唐山地区，纵横都超过千里之遥。①

但是与龙山文化相比，岳石文化虽然晚出，而在某些方面特别是陶器的制作工艺方面却不如龙山文化。对于岳石文化衰落的原因，学术界有不同的说法：

其一，气候变化导致了岳石文化的衰退。

在距今4000年前后开始进入气候的干冷期，并延续了几百年，气候的变化使以稻作为基础的海岱地区食物供应严重不足，人口大量减少，有些地区遗址的空白显示出该地区可能已无人居住。这种自然因素导致了岳石文化期的东夷族群不得不四处迁徙，且文化发展水平发生倒退②。

其二，对陶器的大量需要促使陶器品格发生变化。

当中原地区进入夏、商时代，随着城市的兴起，战争的频发，大大小小的城市和城堡需要构筑，同时也需要一大批从事城市建设的人力资源，陶器在当时就成了城市建设的材料之一和建设者本身所需要的日常器物。陶器需求的提升和陶器数量的急剧增多导致了制陶工业发生了巨大变化。于是，陶器由原来的除注重实用之外也注重外观的审美转变为以实用为主；为快速生产，由原来的精细加工向草率方向发展；为提高陶器的寿命，一改过去细薄、轻巧的风格，使陶胎变厚，形制趋变得稳重、古朴③。

其三，冶铜业的出现是导致龙山文化消退的主要原因。

在夏商时期，冶铜业出现并得到了快速发展，铜器在日常生活也开始使用，它大大优越于以往的陶器制品，由于对铜器的重视和生产的投入，从而影响了陶器的发展，并导致了龙山文化的消退④。

以上这些因素可能是岳石文化衰落的一些原因，但我们认为，夷夏之

---

① 方辉：《二里头文化与岳石文化》，《中原文物》1987年第1期。
② 方辉：《岳石文化衰落原因蠡测》，《文史哲》2003年第3期；高江涛、庞小霞：《岳石文化时期海岱文化区人文地理格局演变探析》，《考古》2009年第11期。
③ 田继宝：《试论海岱龙山文化消退的原因》，《史前研究》，2000年，第532页。
④ 同上书，第533页。

争与中原文化的东进则是岳石文化或夏商时期东夷文化衰落的根本原因。

在史前时期，生活在山东东夷文化区的人们所创造的后李文化—大汶口文化和山东龙山文化为代表史前文化，不仅以它们所展示出来的先进文明而傲立于东方大地，同时也以它们的强势扩展而影响了广大的地区，其文化的辐射区域东至海滨，南达江南，西抵中原，北迄河北和东北地区。在这个具有浓郁文化气息的地区，孕育产生了一个庞大的东夷族群，在神话传说时代，从炎帝、黄帝到颛顼都与东夷集团有着千丝万缕的联系，至尧、舜、禹的时代，东夷族群和中原地区融合形成的中原族群甚至可以达到分庭抗礼的局面。由于权力的均衡，族群之间的相互包容，使得尧、舜、禹时期的中原族群与东夷族群之间不仅相安无事，同时也是文化交流、融合与大发展的黄金时期。但夏启建立了夏王朝之后，东夷族群开始向以夏王朝为代表的中原族群发难，从而导致了后羿代夏的结局。夏少康灭掉寒浞和浇之后，东夷族群势力受到了严重的打击，东夷族群或向四周迁徙，或屈从于夏人的势力。随着夏人势力的东进，中原文化也大规模地向东夷地区渗透，在此之前的大汶口文化—龙山文化以向外扩张为主、吸纳外来文化为辅的局面结束，而岳石文化区则随着东夷势力的萎缩而逐渐收缩，并无法阻挡外来文化的影响。

由于应付夏人和与早期商人的讨伐，他们无暇制造龙山文化时期那些外形优美、加工精细的陶器，而一大批更加实用的陶器应时而生；由于受中原文化的影响，龙山文化时期所传下来的器物，从器物类别、器物造型等各方面也大大改变，如大敞口、外折腹的折腹盆是中原龙山文化的典型器物，此前的海岱文化区很少见到，却成了岳石文化常见的器形；敞口、短流的鬶是中原地区庙底沟文化的典型器物，岳石文化的西部地区也发现这种器物；与中原龙山文化风格比较接近的卷沿绳纹、锥状足的鬲，多发现于鲁西南、鲁北和豫东的岳石文化区；岳石文化区中出现的一些敛口泥质瓮、花边罐也是夏商时期文化东渐的结果[1]。

正是因为夷夏之争和中原文化的东渐，不仅使东夷势力退缩至原来的核心居住区，同时也使岳石文化走向衰落。

---

[1] 田继宝：《试论海岱龙山文化消退的原因》，《史前研究》，2000 年，第 528—534 页。

四　夏王朝势力向淮河流域的拓展与文化交流

先秦两汉典籍多载大禹治水之事,并且号令天下诸侯,《国语·鲁语下》载:

> 吴伐越,堕会稽,获骨焉,节专车。吴子使来好聘,且问之仲尼。……仲尼曰:"丘闻之,昔禹致群神于会稽之山,防风后至,禹杀而戮之,其骨节专车。为此大矣。"①

《孟子·滕文公上》曰:

> 当尧之时,天下犹未平。洪水横流,泛滥于天下,草木畅茂,禽兽繁殖,五谷不登,禽兽逼人,兽蹄鸟迹之道交于中国。尧独忧之,举舜而敷治焉。舜使益掌火,益烈山泽而焚之,禽兽逃匿。禹疏九河,瀹济、漯,而注诸海;决汝、汉,排淮、泗,而注之江。然后中国可得而食也。当是时也,禹八年于外,三过其门而不入,虽欲耕,得乎?②

《吕氏春秋·慎行论》说:

> 禹东至榑木之地,日出、九津、青羌之野,攒树之所,抿天之山,鸟谷、青丘之乡,黑齿之国;南至交阯、孙朴、续樠之国,丹粟、漆树、沸水、漂漂、九阳之山,羽人、裸民之处,不死之乡;西至三危之国,巫山之下,饮露、吸气之民,积金之山,其肱、一臂、三面之乡;北至人正之国,夏海之穷,衡山之上,犬戎之国,夸父之野,禹强多所,积水、积石之山,不有懈堕,忧其黔首,颜色黎黑,

---

① 《国语》,上海书店1987年版,第72页。
② (周)孟子:《孟子》(四书集注本),岳麓书社1987年版,第371—372页。

窍藏不通，步不相过，以求贤人，欲尽地利，至劳也。得陶、化益、真窥、横革、之交五人佐禹，故功绩铭乎金石，著于盘盂。①

《淮南子·原道训》云：

> 昔者夏鲧作三仞之城，诸侯背之，海外有狡心。禹知天下之叛也，乃坏城平池，散财物，焚甲兵，施之以德，海外宾服，四夷纳职，合诸侯于涂山，执玉帛者万国。②

从这些材料来看，当大禹之时洪水肆虐，于是大禹受命开展平治水土的伟大工程，东至大海，西至青藏高原，南达长江甚至到了广东、广西之南部，北至今内蒙古等地。治黄河、长江、淮河、济河等几大河流，并且在涂山召集各地诸侯与方国，与会者达"万国"，并杀了不听号令的防风氏。

然而，从夏王朝历史和今天的考古发现来看，古籍中关于夏禹治水的很多材料是不可相信的。在舜和大禹时期最多还处于联邦时代，以一个中原地区尚不强大的部族首领去号令天下方国和不同的族群，这几乎是不可能的事情。即使可以号令一部分部族或方国，但在当时自然条件、交通情况和生产力局限下，大禹穷一生的经历也不可能到达如此广阔的地区，更不可能去根治黄河、长江和淮河几大主要河流。大禹可能治过水，它所治当为中原地区的水患。后来关于大禹治水的材料是民间传说的附会和儒者、史官树立人间君王典范的杰作。

夏王朝早期的活动中心主要在今郑州至洛阳一带，夏禹、夏启和太康之都城都在这一地区。后羿入居斟寻之后，仲康、相两代居无定所，力量微弱，至少康复国之后，夏王朝方步入正轨，逐渐走向繁荣与强大。少康中兴之后，夏人的势力开始向四周扩张，并开始由淮河上游、中游的主要支流向淮河两岸推进。从二里头文化遗址的分布可以较为真切地看到夏人

---

① （秦）吕不韦：《吕氏春秋》（二十二子本），上海古籍出版社1986年版，第713—714页。
② （西汉）刘安：《淮南子》（二十二子本），上海古籍出版社1986年版，第1206—1207页。

的南进情况。

1. 夏文化向淮河上游的拓展

在淮河重要支流的颍河两岸,是夏人早期重要活动区域,也是后来夏人统治的中心地区,二里头早期文化对这一区域产生重要影响,如登封的程窑遗址有着鲜明的二里头文化因素。但这一地区的夏文化在后来并没有从中原南下到达淮河上游干流地区。夏文化的南移的主要路线在豫东地区。据史料记载,夏王朝的帝杼曾迁至老丘(今开封东北),历帝芬、帝芒、帝泄、帝不降、帝扃,凡六代都于此,前后达221年之久。至帝胤甲才迁至西河[1]。所以,开封地区也是夏王朝中期重要的政治、文化和军事中心,同时也是夏人重要的聚居地,在开封杞县段岗、牛角岗、鹿台岗等都留下有二里头文化遗址。从杞县往南至周口市的太康、淮阳、项城—驻马店市—信阳息县和淮滨一线分布着较多的二里头文化遗址,如太康方城、范丹寺遗址,项城高寺、骨头冢遗址,淮阳的双冢、平粮台遗址,商水王田寺遗址,项城骆驼岭遗址,驻马店市杨庄遗址,息县东岳镇遗址,淮滨县沙冢遗址等。

考古工作者1978年在河南周口地区进行调查,在这里发现二里头文化遗址有16处,采集到的甗、平底盆、深腹罐、豆、三足盆等器物与二里头文化遗址一期所出土同类器相同或极为相似,一些器物如三角形鼎足等也发现于临汝煤山二里头一期遗存[2]。淮滨县沙冢遗址出土的钵形鼎与洛达庙二期文化中同类器物相同[3]。苏秉琦先生考察息县东岳镇出土的"哈密瓜"式的夹砂陶罐以后,认为它与二里头文化很相似[4]。

从考古材料来看,淮河上游的二里头文化是沿着豫东地区南下而传播的,是聚居于开封老丘周边的夏人南下的结果,从遗址大量分布来看,从夏代中期开始,不仅仅是夏人在文化上与淮河流域有所交流,甚至也发生

---

[1] 李玉洁:《夏人"十迁"及夏都老丘考释》,《中州学刊》2013年第2期。
[2] 陈朝云:《夏商周中原文明对淮河流域古代社会文明化进程的影响》,《文史哲》2005年第6期。
[3] 欧谭生、李绍曾:《河南淮滨发现新石器时代墓葬》,《考古》1981年第1期。
[4] 苏秉琦:《七十年代初信阳地区考古勘察回忆录》,《中原文物》1981年第4期。

人员迁徙的现象，表明夏人开始向淮河上游干流两岸经营。

2. 夏文化向淮河中下游的发展

当夏人进入淮河上游之后，又沿淮河向东发展，进入安徽地区，其势力甚至到达了江淮之间地区。在这一带有较多史前文化遗址中有着二里头文化因素，如安徽寿县的斗鸡台、青莲寺遗址，肥东县吴大墩遗址，肥西塘岗遗址，含山县大城敦遗址和潜山县薛家岗遗址等。寿县斗鸡台遗址出土的鸡冠耳盆、花边罐、觚形杯、箍状堆纹鼎、宽肩瓮等，其时代大致相当于二里头早期。[①] 潜山县薛家岗遗址中出土的凹底爵杯、细腰斝、锥足罐形鼎、高柄浅盘豆等与二里头文化遗址中同类器物相同或相似。含山县大城墩遗址中的一些器物如平底罐形鼎等与二里头文化一、二期同类器物相似[②]。

其实，早在夏王朝建立前，夏人与生活在淮河中游地区的东夷族群就有着密切联系，据《史记·夏本纪》载，大禹曾封东夷偃姓始祖皋陶于安徽六安，他的后代在这一地区建立了六国、英国等，同时偃姓的其他后裔之国如群舒、桐国也在邻近的地区。整个夏代，淮河中游地区的土著人与偃姓族人没有与夏人发生冲突，始终和平相处。夏人南进至淮河中游地区之后，也很快与当地土著居民或其他外地移民融合在一起，这在各文化遗址中同一文化层发现多种文化并存的现象可以得到证明。

相传夏桀在被商汤打败之后，南逃至巢地而死，其原因可能有二：一是这一带有一支让夏桀十分相信的夏族势力，夏桀至此是为了投靠自己的族人；二是夏人与淮河中游的偃姓族群一直有着良好的关系，也让穷途末路的夏桀选择来到此地。

夏文化在淮河下游地区也有所反映，在山东和苏北地区的岳石文化遗址中有诸多二里头文化因素，如鸡冠耳盆、舌状足三足罐、觚形杯等具有明显的二里头文化特征的器物，这些器物的存在一方面反映了夏文化对淮

---

① 北京大学考古学系商周组、安徽省文物工作队：《安徽省霍邱、六安、寿县考古调查试掘报告》，《考古学研究》（三），科学出版社1997年版，第240—299页。
② 张敬国：《安徽含山大城墩遗址第四次发掘报告》，《考古》1989年第2期。

河下游的影响，另一方面透露出夏王朝势力可能已到达这一地区[①]。夏文化向淮河下游的传播可能走的两条路线，一是沿淮河中游东进，二是从鲁北经鲁中南推进。从西周时期，姒姓的鄫人曾在鲁南立国来看，夏之族人除在鲁北及鲁中活动之外，其中的一支也很早就南迁至淮河下游地区了。

---

① 陈朝云、周军玲：《夏商周与淮河流域》，《郑州大学学报》2005年第2期。

第十章　商族的起源、发展与商王朝向淮河流域的拓展

商代是中华文明发展的一个重要朝代，也是族群融合和各种文化大交流的重要时期，它是周代华夏民族的形成和中华文化大融合前奏，而淮河流域作为商族的起源地和商代重点经营的地区之一，在商代历史进程中具有举足轻重的地位。

一　关于商族起源的几种观点

商族起源一直是学术界争论不休的问题，也是一个较为复杂的学术问题。随着考古资料的不断出现，这个问题越来越复杂。对商族的起源，学术界主要有以下8种观点：

1. 源于东方说

此说兴起于20世纪前期，以王国维、郭沫若等为代表。王国维在其《说至契至于成汤八迁》一文依据《世本》"契居蕃"的记载，认为契所居之蕃即《汉书·地理志》中所说的鲁国蕃县，地在今山东滕市境内，后来相土也都于东岳之下，距此不远[1]。在《说商》《说亳》中进一步认为《殷本纪》的记"契封于商"，即宋国之商丘。汤都亳，即汉之山阳郡薄县，今山东曹县[2]。说明商人起源与早期的发展都在东方。郭沫若也主此说[3]。

---

[1] 王国维：《王国维全集·观堂集林》，浙江教育出版社、广东教育出版社2009年版，第345页。
[2] 同上书，第346—350页。
[3] 郭沫若：《中国史稿》（第一册），人民出版社1976年版。

栾丰实《试论岳石文化与郑州地区早期商文化的关系——兼论商族起源问题》一文，根据当代考古发现，进一步伸张此说：从考古来看，郑州地区的早期商文化遗址中有很浓厚的岳石文化因素，越早越浓，由此可以证明商族起源于东方的岳石文化区，鲁、豫、皖一带的岳石文化就是先商时期的居民创造的，这一支在夏朝晚期由族人成汤率领，来到郑州地区并且留下了"南关外期"文化遗存，并以此为基地攻克夏王朝①。

景以恩的《先商族源于济南大辛庄考》一文认为，位于山东省济南市历城区的大辛庄遗址体现出早商文化与岳石文化和山东龙山文化共生的现象，这处遗址就是先商族发源地的文化。简狄所生活的幽都即大辛庄。后来契迁于今寿光市以南的呙宋台②。

杨亚长《试论商族的起源与先商文化》一文认为商族发祥地在今鲁西南地区，是以高辛氏族为核心形成的，以鸟为图腾，原本是少昊氏的一个分支。这一支后来逐渐从山东地区向西发展，进入豫东商丘一带③。

此说主要证据有四个：其一，商人是以鸟为图腾的，而传说中的东方少昊族也是一个以鸟为图腾的氏族，所以二者相吻合。其二，神话传说中帝俊为东方部族的祖先，而据后来史书所载，帝俊与喾又往往重叠，甚至可视为同一人。甲骨文中的帝俊又作"夋"字，为商人之祖，由此可证商人起源于东方。其三，先商时期，商人所活动的主要地方如"亳""商丘""番"等都与东方有关。其四，商文化与岳石文化有很大关联，甚至在山东地区也有诸多商文化因素，所以商族源于东方有考古学的支持。

但这些证据同样也被有些学者所否定，如王恩田《山东商代考古与商史诸问题》一文认为，图腾相同并非证明有着共同的族源；古代重名的地方很多，包括"蕃""亳""商丘"等，不能断定这些地方都在山东或鲁、豫、皖交界一带；商文化的典型器物是以灰陶绳纹鬲作为代表的，这在山东龙山文化中找不到它的源头，而只能追溯到河南的龙山文化三里桥类型、陕西龙山文化客省庄类型和龙山文化的陶寺类型。所以商文化起源于

---

① 栾丰实：《试论岳石文化与郑州地区早期商文化的关系——兼论商族起源问题》，《华夏考古》1994年第4期。
② 景以恩：《先商族源于济南大辛庄考》，《管子学刊》2008年第2期。
③ 杨亚长：《试论商族的起源与先商文化》，《北方文物》1988年第2期。

山东的考古学证据不能成立①。

但无论如何，商族与东方的关系还是有很多学术界未能完全否定得了的证据，如商人与帝俊的关系，商人的图腾，商人与岳石文化的关系等，所以商族源于东方之说还是有它存在的合理性的。

2. 源于陕西关中说

商人起源于陕西关中地区，这也是一个老古的观点。《史记·殷本纪》："契长而佐禹治水有功。……封于商。"《集解》曰："郑玄曰：'商国在太华之阳。'皇甫谧曰：'今上洛商是也。'"《正义》引《括地志》云："商州东八十里商洛县，本商邑，古之商国，帝喾之子契所封也。"②张国硕《商族的起源与商文化的形成》一文进一步发挥说："商族最早活动于关中东部地区，昭明时迁至晋南、晋中地区，相土时东迁，逾太行，短期到达泰山附近，最终定居、发展于豫北、冀南地区，并以此为基地南下灭夏，建立商王朝，创造出光辉灿烂的商文化。"③

契之封地在陕西，从汉代以来就有此说，也是关于商族起源最为古老的观点之一。但这一观点在后代并没有获得一定的支持，其原因有二：一是与古籍所载和神话传说相差较远，二是没有考古学的依据。

3. 源于西方两河流域说

王宁的《商民族来源新说》以大胆的假设与推测，认为商民族最早为东亚或中亚的蒙古人种，他们在公元前3000年—前2500年向西南迁徙，经过今天的哈萨克斯坦、土库曼斯坦、伊朗等地进入两河流域，此时的两河流域处于苏美尔·阿卡得文化繁盛期。后来由于苏美尔·阿卡得各城邦之间混战，商人开始回迁，至今蒙古一带，又南下经蒙古或甘肃到达黄河，并沿黄河而东下至山东地区，商人以所掌握的苏美尔·阿卡得先进文化为基础，吸纳了当地的土著文化，创造了灿烂商文化④。

---

① 王恩田：《山东商代考古与商史诸问题》，《中原文物》2001年第4期。
② （西汉）司马迁：《史记》，上海古籍出版社1997年版，第61页。
③ 张国硕：《商族的起源与商文化的形成》，《殷都学刊》1995年第2期。
④ 王宁：《商民族来源新说》，《民族论坛》1997年第4期。

这确实是一个大胆而新奇的观点，却没有证据可作支撑。且文章认为商族迁至山东地区的时间当在公元前 2500 年—前 2100 年。从历史记载来看，阿卡得王朝兴起的时间为公元前 2370 年前后，灭亡于公元前 2230 年。即使商人从公元前 2300 年阿卡得王朝最兴盛时开始东迁，如果先向北再向南而后又再向东而进入山东地区，也并非短时间内可以完成这种长途的举族迁徙的。所以我们对这种观点还需进一步思考。

4. 源于东北说

此说首创于傅斯年，傅斯年先生在《夷夏东西说》中认为商族源于东北①。又在其所撰写的《东北史纲》中更加明确地指出"商之起源，当在今河北东北，暨于济水入海处"，"商之先祖已据东北为大国矣"。② 后来，金景芳先生重申傅说，认为商族源于东北或辽西③。1978 年又在《商文化起源于我国北方说》一文中发挥说：商人的远祖昭明所居之砥石就在辽水发源处，即今昭乌达盟克什克腾旗的白岔山④。叶文宪的《商族起源诸说辨析》认为，仰韶时期商人先祖生活在辽西地区，而这个地区的红山文化和小河沿文化可能就是早商的文化遗存，后来商人南下至渤海西岸一带⑤。

对这种观点，还需进一步在文献上找依据，同时也需要考古学的进一步支持。

5. 源于幽燕说

丁山认为："商人发祥地决在今永定河与滹河之间。"⑥ 为商人的起源划定了一个大致范围。干志耿等人认为：先商即商族起源与初期发展阶段在幽燕地区，自上甲微至汤灭夏以前为先商，此阶段商族已南下，发展于河济之间⑦。曹定云的《北京乃商族发祥之地——兼论北京"燕"称之始》认为：

---

① 傅斯年：《蔡元培先生六十五岁庆祝论文集·夷夏东西说》，商务印书馆 1932 年版。
② 傅斯年：《东北史纲》第一卷，上海古籍出版社 2012 年版，第 24 页。
③ 金景芳：《中国奴隶社会史》，上海人民出版社 1983 年版，第 51—54 页。
④ 金景芳：《商文化起源于我国北方说》，《中华文史论丛》1978 年第 7 期。
⑤ 叶文宪：《商族起源诸说辨析》，《殷都学刊》1993 年第 3 期。
⑥ 丁山：《商周史料考证》，龙门联合书局 1960 年版，第 14—21 页。
⑦ 干志耿、李殿福、陈连开：《商先起源于幽燕说的再考察》，《民族研究》1987 年第 1 期。

商族为玄鸟氏族，早期居于古燕山，所以契当降生在古燕山南麓之平原上，具体地点在今日的北京，所以北京是商族的发祥地[①]。黄中业的《从考古发现看商文化起源于我国北方》运用考古成果，证明商人源于北方，他说：契和昭明都居住在今西辽河上游一带，后来相土东迁至渤海沿岸，活动于京、津、唐地区。文章认为分布于燕山南北的夏家店下层文化是先商文化，而夏家店下层文化"有一个自北而南的趋势"，与商人南迁的方向是一致的，当商人南迁时也带来了自己本土文化（夏家店下层文化）[②]。

这种观点既有合理的推测也有考古学的证据，然而这里需要注意的是，夏家店下层文化到底是不是先商族所创造的原始文化？夏家店文化与晋南、冀南、豫中地区的先商文化又有哪些渊源关系？这都是没有解决的问题，如果不能解决这些问题，考古学上的证据也就成了臆测。

6. 源于冀中南说

随着考古的发现，在冀中地区出现越来越多的先商文化因素，于是商族的起源与冀中南的关系也就成了学术界关注的对象。

王震中先生的《先商的文化与年代》一文通过考察河北磁县时营村的下七垣文化，认为：河北邯郸涧沟村的涧沟型龙山中晚期的文化遗存为商契和昭明时期的先商文化，下七垣文化是商先祖冥以后的先商文化，二里头文化第二期以后为冥以来的文化遗存[③]。又在《商族起源与先商社会变迁》中说："契居蕃"中的"蕃"即"蕃吾"，地在今天的河北磁县，与磁县相邻的漳水史前时期可能就称为"商水"。所以商族的发祥地就在漳水流域至磁县一带[④]。

从历史文献记载来看，先商时期，商族确实在冀中南一带生活过，并留下先商时期的文化因素。但至于是否即为商族的起源地则需要进一步考察。

[①] 曹定云：《北京乃商族发祥之地——兼论北京"燕"称之始》，《北京社会科学》1998年第1期。
[②] 黄中业：《从考古发现看商文化起源于我国北方》，《北方文物》1990年第1期。
[③] 王震中：《先商的文化与年代》，《中原文物》2005年第1期。
[④] 王震中：《商族起源与先商社会变迁》，中国社会科学出版社2010年版，第8—12页。

7. 源于晋中南说

邹衡先生较早提出这种观点，他说："商文化是来自黄河西边的冀州之域，是沿着太行山东麓逐步南下的。"① 又说先商文化应该来自山西。

随后，陈昌远的《商族起源地望发微——兼论山西垣曲商城发现的意义》一文进一步发挥此说，从图腾信仰、殷之始祖契、契之母简狄以及"契居蕃"和"汤居亳"四方面进行论证，得出"商族起源地应在晋南"的观点。其主要证据为：其一，居住在山西原居民是以鸟为图腾的，与商民族的信仰相同；其二，"商"字的甲骨文下部分字形似穴居形，而穴居只能是在古代黄河流域黄土高原地带才有可能，商人穴居说明商族起源于晋南的黄河流域黄土高原地带；其三，商人始祖为帝喾，帝喾即为帝俊，也就是舜，所以舜即商人始祖，而舜和其他氏族部落传说其活动中心都在晋南；其四，契母为有娀氏，有娀氏部落在今辉县西北，贴近商族活动地；其五，"契居蕃"就是"契居蒲""契居薄"，其地应在今天的晋南一带，"汤始居亳"在今山西垣曲县古城镇；其六，相传，契子昭明居砥石，砥石在今河北省石家庄以南邢台以北一带；其七，"商汤灭夏"当在晋南②。

魏继印的《从先商文化的主要来源看商族起源地》一文从考古学角度证明先商起源于晋中南一带：先商文化的陶器以细绳纹的泥质灰陶和夹砂灰陶为主，器型多小平底器、三足器，器类有细绳纹鬲、甗、卵形瓮、平口瓮、橄榄状罐、细泥鼓腹陶盆等。先商文化中的很多典型器物都能在晋中地区找到渊源，甚至占卜用的卜骨在晋中地区也都可找到其祖型。由此可见，"先商文化中主要的文化因素当来源于晋中地区的龙山文化"③。

从传说和史料记载来看，尧的活动中心在山西中南部，而舜又是代尧而起的，所以舜应当与尧的活动地有一定联系，这正是此家观点的最早出发点，加上传说和地下考古发现，从而进一步印证了这一推测。但这种观点也有待商榷的地方，如穴居是早期先民们普遍的生活方式，他们可以生

---

① 邹衡：《关于探讨夏文化的几个问题》，《文物》1979年第3期。
② 陈昌远：《商族起源地望发微——兼论山西垣曲商城发现的意义》，《历史研究》1987年第1期。
③ 魏继印：《从先商文化的主要来源看商族起源地》，《中原文物》2009年第6期。

活在地穴中，也可以生活在山洞中，都可以称为穴居，凡是有山的地方都具有穴居的条件，并非限定在黄土高原地区；"蕃""蒲""薄"之名义的解释有待进一步论证；一个部族曾经的生活区域不一定都是其发源地。

8. 源于江浙说

这种观点最早为卫聚贤在20世纪30年代所提出，他在《殷人自江浙迁徙于河南》一文中认为：殷人是生活在江浙一带的土著民族，后来沿海北上进入山东、安徽，再北上进入河南等地[①]。但由于这种说法过于大胆，学术界响应者不多；后来，张光直重提这种观点，同时认为东南沿海的良渚文化与商文化有着密切的联系[②]。

尽管卫聚贤先生在历史研究界是一个爱发奇论者，这种观点也超出了很多学者关于历史的思维定式，但却有它合理的因素。

综上所述，这些观点之中，东方说、冀中南说、晋中南说和江浙说都有自己的证据，也都存在着合理的因素，它为我们探讨商族的起源开阔了视野，提供了更多的文献与考古学的证据。

二　商族的起源与发展探考

一个部族的起源与发展不仅是一个漫长的历史过程，同时也是一个十分复杂的现象。我们的远古先祖不会受到像今天这样比较严格的地域局限，更不会有"国界"之分。他们从早期的以采集、渔猎为主要生活方式，有些后来过渡到以农业为主体的生活，在漫长的进化、发展过程中，受到气候、环境和社会等因素影响，会大规模和长途的迁徙，当他们进入新的地域之后，他们可能会征服当地的土著居民，成为迁徙地的主人；也可能被当地土著所同化，成为迁徙地的居民的有机组成部分；他们还可能与当地土著和平相处，传播自己的部族的原始文化，同时吸纳当地土著文化，从而创造出属于自己的崭新文化。在迁徙、发展过程当中，这些部族

[①] 卫聚贤：《殷人自江浙迁徙于河南》，《江苏研究》第三卷，1937年第5、6期。
[②] 张光直：《中国商文化国际学术讨论会论文集·商名试释》，中国大百科全书出版社1998年版。

一路留下自己的足迹和独特的文化因素，甚至将自己原居住地的地名带到新的居住地。而商人的迁徙与发展同样也不例外。

1. 商族最早源于江浙的良渚文化区

早在新石器时代，江浙地区的先民们创造了先进的河姆渡文化和崧泽—良渚文化。尤其是良渚文化，在我国文明发展的进程中占有重要的地位。1986年在余杭反山墓地中出土一件良渚文化玉琮，玉琮上有人、兽、鸟合体的神像，神人的脸部为倒梯形，宽鼻、阔嘴，头戴高耸而宽大的冠，冠上以单线和双线勾画出放射性的羽毛状，脚为三爪的鸟足。神人的腹部绘有兽面，宽鼻、阔嘴、獠牙。同时玉琮上还有一对神鸟。这种图像在良渚文化的很多玉琮和其他的玉器上都存在，只不过繁简不同而已。研究者公认此图案当为良渚部族"神徽"①。这种图像与古代神话中的远古东方大神帝俊的传说十分契合。据《山海经》载，帝俊部族是一个崇拜鸟的部族，而且帝俊的后裔之国大都有一个共同的标志"使四鸟"：虎、豹、熊、罴。以前，当我们读《山海经》时，明明说是鸟，为何后面显示的却是兽？神话研究者们多以古代鸟兽不分来解释之。当良渚文化玉琮及其他玉器上的图腾像发现以后，我们认为，良渚文化的人、兽、鸟合体图像原是整个部族的共同图腾，而不同的氏族又是以虎、豹、熊、罴等兽作为自己的区分标志的。他们共同的祖先神或者最早的部族首领就是传说中的帝俊。

当良渚文化兴盛时期，良渚人的一支北渡长江而进入淮河流域，并且深入到了淮鲁南、苏北的大汶口—龙山文化区，并与这里的居民共同生活，并且最终融入大汶口—龙山文化族群之中，从而成为后来东夷族群的一个有机组成部分，而其所带来的人、兽、鸟合体的图腾文化也与大汶口—龙山文化的太阳崇拜相结合，衍生出十日神话，也出现了后来东夷族群的太阳和鸟相结合的图腾崇拜。

从考古发现来看，苏北、鲁南是南方文化崧泽—良渚文化与北方大汶口—龙山文化的交会区，而位于山东、江苏交界处的江苏新沂市的花厅遗址最有代表性。花厅墓南区墓葬人的头向一般朝东偏南，陶器主要有高把

---

① 王明达：《浙江余杭反山良渚墓地发掘简报》，《文物》1988年第1期。

瓠形杯、罐式鼎、空足鬶、大镂孔座豆和球腹罐等，主体为大汶口文化。北区为良渚与大汶口文化混合区，出土器物如灰陶宽錾杯、瓦足鼎、圈足豆、高颈罐等都具有良渚文化特征；玉琮上有简化的神人兽面纹，具有典型的良渚文化玉器特征；出土的有段石锛为长江下游代表性的生产工具，也是良渚文化所常见器物；而同时出土的背壶、深腹罐、折腹鼎、管状流盉等却是大汶口文化中晚期典型器物。花厅遗址的文化特征表明，当南方的良渚文化区的居民北迁至大汶口文化区之后，虽然也带来了自己的文化，并且在较长的时期还延续着这种文化因素，但很快地融入了大汶口文化之中，而且改变了自己最为标志性的宗教习俗如丧葬礼俗，因为良渚文化的葬俗一般为头南足北，而在花厅遗址的良渚人则采用了头部向东的风俗，与大汶口文化葬俗基本一致。

我们不能断定居于花厅遗址中的一支是否为后来的商族先祖，但至少可以证明，良渚文化中的一支或多支曾北迁至淮河流域甚至北进至山东地区，并融入大汶口—龙山文化区之中。

但是，尽管良渚居民中的一支融入了大汶口—龙山文化，并且一直生活在这一地区，然而，并没有忘记他们的祖先帝俊，在后来漫长的历史时期，帝俊一直是他们心目中的远祖，对鸟与太阳的原始崇拜也一直是商人的宗教文化。由于后来史官文化的改造，神性十足的帝俊由具有人间帝王身份的帝喾所取代，两人在传说与典籍记载中出现重叠。在商人的卜辞中发现有"夋"字，王国维《殷卜辞中所见先公先王考》中认为"夋"即帝喾之名，并在《殷卜辞中所见先公先王续考》中重申这一观点。如卜辞："癸巳，贞，于高祖夋。"由此可见商人视夋为高祖，也是夋即为帝喾的确证[①]。

所以从这个意义上来说，卫聚贤、张光直等先生认为商族源于江浙，并且与良渚文化有密切关系，是十分正确的。

2. 山东地区是商族早期重要的活动地

《诗经·商颂·玄鸟》篇曰："天命玄鸟，降而生商。宅殷土芒芒。"[②]

[①] 王国维：《王国维全集·观堂集林·殷卜辞中所见先公先王续考》，浙江教育出版社、广东教育出版社2009年版，第288页。

[②] 陈子展：《诗经直解》，复旦大学出版社1985年版，第1192页。

《诗经·商颂·长发》也说:"濬哲维商,长发其祥。洪水芒芒,禹敷下土方。外大国是疆,幅陨既长。有娀方将,帝立子生商。玄王桓拨,受小国是达,受大国是达。"① 在商人的传说中,契是帝喾之子,喾之元妃有娀氏简狄吞玄鸟蛋而生,所以契又称为"玄王"。诗中的玄鸟,一般解释为燕子,然而,我们常常忽视商人的族源。因为商人为帝俊之后,而三足乌与太阳又是这一支重要的图腾崇拜物,事实上"玄鸟"正是黑色的"三足乌"的另一种称呼。在我国的神话传说中,后羿射日神话是十分经典的,《山海经·海内经》说:"帝俊赐羿彤弓素矰以扶下国,羿是始去恤下地之百艰。"② 后羿便射死其九而只留其一。屈原《天问》说:"羿焉彃日,乌焉解羽。"③ 正是对这一神话的诗性描述,因为太阳中有三足乌,太阳与乌是一种共生的关系,太阳死亡,乌也就不再存在。神话传说中的十日本是帝俊的儿子,但为何帝俊却又让后羿杀死他们呢?这也是我们百思不得其解的地方。实际上,后羿射日神话是商人所创造的,是早期居住于山东地区的商人对他们征服共同崇拜太阳、三足乌等氏族的一种神话记载。经过传说的变异、史官的有意改造与文化的接受,生下契的"玄鸟"——三足乌也就变成了燕子。

说明在契的时候,居于苏北、鲁南的商人逐渐强大,并且征服了原居住于东夷地区的众多氏族,从而成为一个强势的集团,并拥有了以蕃地为中心的独立区域。《世本辑补》云:"契成蕃。"④ 王国维《说至契至于成汤八迁》一文考证说:"《世本》云'契成蕃',即《汉书·地理志》中鲁国的蕃县,后来相土也都于东岳之下。"⑤ 鲁之番县在今山东滕州市,位于鲁南,正在早期商族从南方向北方的迁徙时居住地附近,只不过稍向北方有所发展。

有些学者认为商族源于东方找不到考古学上的证据:早商文化的典型

---

① 陈子展:《诗经直解》,复旦大学出版社1985年版,第1198页。
② (清)毕沅:《山海经新校正》(二十二子本),上海古籍出版社1987年版,第1387页。
③ (南宋)洪兴祖:《楚辞补注·天问》,中华书局1986年版,第96页。
④ (清)张澍稡:《世本辑补》,商务印书馆1957年版,第32页。
⑤ 王国维:《王国维全集·观堂集林·说至契至于成汤八迁》,浙江教育出版社、广东教育出版社2009年版,第345页。

器物如灰陶绳纹鬲等不见于鲁南一带，更在这一地区找不到它的文化渊源①。如果把"早商文化"只限定在从契以后至商汤这一段历史时期，这些考虑可能是正确的，但商族的起源与发展是一个漫长的历史过程，从契到商汤只不过是五六百年而已，而契之前的文化又是一个什么状况呢？我们应该了解，契之前的文化经历了从良渚文化到由大汶口—山东龙山文化的融合与变异的过程，又在契之后的迁徙中融入了中原龙山文化和山西、河北的新石器晚期的文化的特色，最后形成了所谓的从契至商汤时期的早商文化。

3. 契由山东南部迁至豫西地区

商族在契的时期有一个举族从东方向西迁徙的大事件，这个大事件不仅改变了商人发展的历史轨迹，也因而改变了中国历史的走向，因为商人的西迁使他们有机会成为夷夏争夺的主角，也从而成为商族后人逐鹿中原的契机。

《史记·殷本纪》载："契长而佐禹治水有功。帝舜乃命契曰：'百姓不亲，五品不训，汝为司徒而敬敷五教，五教在宽。'封于商，赐姓子氏。契兴于唐、虞、大禹之际，功业著于百姓，百姓以平。"② 对于契所封之商地，一直存在不同的说法，南朝宋人裴骃的《史记集解》曰："郑玄语曰：'商国在太华之阳。'皇甫谧曰：'今上洛商是也。'"唐人张守节《史记正义》云："商州东八十里商洛县，本商邑，古之商国，帝喾之子契所封也。"③ 按汉人郑玄、晋人皇甫谧、唐人张守节等人的说法，商地都在今天的陕西境内，这也是后来商族起源于西方论者的主要证据支撑。然而，此说出现较晚，先秦时代的文献资料并不支持这种说法。据王国维《说商》考证："《殷本纪》'契封于商'，即宋国之商丘。"④

《左传·襄公九年》载：宋国有火灾，在火灾之前，宋人已预知有灾，

---

① 王恩田：《山东商代考古与商史诸问题》，《中原文物》2001年第4期。
② （西汉）司马迁：《史记》，上海古籍出版社1997年版，第61页。
③ 同上。
④ 王国维：《王国维全集·观堂集林·说商》，浙江教育出版社、广东教育出版社2009年版，第346页。

故提前做好了防火的准备,晋侯感到十分奇怪,就问士弱,为什么宋人会知道天道,士弱回答说:"陶唐氏之火正阏伯居商丘,祀大火,而火记时焉。相土因之,故商主大火。商人阅其祸败之衅,必始于火。"杜预注云:"阏伯高辛氏之子。"①《左传·昭公元年》又载:"昔高辛氏有二子,伯曰阏伯,季曰实沉,居于旷林,不相能也。日寻干戈,以相征讨。后帝不臧,迁阏伯于商丘,主辰。商人是因,故辰为商星。迁实沉于大夏,主参。唐人是因,以服事夏、商。"杜预注曰:"商丘,宋地。主祀辰星。"②郭沫若说:"阏伯为商人之先人,而商之先人为契,则契与阏伯是一非二。"③童书业在他的《历史地理论集》中说:"阏伯即契,为商人之祖先。实沉即鲧,亦即共工氏,为夏人之祖先;而唐即夏本族之称。商丘在今河南省商丘县,大夏在今山西省安邑县一带。"④陈梦家《殷墟卜辞综述》也说:"商,濮阳的商丘或睢阳的商丘。……(相土所都),《左传》襄九年《正义》引杜预'《释例》云宋、商、商丘一地,梁国睢阳也。'今河南商丘境。"⑤以此可见,传说中居于河南商丘的阏伯实即商之祖先契,商丘是契从东方迁到中原的最早居住之地,也可以说是商族真正的发祥地。

4. 契至汤之间商族的迁徙

《史记·殷本纪》云:"成汤自契至汤八迁。汤始居亳,从先王居。"⑥按照《史记》所记的世系,契之后有昭明、相土、昌若、曹圉、冥、振、微、报丁、报乙、报丙、主壬、主癸、天乙(汤),自契至汤共14世。

《今本竹书纪年》载,夏帝芒三十三年商侯(振,亦称王亥)迁于殷(今河北南部)。孔甲九年殷侯(当为报丁)又回迁至商丘。夏桀十五年商汤迁于亳⑦。《世本辑补》载:"契居蕃,昭明居砥石,昭明复迁

---

① (晋)杜预:《春秋经传集解》,上海古籍出版社1988年版,第850页。
② 同上书,第1198页。
③ 郭沫若:《郭沫若全集·考古篇卷一·释支干》,科学出版社1982年版,第277页。
④ 童书业:《历史地理论集》,中华书局2004年版,第381页。
⑤ 陈梦家:《殷墟卜辞综述》,中华书局1988年版,第250—252页。
⑥ (西汉)司马迁:《史记》,上海古籍出版社1997年版,第62页。
⑦ (清)徐文靖:《竹书纪年统笺》(二十二子本),上海古籍出版社1986年版,第1057—1061页。

商，……相土徙商丘。"①《荀子·成相》曰："契玄王，生昭明，居于砥石迁于商，十有四世乃有天乙是成汤。"②

可见从契到成汤时期，商族所迁之地大致不出豫东、豫北和冀南一带。到成汤时，又回迁到豫东一带。对于汤最初所都之亳，学术界也有不同的看法：

其一，为汉晋时的榖熟，地在今商丘市虞城县西南部，史称南亳。《史记集解》引皇甫谧语曰："梁国榖熟为南亳，即汤都也。"《史记正义》引《括地志》云："宋州榖熟县西南三十五里南亳故城，即南亳，汤都也。宋州北五十里大蒙城为景亳，汤所盟地，因景山为名。"陈梦家也说："卜辞之亳在商丘南，即谷熟之南亳。"③

其二，为汉代山阳郡的薄县。即今山东曹县，史称北亳。王国维《说亳》云："汉之山阳郡薄县，即古籍中所说的北亳，为汤之所都。"④

其三，为河南偃师，史称西亳。《史记正义》引《括地志》云："亳邑故城在洛州偃师县西十四里，本帝喾之墟，商汤之都也。"⑤

从这三种观点来看，南亳、北亳说最为近之，而商汤在灭夏之前不可能都于西亳，因为这一带正是夏代亡国之君夏桀的都城。

商汤正是在豫东一带，积蓄力量，最终打败了夏桀而建立了商王朝。

三　商王朝对淮河流域的统治与文化传播

商王朝时期，其疆域已远远超出夏王朝，随着商人势力的不断壮大，淮河流域也成了商人重点经营的地区之一。商王朝采用武力征伐与怀柔安抚相结合的方式，行政管理与文化渗透并重，试图将其纳入自己的版图，同时对淮河流域的土著文化进行大改造、大洗礼。商人已将淮河流域视为自己的南国，除了战争之外，商王也经常会以巡视、田猎等名义出现在淮

---

① （清）张澍粹：《世本辑补》，商务印书馆1957年版，第32—33页。
② （周）荀子：《荀子·成相》（二十二子本），上海古籍出版社1986年版，第350页。
③ 陈梦家：《殷墟卜辞综述》，中华书局1988年版，第250页。
④ 王国维：《王国维全集·观堂集林·说亳》，浙江教育出版社、广东教育出版社2009年版，第248页。
⑤ （西汉）司马迁：《史记》，上海古籍出版社1997年版，第62页。

河地区，这些信息经常出现在甲骨卜辞中，如："戊戌卜，贞：王田于淮，往来亡灾。戊申卜，贞：王田于淮，往来亡灾。"① 商人对淮河流域的统治与文化渗透，不仅改变了淮河流域的文化形态，同时也改变了淮河流域的政治格局。

1. 商人对淮河上游的统治

当商人稳定了中原局势之后，大规模地经略东夷地区之时，其力量也沿中原腹地南下深入至淮河上游地区，由于这里既没有较为庞大的古老部族集团，也没有强势的军事存在，所以使得商人能够较为轻易地拥有该地区，并在这里建立军事基地，将上游一带完全纳入了自己的统治范围。

在多年的考古发现中，从商王朝的统治中心至淮河上游干流的广大地区内商代文化遗址发现的比其他地区少，有待于今后的考古发现来弥补这些资料。但从目前发现不多的遗址来看，商人的势力已到达淮河两岸，并在这里建立了稳定的政权。

（1）正阳闰楼商代墓地

闰楼商代墓地位于河南省驻马店市正阳县傅寨乡傅寨村，距驻马店市区约40千米。2008—2009年河南省文物研究所和驻马店市文物考古管理所联合对其进行了发掘，共发现商代晚期墓葬160多座。这些墓葬都属于中型和小型墓葬，多设有腰坑，以狗为殉，一般为2—6条。墓主头部置一簋、鬲等陶器，随葬物还有鼎、觚、爵、戈等。在出土的青铜器上中，有3件发现"亚禽"的铭文。墓葬的年代相当于殷墟二期至四期。同时在墓葬群的四周发现了一些商代聚落遗址，简报推断这些墓地当为家族墓或氏族墓，而周围的聚落遗址则同一批人所留下来的。出土的陶鬲和假腹陶豆是商文化的典型器物，一些青铜礼器和青铜兵器也与殷墟同期的风格完全相同②。尽管这里还没有发现大型的墓葬，但也可以证明这里曾是商王朝一个较大家氏族的聚居区，而且持续生活了较长的一段时间。

---

① 王宇信、杨升南、聂玉海：《甲骨文精粹释译》，云南人民出版社2004年版，第590页。
② 刘文阁等：《2009中国重要考古发现·河南正阳闰楼商代墓地》，文物出版社2010年版，第44—48页。

（2）罗山县莽张息国墓地

罗山县莽张乡后李村的息国墓地，在距正阳闰楼不远处的淮河南岸，1979年发现，属于商代晚期，在这里共发掘墓葬22座，共出土青铜器达219件之多，同时还有大量的玉器、陶器、漆木器和丝织品，其中有铭铜器就有40件，主要有鼎、爵、觯、觚、斝、甗、罍、尊和戈、削、镞、矛、锥、铃等，带有"息"字铭文的26件，息父辛鼎、鸮鸮提梁卣、圆圈云雷纹尊等都为商代同期青铜器的精品。这些青铜器的形制、器形和纹饰与安阳殷墟妇好墓和商代晚期的青铜器大致相同或相似。由于这些墓葬保存得十分完好，而且出土了大量珍贵的青铜器，因而被考古界称为"小殷墟"[1]。

罗山晚商墓葬的发现，证明这一带曾经生活着息姓贵族，它在淮河南岸建立了一个以息为名的方国，而且有着较高的社会地位和经济实力。息国之名称见于商代甲骨文：

戊申帚息示二屯，永。[2]
乙亥卜，息白弘，十一月。[3]

王长丰先生认为："《合集》2354臼辞为武丁时期卜辞……'帚'即妇，'妇某'为商王请妇之专称，认为是武丁后妃之一；'息'，方国族氏名。'息'国某妇适于商王为妇，这也说明，息在商王武丁时期，曾为商王朝的姻邦。《合集》20086辞之'息白'，'息'，侯国名，伯爵。由此可见，商代'息'为侯国名。"[4]

息国墓地及相关铜器的发现，足以证明至迟在商代晚期，商王朝已控制了大别山北部的淮河上游一带地区，息族人正是商王朝镇守这一地区的强大氏族，而且与商王朝保持着密切的关系，甚至包括婚姻关系。

---

[1] 信阳地方史志编纂委员会：《信阳地区志》，生活·读书·新知三联书店1992年版，第791页。
[2] 郭沫若、胡厚宣：《甲骨文合集》，中华书局1978—1982年版，第2354页。
[3] 同上书，第20086页。
[4] 王长丰：《"息"方国族氏考》，《中原文物》2007年第2期。

在淮河上游两岸虽然只发现莽张和闰楼这两处典型的晚商文化遗址，但其中所提供的考古材料足以证明商人对这一地区的行政管辖与有效统治，并且自上而下地将包括礼制在内的商文化传播到这一地区。

2. 商人向淮河中游的迁徙与发展

由于夏代以来，淮河中游的江淮一带一直是东夷支系皋陶后裔偃姓的生息之地，夏王朝与这些土著夷人和平相处，既没有大的征伐行动，也没有强制性的人员输入与文化统治，所以夏王朝对这一带的影响并不是太大。但商王朝建立之后，日益强大的偃姓部族与一些其他土著氏族不听商王朝号令，为了加强对这一地区的控制，商人经常对这一带采取军事行动。与淮河上游相比，商人在淮河中游的活动似乎比在上游的活动要早得多，文化传播的时间也更早，力度也更大。但整个商代，对淮河中游的江淮之间没有形成有效的行政管辖，在文化上也没有能够根本改变其土著文化。

当商人之祖契西迁至中原之后，主要活动在豫西一带，所以早商时期的商族人便沿着淮河北部的主要支流由皖西和皖北向南方发展，商朝建立之后，商人的向南方拓展的力度更加强大，甚至深入淮河南岸的江淮地区。所以在淮河中游地区留下了大量的早商和商朝各个时期的文化遗址。

在商代早期，商文化由北向南发展至六安—合肥一线，然后又向南发展，到达巢湖和安庆地区，直抵江北。在阜阳市阜南县出土有商代青铜器，在六安市的霍邱洪墩寺和绣鞋墩发现商代文化遗存，在寿县等地也有大量的商代早期的文化遗存，它既与中原的商文化有着密切的联系，同时也有地方特征，是南下的商文化在融合了六安地区地域文化之后所形成的一种具有地方特色的商文化[①]。在江淮之间有含山孙家岗和大城墩、潜山薛家岗等商文化的遗址，其中含山大城墩遗址最具代表性。大城墩遗址位于含山县城西北约15千米，这个遗址的文化可分为五期，其中第四期文化的陶器以夹砂灰陶为主，还有部分黑陶与红陶；纹饰以细绳纹为主；器形主要有鬲、罐、豆、大口尊等。该期文化中一些陶器与郑州二里冈上

[①] 北京大学考古学系商周组、安徽省文物工作队：《安徽省霍邱、六安、寿县考古调查试掘报告》，《考古学研究》（三），科学出版社1997年版，第240—299页；曹斌：《从商文化看商王朝的南土》，《中原文物》2011年第4期。

层、殷墟一期文化相似①。

而中商时期,商文化对淮河中游的影响反而有所退缩,在皖西地区发现有霍邱绣鞋墩、寿县斗鸡台、六安众德寺等中商文化遗存,而巢湖地区中商文化的典型器物较少发现,地方特色增加。由此可以表明,在商代中期和晚期,江淮地区的土著居民与商王朝的矛盾加剧,甚至到了不听王朝号令、独立发展的地步,这也是商人在中晚期反复征伐这一带的原因。从甲骨文记载来看,商时这一带有很多强大的方国,如林方、凤方等,他们也是商王朝多次征讨的对象。

卜辞中记载商人征林方一事:"庚寅卜,在灑次贞:土舀林方无盾?"②陈梦家《殷墟卜辞综述》考证说:"此在淮水之南,当是淮夷之邦。《水经》'淮水又东经钟离县北'注曰:'《世本》曰钟离嬴姓也。'《路史·国名记乙》'今濠之治东六里,钟离故城也。'今安徽凤阳县,林方当在此一带。"③郭沫若考证说:"灑当即春秋时楚之灑邑,今安徽霍山县东北三十里有灑城,即其地。"④

卜辞还记载商人在征人方时,中途驻足于淮河流域的凤方之事:"癸亥,王卜贞:旬无祸,在十月又一,土征人方,在凤。"⑤据丁山先生《甲骨文所见氏族及其制度》考证,凤方在今安徽省六安市霍邱的南部。⑥考古发现也印证了这一现象,《安徽江淮地区商周青铜器》说:

> 殷墟时期的青铜器在本区更为普遍发现,主要是一批酒器,包括爵、斝、觚、尊等,不少器物铸有铭文,包括族徽或祭辞,出土地点集中在江淮的中西部。如肥西馆驿糖坊出土的爵、斝,为腰腹分段式,器型高大,尤其是口沿产柱高耸,在目前同时期器物中较为少

---

① 安徽省文物考古研究所、含山县文物管理所:《安徽含山大城墩遗址第四次发掘报告》,《考古》1989年第2期。
② 郭沫若、胡厚宣:《甲骨文合集》,中华书局1978—1982年版,第3696页。
③ 陈梦家:《殷墟卜辞综述》,中华书局1988年版,第307页。
④ 郭沫若:《卜辞通纂》,科学出版社1983年版,第464页。
⑤ 中国社会科学院历史研究所、伦敦大学亚非学院编辑:《英国所藏甲骨集》,中华书局1985年版,第2524页。
⑥ 丁山:《甲骨文所见氏族及其制度》,中华书局1988年版,第149页。

见。尊可分为折肩大口尊和筒形尊两类，六安出土的大口尊形颇大，肩处有三处高浮雕牛首，和立鸟装饰，肩、腹、圈足部位饰凸出的夔纹和兽面纹，器内壁也随器表纹走向作内凹处理。筒形尊在潜山、金寨等地均有发现，器复圆鼓，以兽面纹为主装饰，间饰大鸟纹。铙在整个安徽中、南部地区屡有出土。1973年出土的庐江兽面纹大铙，通高50厘米，是典型的南方大铙，而寿县的小型兽面纹铙，却与殷墟发现的小铙造型一致。[1]

与淮河上游相比，在商王朝早期甚至更早一些时间商人就在中游活动，甚至有大规模的迁徙迹象，人员往来、文化交流也比较频繁。但到了商代中晚期，由于王朝内部矛盾加剧，商人与淮河中游尤其是江淮之间的各氏族、方国的关系恶化，商人的势力向北撤退，文化传播也随之萎缩。

3. 商人对淮河下游的征服与文化渗透

在商王朝前期与中期之间和商王朝后期，有两次对东夷地区的大规模军事行动，伴随着军事征伐也同时进行文化侵袭，而商人对淮河下游的征服与文化渗透也是与此同步的。

由于商族人本是东夷族群的一个分支，在先商和商代早期，商人与东夷关系密切，文化交流十分频繁。至早期偏晚之后，随着商王朝内部逐渐安定、国力慢慢强大及其对北方和西方疆界的扩张结束，便开始考虑向东方拓展。这种拓展是以军事行动作为先导的，始于仲丁时期，《后汉书·东夷列传》载："至于仲丁，蓝夷作寇。"[2]《今本竹书纪年》载："仲丁……六年征蓝夷。……外壬元年，邳人、侁人叛。……河亶甲元年庚申王即位自嚣迁于相。……三年，彭伯克邳，四年征蓝夷。……祖乙元年命彭伯韦伯。"[3] 由此来看，商人对东夷的第一次旷日持久的军事行动是在商代中期的前段，经过仲丁、外壬、河亶甲和祖乙四代商王的连续征讨，最终使以蓝夷为首的东夷族群屈服。在进行军事打击的同时，商王朝也将其

---

[1] 陆勤毅、宫希成主编：《安徽江淮地区商周青铜器》，文物出版社2014年版，第3页。
[2]（南朝）范晔：《后汉书·东夷列传》，中华书局2001年版，第2808页。
[3]（清）徐文靖：《竹书纪年统笺》（二十二子本），上海古籍出版社1986年版，第1064页。

文化输入至东夷地区，并试图使东夷的上层社会接受王朝的礼乐制度。从考古资料来看，今天的淮河下游地区分布着较多的商代前期偏晚的文化，相当于二里冈上层期，并且一直进至海岱区的腹地。如泗水尹家城和天齐庙、邹县西朝阳村、滕州前掌大和北辛、江苏铜山丘湾等处都有这一时期的文化遗存，高裆鬲、假腹豆、敛口罨、大口尊等日用陶器与二里冈上层和稍后的文化遗存基本相同，青铜礼器也具有同期商文化的特征。由此可见，商王朝中期前段对东夷地区的军事行动并不仅限于武力镇压，也不仅是殖民，而是通过军事打击企图将这一区域纳入商王朝的版图，并通过推行礼制，行使有效的行动统治。丁山先生考证蓝夷的地望，认为蓝夷就是春秋时期的滥邑，在今天的滕州市东南[①]。而邳人也在这一地区。当周王朝征服蓝夷、邳人之后，进一步加强这一地区的统治，所以淮河下游的鲁南、苏北地区就成了商王朝在东夷地区的一个政治、文化中心，这也是这一带分布了更多的商文遗址的原因。

商王朝对东夷与淮河下游地区第二次大规模的武力征伐和文化侵袭是在考古学上的殷墟文化期。《竹书纪年统笺》载，武丁四十三年，"王师灭大彭。"[②]《左传·昭公十一年》载："纣克东夷而陨其身。"[③] 大彭国虽在东夷地区，却一直是商王朝的同盟，并且在商朝前期初册命为侯国，为商王朝镇守淮河下游和东夷地区。而到商朝后期，大彭国却与商王朝兵戈相向，成了敌对的双方，最终为武丁所灭，可见在商王朝后期，整个东夷地区与商王朝关系十分紧张。为了征服东夷族群，商王朝后期在对这一地区大力用兵的同时，也进行了第二次大规模的文化输入。这一时期，商王朝势力向东已经达到胶莱平原，向南推进到江苏淮北地区并直达黄海之滨。并在上层社会大力推行商王朝的礼制，以商文化浸润、改变东夷的礼俗。

从目前的考古发现来看，这一时期本区域最重要的商文化遗址是前掌大遗址，前掌大位于滕州市南25千米的官桥镇，其西部500米处是薛国故城遗址。在前掌大遗址方圆5千米范围内十分密集地分布着20多处商代遗址，如轩辕庄、大韩村、井亭、大康留、后黄庄、西康留、吕楼等，

[①] 丁山：《商周史料考证》，中华书局1988年版。
[②] （清）徐文靖：《竹书纪年统笺》（二十二子本），上海古籍出版社1986年版，第1066页。
[③] （晋）杜预：《春秋经传集解》，上海古籍出版社1988年版，第1337页。

出土了大量的商代二里岗上层至殷墟四期的青铜器。前掌大出土的很多青铜礼器具有典型的商文化特征：鼎、甗、簋、尊等青铜礼器从造型到制作方法与殷墟相同或相似；4号坑出土的马车，驾驭形式、车体的大小与结构和殷墟出土的车马器十分相似。但是，前掌大地区的商代遗址也体现地域文化特征，如大部分墓葬棺下无腰坑，而腰坑是商人葬制的突出特征；因为商人嗜酒，所以在一般的商人大墓中都有较多的觚、爵等酒器，而在已发掘的前掌大数十座墓葬中没有发现陶觚、陶爵等酒器；在前掌大大墓中出土很多青铜牛头形面具，不见于其他地区的商墓。从此来看，前掌大商代遗址既具有商文化特征，又体现出东夷地方文化的特色，它不是商人的殖民，而是受到商文化重大影响并且听命于商人的一个土著方国。所以有学者认为"前掌大商代遗址群应属'商薛'和'任薛文化'"是正确的①。当然这里出土的文物特色，正是商王朝政治势力的影响与两种文化交流融合的结果。

4. 关于江南的商文化遗址

经过考古发现，在长江流域也有一些商代遗存，包括湖北黄陂盘龙城、江陵荆南寺、湖南岳阳铜鼓山、江西吴城遗址和大洋洲商墓等，其中以黄陂盘龙城遗址最为典型。盘龙城遗址的年代为商王朝早期至商王朝中期，主要是具有二里岗期特征的遗物；吴城商文化的年代为晚商殷墟文化的早段。有学者认为："从盘龙城城址、宫殿建筑基址、贵族墓葬及文化面貌的性质来看，其为南方土著方国的可能性不大，应是商人南下所建直系方国的都邑所在。"②

我们认为，包括湖北黄陂盘龙城、湖南岳阳铜鼓山和江西吴城遗址等，不可能是商王朝建立之后渡过长江所建立的方国都邑，而应是在早商或商代前期南迁至长江流域的商族一支的活动地，这支南迁的商族人带去了早商文化，并在东南发展壮大，同时又向南、向东发展，从而在江南留下了商文化遗存。

---

① 李鲁滕：《略论前掌大商代遗址群的文化属性和族属》，《华夏考古》1997年第4期。
② 李慧芬：《从长江流域考古学文化看商代的南土》，《沧桑》2009年第5期。

第十一章　周代淮河流域主要诸侯国简述

周王朝在灭商之后，承袭夏、商以来的分封制度："武王追思先圣王，乃褒封神农之后于焦，黄帝之后于祝，帝尧之后于蓟，帝舜之后于陈，大禹之后于杞。于是封功臣谋士，而师尚父为首封。封尚父于营丘，曰齐。封弟周公旦于曲阜，曰鲁。封召公奭于燕。封弟叔鲜于管，弟叔度于蔡。余各以次受封。"① 周王朝首次大肆分封的对象主要为前代圣贤之后、助周灭商之功臣及同姓嫡庶。武王死后，成王继位，管、蔡二叔协同武庚叛乱，周公兴兵东征、平叛之后，周公与成王再次分封诸侯，"以蕃屏周"。在西周初期，通过这两次分封施恩的方式，不仅很快地稳定了人心，而且形成了以同姓诸侯为主体的王朝屏护体系。此后，周王朝的后代君主又不断地分封新的诸侯国，以实现维护王权、巩固统治地位的需要。

对于周人的分封制度，《孟子·万章下》说："天子之制，地方千里，公侯皆方百里，伯七十里，子、男五十里，凡四等。不能五十里，不达于天子，附于诸侯，曰附庸。"②

周王朝到底分封了多少诸侯，由于史料的缺失，今天很难做出准确而详细的统计。

《左传·昭公二十八年》载："武王克商，光有天下，其兄弟之国十有五人，姬姓之国四十人。"③ 这指的是周武王第一次分封同姓诸侯的数量。

---

① （西汉）司马迁：《史记·周本纪》，上海古籍出版社1997年版，第86页。
② （周）孟子：《孟子·万章下》（四书集注本），岳麓书社1988年版，第452页。
③ （晋）杜预：《春秋经传集解》，上海古籍出版社1988年版，第1566页。

《路史》说："周之初兴大封同姓五十有三国，而文武之胙又三十有二。"①

《史记·陈杞世家》说："周武王时，侯伯尚千余人。"②

而《汉书·地理志》则云："周爵五等，而土为三等：公、侯百里，伯七十里，子、男五十里。不满为附庸。盖千八百国。而太昊、黄帝之后，唐、虞侯伯犹存，帝王图籍相踵而可知。周室即衰，礼乐征伐自诸侯出，转相吞灭，数百年间，列国耗尽，至春秋时，尚有数十国。"③

从史传与当时的相关文献来看，周时诸侯国"千余人"或"千八百国"并非虚夸之词。

在周代，淮河流域是一个十分敏感的地带，也是春秋中后期中原诸侯与楚人反复争夺的地区。早在夏、商时期，这里是淮夷的生活区域，夏、商王朝特别是商王朝曾经多次征伐这一带的方国。在周代，为了有效地控制这一区域，周王朝分封了大量诸侯国；有些诸侯国并不是一开始就分封于此，后来也从异地迁徙而来；还有些诸侯国之疆域原本不在淮河流域，但随着疆土的拓展也进入淮河流域。见诸文献记载的姬姓有息、蒋、赖、蔡、蓼、应、沈、道、顿、茅、吴，嬴姓有徐、奄、江、黄、养、钟离、郯，偃姓的六、英、群舒，姜姓的许、申、吕、向，妘姓的鄅、偪阳、鄢，曹姓的邾、小邾，芈姓的楚，己姓的番，任姓的薛、邳，风姓的颛臾，妫姓的陈，隗姓的弦，姞姓的项，柏姓的柏，祁姓的房，姒姓的鄫、越，子姓的宋、萧。所以，这一地区汇集了古老的柏皇氏、伏羲、炎帝、黄帝、太昊、少昊、祝融、尧、舜、禹等古老部族的后裔。

下面仅就可考之诸侯国，撮其要而简述之。

一　姬姓诸侯国

1. 蔡国

蔡国始封之君为蔡叔度，文王之子，始封之地在今河南上蔡县。都城

---

① （南宋）罗泌：《路史·后纪十》（四库全书本），上海古籍出版社2003年版，第162页。
② （西汉）司马迁：《史记》，上海古籍出版社1997年版，第1271—1272页。
③ （东汉）班固：《汉书》，中华书局1985年版，第1542页。

位于今上蔡县芦冈。当时西方属于周王朝的王畿之地，西方相对安全；以召公奭的燕国镇守北境，节制北方异族；以周公之鲁国守东土，以防东夷；以蔡叔度守淮河上游，这也是西周初年的南土，用来监视南国异族；命管叔扼守中原腹地。这样初步形成了对宗周的坚固屏障。所以蔡始封于河南中部的上蔡，合乎西周初年的形势，也体现出周武王分封诸侯国的政治目的和战略意图。周武王死后，周公摄政，蔡叔度因与管叔联合武庚叛乱，周公平叛后，放逐蔡叔而废蔡国。蔡叔之子胡精进其道德，并表现出很强的能力，周公举之而为鲁国的卿士。后来周成王复封胡于蔡，称为蔡仲。春秋时期，由于楚人北进，蔡国依附于楚，成为楚国在中原的重要同盟国。而因为蔡国君主蔡哀侯的一次荒唐行为将蔡国推向了衰落之路。蔡哀侯与他的同姓诸侯王息侯之君都娶陈国之女为妻，鲁庄公十年（前684年）当息妫出嫁路过蔡国之时，蔡哀侯强留息妫而见之。息侯十分愤怒，与楚文王合谋来算计蔡国，楚人发兵蔡国并俘虏了蔡哀侯。蔡哀侯为了报复息侯，就以息妫的美貌来诱惑楚文王，楚文王为了得到息妫而发动了进攻息国的战争，并灭息而带走了息妫。哀侯为私利灭同姓之国却没有能得到楚文王的宽恕，自己被囚楚国九年而死。公元前531年，楚灵王杀蔡灵侯，并率兵灭蔡。公元前529年楚平王继位，为了安抚诸侯，平王复封蔡国，立蔡景侯之少子庐为君，史称蔡平侯。平侯将蔡之都城南迁至新蔡，故城遗址位于今新蔡县城的西北。公元前507年，蔡昭侯被楚人软禁，三年之后终于逃脱，这让蔡昭王伤心至极，回蔡之后，立即公开与楚人脱离关系。并选择了投靠能与楚人抗衡的吴国。公元前493年为了逃避楚人的控制，蔡昭侯将都城迁至州来（今安徽凤台县），史称为下蔡。蔡国在州来又延续了37年，有平侯庐、蔡侯朱、悼侯东国和昭侯申等君主。吴灭亡后，蔡国更是失去了依靠，周贞定王二十二年（前447年）为楚所灭。

据清人马骕的《绎史》"世系图"载蔡国君主有蔡叔、蔡仲、蔡伯、宫伯、厉侯、武侯、夷侯、僖侯、共侯、戴侯、宣公、桓公、哀侯、穆公、庄公、文公、景公、灵侯、平侯、蔡侯朱、悼侯、昭侯、成侯、声侯、元侯、侯齐[①]，前后共二十六世。

[①]（清）马骕：《绎史》，中华书局2002年版，第39页。

据程恩泽《战国策地名考》及苏时学《爻山笔话》记载,楚国在战国时又在今湖北巴东县、建始县一带建国,至楚宣王八年时,而蔡国最终灭亡。孙玉玲等著《蔡国史考》也说:楚灭蔡后,"把蔡人大部分迁到今湖北保康以东、南漳以北、襄阳西南的群山之中,蔡人的集中地称为'高蔡'……后来,蔡人在战国末期又继续南迁,到达今江西省上高县,史称'望蔡'。"① 蔡国在春秋后期和战国时代是否在楚地又建立了国家,由于没有早期文献的支撑和考古学的证据,我们不能断言,但南方的高蔡、望蔡之名当为蔡后裔南迁之后的集居之地,也表达了蔡国后裔对故土的思念和对故国的缅怀。

2. 应国

早在周代之前的商王朝就有一个应国,《水经注》卷31"滍水条"载:"《汲郡古文》殷时已有应国。"② 今本《竹书纪年统笺》载:"盘庚……七年,应侯来朝。"③ 但商代的应国在何处已不可考。周灭商后重新建立一个姬姓的应国。《左传·鲁僖公二十四年》云,应与邗、晋、韩都为周武王之子④。《国语·郑语》载史伯语说:"武王之子,应、韩不在,其在晋乎?"⑤ 从《左传》和《国语》记载来看,周代应国封于成王时期。而班固《汉书·地理志》则云:"应乡,故国,周武王弟所封。"⑥ 应国第一代君主到底是武王之弟还是武王之子成了史家争论的问题。1958年在江西余干县发现的"应监甗"铭文曰:"应监作宝尊彝。"郭沫若《释应监甗》一文认为应监可能是"中央派往应国的监国者",应监也就是后来的应公。⑦ 任伟的《从"应监"诸器铭文看西周的监国制》一文发挥郭沫若的观点,认为周初设立"监国"之制,除北方"三监"之外,在南土的重要地区设置了"应监",以监视原殷商旧邦,至康、昭时期"应监"的职

---

① 孙玉玲、刘海峰:《蔡国史考》,《中州古今》2000年第5期。
② (北朝)郦道元:《水经注》,岳麓书社1995年版,第462页。
③ (清)徐文靖:《竹书纪年统笺》(二十二子本),上海古籍出版社1986年版,第1065页。
④ (晋)杜预:《春秋经传集解》,上海古籍出版社1988年版,第345页。
⑤ 《国语》,上海书店1987年版,第188页。
⑥ (东汉)班固:《汉书》,中华书局1985年版,第1560页。
⑦ 郭沫若:《郭沫若全集·考古编·金文丛考补录》,科学出版社2002年版,第273页。

能有所改变，由监察之官变成了镇抚一方的诸侯，即"应侯"，而应国也由此诞生。① 郭、任二先生的观点非常有道理，说明在周初位于平顶山的应国当为商代的古应国，周武王派了他的一个弟弟到应地为应监。成王废掉在商代就已立国的应国而在其故地重新分封姬姓的应国，以其弟弟为应侯。从出土的应国青铜器来看，西周时期应国为侯爵，且很受王室重视，应国君主经常受到周王的赏赐。1974年陕西蓝田县发现应侯钟，在两铣及钲部都有铭文，讲述周王归自成周，在康宫赏赐应侯彤弓、彤矢和马的事情，铭文内容并不完整。② 唐兰先生指出蓝田应侯钟与日本人中村所藏应侯钟应为一组，两钟连铭。③ 中村所藏应侯钟现收藏于日本书道博物馆，上有铭文33字，正好与蓝田应侯钟铭文相连。两钟全部铭文为："唯正二月初吉，王归自成周，应侯见工遗王于周，辛未，王格于康，荣伯入右应侯见工，赐彤弓一、彤矢百、马（以上为蓝田应侯钟铭文）四匹，见工敢对扬天子休，用作朕皇祖应侯大□钟，用赐眉寿永令，子子孙孙永宝用。"（以上为中村所藏应侯钟铭文）④ 另有《应侯再簋》，铭文曰："惟王十又一月初吉丁亥，王在姑，王弗忘应公室，□宁再身，赐贝卅朋，马四匹，再对扬王丕显休宁，用作文考釐公尊彝，其万年用，夙夜明享，其永宝。"⑤ 记载周王在姑地时召见应侯再，并赏赐他贝、马等。平顶山应国墓地出土有宣王时期的《应公鼎》，铭文中称"应公"，说明铜器的制作者应侯在周王室中为官，是王室的卿士，所以才自称"应公"。

应国与汉水流域姜姓的申国和曼姓的邓国交往密切，成为姻亲之国。平顶山应国墓出土有《应嫚簋》和《应申姜鼎》，《应嫚簋》有"邓公作应嫚毗媵簋"的铭文，是邓国的国君为其女儿嫚毗出嫁应国所做的媵器。《应申姜鼎》有"应申姜作宝鼎"的铭文，此鼎是嫁到应国的申国女子申姜所作。除此之外，在平顶山应国墓地还发现了一批有"应姚"铭文的器物，提供了应国与姚姓通婚的证据。

---

① 任伟：《从"应监"诸器铭文看西周的监国制度》，《社会科学辑刊》2002年第5期。
② 韧松、樊维岳：《记陕西蓝田县新出土的应侯钟》，《文物》1975年第10期。
③ 初松：《"记陕西蓝田县新出土的应侯钟"一文补正》，《文物》1977年第8期。
④ 参见韧松、樊维岳《记陕西蓝田县新出土的应侯钟》，《文物》1975年第10期。
⑤ 李家浩：《应国再簋铭文考释》，《文物》1999年第9期。

西周末年，应国已经衰弱，至春秋时期，应国历史不见于史籍，大约在春秋中期时亡于楚国。周代应国故城在今平顶山市梁庄之南、白龟山水库以西地区。

3. 郑国

郑国始建于西周后期，第一代国君为周厉王之子友，名郑桓公。《史记·郑世家》载："郑桓公友者，周厉王少子而宣王庶弟也。宣王立二十二年，友初封于郑。封三十三岁，百姓皆便爱之。幽王以为司徒。和集周民，周民皆说，河洛之间，人便思之。"[1] 郑桓公之初封地在今天陕西省华县。西周末年，幽王昏暗，桓公问计于史伯，史伯分析了天下大势，认为虢、郐两国所处的今天河南中部的郑州、新郑一带才是郑国未来的寄托之地。桓公采纳了史伯的建议，通过自己在王室中的地位，打着周王的旗号，与虢、郐之君协商，虢、郐果然献出了十邑，于是桓公提前将自己的家人、百姓迁到洛水以东，安排到虢、郐之地，随之也带来了大量的财物。公元前773年，犬戎杀幽王于骊山下，同时也杀了郑桓公。郑人立掘突为武公，武公随周平王东迁，并为平王所重用，封为郑伯。为了实现其父桓公生前的规划，武公首先灭掉虢国，然后灭掉郐国，占有郐国广大的土地。平王六年武公正式定都于今天郑州市南部的新郑。从史传所记来看，郑武公时，郑国之地南至今漯河南境；东至于匡（今河南扶沟）；北越黄河到达廪延（今河南延津）和共（辉县）；西至洛阳东部，与王畿相邻。其地域甚至比当时的一个二等大国还要辽阔。然而，进入春秋中期之后，随着楚人势力的北侵，郑国夹居于楚、晋、齐三大国之间，尤其成为楚、晋两国反复争夺的对象。郑人从楚则遭到晋国的打击，从晋则受到楚人的压迫，只有两边讨好，在夹缝中生存。进入战国之后，亡于韩。

4. 道国

道国，位于淮河上游北岸，南临淮河，北接中原。宋人郑樵《通志·

---

[1] （西汉）司马迁：《史记》，上海古籍出版社1997年版，第1389页。

氏族略》:"道氏,姬姓之国。"①徐旭生先生认为:"道、柏也似乎属于东夷集团。"②而从《左传》记载来看,春秋时期道国与嬴姓的江、黄二国为姻亲关系,显然二者不会出自一族。从记载来看,郑樵之语更为可信。

道国之得名是一个历史的悬疑。有学者认为:"道国之所以称为道国,恐怕与道路有很大的关系。道国所处的位置正在中国中部纵贯南北的交通要道上。"③道国故地在后来确实处于南北交通要道之上,但在先秦时期并非如此,因为在春秋以前今天的中国南北大通道即京广线尚未形成,尤其是夏商至西周时期,中原南入荆楚大都是过南阳,经襄樊,沿汉水再入长江,然后进入江南。很少以豫南三关为通道。位于确山县北部的道国虽然北接中原、南控淮河,却不是南北交通的枢纽。因此,道国之所以名道,当别有所源。

道国历史于西周文献中不见记载,首见于《左传》,鲁僖公五年(公元前655年)载:"楚斗谷於菟灭弦,弦子奔黄。于是江、黄、道、柏方睦于齐,皆弦姻也。"④同时又见于鲁昭公十三年(公元前529年):"楚之灭蔡也,灵王迁许、胡、沈、道、房、申于荆焉。平王即位,既封陈、蔡,而皆复之。"⑤春秋中期后,楚人向淮河流域扩张,灭息并北伐郑国,于是淮河上游的诸小国如江、黄、柏、道、弦等便加入了以齐国为首的中原大联盟。楚人在灭掉弦国和黄国后,道国也成了楚国的附属国。公元前531年楚人将道国等迁入楚地安置,两年之后,楚平王继位才重新恢复道国并将其回迁至故地。道国在公元前529年的之后已不见记载。楚平王自立之后,结好汉、淮诸侯国,息战5年。道国在此5年里应当安然无事。公元前516年楚昭王继位,战争频发,于公元前505年灭唐、公元前496年灭顿、公元前495年灭胡,几乎尽灭淮河上中游幸存下来的诸侯国。据此推测,道之灭亡当在公元前500年前后的楚昭王时期。道国故城在今驻马店市区南部、确山县城北的古城镇。

---

① (南宋)郑樵:《通志》,中华书局1995年版,第51页。
② 徐旭生:《中国古史的传说时代》,文物出版社1985年版,第187页。
③ 刘九伟:《道国·"中路"·路(道)姓》,《湛江海洋大学学报》2005年第5期。
④ (晋)杜预:《春秋经传集解》,上海古籍出版社1988年版,第254页。
⑤ 同上书,第1389页。

5. 随国

随国，侯爵，是西周时期所分封的诸侯国，地在今湖北随州。其疆域以随州为中心，包括孝感市的安陆、荆门市的京山、襄阳市的枣阳和河南信阳市一部分。随国分封的时间史无记载，但从传世的"安州六器"铭文来看，它不会晚于周昭王时代。随国作为周王朝所分封的南国重要诸侯国，担负着守卫周王朝南方疆土的重任，是汉阳诸姬中较大者。春秋前期，楚人先后灭掉申、吕等国之后，沿随、枣走廊向淮河流域进军，而随国正处于这条道路之中，就成了楚人首先打击的对象。公元前706年楚武王进攻随国，两年之后，又因为随国不参加由楚王主持的诸侯会盟而被征讨，随师大败，随国被迫与楚人订立城下之盟。后来随人时叛时服，最终成为楚人的随庸之国，大概亡于战国前期。随着近些年在随州发现一些曾国墓葬，有学者认为随就是曾。我们认为，这个结论有待商榷，因为在《春秋》与《左传》中，曾与随是西周至春秋时期同时并存的两个诸侯国，如果春秋时的随改名为曾，史料上会有相关信息。

6. 蒋国

蒋国，姬姓。据《左传·鲁僖公二十四》载，蒋与凡、邢、茅、胙、祭六国都是周公旦之后，结合史料的记载和相关传世的青铜器铭文来判断，蒋国分封的时间在周公去世之后，是周成王对周公的褒奖行为。与蒋同时受封的兄弟之国多为"伯"爵，蒋国亦当为伯爵。蒋国封地在今河南省淮滨县境内，故都在今淮滨县东南期思镇。历史上没有明确记载蒋国的灭亡时间，从春秋的形势来分析，蒋国亡于楚穆王四年即公元前622年前后。前后延续近400年。蒋灭之后，楚在其故地设期思县，行政长官称为"期思公"。

7. 息国

息国在商代便已存在于豫南地区的罗山、光山与息县一带，并与商王关系十分密切。周灭商之后，在商代息国故地重立姬姓之息国，侯爵。《息县志》说："武王十三年四月，周武王大封姬姓侯爵，封文王三十七子羽达为息侯。是年封赖国。"①息国故城在今息县城西南 5 千米处城郊乡徐庄村青龙寺。关于周代息国的族源，《左传》鲁隐公十一年杜预注曰："郑、息同姓之国。"②宋人郑樵认为息为妫姓："息氏，侯爵，妫姓，今蔡州新息是。庄十四年，楚灭之，子孙以国为氏。"③罗泌《路史·国名纪》"息"下云："今新息，楚文妃息妫国，后周之息州。非姬姓之息。"④但从息国曾娶陈国妫姓之女息妫来看，息为妫姓之说为非。郑、罗之误也当来自"息妫"一词。

息国在西周时期是淮河上游沿岸较强大的一个姬姓诸侯国，《左传》提到息国之君都以"息侯"称之，可见在春秋时期息为侯爵。从出土文物来看，息国最早的爵位当为伯爵，息国青铜器有《息伯卣》，铭文曰："隹王八月息伯赐贝于姜，用作父乙宝尊彝。"⑤刘启益先生定其为康王时器⑥。说明息国在西周前期还是伯爵，随着息国地位的提高而加封为侯爵。

至春秋时期，息国还有着统领其他国家的意识，所以《左传·隐公十一年》载："郑、息有违言，息侯伐郑。郑伯与战于竟，息师大败而还。君子是以知息之将亡也。不度德，不量力，不亲亲，不征辞，不察有罪。"⑦但这一仗息国为刚刚东迁的郑国所败，从《左传》的评价来看，对息国之君的能力、人品等是否定的。之后，息国快速衰落。当楚文王灭申、吕后，楚人势力推进至淮河上游地区，息国被迫倒向楚国。息国灭亡的直接导火索是与蔡国构怨。公元前 684 年，蔡哀侯与息侯同时娶陈国之女为妇，息妫到息国时经过蔡国，蔡哀侯为见息妫一面，强行留息妫于蔡，息侯大怒，请求楚文王伐蔡，并大败蔡国，将蔡哀侯拘于楚国。蔡哀侯在楚文王面前大力夸奖息妫之美，于是楚文王为之动心，公元前 683 年楚文王带军队灭了息国，带回息妫，这就是史书中常称的"息夫人"。

---

① 息县志编委会：《息县志》，河南人民出版社 1989 年版，第 1 页。
② （晋）杜预：《春秋经传集解》，上海古籍出版社 1988 年版，第 62 页。
③ （南宋）郑樵：《通志》，中华书局 1995 年版，第 59 页。
④ （南宋）罗泌：《路史》（四库全书本），上海古籍出版社 2003 年版，第 612 页。
⑤ 罗振玉：《三代吉金文存》，中华书局 1983 年版，13·36·4。
⑥ 刘启益：《西周康王时期铜器的初步清理》，见文化部文物局古文献研究室编辑《出土文物研究》第 1 辑，文物出版社 1985 年版。
⑦ （晋）杜预：《春秋经传集解》，上海古籍出版社 1988 年版，第 612 页。

楚灭息后，迁其族人于楚境。1975年在湖北出土了一批青铜器，其中有一件"鄎子盆"，上有铭文："鄎子行自作食盆，永宝用之。"① "鄎子"即"息子"。这说明，楚人灭息之后，将包括息君之子在内的息国贵族迁入楚境，在楚地建立另一个附庸性质的息国，息君自称"息子"。入楚的息最终亡于何时不可考。

楚人在息国设息县，行政长官称为"息公"。息地不仅是楚人北进和东略的前沿，同时由息人所组成的军队也往往是在帮助楚人的战争中冲在最前头的先锋。

8. 赖国

赖国，与息国同为姬姓，子爵，是西周时期淮河上游的一个小诸侯国。关于周代赖国的地理主要有四种说法，一是春秋楚国苦县厉乡，即今河南鹿邑县；二是随县厉乡，今湖北随州市；三是褒信，今河南息县包信乡；四是殷城县，今河南商城县。从史料来看，息县包信赖国与鹿邑厉国和随州之厉国是同时存在的诸侯国。而殷城县则是赖灭之后，赖之后人所居之地。

宋人郑樵《通志·氏族略》载："赖氏，子爵，今蔡州褒信有赖亭，即其地也。昭四年，为楚所灭，子孙因国为氏。"② 赖与息是周朝初年同时分封的两个诸侯国。赖国立国的时间，史料无载。据《史记·周本纪》载，周武王克商之后，"封诸侯，班赐宗彝，作分殷之器物。……封弟周公旦于曲阜，曰鲁。封召公奭于燕。封弟叔鲜于管，弟叔度于蔡。余各以次受封。"③ 这是西周第一次大肆分封诸侯，时间是公元前1046年，作来守护淮河门户的两个姬姓之国息与赖的分封当在是年。公元前538年，楚人带领诸侯的军队攻入赖国，赖子"面缚衔璧"而降于楚，楚人迁赖于楚之鄢地，即今天湖北省宜城市南。

一部分赖人南迁至今商城一带，所以清人顾祖禹《读史方舆纪要》说："商城县州东南百九十里。东至江南霍丘县百十里，南至湖广罗田县

---

① 程欣人：《随县涢出土楚、曾、息青铜器》，《江汉考古》1980年第1期。
② （南宋）郑樵：《通志》，中华书局1995年版，第66页。
③ （西汉）司马迁：《史记》，上海古籍出版社1997年版，第86页。

百六十里。汉期思县地。刘宋置东苞信县于此,以旧苞信县为西苞信县。梁亦为苞信县,兼置建州及义成郡治焉。东魏为南建州及平高等郡。高齐因之。隋初州郡俱废,改置殷城县,属光州。唐初置义州于此。贞观初,州废,县仍属光州。宋建隆初,以宣祖讳,改曰商城县,仍属光州,寻省入固始县。明成化十六年,复置商城县。……赖亭在县南。春秋时赖国也。昭四年,楚灭赖,楚子欲迁许于赖,即此。《志》云:殷城县有赖亭。"①

9. 沈国

在周代,有两个以沈为名的诸侯国,一在汾水流域,《左传·昭公元年》载:"昔金天氏有裔子曰昧,为玄冥师,生允格、台骀。台骀能业其官,宣汾、洮,障大泽,以处大原。帝用嘉之,封诸汾川。沈、姒、蓐、黄,实守其祀。"②此沈国乃为少昊之后。二在淮河流域,姬姓,子爵。欧阳修等所编的《新唐书·宰相世系表》说:"沈氏出自姬姓。周文王第十子聃叔季,字子揖,食采于沈,汝南平舆沈亭,即其地也。春秋鲁成公八年为晋所灭。"③季载所封的聃国并不是淮河流域的沈国。1931年在洛阳发现"沈子也簋",为西周早期的器物,据郭沫若先生考证,铭文主要内容为:"也曰……朕胞考命乃囏,沈子作聽于周公宗、陟二公。……沈子缅怀多公能福。乌乎,乃沈子弥克蔑,见厌于公。休沈子肇田……作兹簋,用載飨己公,用格多公。其剶爱乃沈子也唯福。……也用怀柔我多弟子,我孙克守型教,懿父乃是子。"④郭沫若认为"也"为沈子之名,"沈本姬姓之国,为鲁之附庸,今以此本铭考之,实鲁炀公之后也。"⑤据此,沈子也为周公旦曾孙、炀公之子,是沈国的第一任国君,沈国开始作为鲁之附庸而存在,后来升格为子爵诸侯国。当春秋中期之后,随着楚人势力的北侵,沈国的近邻如项、息、陈、蔡、顿、胡等,或为楚所灭,或不得

---

① (清)顾祖禹:《读史方舆纪要》,中华书局2005年版,第2392—2395页。
② (晋)杜预:《春秋经传集解》,上海古籍出版社1988年版,第1196页。
③ (北宋)欧阳修等:《新唐书》,中华书局1975年版,第3146页。
④ 郭沫若:《两周金文辞大系图录考释》,科学出版社1957年版,第46—47页。
⑤ 同上。

已而依附于楚，沈国也加入了楚人的阵营。公元前 529 年楚灵王曾将沈国也迁到楚境内，楚平王即位之后才又将它们迁回原地。因为沈国投靠楚国，招致了其同宗的鲁国等中原诸侯的多次联合讨伐。公元前 506 年，蔡国军队杀死沈子嘉，沈国灭亡。沈国的地域跨安徽临泉与河南平舆、项城等地，而临泉与平舆的交界处属于沈国的中心疆域，沈国故城在今河南平舆县北射桥一带。

10. 蓼国

活动于河南省固始县的中部与北部地区的蓼国是周代的一个小诸侯国，其位于淮河上游与中游结合部的淮河南岸。周代历史上出现过三个以"蓼"命名的诸侯国，其一在河南南阳的唐河县湖阳镇，为祝融八姓之中己姓的一支，远祖为颛顼，近祖为飂叔安，舜时封于鬷川，为夏所灭，子孙迁移至南襄盆地立国，周代称蓼国，公元前 690 年之前亡于楚；其二在安徽舒城县附近，属于淮夷群舒部族的一支，称"舒蓼"，皋陶之后，偃姓，公元前 601 年为楚所灭；其三在河南固始县，颛顼之后，姬姓，公元前 622 年为楚所灭，蓼国故城在今固始县城北，也是汉晋时期蓼县故城。三个蓼国在西周至春秋时期同时存在，前后灭亡时间相差近百年，三个国家的灭亡可以看到楚国从西向东攻略汉水流域和淮河流域的历史过程。

11. 顿国

顿国，姬姓，子爵。位于淮河上游北岸的颍河、汝河之间。春秋时顿国为陈人所迫，投靠楚国，并沦为楚人附庸。西周至春秋前期的顿国故城在今商水县城东边的平店乡一带，史称"北顿"，后来又向南迁于今项城市西边的南顿镇，史称"南顿"。南迁后的顿人不堪楚人驱使，欲求得晋人的保护，公元前 496 年为楚、陈联军所灭。

12. 鲁国

鲁国，姬姓，侯爵，首封之君为周武王之弟周公旦。然而，当时周公在朝，并未到任，其子伯禽则为真正的第一代鲁君，国都为曲阜。因为周公的缘故，鲁国具有"郊祭文王""奏天子礼乐"的特殊待遇。当春秋时代"礼坏乐崩"之后，鲁国成了周礼的保存者，所以世人称"周礼尽在鲁矣"。鲁国始封的疆域并不太大，并且处于东夷族的核心活动区，受到东夷族等的威胁，孔安国《尚书序》曰："鲁侯伯禽宅曲阜，徐夷并兴，东郊不开。"[①] 说明当西周初年伯禽始封于鲁时，以徐国为首的东夷各部与鲁国对峙，一度威胁着鲁国都城的安全。

周公平定武庚、东夷叛乱之后，鲁国得到"殷民六族"，又借助鲁国地处东方海滨之便，拥有盐铁等重要资源，加上鲁国在周王室的地位，使鲁国在军事、政治、经济、文化上的优势显现出来，力量不断扩大，影响力与日俱增，先后吞并了周边的项、根牟、须句等小国，并不断蚕食了曹、莒、宋、邾等国的土地，终于成为淮河下游最大的诸侯国。

春秋鲁桓公时期是鲁国一个重大转折点。鲁桓公有庶长子庆父、太子同、公子牙、公子友。庆父、叔牙、季友的后代分别称为孟孙氏、叔孙氏、季孙氏，合称鲁国三桓。后来三桓的势力逐渐坐大，至鲁襄公时，三桓据有鲁国大部分的国民，公室卑微。鲁哀公即位后，一心想要伐灭三桓，反被三桓逐出而死。鲁悼公时鲁侯卑于三桓之家。一直到鲁穆公时期，鲁国才慢慢收回政权，完全解决了三桓专政的问题。公元前256年，鲁国为楚考烈王所灭，迁鲁顷公于下邑，公元前249年鲁顷公死而鲁祀绝。

13. 滕国

滕国，子爵，始封之君为周文王之子、周武王之弟错叔绣。滕国故城在今滕州市西南7千米的东滕村一带。春秋时期，滕与鲁等中原诸侯国关系密切，经常参加以鲁、齐为大国为主导的盟会。公元前415年复为越所灭，又复国。至战国中期，滕国一直存在，所以《孟子·滕文公上》《梁惠王下》等篇均记滕文公事，具体灭亡年代不可考。

14. 茅国

茅国，是西周至春秋时期存在于山东西南部的一个小诸侯国，姬姓，

---

① 孔颖达：《尚书正义·费誓》（十三经注疏本），中华书局1979年版，第254页。

它与凡、蒋、邢、胙、祭五国都是周公的后代,并且在同一时期受封。关于茅国何时灭亡,史书中没有任何记载,但在《左传》一些零星的记载中大概可以透露出茅国灭亡时间的一些信息。《左传·哀公七年》载:"季康子欲伐邾,乃飨大夫以谋之。子服景伯曰:'小所以事大,信也。大所以保小,仁也。背大国,不信。伐小国,不仁。民保于城,城保于德,失二德者,危,将焉保?'孟孙曰:'二三子以为何如?恶贤而逆之?'对曰:'禹合诸侯于涂山,执玉帛者万国。今其存者,无数十焉。唯大不字小,小不事大也。知必危,何故不言?鲁德如邾,而以众加之,可乎?'不乐而出。秋,伐邾,及范门,犹闻钟声。大夫谏,不听,茅成子请告于吴,不许,曰:'鲁击柝闻于邾,吴二千里,不三月不至,何及于我?且国内岂不足?'成子以茅叛。"① 这里的茅成子为茅国灭亡之后镇守茅国原来土地的最高行政长官,而成子又是邾国的大臣,其地也归于邾国。由此可以推测,茅国至迟在春秋后期就已经为邾国所灭亡,从而使茅地成为邾国西南的边界。茅国在今山东济宁市的金乡县,其都城在今天金乡县的西北,其北部紧邻自己的宗主之国鲁国,东有邾国、滕国、薛国,南为萧国,西接宋国与曹国。

15. 吴国

吴国,亦为姬姓,始创于太伯。据《史记·吴太伯世家》载:"吴太伯、太伯弟仲雍,皆周太王之子,而王季历之兄也。季历贤,而有圣子昌,太王欲立季历以及昌,于是太伯、仲雍二人乃奔荆蛮,文身断发,示不可用,以避季历。季历果立,是为王季,而昌为文王。太伯之奔荆蛮,自号句吴。荆蛮义之,从而归之千余家,立为吴太伯。太伯卒,无子,弟仲雍立,是为吴仲雍。仲雍卒,子季简立。季简卒,子叔达立。叔达卒,子周章立。是时周武王克殷,求太伯、仲雍之后,得周章。周章已君吴,因而封之。"② 吴国在西周时期主要活动在今苏皖两省长江以南以及环太湖浙江的北部地区,而太湖流域则是吴国的核心区域。在春秋中期以前,吴

---

① (晋)杜预:《春秋经传集解》,上海古籍出版社1988年版,第1749页。
② (西汉)司马迁:《史记·吴太伯世家》,上海古籍出版社1997年版,第1170—1171页。

人基本不与中原诸侯相交，公元前597年，晋楚邲之战以后，晋人大败，于是晋人派申公巫臣出使吴国，教吴人乘车、战陈之法，并联合攻击楚人，从此之后吴人才北通于中原诸侯大国。随着吴人力量逐渐强大，开始向北方拓展，先后灭亡江淮地区的淮夷等小国，将领土扩张至淮河流域。并将国都迁于吴（今苏州），与楚人反复争夺淮河中游地区，曾经一举攻下楚人都城郢都。吴国在吴王阖闾和夫差时期达到鼎盛，在与越国战争中，连败越王勾践，后来越王勾践卧薪尝胆，公元前473年，越人进攻吴国，夫差自杀，吴国灭亡。

二 姜姓诸侯国

1. 申国

《国语·周语中》载富辰语曰："齐、许、申、吕由大姜。"韦注说："四国皆姜姓，四岳之后。大姜之家也。大姜，大王之妃也，王季之母也。"[1] 申国为四岳伯夷之后，与周代的齐国、许国、吕国、向国和州国等同祖。尧舜时期，洪水泛滥，伯夷助禹平治洪水，其子孙在舜和大禹时聚居于吕、申两地。在夏商两代，申国作为一个方国而存在，其活动地在陕西米脂，史称西申。所以蒙文通先生认为，"安塞米脂以北，西连中卫，为申戎之国，所谓西申也。"[2] 周代时，申戎之君的爵位为申侯，不仅与周王室有姻亲关系，同时多位申国的君主任职于周王室。周宣王时，为表彰元舅申伯的功绩，封申伯于谢地（今河南南阳市北）建立了另一个申国，并让召伯亲自为南阳的申国选址，大臣尹吉甫作《崧高》诗以记其事："崧高维岳，骏极于天。维岳降神，生甫及申。维申及甫，维周之翰。四国于蕃，四方于宣。……亹亹申伯，王缵之事。于邑于谢，南国是式。王命召伯，定申伯之宅，登是南邦，世执其功。王命申伯，式是南邦，因是谢人，以作尔庸。……申伯之德，柔惠且直。揉此万邦，闻于四国。吉甫作诵，其诗孔硕。其风肆好，以赠申伯。"[3] 申国都城在今天南阳市区的东

---

[1] 《国语》，上海书店1987年版，第16页。
[2] 蒙文通：《周秦少数民族研究》，龙门联合书局1958年版，第14页。
[3] 陈子展：《诗经直解》，复旦大学出版社1983年版，第1011—1016页。

北部。宣王在南国建立申国，并同时也迁去了同姓的吕国，为的是共同防御日益强大的楚国。新封的南阳申国为伯爵，后晋升为侯爵。宣王死后，幽王继位，幽王娶申侯之女为后，生太子宜臼。幽王因迷恋褒姒而废申后、黜太子。申侯大怒，联合缯、西夷犬戎共同进攻幽王，杀幽王、虏褒姒，立太子宜臼为平王，并将王室东迁至洛阳。平王为感谢其舅舅申侯，对申侯更是礼敬有加，且派大量的王师守护申国，《诗经·扬之水》诗曰："扬之水，不流束薪。彼其之子，不与我戍申。怀哉怀哉，曷月予还归哉？扬之水，不流束楚。彼其之子，不与我戍甫。怀哉怀哉，曷月予还归哉？扬之水，不流束蒲。彼其之子，不与我戍许。怀哉怀哉，曷月予还归哉？"① 此诗表达长期驻守申国的军队不得休息的抱怨。

楚武王、文王大举向汉水、淮河流域扩张，于公元前688年前后灭申，并在其地设申县。将其国东迁到豫南信阳，居于今信阳市北方略偏西的平昌关，其地有谢城；楚平王时又迁至今信阳罗山高店乡。春秋中后期信阳的申国地域包括今信阳市的浉河区、平桥区、罗山县西北等地，作为楚国的附庸而存在，春秋晚期亡于楚。

2. 吕国

吕，舜时伯夷所封之方国，地在山西境，所以徐少华说："作为太岳之裔的吕族，长期以来，一直活动在以太岳为中心的山西的西南部，春秋晋大夫吕甥所食之吕邑，当亦因吕人故居而得名。"② 王玉哲也认为早期吕国"源于山西霍太山一带"③。夏商两朝，吕国作为重要方国，活动地基本没有大的变化。西周时期，吕国作为一个诸侯国而存在。吕国的人才多任职于周王室，如穆王时期吕侯曾任职于周王朝，并作《吕刑》。周宣王时，将吕国南迁至河南南阳境内，与申国一同防御楚人。公元前688年至公元前683年，南阳的吕国被楚人灭亡。楚人将其族东迁至淮河上游的新蔡及其以北的地区。春秋中后期，宋国不断蚕食吕国，公元前529年蔡国南迁又占了吕国的部分土地，使吕更加弱小。《左传·哀公十七年》记载：

---

① 陈子展：《诗经直解》，复旦大学出版社1983年版，第212—213页。
② 徐少华：《周代南土历史地理与文化》，武汉大学出版社1994年版，第40页。
③ 王玉哲：《先周族最早来源于山西》，《中华文史论丛》1982年第3辑。

"初，（卫庄）公自城上见己氏之妻发美，使髡之，以为吕姜髢。"杜预注："吕姜，庄公夫人。"① 吕姜是姜姓的吕国女子嫁到卫国的，说明吕国一直存在到春秋末期。

3. 许国

许国，姜姓，西周初年周武王举炎帝之裔，于是封文叔于许，地在今河南许昌。西周时期，许国是中原腹地的一个中等国家，生活安逸，国家太平。进入春秋之后，随着郑人东迁，楚人北进，许国受到郑国与楚国的双重压迫，一直处于动荡和不断的迁徙当中。为逃避郑人的压迫，许国只好依附于楚国，但许国与郑相邻，楚人有时鞭长莫及，于是楚人便采用迁许的方式来保护许国，公元前576年至公元前506年的70年里凡五迁：一迁于叶（今河南省叶县南稍西三十里），二迁于夷（今安徽省亳县东南七十里之城父集），三复迁至叶，四迁于析（今河南省西峡县），五迁于容城（今河南省鲁山县南稍东约三十里）。《春秋·定公六年》说："郑游速帅师灭许，以许男斯归。"② 许既于定公六年亡于郑，但按照《春秋》鲁哀公元年说楚子、陈侯、随侯、许男围蔡。又在哀公十三年中云：许男成卒。可见，在春秋后期许国还存在，说明许为郑亡之后，又被楚国复封。至战国时，许国终亡，宋人郑樵《通志·氏族略》说："至战国时，为楚所灭。"③ 杨伯峻说："战国初灭于魏。"④ 以理推之，亡于楚的可能性更大。清人高士奇《左传纪事本末》曾剖析许之兴亡史说："许为太岳之裔，国于旧许，与郑为邻，而郑之所欲吞并以拓其封竟者也。当鲁隐之季，会齐、鲁以入许，使许叔处许东偏，仅存其祀耳。及桓公时，郑方有内难，许叔乘机窃入，非郑意也。而许又南附于楚，数从伐郑，于是世为仇雠云。夫郑、许唇齿之国也，使郑能尽睦邻之礼，挟许以从中国，许岂甘折而入楚哉？乃恃强陵弱，惟灭许之是务。即取钼、冷敦之田，又平以叔申之封。弹丸者许，所余有几耶？是以灵公两诉于楚，曰：'师不兴，孤不归矣。'泪尽楚庭，魂羁鄙郢，惨恻至此，

---

① （晋）杜预：《春秋经传集解》，上海古籍出版社1988年版，第1833页。
② 同上书，第1642页。
③ （南宋）郑樵：《通志》，中华书局1995年版，第57页。
④ 杨伯峻：《春秋左传注》，中华书局1981年版，第71页。

其下乔而迁于幽谷也,亦郑之不善处许,而为楚渊驱耳。然许亦有失策焉。当时许尝请迁于晋,夫迁晋愈于迁楚明甚,而许大夫从中阻挠。晋人归诸侯,其事遂寝。乃即安于楚,始而叶,继而白羽,继而容城,流离困苦,卒为郑所灭。而楚属师徒挠败,不能救也。许固不善择者,亦不能不深恨于郑之相煎太急也。"① 高氏认为导致许国的国运衰落与最终灭亡的悲剧的根本原因在于郑国的逼迫和许人选择投靠楚人的失误。但是从春秋形势来看,许国的选择也是迫不得已。从相关文献记载来看,许从建国到灭亡可知的君主有:文叔、德男、伯封、孝勇、靖男、廉男、武公、文公与父、庄公苴人、桓公郑、庄公、许叔、穆公新臣、僖公业、昭公锡我、灵公宁、悼公买、许男斯、元公成、许子妆、公子结等。

4. 向国

向国为淮河下游的一个小诸侯国,《左传·鲁隐公二年》载:"莒子娶于向,向姜不安莒而归。夏,莒人入向,以姜氏还。……冬,纪子帛、莒子盟于密,鲁故也。"② 可见,姜姓的向国与其邻国莒有着姻亲关系。而因为莒国弱小,所以当这位不听话的向国姜姓女子不想在莒国生活而回到向国之后,使莒人大怒而侵入向国带回了姜氏。从此向国再也没有在《春秋》《左传》中出现过,很有可能在此次莒人入向时就同时也灭亡了向国,并占有其土地。所以《左传·宣公四年》载:"公及齐侯平莒及郯,莒人不肯。公伐莒,取向。"③ 正说明,此时向地已归于莒矣。向国疆域包括临沂、临沭各一部分,故城在今莒南县大店西南。

三 祝融八姓后裔之国

1. 楚国

楚国,芈姓,得姓始祖为陆终之六子季连。楚人先居于中原腹地的禹州、新郑、新密一带,后南迁至豫西南与鄂西北一带,再向长江流域发

---

① (清)高士奇:《左传纪事本末》,中华书局1979年版,第614—615页。
② (晋)杜预:《春秋经传集解》,上海古籍出版社1988年版,第15—16页。
③ 同上书,第551页。

展。商代末年，楚鬻熊服事周文王，并助周灭商，被封为子爵诸侯国。西周时期，楚人开疆拓土，不断发展壮大，势力向东扩展，到达武昌一带。并成为威胁周王朝南方的重要力量。春秋前期，楚文王、成王开始向北方经营，先后灭亡江汉流域的诸小国，并开始向淮河流域和中原进军，以淮河上游为军事基地向北经略中原与淮河中游、上游地区。战国时代，楚怀王曾作为中原诸侯之长，联合中原诸侯攻秦，公元前278年秦人攻破郢都，襄王迁居淮河上游的陈地（今河南淮阳），至考烈王时又迁至淮河中游的寿春（今安徽寿县），公元前223年，为秦所灭。

2. 郐国

郐，妘姓，祝融生吴回，吴回生陆终，陆终生求言，求言为妘姓之祖。郐人一直生活在其祖先祝融活动地新郑附近，周代被封为诸侯国，子爵。在西周时，郐国是洛阳东部从郑州到淮河间较大的一个子爵诸侯国。春秋末期，郑国东迁，郑武公于公元前765年前后灭郐而取其地。郐国故城在今新密市东南35千米曲梁乡大樊庄古城寨村。

3. 番国

番国，或称为"鄱""潘"。子爵诸侯，自称为"伯"。传世的"番匊生壶"和"番匊生鼎"是番匊生为其女出嫁时所做的媵器，番匊生女儿叫孟妃乖，按先秦惯例，孟为排行，妃为姓氏，乖为名。妃即己字，可证番国本为己姓。按《国语·郑语》所载，祝融八姓中，己姓中有昆吾、苏、顾、温、董。己姓昆吾一族最早从中原迁至卫地，后来又回迁至新郑、许昌一带。从《诗经》和出土的相关青铜器来看，番国最晚在西周中期便已被封为诸侯国。番国君主曾在周王朝为卿士，如番匊生为周厉王的司徒，其后人也曾在周幽王时继作司徒官，如《诗经·十月之交》曰："皇父卿士，番维司徒。家伯维宰，仲允膳夫。"[1]《诗序》说："十月之交，大夫刺幽王也"[2] 西周时期番国的地望无文献记载，学者或认为它应当在焦作

---

[1] 陈子展：《诗经直解》，复旦大学出版社1983年版，第665页。
[2] 同上书，第662页。

南部的温县一带，如徐少华说："从厉王前后番国首领于王室任要职，并与周天子通婚的史实来看，西周时期的番国应在北方中原地区。番族出自己姓昆吾之后，西周及其以前，己姓诸国并要黄河中游两岸活动，作为己姓支族而别封的番国，则亦应在这一地区，或与同姓的苏国（'温'）相近。"① 进入春秋后，番国或由于在朝廷失势，或由于其他原因被迫南迁至淮河上游，活动于淮河两岸的信阳平桥区的长台、甘岸、吴家店一带。后依附于楚，并东迁至固始县境。番国贵族多入楚为官，为潘姓，如潘崇、潘尪、潘党等。公元前504年，吴人伐楚，获潘子臣，取番地，番国灭亡。

4. 邾国

邾国，曹姓，陆终之子安的后裔之国。邾人很早就东迁至东夷地区，所以其礼制、风俗等都深受东夷文化影响，甚至被中原诸侯视为"夷人"。周代初年大封诸侯之时，邾侠受封，是为邾国，子爵，为鲁国的附庸之国。邾国从邾子侠开始，有非、成、车辅、訾父、夷父、叔术、夏父、御戎、仪父、琐、文公、定公、宣公、悼公、庄公、隐公、桓公、何……邹穆公等国君。邾国在西周中后期慢慢脱离鲁国控制，成为一个有较强实力的独立小国，国君自称为"伯"，然《春秋》《左传》仍称为"子"。春秋时，邾国频频与诸侯结盟，表现得十分活跃，并先后占领属于费国、鄅国、鄢国、茅国的土地，并与鲁国发生冲突。邾国最盛时期，其疆域包括邹城市全境、费县东部、枣庄市东部和中部、济宁县东部等。后来受鲁人的压迫，邾文公被迫于公元前614年将国都南迁至峄山，其地在今邹城市南约10千米的邹峄山下。战国时期，邾国称为邹，后为楚宣王所灭，楚人将邾迁至湖北黄冈境内，设邾县。

5. 小邾国

小邾国又称郳，或倪，《春秋公羊传》作倪或儿，《左传》和《春秋谷梁传》皆写作郳。其故城在今枣庄市山亭区东江村附近。小邾国的第任

---

① 徐少华：《周代南土历史地理与文化》，武汉大学出版社1994年版，第133页。

一君主是郳夷父的儿子郳子友,在西周后期的周宣王时代从郳国分化出来。小邾国春秋前期没有得到周王朝认可,直到鲁僖公七年即公元前 653 年才被周王朝册封为子爵诸侯国。小邾国最后灭亡于战国时代。

6. 偪阳国

偪阳,又称逼阳,也是求言的后裔之国,由中原地区远迁至东夷居住区,周代被封为子爵诸侯国。它的周边有滕国、薛国、邾国、郯国和同姓的鄅国,故城在今山东枣庄市台儿庄区张山子镇的城里村。公元前 563 年,晋人带领诸侯军队灭亡偪阳,将其部分贵族安排在霍地以奉妘姓之祀。

7. 鄅国

鄅国亦为妘姓的求言之后,子爵,与偪阳相邻。其故城在今山东省临沂市兰山区南坊街道办事处鄅城古城。鄅国史实始见于《春秋·昭公十八年》,这一年邾人趁鄅君籍田之时侵入鄅国,俘虏了包括鄅子妻子、儿女在内的所有臣民,鄅子向宋人求救,由于宋人出面,邾人第二年释放了鄅俘。后为鲁国所灭,亡国时间不详。

四 嬴姓诸侯国

1. 黄国

黄国,东夷少昊氏后裔,前身为《后汉书》中所提到的九夷之一的"黄夷"。近祖为伯益(伯翳),与秦、郯、莒、徐、江等同祖同宗。黄国是较早沿淮河由东向西迁徙的东夷部族中的一支。在周初时,因远离山东东夷区域,所以没有参加管、蔡之乱而得以保全,并被周王室封为诸侯国。黄国地域包括今天的潢川县全部和光山县、商城县、罗山县、信阳市平桥区的一部分。是周代淮河上游南岸最大、最有实力的诸侯国。《春秋》与《左传》提到黄国时,多称"黄"或"黄人",不称其爵号,《潢川县志》言:"周成王平定东夷后大封诸侯,黄国为当时的诸侯国之一,嬴姓,子爵。"[1] 故城在

---

[1] 潢川县志编委会:《潢川县志》,生活·读书·新知三联书店 1992 年版,第 7 页。

河南潢川县城西约 6 千米的隆古乡。

关于黄国在西周时期的历史不见记载，至春秋时，楚国第一次以主人身份会盟北方诸侯时，黄国拒绝参与。公元前 675 年，楚人伐黄，败黄师于碏陵（今潢川县西南部）。在楚人的打击下，黄国为了自保，与江、弦、道等国结盟，同时也谋求加入中原诸侯的阵营，公元前 658 年齐、宋国盟于贯（今山东曹县南），而黄国没有接到邀请也参加了这次会盟。并加入中原诸侯阵营，举起了淮河上游一批小诸侯国抗楚的大旗。由于自恃背后有中原诸侯的支持，又认为楚人势力中心远在江汉一带，黄人不向楚人纳贡。公元前 649 年楚伐黄，次年楚人灭黄。黄灭后，楚在其地设县，并令黄国贵族管理黄地，而另有一些黄人在楚王室为官，最著名者就是战国后期的楚相春申君黄歇。

2. 江国

江国与黄国同源，都是伯益之后，嬴姓。两国既是同族，又是邻近的子爵诸侯国，且在春秋时也是同盟之国。江国位于黄国西北部，主体部分在淮河北岸驻马店正阳县境，也包括信阳市平桥区东北部和罗山县北部。故城在今天正阳县城南部的陡沟镇附近。

春秋时，楚人为了拉拢江国，楚成王的妹妹嫁给了江国国君，史称江芈。《楚王钟》铭文曰："佳正月初吉丁亥，楚王媵卬仲妳南和钟。其眉寿无疆。"郭沫若云："卬即江、黄之江，仲妳女字，南名。妳即楚姓芈之本字。……成王熊恽之妹有江芈者，或即此卬仲妳。"[①] 正因为这种关系，使得江国在弦、黄、英、六相继灭亡之后而却能安然无恙。公元前 626 年江芈回楚国，武王与江芈商量欲废太子商臣而立王子职。武王被杀之后，穆王继位，一向不喜欢江芈这位姑姑的楚穆王有了亡江之心，于公元前 623 年，楚穆王灭江。

3. 养国

养国，子爵，养人自称为"伯"，嬴姓诸侯国，地在今河南南阳市桐

---

① 郭沫若：《两周金文辞大系图录考释》，科学出版社 1957 年版，第 165 页。

柏县境，故城位于桐柏的月河镇附近。养国之史实不见于《春秋》《左传》《史记》等史书，20世纪60年代以后，随着养国的有铭铜器不断出现，这个消失于历史长河中的周代养国才渐渐浮出了水面。养国是早在夏商时期就进入中原的东夷部族的一支，大约在西周时期与江、黄等同时被分封到淮河上游。至春秋时期，由于楚人的入侵，养人归附于楚国，养国贵族则入楚为官，最著名者是养由基。正因养人忠实于楚国，所以当淮河上游的诸侯国被楚吞灭殆尽后，养国仍然存在着，随州发现的战国初期的曾侯乙墓中，在记载赠送曾侯乙丧葬物品的名单中有"养君"之名。[1] 可见，养国至少在战国初期还存在。战国时代的"养戈"上的铭文："养作宝戈。"也进一步证明养国在战国早期还存在。灭亡时间不详。

4. 钟离国

钟离，嬴姓，又"终黎""终利""终犁"，或作"童丽"。作为东夷部族的一支，在周代以前它主要活动在今天山东省枣庄市南部一带地区，西周初年迁至淮河中游，并被封为子爵诸侯国，位于安徽蚌埠和凤阳县一带，故城在今凤阳县坂桥镇李二庄以北、望城岗以西的大东关附近。古代典籍中很少记载钟离国的历史，至21世纪初，随着安徽蚌埠的双墩一号墓和凤阳县板桥镇的卞庄一号墓的发掘，出土的编钟上面有"童丽君柏""童丽君柏之季子康"的铭文，经考证，"童丽"即"钟离"。

钟离国在春秋之前不见载于史籍，"钟离"之名始见于《春秋》"鲁成公十五年"："冬十有一月，叔孙侨如会晋士燮、齐高无咎、宋华元、卫孙林父、郑公子鰌、邾人会吴于钟离。"杜预注曰："钟离，楚邑，淮南县。"[2] 杜预认为此时的钟离已为楚人所灭，其地成为楚国的一个邑。《左传·昭公二十四年》载："楚子为舟师以略吴疆。沈尹戌曰：'此行也，楚必亡邑。不抚民而劳之，吴不动而速之，吴踵楚，而疆场无备，邑能无亡乎？'越大夫胥犴劳王于豫章之汭。越公子仓归王乘舟，仓及寿梦帅师从王，王及圉阳而还。吴人踵楚，而边人不备，遂灭巢及钟离而还。沈尹戌

---

[1] 裘锡圭：《谈谈随县曾侯乙墓的文字资料》，《文物》1979年第7期；另见湖北省博物馆《曾侯乙墓》，文物出版社1989年版，第496页。

[2] （晋）杜预：《春秋经传集解》，上海古籍出版社1988年版，第738页。

曰：'亡郧之始，于此在矣。王一动而亡二姓之帅，几如是而不及郧？《诗》曰："谁生厉阶，至今为梗？"其王之谓乎？'"① 从此来看，此时的钟离国还是存在的。说明楚人虽占有钟离国之地但却并没亡其国，只是将其作为附属国而已。在春秋后期较长的一段时间内钟离国处于吴、楚两大势力之间，公元前518年被吴国灭亡。

5. 徐国

徐族是东夷部族中重要的一支，早在商代时被称作徐方，商、周之交，它与奄作为东夷族的核心，具有领袖地位。孔安国《尚书序》说："鲁侯伯禽宅曲阜，徐夷并兴，东郊不开。"② 可以说明西周初年以徐国为首的东夷各部曾一度威胁着鲁国的安全。曲阜以东和以南至龟、蒙、凫、峄四山一带是徐人的活动地。为了消除徐人的威胁，鲁人对徐人开始进行军事打击，《史记·鲁世家》记载："伯禽即位之后，有管、蔡等反也，淮夷、徐戎亦并兴反。于是伯禽率师伐之于肸，作《肸誓》，曰：'陈尔甲胄，无敢不善。无敢伤牿。马牛其风，臣妾逋逃，勿敢越逐，敬复之。无敢寇攘，逾墙垣。鲁人三郊三隧，峙尔刍茭、糗粮、桢榦，无敢不逮。我甲戌筑而征徐戎，无敢不及，有大刑。'作此《肸誓》，遂平徐戎，定鲁。"③ 通过武力，鲁人将徐人从世代生活的曲阜附近逼到南边的凫山、峄山以南，最后迁至今安徽泗县和江苏的泗洪县一带。周穆王时，徐国出现了一位英明的君主，史称徐偃王，《韩非子·五蠹》云："徐偃王处汉东，地方五百里，行仁义，割地而朝者三十有六国。荆文王恐其害己也，举兵伐徐，遂灭之。"④ 徐国君主徐偃王带领东夷和淮夷军队反叛周王朝，并一度打到洛阳附近。后来兵败逃至彭城武原。

春秋时期，由于楚人北侵、东进，相继灭亡淮河上游和中游的大小诸侯国，为了抵御楚人，徐人与中原诸侯如齐、鲁联盟。成公七年（前584年）以后，随着吴人开始与楚国争夺淮河中游地区的控制权，也以军事威

---

① （晋）杜预：《春秋经传集解》，上海古籍出版社1988年版，第1511页。
② （唐）孔颖达：《尚书正义·费誓》（十三经注疏本），中华书局1979年版，第254页。
③ （西汉）司马迁：《史记·鲁周公世家》，上海古籍出版社1997年版，第1228页。
④ （周）韩非：《韩非子·五蠹》（二十二子本），上海古籍出版社1986年版，第1183页。

胁徐国，徐国又与吴人妥协，徐君娶吴女为妻，并以吴女所生之子为徐君。所以从春秋中期以后，徐人就在楚、吴和中原集团三大势力的夹缝中生存，最终在公元前 512 年为吴人所灭。

6. 奄国

奄国，《史记》称为"运奄氏"。奄在商朝时期是东夷部族中十分有实力的方国，地在今曲阜附近。西周初年，奄国君主与管叔、蔡叔和商遗民武庚举兵反周，周公征讨叛乱之国，并灭亡奄国，将其地归于鲁国。

7. 郯国

郯国，嬴姓，子爵。是极少数在西周至春秋时期仍然在东夷核心区生存的东夷族的诸侯国。其主要活动区域在今山东郯城县一带，故城在今郯城县城北。公元前 414 年越王朱勾俘获郯子鸪，灭郯。

五　偃姓诸侯国

1. 六国

六国，属于东夷部族偃姓的一支，皋陶之后。在大禹时期，皋陶的后代开始建立方国，据《史记·夏本纪》载："皋陶卒，（禹）封皋陶之后于英、六。或在许。"① 故城在今天六安市的城东乡。史籍有关周代六国的历史十分简略，公元前 622 年为楚国所灭。

2. 英国

周代的英国与六国同出于东夷的皋陶部族。其疆域主要在今安徽霍山、金寨两县，另包括湖北英山县和河南商城县的一部分。由于英国与六国较早进入淮河中游地区，所以没有参与周初东夷部族的反周之乱，并且还被分封为诸侯国。公元前 646 年为楚所灭，英国是淮河中游被楚人灭亡的第一个诸侯国。

---

① （西汉）司马迁：《史记》，上海古籍出版社 1997 年版，第 55 页。

3. 群舒7国

群舒皆为偃姓，是皋陶之后，原为东夷集团的一支，早在夏商时期就生活在安徽省江淮之间。它包括舒、舒蓼、舒庸、舒鸠、龙舒、舒鲍和龚舒七国，后代史书中统称为"群舒"，其中舒为其宗国，而其他六个小国则是其分支。他们不仅地域相连，更有着共同的祖先、相同的文化。关于群舒的历史，商代甲骨卜辞、商周金文和春秋以前的典籍均无记载。舒国比六、英等同宗之国立国的时间要晚得多。舒国当在西周时期才被周王朝封为诸侯，而其同宗的舒蓼、舒庸、舒鸠、龙舒、舒鲍和龚舒等由于逐渐壮大，从其宗国中分离出来，后来也各自以子爵诸侯为周王朝所认可。春秋中期以后成为楚人的附庸，公元前615年至公元前548年先后为楚所灭。群舒文化在承续东夷文化因子的基础上，吸收和融合周边文化而创造出独具特色的地域文化。群舒主要活动在今安徽省霍山县、舒城县、肥西县、庐江县和潜山县一带。而舒城和庐江两县是其中心。其中，庐江县西部为舒的活动地，舒城县与肥西县之间为舒鸠，舒城县东和庐江县西北为舒庸，舒城县西和霍山县东部为舒蓼，舒城县南为舒龙，舒城县西为舒鲍，潜山县北为舒龚。

六 其他诸侯国

1. 柏皇氏部族的柏国

柏国，子爵，上古传说中的柏皇氏后裔之国。周初，周武王分封上古帝王之后，古老柏皇氏之裔古柏国的后代也被分封。宋人郑樵《通志·氏族略二》载："柏氏，子爵，《风俗通》：柏皇氏之裔。又柏亮父，颛帝师。柏招，帝喾师。柏景，为周太仆。柏国在今蔡州西平县，为楚所灭。子孙以国为氏。"[1] 罗泌《路史·前记六》也承是说云："柏皇氏，姓柏名芝，出搏日之阳，驾六龙，立于正阳之南，是为皇人山，其后为柏。有柏

---

[1] （南宋）郑樵：《通志》，中华书局1995年版，第67页。

氏。"① 柏国位于河南省西平县境，故城在今河南省西平县西南、小洪河南岸的出山镇和芦庙一带。当春秋时期，为共同对抗楚国，江、黄、道、柏、弦等淮河上游诸小国结成同盟，并维之以婚姻。当楚灭弦、黄、江、道后，柏国也被楚人所灭。

2. 伏羲之裔风姓的颛臾国

颛臾，风姓，伏羲之后裔。《左传·僖公二十一年》载曰："任、宿、须句、颛臾，风姓也。实司大皞与有济之祀，以服事诸夏。"② 郑樵《通志》曰："颛臾氏，风姓，伏羲氏之后，鲁附庸国。主东蒙及济水之祀。任、宿、须句、颛臾四国近济水，故祀济。"③ 其故城在今山东省平邑县城东约14千米的柏林镇贾庄村西南。西周初期，在分封上古帝王的同时，也分封了伏羲之后为"颛臾王"，为周天子祭祀蒙山。春秋时沦为鲁附庸之国。后亡于鲁，或言亡于楚。

3. 炎帝部族隗姓的弦国

弦国，隗姓，子爵。源于北方的赤狄，是炎帝部族的一支。主要活动在今光山西部、北部和罗山东部一带，故城当在今光山西北部距今天光山仙居店东十里处。公元前655年为楚人所灭。弦国的君王逃至其同盟国黄国，7年后，黄国也被楚所灭。

4. 炎帝部族隗姓的胡国

胡国，媿（隗）姓，赤狄的一支，与弦国同宗。东汉王符《潜夫论·志姓氏》说："归姓胡、有、何。"④ 归姓实即媿姓，"媿"或作"隗"。西周时期胡国在河南省漯河市境，《史记·楚世家》《正义》引《括地志》云："故胡城在豫州郾城县界。"⑤ 杨伯峻《春秋左传注》"襄公二十八年"

---

① （南宋）罗泌：《路史》（四库全书本），上海古籍出版社2003年版，第40页。
② （晋）杜预：《春秋经传集解》，上海古籍出版社1988年版，第321页。
③ （宋）郑樵：《通志》，中华书局1995年版，第64—65页。
④ （东汉）王符：《潜夫论》（百子全书本），岳麓书社1993年版，第850页。
⑤ （西汉）司马迁：《史记》，上海古籍出版社1997年版，第1360页。

注说：胡国为郑武公所灭，"故城当在今河南漯河市东。"① 春秋初期受郑武公的军事压力而向东迁移至安徽阜阳，《水经注》卷二十二"颍水"条曰："颍水又东南流，于故城北，细水注之。……颍水又东南流，径胡城东，故胡子国也。《春秋·定公十五年》，楚灭胡，以胡子豹归，是也。杜预《释地》曰：汝阴县西北有胡城也。颍水又东南，汝水枝津注之。……枝汝又东北流径胡城南，而东历女阴县故城西北，东入颍水。"② 胡国故城在今安徽阜阳西北。春秋中期胡国依附楚人，春秋后期转而依附齐、鲁，鲁定公十五年（前495年）二月，楚灭胡，胡子豹被俘，胡国历史就此结束。

5. 黄帝部族姞姓的项国

项国源于黄帝部族，远祖为伯儵，姞姓。这一支早先活动于辽西地区，后来南迁至中原地区，其中的一支又南迁至淮河北岸，建立了项国。故城在今河南省沈丘县槐店镇。公元前643年为鲁所灭。

6. 黄帝之裔任姓薛国

薛国，任姓，黄帝之裔，是淮河下游山东东夷地区的一个诸侯国，《春秋》《左传》称其君为"伯"，而传世的薛国青铜器如薛侯鼎、薛侯盘、薛侯壶、薛侯匜、滕侯昃戈、滕侯耆戈等皆自称为"侯"。宋人郑樵《通志》曰："薛氏，任姓，黄帝之孙颛帝少子阳封于任，故以为姓。十二世孙奚仲为夏车正，禹封为薛侯。奚仲迁于邳，十二世孙仲虺为汤左相，复居薛。……至武王克商，复封为薛侯。……自仲虺为诸侯，历三代凡六十四世，至愍侯弘，为齐所灭。"③ 薛国是一个古老的国家，相传其始封之君为夏王朝的车正奚仲，在夏、商两朝皆为东方重要的方国，至周时又继为诸侯国。薛本开始立国于山东滕县的薛城，后来迁于邳地，曰下邳，在今江苏邳县东北，不久又迁于上邳，即仲虺城，在薛城的西边。后又复迁于薛。周代薛国故城在滕州市南约25千米的官桥镇境内。春秋时期，薛

---

① 杨伯峻：《春秋左传注》，中华书局1981年版，第1141页。
② （北朝）郦道元：《水经注》，岳麓书社1995年版，第321—322页。
③ （南宋）郑樵：《通志》，中华书局1995年版，第59—60页。

国与中原诸侯结盟,但因为是异姓诸侯,所以一直处于受排挤的地位。最后为齐所灭。

7. 黄帝之裔任姓邳国

邳国,任姓,在商代时邳国就是一个著名的诸侯国,与姺齐名,后来商王朝曾大举征讨过邳国。地在今江苏邳县之下邳,战国初年才又迁至山东峄县,为上邳。公元前261年,为楚考烈王所灭。1954年,山东省文物管理处收到峄县文化馆征收到的2件铜罍,两铜罍口缘环有相同的铭文曰:"惟正月初吉,丁亥,不伯夏子自作尊罍,用蕲眉寿无疆,子子孙孙永宝用之。"铜罍为战国初期作品。王献唐认为"不伯"即"邳国",与薛为同宗之国①。尽管这个任姓邳国在《春秋》《左传》很少记载,但正因其不结盟,所以才得以在乱世中生存时间最长久。

8. 尧之后裔祁姓的房国

房国,祁姓,子爵,乃帝尧之子丹朱之后裔所封之国,又称为房子国。郑樵《通志》也承是说:"房氏,祁氏,舜封尧子丹朱于房,今蔡州遂平故吴房县是也。以楚后封吴夫概于此,故谓之吴房。丹朱生陵,后世国绝,子孙以国为氏。"② 故城在今天遂平县县城。房国在西周时期与周王室关系密切,周康王娶房君的女儿为妃,又据《国语·周语上》载:"昔昭王娶于房,曰房后,实有爽德,协时丹朱。丹朱凭身以仪之,生穆王焉。"③ 韦昭注曰:"房,国名。"④ 可证西周前期的康王、昭王两代君主都以房国之女为妃。春秋时期,房国曾经与许、胡、沈、道、申等一同被迁至楚地,楚王即位之后复之。房国在公元前500年前后为楚所灭。

9. 舜之裔妫姓的陈国

陈国是传说中舜之后裔之国,武王灭商之后,追封上古帝王与圣贤之

---

① 王献唐:《邳伯罍考》,《考古学报》1963年第2期。
② (宋)郑樵:《通志》,中华书局1995年版,第68页。
③ 《国语》,上海书店1987年版,第10页。
④ 《国语·周语上》注,上海书店1987年版,第10页。

后,于是将妫满封于陈地,称为胡公。陈是周代淮河上游的一个二等大国,侯爵。陈国都城在今淮阳县城东的新蔡河西岸。晋人杜预说:"周得天下,封夏、殷二王后,又封舜后,谓之恪。并二王后为三国。其礼转降,示敬而已,故曰三恪。"① 三恪即舜、夏、殷之裔。周武王将自己的女儿也嫁给了妫满,可见陈在西周时期的地位。在春秋之前,陈国比较安定,至春秋中期后,在楚人反复的打击下,被迫依附于楚国,从而成为中原诸侯报复的对象。公元前 598 年楚人灭陈,将其地设为一个县,不久又复之。公元前 534 年楚人再次灭陈,楚平王继位后复之。公元前 478 年,楚公孙朝率军再次灭陈,于是陈国终于结束了它 500 余年的历史。

10. 姒姓鄫国

鄫,姒姓,子爵。故城在今山东省兰陵县向城镇西北约 16 千米的鄫城前村与鄫城后村之间。宋郑《通志》曰:"曾氏,亦作鄫,亦作缯,姒姓,子爵。今沂州承县东八十里故鄫城是也。夏少康封其少子曲烈于鄫。襄六年,莒灭之。"② 世传有鄫子郑伯鬲、曾子綏簠、曾子仲宣鼎等。在春秋时期,迫于鲁、邾、莒等,国弱而不能自保。终于在公元前 567 年为莒国所灭。

11. 姒姓越国

越国本为大禹后裔之国,《史记·越王句践世家》载:"越王句践,其先禹之苗裔,而夏后帝少康之庶子也。封于会稽,以奉守禹之祀。文身断发,披草莱而邑焉。后二十余世,至于允常。云:'於,语发声也。'允常之时,与吴王阖庐战而相怨伐。允常卒,子句践立,是为越王。"③ 越国早期主要以浙江绍兴的禹王陵为中心。至春秋后期,越国逐渐强大,越国著名的君主勾践最终灭亡了吴国,越国势力也一度到达鲁地,东至东海,西迄皖淮,成为春秋至战国中期东南部的大国。公元前 306 年,越王无疆伐齐、攻楚,楚威王以兵伐越,无疆兵败身亡,楚尽取越之淮上之地。越国

---

① (晋)杜预:《春秋经传集解》,上海古籍出版社 1988 年版,第 1036 页。
② (宋)郑樵:《通志》,中华书局 1995 年版,第 61 页。
③ (西汉)司马迁:《史记·越王句践世家》,上海古籍出版社 1997 年版,第 1376 页。

于是分崩离析,子弟们争相立王称君,居住于东南沿海,其中东越、闽越皆为其后人所建的国家,服朝于楚。

12. 子姓的宋国

周武王灭商之后,并没有灭绝商之宗祀,而分封纣王之子武庚于殷以奉宗祀。周武王死后,武庚在管叔、蔡叔等人策动下发动叛乱,周公平叛而杀武庚,收商之遗民,又分封殷帝乙之长子、纣王的庶兄微子启于商丘(今河南商丘),国号为宋。春秋时,楚成王北进,宋襄公为中原诸侯盟主,公元前638年以宋为首的中原诸侯与楚人战于泓水,兵败于楚,襄公受伤而亡。由于楚人先后灭亡淮河上游和中游诸侯国,征服了宋人南部的陈国、蔡国,于是宋国就直接面对着楚人的威胁,并夹在楚国和北方齐、晋等大国之间,从楚国齐、晋伐之,从齐、晋则楚讨之,不得安宁。至战国时期,宋国仍处于齐、楚、魏之间。公元前329年,偃以武力取得宋国君主之位,史称宋康王,也是宋国的最后一位国君。据《史记·宋微子世家》载:"君偃十一年,自立为王。东败齐,取五城;南败楚,取地三百里;西败魏军,乃与齐、魏为敌国。盛血以韦囊,县而射之,命曰'射天'。淫于酒妇人。群臣谏者辄射之。于是诸侯皆曰'桀宋'。'宋其复为纣所为,不可不诛'。告齐伐宋。王偃立四十七年,齐湣王与魏、楚伐宋,杀王偃,遂灭宋而三分其地。"[1] 宋之灭亡于公元前286年。

13. 子姓萧国

萧国,子姓诸侯国。地在今安徽省北部的萧县。《汉书·地理志》"沛郡"条"萧县",班固自注曰:"故萧叔国,宋别封附庸也。"[2] 郑樵《通志》载,萧,"子姓,杜预曰,古之萧国也。其地即徐州萧县是也。后为宋所并,微子之支孙大心,平南宫长万有功,封于萧,以为附庸。宣十二年,楚灭之。子孙因以为氏,世居丰、沛之间。"[3] 欧阳修等《新唐书》说:"萧氏出自姬姓,帝喾之后。商帝乙庶子微子,周封为宋公,弟仲衍

---

[1] (西汉)司马迁:《史记》,上海古籍出版社1997年版,第1301页。
[2] (东汉)班固:《汉书·地理志》,中华书局1985年版,第1572页。
[3] (宋)郑樵:《通志》,中华书局1995年版,第60页。

八世孙戴公生子衎,字乐父,裔孙大心平南官长万有功,封于萧,以为附庸,今徐州萧县是也,子孙因以为氏。其后楚灭萧,裔孙不疑为楚相春申君上客,世居丰沛。"① 从此可见,萧本是商之后裔,是宋国的君主微子的后代,亡于楚。

---

① (北宋)欧阳修等:《新唐书》,中华书局1975年版,第2277页。

第十二章　周代淮河流域族群融合

在中华民族形成的漫长历史过程中，由氏族到部落，再到部族，进而发展到部族联盟与族群，然后形成以中原地区为核心的华夏族和以分布于东南西北的"四夷"族，最后经过不断融合而最终形成了以汉族为核心的中华民族。在这一历史进程中，周代是一个极其重要的历史时期，周王朝和一些主要大的诸侯国通过肢解族群、分封怀柔、夷夏杂处、征伐兼并等各种方式，使原本泾渭分明的族群居住区变成了多部族共同生活的地区，使原本有着不同文化的族群在有意与无意之间融入了华夏文化圈之中。这一时期为中华民族和中华文化的形成奠定了坚实的基础。

从西周到春秋时期，周王朝为了实现对其他族群的有效统治与融合，对不同区域所采取的政策有所不同：在原来商王朝的王畿之地、西部和北部的戎狄地区，在武力镇压之后主要以同化和安抚为主；在中原腹地的其他地方以怀柔为主；对南方的楚人则以防御为主、军事进攻为辅；唯有对淮河流域则采用了多种方式。这是因为，生活在淮河流域的淮夷与淮河下游的东夷族群与中原诸族群相抗衡久矣，夏商两朝都曾多次对其征讨，而西周初期更成为反叛周王室的主要力量；同时，江淮地区是周王朝在南方的有效控制区与象征性控制区的分界线，为了巩固其南土并为下一步经营江南打下基础，周王朝更加注重这一地区。

经过从西周至战国时期800年的融合，淮河流域的各个族群基本上都纳入了华夏大族群之中，除少数上层贵族之外，在大部分普通人心目中原始的部落与部族意识已逐渐淡化，至秦代编户齐民，基本上完成了这一区域的民族大融合。

一 肢解族群而淡化其集体记忆

从新石器时期到西周建立,我国历史经历了从传说中的伏羲、炎帝、黄帝、颛顼、帝喾、尧、舜、禹时代,从而进入夏、商王朝,诸多原始部族或族群先后崛起,文化各领风骚、递相替代,在部族长期的征战中,黄帝族战胜炎帝族而入主中原,以黄帝族为主体,融入被征服的炎帝族的一部分和生活于中原地区的原住民从而形成了一个庞大的华夏族群。传说中的五帝是从春秋以来逐渐形成并在汉代最终定型的一个上古帝系,它的目的只不过是想证明以黄帝为核心的华夏系统的一脉相承和正宗地位,其真实性有待商榷,但有一点却是事实:黄帝、颛顼、帝喾、尧、舜、禹虽来自不同的部族或族群,但经过数千年的融合,最终都纳入到了同一个大的文化圈之中,为后来华夏族群和华夏文化的形成奠定了基础。

然而,从新石器中后期至周代建立,最有影响的族群是中原族群与东夷族群,黄帝、颛顼、尧、禹和夏王朝都来自中原族群,而伏羲、帝喾、舜和商王朝则出自东夷族群,两族群既有纷争也有妥协,传说时期五代的更迭与夏、商、周三代的兴衰既是两大族群权力平衡的结果,也是两大族群力量此消彼长的表现。

尽管商族人在前商和建立商王朝之后主要活动中心在中原地区,但是由于其出自于东夷族群,因此以黄帝后裔自居的周人仍将其作为异族来看待,在建立周王朝之初,周人为了巩固其统治,便不遗余力地来瓦解商王朝的旧势力,同时也大力分化东夷族群和其他势力强大的族群,以期从族群的组合、文化的认同等各个方面实现对"非我族类"的改造。于是肢解旧族群而将其纳入华夏族群就成了周王朝实现族群融合的一个主要手段。

周人灭商之后,由于天下未定,商之遗民势力较大,周王朝首先采用安抚之法,将商王朝王畿之内的遗民交由商纣之子继续统治,《史记·周本纪》曰:"封商纣子禄父殷之余民。武王为殷初定未集,乃使其弟管叔鲜、蔡叔度相禄父治殷。"[①]《史记·管蔡世家》也说:"武王已克殷纣,

---

① (西汉)司马迁:《史记》,上海古籍出版社1997年版,第86页。

平天下，封功臣昆弟。于是封叔鲜于管，封叔度于蔡，二人相纣子武庚禄父，治殷遗民。"① 为了达到进一步削弱商之遗民、监视纣子武庚的目的，周武王将商王畿旧地一分为三，由周武王的三个弟弟管叔、蔡叔和霍叔分别管辖。《史记正义》引《帝王世纪》曰："自殷都以东为卫，管叔监之；殷都以西为鄘，蔡叔监之；殷都以北为邶，霍叔监之：是为三监。"② 武王死后，成王年少，由周公摄政，但由于管叔、蔡叔怀疑周公有篡政的企图，所以便联合武庚叛乱，东夷各族大举响应。这场叛乱对刚刚建立的西周王朝来说是一个巨大威胁，于是周公果断率兵平叛，经过三年的征伐，最终诛灭武庚，平息东夷，杀掉管叔，放逐蔡叔。

管、蔡之乱使周王室对商之遗民更加不放心，于是"分殷余民为二：其一封微子启于宋，以续殷祀；其二封康叔为卫君，是为卫康叔"③。同时将当年叛乱时有影响力而又不听教训的大家族西迁至今之洛阳地区，以彻底瓦解商王朝遗民势力，据《史记·正义》载："《尚书·洛诰》云：'我卜瀍水东，亦惟洛食，以居邶、鄘、卫之众。'又《多士篇序》云：'成周既成，迁殷顽民。'"④ 今之《尚书·多士》篇云："今尔惟时宅尔邑，继尔居，尔厥有千余年于兹洛，尔小子乃兴从尔迁。"⑤ 正是对迁商遗民这一历史大事的记载。这样，商之王畿之内的商之遗民便分成三部分，一部分仍居于王畿旧地，由卫康叔统领；另一部分迁至今商丘一带，建立宋国，由商之旧贵族中的贤者微子统领；还有一部分迁至成周即今洛阳等地。经过数百年的融合、教化，这些商之遗民慢慢地融入华夏文化圈中，并以华夏族的一分子而自居。

对于淮河流域而言，东夷族群是参加管蔡之乱的主要力量，所以在平定叛乱之后，周成王和周公便采用分裂方式把一部分东夷族人从族群中分化出来，《左传·定公四年》记载：

---

① （西汉）司马迁：《史记》，上海古籍出版社1997年版，第1256页。
② 同上书，第86页。
③ 同上书，第1256页。
④ 同上书，第90页。
⑤ 《尚书》，线装书局2007年版，第196页。

昔武王克商，成王定之，选建明德，以蕃屏周。故周公相王室，以尹天下，于周为睦。分鲁公以大路，大旂，夏后氏之璜，封父之繁弱，殷民六族，条氏、徐氏、萧氏、索氏、长勺氏、尾勺氏。使帅其宗氏，辑其分族，将其类丑（众也），以法则周公，用即命于周。是使之职事于鲁，以昭周公之明德。分之土田陪敦，祝、宗、卜、史，备物、典策，官司、彝器。因商奄之民，命以伯禽，而封于少皞之虚。分康叔以大路、少帛、綪茷、旃旌、大吕，殷民七族，陶氏、施氏、繁氏、锜氏、樊氏、饥氏、终葵氏；封畛土略，自武父以南，及圃田之北竟，取于有阎之土，以共王职。取于相土之东都，以会王之东蒐。聃季授土，陶叔授民，命以《康诰》，而封于殷虚。皆启以商政，疆以周索。分唐叔以大路，密须之鼓，阙巩，沽洗，怀姓九宗职官五正。命以《唐诰》，而封于夏虚，启以夏政，疆以戎索。三者皆叔也，而有令德，故昭之以分物。①

当年分给卫康叔统治的商遗民主要是商朝王畿之内的贵族，有陶氏、施氏、繁氏、锜氏、樊氏、饥氏、终葵氏七族；分给唐叔的有怀姓九宗，杜预注曰："怀姓，唐之余民，九宗，一姓为九族。"② 怀姓的九族原本是商代山西之后唐国的后裔之族。而分给鲁国的殷民六族：条氏、徐氏、萧氏、索氏、长勺氏、尾勺氏，则是原居于山东、安徽境内的东夷族群中的成员。

王恩田《山东商代考古与商史诸问题》③ 一文根据考古发现和文献记载，认为殷氏六族的地理位置为：

条氏，即为攸氏，古代条、攸一字。位于今天山东滕州的后黄庄一带。

徐氏，商为徐国，位于今山东费县城北一带。

萧氏，居于今在安徽省萧县。

索氏，居于兖州中李宫一带，在这里曾出土过索族的青铜器。

---

① （晋）杜预：《春秋经传集解》，上海古籍出版社1988年版，第1620页。
② 同上书，第1265页。
③ 王恩田：《山东商代考古与商史诸问题》，《中原文物》2001年第4期。

长勺氏与尾勺氏，位于周代鲁国的北部，介乎齐鲁之间。

陈梦家《殷墟卜辞综述》认为："《左传》定四分鲁公以殷民七族，其中条、徐、萧、索之徐、萧、索当在今徐州、萧县、宿县一带。条亦应近此三处。萧为子姓，则条亦是与殷同姓。"①

从当时鲁国管辖的国界来看，远在安徽省的萧县当不会属于鲁国所有，所以后来处于萧县的萧国应当不是西周初年分给鲁国的萧氏，当为居于鲁国的另一支萧氏之族。再者，周代的萧国乃为宋人后来自己所分封的附庸之国，徐国也是在周初东征之后才南迁而来的，他们原本并不是商代就已建立在这一带的诸侯国。

通过《左传》记载来看，在周公之子伯禽即位为鲁君之后，除带去一部分军事力量及其家属和一些理政辅助人员之外，其所治下的大部分臣民当为原居住于东夷区的东夷族人，而将东夷六族划归鲁人统治也是在平定管蔡与东夷之乱以后。通过周公东征，一些东夷族的大方国及力量强大的部族被剿灭，如奄国等；一些则被迫迁徙，如徐国等；一些则接受了分封，如郯国、莱国等；还有一些力量较小弱的氏族则在军事威慑和行政命令之下成了鲁国的臣民，如条氏、萧氏、索氏、长勺氏、尾勺氏等族。徐氏，原居于鲁曲阜附近，在伯禽就国之初，强大的徐国曾一度威胁到鲁国的安全，后来在周公和其子伯禽的反复打击之下，才南迁到淮河两岸，其留在原地而未迁徙的徐氏在后来分给了鲁国。

这些被分给鲁国的东夷族人，在鲁人的礼制熏陶下，能够快速地融入中原文化圈中，从而逐渐淡化原来的族群身份记忆。

周王朝的这一方式在春秋时期也为楚国进一步发展并在实践中运用。楚国为了同化和有效地统治被征服的淮河流域诸侯国的贵族和子民，采用了远迁区域之外和在区域之内迁徙的两种主要方式。

其一是将淮河流域之内的人群迁至楚地进行管理与同化。《左传·昭公十三年》载："楚之灭蔡也，灵王迁许、胡、沈、道、房、申于荆焉。平王即位，既封陈、蔡，而皆复之。"② 许、胡、沈、道、房、申等都是淮

---

① 陈梦家：《殷墟卜辞综述》，中华书局1988年版，第306页。
② （晋）杜预：《春秋经传集解》，上海古籍出版社1988年版，第1389页。

河上游和中游的诸侯国，楚灵王灭亡这些国家之后，将其贵族与部分民众迁至楚国境内的荆，杜预注曰："荆，荆山也。"① 只不过这些被迁的中原族人后来又都在楚平王时期回到了原住地，且恢复了诸侯国地位。后来，楚人在灭亡淮河流域的诸侯国时仍然将一部分中原人迁到了楚国境内，如公元前538年楚国灭掉赖国，将其民迁于今天湖北省的宜城市；公元前447年楚灭蔡，将蔡之遗民分迁至楚境，以至于后来楚地有"望蔡""高蔡"之名，这里既是南迁后的楚人集居地，也寄托了对故乡的深深思念之情。

其二是在淮河流域内的迁徙。楚人在进入淮河流域之时，为了巩固对新征服地区的控制，便将较早归顺的淮河流域地区的诸侯国整体逐次由西向东迁徙。如姜姓的吕国原本在河南的南阳，公元前688至公元前683年被楚国灭亡，楚成王将吕人迁到淮河上游的新蔡地区，为楚人经营蔡国故地，同时也发挥其作为同盟国兼附庸的作用，以抵御北方诸侯；姜姓申国原来也在河南南阳市，约在公元前688年为楚文王所灭，将其迁至淮河上游的信阳市一带，来到信阳的申国早已淡化了自己作为炎帝后裔的身份记忆，申国的贵族在楚国为官，其子民组成军队充当楚国进攻中原诸侯的先锋；来自黄河之北的番国居于淮河上游的南北两岸地区，在春秋时期较早归于楚国，后来楚人将迁至淮河上游与中游之交的固始县一带，作为防御吴国的有生力量；位于今于桐柏县的养国在归顺楚人之后，楚人也曾将其贵族及其子民东迁到淮河中游一带。

楚人这种对诸侯国的迁徙，一方面肢解了各个诸侯国的整体力量，另一方面也达到了快速同化各个不同部族的目的。

二 采用怀柔之术而笼络"异族"人心

周朝初年，为了巩固其统治，大量分封诸国，除了分封同姓贵族和有功之臣以外，还大举分封前代圣贤之裔："武王追思先圣王，乃褒封神农之后于焦，黄帝之后于祝，帝尧之后于蓟，帝舜之后于陈，大禹之后于

---

① （晋）杜预：《春秋经传集解》，上海古籍出版社1988年版，第1389页。

杞。于是封功臣谋士，而师尚父为首封。封尚父于营丘，曰齐。封弟周公旦于曲阜，曰鲁。封召公奭于燕。封弟叔鲜于管，弟叔度于蔡。余各以次受封。"①

周王朝所分封之诸侯国，姬姓之国的建立是为了以同姓诸侯来拱卫王室，异姓诸侯一部分是出于对有功之臣之奖赏，而更多的则是出于怀柔政策。其怀柔对象有两种：一种是前代圣王之裔，如神农、黄帝、尧、舜、禹之后；另一种则是商之遗民和东夷、淮夷之族，因为出于王朝安定考虑，周公击败东夷之族而亡其首恶者，迁其"强项"者，却不能将其族群全部迁出，所以对那些未参与叛乱者和从属者采取怀柔之术，"择其优秀和平者，予以官爵以羁之，封之国土以容之，崇其明祀以縻之，化暴戾之气，使不思叛变"②。

周王朝到底分封了多少诸侯，今天很难做出准确而详细的统计。周王朝的分封有很多次，除周初的周武王、周成王、康王时代之外，周宣王和其他的君王也曾大肆分封，且后来各诸侯国以建立附庸之国的方式分封其裔子、裔孙，后来这些附庸大多数都形成了独立的诸侯国。所以说，周代之诸侯国有"千八百"之数并非虚言。

周代淮河流域的诸侯国数量是最多的，其分布的稠密程度也是其他地区所不可比的。这一地区既有如鲁、蔡、陈等这样的大国，也有息、蒋、许、薛、藤、郑、徐这样的中等国家，而更多的则是如赖、蓼、应、沈、道、顿、茅、江、黄、养、钟离、郯、六、英、群舒、向、邻、偪阳、鄢、邾、小邾、番、邳、颛臾、弦、项、柏、房、鄯、萧这样的小国或附庸之国，且数量最多的是子爵诸侯国。

同时这一地区也会集了上古众多的古老部族，如柏皇氏、伏羲氏、炎帝、黄帝、太昊、少昊、祝融、尧、舜等古老部族的后裔们都在这里建立了诸侯国。

淮河流域嬴姓诸侯国有徐、奄、江、黄、养、钟离、郯等。远祖为少昊，近祖为伯益，本是东夷族群中最为古老的一支。这支的大部分生活在

---

① （西汉）司马迁：《史记·周本纪》，上海古籍出版社1997年版，第86页。
② 王献唐：《炎黄氏族文化考》，齐鲁书社1985年版，第51页。

东夷地区,而另一些则在夏、商时期便已北迁、东移或南下,有些甚至在旧石器时期就已开始迁徙。当周成王东征时,作为力量最强大的嬴姓诸侯国奄被彻底消灭,而徐国也被赶到了苏北的淮河流域两岸。而在西周之前便已迁至淮河中游与上游的东夷人因为没有参与东夷族人的叛乱而得以生存。为了稳定这批东夷族人,周王朝便以分封的方式进行安抚以收拢人心,所以在淮河上游就有了养、江、黄等子爵诸侯国,而中游则有子爵的钟离国。在下游又分封了徐、郯等,虽然这些诸侯国都为等次较低的子爵诸侯,却使未被剿灭东夷嬴姓族人得以有寄生之地,除不"安分"的徐国后来多次举兵反叛周王室以外,其他诸侯国也都较守本分,使国家与封地得以延续。

淮河流域的偃姓诸侯国有英、六、群舒等,偃姓与嬴姓同祖,都出自于少昊氏,其近祖为皋陶,也是东夷的一大支。《史记·夏本纪》《正义》引《帝王纪》云:"皋陶生于曲阜。曲阜偃地,故帝因之而以赐姓曰偃。"① 徐旭生先生说:"皋陶的'皋'仍是太皞、少皞的'皞'。"② 尽管偃姓也发源于东夷地区,只不过当夏代之前,皋陶便已迁至淮河中游地区,并在这里繁衍、生息、发展、壮大,据《史记·夏本纪》载,舜时,皋陶得以显示其才干,有功于世,"皋陶卒,(禹)封皋陶之后于英、六。"③ 经夏商两代的发展,这一支固守于祖先所开拓的疆土始终不曾再迁徙,并发展为很多支族,占据了安徽中部的江淮之间,成为最有势力的土著居民。周代初年,由于偃姓族人置身于东夷族叛乱之外,所以这一地区不仅没有被周人征讨,并且分封了英、六、巢、桐等诸侯国,而以舒国为宗国的舒鸠、舒龙、舒鲍、舒龚等也在后来各自形成相对独立的小诸侯国。由于周王朝对偃姓一支采取的怀柔政策,使这一支东夷族人尽管在文化上依然保持其一定的独立性,但从西周至春秋时期都归服于周王朝,没有叛乱的记载,也使得淮河中游南部的江淮地区在楚人到来之前一直十分安宁。

炎帝族与黄帝族同时起源于西部,在炎黄两族旷日持久的争战中,最终以炎帝族失败而告终,使得炎帝族的主体分居于四方,所以在华夏文化

---

① (西汉)司马迁:《史记》,上海古籍出版社1997年版,第55页。
② 徐旭生:《中国古史的传说时代》,文物出版社1985年版,第54页。
③ (西汉)司马迁:《史记》,上海古籍出版社1997年版,第55页。

核心区的东部、南部、西部与北部均有古老的炎帝族的后裔，而炎帝族的后裔在传说中的尧舜时期和夏、商时代人才辈出，如尧、舜时期的伯夷，据《尚书》等文献记载，伯夷与禹、稷、契、垂、益、皋陶、夔和龙等齐名，舜命伯夷典三礼，"作秩宗，夙夜惟寅，直哉惟清。"① 正因伯夷的杰出表现，他的子孙们也分别在吕、申等地建国。古代典籍多有记载：

> 昔共工弃此道也，虞于湛乐，淫失其身，欲壅防百川，堕高堙庳，以害天下。皇天弗福，庶民弗助，祸乱并兴，共工用灭。其在有虞，有崇伯鲧，播其淫心，称遂共工之过，尧用殛之于羽山。其后伯禹念前之非度，厘改制量，象物天地，比类百则，仪之于民，而度之于群生，共之从孙四岳佐之……祚四岳国，命以侯伯，赐姓曰"姜"，氏曰"有吕"，谓其能为禹股肱心膂，以养物丰民人也。②
>
> 尧以四岳佐禹有功，封之于吕，命为侯伯，使长诸侯也。……姜，四岳之先，炎帝之姓也，炎帝世衰，其后变易，至四岳有德，帝复赐之祖姓，使绍炎帝之后。③
>
> 太公望吕尚者，东海上人。其先祖尝为四岳，佐禹平水土甚有功。虞、夏之际封于吕，或封于申，姓姜氏。夏、商之时，申、吕或封枝庶子孙，或为庶人，尚其后苗裔也。④
>
> 姜姓本炎帝，生于姜水，因以为姓。其后子孙变易他姓。尧遭洪水，共工之从孙佐禹治水，为四岳之官，以其主四岳之祭，尊之，故称曰"大岳"，命为侯伯，复赐以祖姓曰姜，以绍炎帝之后。⑤

可见炎帝之裔伯夷在前代曾为四岳之职，又尊为"太岳"，其后代所建立的吕国、申国一直延续到夏、商时期。至周代为安抚炎帝之族，不仅续封夏商以来的炎帝之裔国申、吕，同时又另在淮河流域分封炎帝族的许

---

① 李民、王健：《尚书译注·舜典》，上海古籍出版社2004年版，第18—19页。
② 《国语·周语下》，上海书店1987年版，第35—37页。
③ 同上书，第36页。
④ （西汉）司马迁：《史记·齐太公世家》，上海古籍出版社1997年版，第1196页。
⑤ （北宋）欧阳修等：《新唐书·宰相世氏表》，中华书局1975年版，第2963页。

国和向国。宣王时将远在北方的申、吕等国南迁至南阳地区，春秋时楚人又将申、吕迁至淮河上游。同时，西周时期所分封的炎帝族人还有弦国和胡国，它们都是源于北方的赤狄。

周代淮河流域中所分封的及后来迁移和通过领土扩张而来的祝融后裔之国较多，从史书记载来共有七个诸侯国：己姓番国，妘姓的鄅国、偪阳国、鄾国；曹姓的邾国、倪国（小邾国），芈姓的楚国。这些国家在早期多属于子爵诸侯国或作为附庸之国而存在，地位普遍不高。至春秋中期之后，楚人向北扩张，几乎占据了淮河流域的大部地区，成为这一地区的主导性大国。

三 以夷夏杂处之法实现族群的渐融

西周王朝从西周初期到春秋各个朝代分封诸侯的行为，既是出于对王族、功臣、圣贤之后褒奖的需要，也是为了巩固其统治的需要，体现出周王朝的战略思想。就淮河流域诸侯国的分封及其分布情况来看，分两种主要现象：

其一，就地分封，以土著居民统治与管理现居住地。这些人群虽不属于中原族群，但在周人灭商战争中没有与周人对抗，周初叛乱中也没有加入叛乱队伍，所以得以保全领地并以周代的诸侯国形式而存在。如嬴姓的江、黄、养、钟离、郯，偃姓的六、英、群舒，还有其他异姓诸侯如鄅、偪阳、鄾、邾、颛臾、弦、鄟、薛等。这些诸侯国都是以其氏族原有的统领为诸侯国君，并且仍居于原来的地方，管理着自己的族人，在接受周人统治甚至接受周人某些礼制的同时也在延续着自己族群的独特文化。比如薛国，本为任姓，属于黄帝之裔，早在夏以前这一支就东迁至淮河下游的东夷核心区的鲁南一带，至迟在夏代的已立国，相传夏代薛国的始封之君奚仲曾经作过夏王朝的车正，在商时薛国也是商王朝东方的重要方国。20世纪在滕州市一带发现一些具有商代文化特色的大型遗址，其中最著名者是前掌大商代墓地。前掌大墓地位于滕州市南约25千米的官桥镇，其西约500米即薛国故城遗址，前掌大商代墓葬与中原地区的商墓相比既有其共同特点，如在墓葬的一些形制方面及使用商代礼器等方面体现出它受到商文化的强烈影响。但前掌大墓地也有着自己鲜明的特点，如大部分墓葬棺下没有商人葬制中常见的腰坑，而在棺旁设殉狗坑；一些墓葬中随葬有陶盆、豆、罐等器物，这在已发掘的中原商墓中少见；前掌大墓葬中少见酒器，这也与商人嗜酒且中原商墓随葬酒器较多而不同。于是研究者认为薛国是商王朝在东方的一个重要方国，"前掌大商代遗址群应属'商薛'和'任薛文化'"[①]。至周代，由于薛人虽是商代的方国又处于东夷族群的居住区却没有帮助商人也没有加入东夷叛乱集团，所以周王朝仍使商代薛国在原居住地得以延续。

其二，采用封君殖民法，以中原族群的封君统治土著的旧族之民。如息、蒋、赖、蔡、道、应、郑、随、顿、沈、鲁、滕、茅等大大小小十多个诸侯国。还有较早融入华夏圈中的异姓诸侯国，如陈、房、许等。

而封君殖民法则是周人统治尤其是同化淮河流域各族群最有效的方式，进入春秋时期楚人也延续着这一方法，这种方式逐渐地改变了被统治的土著居民对族群的认同，对文化的接受，从而加快了淮河流域各不同族群的融合进程。

1. 以周王朝的同姓诸侯和有功之臣统治原住民

周人的封群殖民首先是以同姓诸侯和对王朝的有功之臣来管理和统治原居住地的异族土著居民。由于淮河流域原土著居民分属于不同的族群，又各自有着专属的领地，所以周人在这里因地制宜建立了众多的诸侯国，如姬姓的王族来任诸侯国之君，如早期建立的蔡、息、随、赖、道、应、顿、鲁、滕，以及后来又相继分封的蒋、沈、茅、郑等。其中息、蒋、赖、蔡、道、应、郑、随、顿在淮河上游，沈在淮河中游，而鲁、滕、茅则位于淮河下游地区。从姬姓诸侯的数量来看，淮河上游的居多，中下游则偏少，这是因为在周代尤其西周时期，淮河上游东夷、淮夷等土著力量较弱，所以便于建立新的诸侯国；而淮河中下游则是淮夷与东夷的核心统治区域和其他异族的杂处区，这一带建立新的诸侯国空间较小。

淮河上游的息国在商代就是一个古老的方国，且与商王朝保持着婚姻

---

① 李鲁滕：《略论前掌大商代遗址群的文化属性和族属》，《华夏考古》1997年第4期。

关系，被认为是商代在淮河流域所建立的最强大的南方堡垒。在商灭亡之后，周人便在商代息国故地建立了新的息国，周武王以自己的弟弟羽达为第一代息国君主，羽达当然不可能带上大批的中原姬姓子弟前来就国，其所统治的主要民众无疑是商代息国的遗民。

处于淮河下游的鲁国，在建国之初，"封于少皞之虚"，"因商奄之民"①，正因奄人是周初东夷族叛乱的发动者与领导者，所以周成王与周公不仅彻底灭掉奄国，而且让鲁来管理同化以奄人为首的东夷族人。为了策应鲁国，周王朝又在其南部分封了滕国，以文王子错叔绣为君，共同约束东夷之族群。

后来，为了加强周人对淮河流域的统治，在周成王时期又分封了周公除伯禽之外的其他儿子于凡、蒋、邢、祭、茅、胙等，其中蒋和茅都在淮河流域。

在周王朝早期分封时，一些诸侯国实际控制区域并不是很大，即使是一等诸侯国也不大，很多只是一个中心城市，然后再加上其周边的大片田地与村庄，后来才慢慢扩大的②。

在直接分封新君统治商之旧民的同时，对于有些商代的诸侯国周人还采用了先派出特使来监视然后取而代之的过渡方式，其中应国是一个比较典型的例子：周初商代应国还存在着，周武王派其弟担任应监；成王时废除商代应国，重新指派武王之子为应国之君。这种过渡之法更为稳妥，可以实现统治权的有序交接。

2. 以较早融入华夏族群的异姓诸侯统治原住民

尽管周人相信自己的王族成员会与王室更贴近，也更加可靠，但他们的力量毕竟有限，为了调动更多的力量来巩固其统治，周人使用了一些早已融入华夏族群的异族后裔中优秀者来为他们同化在淮河流域的其他族群。如陈、房、许等诸侯国。

房为尧之后，尧是早期中原族群的杰出人物，其后裔也理所当然地以

---

① （晋）杜预：《春秋经传集解》，上海古籍出版社1988年版，第1621页。
② 王震中：《中国古代国家的起源与王权的形成》，中国社会科学出版社2013年版，第302页。

中原族群而自居；许的先人虽为炎帝，但炎帝的很多支族从夏商以来就融入了中原族群之中。

陈国的情况较为复杂，陈国的远祖为舜，关于舜的出身，《孟子·离娄下》说："舜生于诸冯，迁于负夏，卒于鸣条，东夷之人也。"① 《史记·五帝本纪》曰："舜，冀州之人也。……就时于负夏。"② 诸多记载表明，舜原本是东夷集团的一分子，后来这一支西迁到河北、山西等地，并在这里建立了古虞国。夏商时，舜的后裔又有一支南迁至河南东部建立方国，仍称虞国，河南东部的虞国故地也正是周代陈国之地，所以陈地有一部分居民当为舜之族人。而同时，在旧石器中晚期，东夷中的一支也由山东地区西迁至陈地，这一支便是太昊集团的后裔。于是陈地就成了舜之旧族与东夷少昊族两个部族的居住之地。当陈建立之后，有效地利用中原礼制来加强统治，便这一地区的族群完全融入中原族群之中。

正因为这种封君殖民方式，在漫长的历史进程中，在行政干预下，在中原礼制的熏染中，使原土著居民逐渐地忘记了自己的身份，从而有效地实现了族群的融合。

王献唐先生在其《炎黄氏族文化考》中曾说道：

> 黄帝之族，游牧耕稼，开疆辟土，拓而远出，与四夷并处，起居共之，饮食共之。其为之君主者，复随带同族樊然杂居，由统治而沦夷，久而同化矣。杂居既久，又重之以婚姻，上行下效，靡然向风。血统既紊，族姓混淆，何炎何黄，已无从划分，故春秋之世，灼知为四夷者，仍其强项不肯随和者耳。其内地同化，杂居黄河流域者，更无量数，不知其为夷也。非特黄族不知，即炎族亦不知也。当时地各国之居民，殆半炎半黄，混为一家矣。四方之姜戎始终介贰也。东方之齐国，亦为姜氏，神农所出。何以不为戎夷？以自太岳之后，臣服从化，昏媾相通，与黄族久已无分矣。邾为曹、鲁之所出，邾为夷而曹不为夷。奄亦鲁之旧壤，奄为夷而鲁不为夷。如谓曹、鲁君主为周

---

① （周）孟子：《孟子》（四书集注本），岳麓书社1987年版，第415页。
② （西汉）司马迁：《史记》，上海古籍出版社1997年版，第22页。

家同姓，不为夷也，则吴固太伯之后，楚亦鬻熊之后，何以吴、楚亦为蛮也。明乎此义，知春秋之世，炎族之强项者为夷，其同化者不为夷。不为夷则无分矣。孔子曰："夷而进于中国，则中国之。"殆自轩黄以来，其进于中国者，土地杂居，血统混合，已无所谓炎，无所谓黄，皆中国之而矣。①

王先生对于炎黄之族的界定是否完全正确姑且先不讨论，但其"同化"的观点是极有见解的，这种"同化"观点对观察淮河流域的族群演化与融合具有重要的意义。

四　以武力征伐以实现兼并式融合

周王朝对原来生活于淮河流域的土著各族群除采用怀柔政策外，同时也加之以武力威慑，而武力的征伐一直贯穿于整个西周至春秋时代。

西周初年，由于以奄国为代表的东夷集团参与了管蔡之乱，周王朝借助这一理由对淮河流域特别是淮河下游的东夷族群及淮夷进行武力征讨，灭亡历史悠久的古奄国，并将实力强大的徐国从泰山脚下驱赶到了淮河岸边。《史记·周本纪》对这一具有历史意义的战争有着记载：

> 成王在丰，使召公复营洛邑，如武王之意。周公复卜申视，卒营筑，居九鼎焉。曰："此天下之中，四方入贡道里均。"作《召诰》《洛诰》。成王既迁殷遗民，周公以王命告，作《多士》《无佚》。召公为保，周公为师，东伐淮夷，残奄，迁其君薄姑。成王自奄归，在宗周，作《多方》。既绌殷命，袭淮夷，归在丰，作周官兴正礼乐，度制于是改，而民和睦，颂声兴。成王既伐东夷，息慎来贺。②

经此次征伐，尽管基本上稳定了周王室在淮河流域的统治，但在此后

---

① 王献唐：《炎黄氏族文化考》，齐鲁书社1985年版，第54—55页。
② （西汉）司马迁：《史记·周本纪》，上海古籍出版社1997年版，第90—91页。

的数百年里，东夷和淮夷集团从来没有停止过对抗周王室的活动，而周王室对淮河流域的征伐也从未间断过，这其中包括对淮河下游最强大的徐国的征讨。《诗经》中的很多诗歌都记载了周王朝对淮河流域所发动的战争，如《大雅·江汉》：

> 江汉浮浮，武夫滔滔。匪安匪游，淮夷来求。既出我车，既设我旟。匪安匪舒，淮夷来铺。
> 江汉汤汤，武夫洸洸。经营四方，告成于王。四方既平，王国庶定。时靡有争，王心载宁。
> 江汉之浒，王命召虎：式辟四方，彻我疆土。匪疚匪棘，王国来极。于疆于理，至于南海。
> 王命召虎：来旬来宣。文武受命，召公维翰。无曰予小子，召公是似。肇敏戎公，用锡尔祉。
> 厘尔圭瓒，秬鬯一卣。告于文人，锡山土田。于周受命，自召祖命，虎拜稽首：天子万年！
> 虎拜稽首，对扬王休。作召公考：天子万寿！明明天子，令闻不已，矢其文德，洽此四国。①

按《毛诗序》所言："《江汉》，尹吉甫美宣王也。能兴衰拨乱，命召公平淮夷。"② 在周厉王之时，由于王室衰微，四方多叛，淮夷更是屡不服周之命，所以当周宣王时，便多次对东夷与淮夷进行征伐，其中最重要的一次便是召伯虎等人的征伐行动。从诗歌内容来看，召伯所征对象主要是处于淮河上游和中游的这一地区的淮夷。

宣王时代的另一场对淮河流域的战争则在《大雅·常武》中得到表现：

> 赫赫明明。王命卿士，南仲大祖，大师皇父。整我六师，以修我

---

① 《诗经》（十三经注疏本），中华书局1979年版，第573—574页。
② 同上书，第573页。

戎。既敬既戒，惠此南国。

　　王谓尹氏，命程伯休父，左右陈行。戒我师旅，率彼淮浦，省此徐土。不留不处，三事就绪。

　　赫赫业业，有严天子。王舒保作，匪绍匪游。徐方绎骚，震惊徐方。如雷如霆，徐方震惊。

　　王奋厥武，如震如怒。进厥虎臣，阚如虓虎。铺敦淮濆，仍执丑虏。截彼淮浦，王师之所。

　　王旅啴啴，如飞如翰。如江如汉，如山之苞。如川之流，绵绵翼翼。不测不克，濯征徐国。

　　王犹允塞，徐方既来。徐方既同，天子之功。四方既平，徐方来庭。徐方不回，王曰还归。①

《毛序》曰："《常武》，召穆公美宣王也。有常德以立武事，因以为戒然。"② 这次战役的主要统帅是南仲和程伯休父，征伐的对象则是处于淮河下游的徐国，即诗中所称的"徐夷"。

又如《小雅·鼓钟》：

　　鼓钟将将，淮水汤汤，忧心且伤。淑人君子，怀允不忘。
　　鼓钟喈喈，淮水湝湝，忧心且悲。淑人君子，其德不回。
　　鼓钟伐鼛，淮有三洲，忧心且妯。淑人君子，其德不犹。
　　鼓钟钦钦，鼓瑟鼓琴，笙磬同音。以雅以南，以籥不僭。③

这是一首描述周王朝在淮河流域征伐之战的诗歌，当战争胜利之后，周王朝召开庆祝大会，并展示乐舞，其中"以雅以南"则表明当时演奏的乐曲中既有"雅"也有"南"。所谓"雅"应指周王朝的雅乐，而"南"则指流行于江汉和淮河流域的乐歌，其诗则包括今本《诗经》中的《周南》和《召南》，具体来说，淮河流域的诗歌收入《周南》，江汉流域的

---

① 《诗经》（十三经注疏本），中华书局1979年版，第576—577页。
② 同上书，第576页。
③ 同上书，第466—467页。

诗歌收入《召南》①。这里所说的便是指"二南"(《周南》和《召南》)。战争之后在这里演奏地方乐曲,一方面是为了显示对这一地区征服的自豪感,另一方面是为了安抚人心,赢得共鸣。

再如《小雅·渐渐之石》:

> 渐渐之石,维其高矣。山川悠远,维其劳矣。武人东征,不皇朝矣。
>
> 渐渐之石,维其卒矣。山川悠远,曷其没矣?武人东征,不皇出矣。
>
> 有豕白蹢,烝涉波矣。月离于毕,俾滂沱矣。武人东征,不皇他矣。②

《毛序》说:"《渐渐之石》,下国刺幽王也。戎狄叛之,荆舒不至,乃命将率东征,役久病于外,故作是诗。"③《毛传》解释说:"荆,谓楚也;舒,舒鸠、舒蓼、舒庸之属。役,谓士卒也。"④但从"武人东征"一句来看,所征对象不应包括楚人,而主要是东夷和淮河流域的诸侯国。

除此之外,鲁国在西周至春秋时期也不断地打击东夷及淮夷,如《鲁颂·閟宫》:

> ……公车千乘,朱英绿縢。二矛重弓。公徒三万,贝胄朱綅。烝徒增增,戎狄是膺,荆舒是惩,则莫我敢承!俾尔昌而炽,俾尔寿而富。黄发台背,寿胥与试。俾尔昌而大,俾尔耆而艾。万有千岁,眉寿无有害。泰山岩岩,鲁邦所詹。奄有龟蒙,遂荒大东。至于海邦,淮夷来同。莫不率从,鲁侯之功。保有凫绎,遂荒徐宅。至于海邦,淮夷蛮貊。及彼南夷,莫不率从。莫敢不诺,鲁侯是若。⑤

---

① 见金荣权《论〈诗经〉"二南"的特殊地位及其成因》,《中州学刊》2012年第5期。
② 《诗经》(十三经注疏本),中华书局1979年版,第499—500页。
③ 同上书,第499页。
④ 同上。
⑤ 同上书,第617页。

此诗表现了鲁僖公对东夷及处于淮河中下游地区的淮夷的战争。

对淮河流域的武力征伐至春秋中后期则主要由楚、鲁、齐、晋、吴、越等诸侯国主导，并且由使之屈服为目的变成了灭亡其国家为结果，随着母国的灭亡，其族人也就失去了依托，也失去了族群的概念，最终渐渐融入了华夏大文化圈之中。

第十三章　春秋战国楚人的北进与淮河流域族群的演化

楚人之远始为传说中的颛顼氏，颛顼氏的后裔陆终生下六子，其中最小者为芈姓的季连，季连就是楚人的近祖了。楚人原本在中原地区，后来迁至豫西南与鄂西北一带，逐渐向长江流域发展，至周代时期建立诸侯国，经西周时期的苦心经营，至春秋时终于成为周代最为强大的诸侯国之一。

春秋前期，楚人便开始向北方扩展，先灭亡江汉流域的大小诸侯国，然后沿淮河东进，并以豫南地区为前沿，往北进入中原，向东经略淮河中下游，最终几乎占领了整个淮河流域地区。楚人的北进，一方面使诸侯林立的淮河流域地区从此实现了局部的统一，这一地区来自古老黄帝族、炎帝族、东夷族等不同的族群在亡国之后，逐渐实现了融合；另一方面，由于强势的楚文化的北侵，它与中原文化、吴越文化、东夷文化、齐鲁文化等在经过剧烈碰撞之后，也开始了大融合。这一时期，淮河流域由文化走廊和南北的文化过渡带变成了一个东西南北文化的交会地和融合带，不仅为秦汉时期汉民族的形成打下了基础，也为中华文化的形成做出了不朽的贡献。

一　楚人的族源与楚国发展史

1. 楚人的族源

关于楚人的族源，相关典籍均有记载，如《史记·楚世家》言："楚之先祖出自帝颛顼高阳。……高阳生称，称生卷章，卷章生重黎。重黎为帝喾高辛居火正，甚有功，能光融天下，帝喾命曰祝融。共工氏作乱，帝喾使重黎诛之而不尽。帝乃以庚寅日诛重黎，而以其弟吴回为重黎后，复居火正，为祝融。吴回生陆终。陆终生子六人……六曰季连，芈姓，楚其后也。"①

尽管楚人后来偏居于南方，甚至以荆蛮自居，但在内心深处永远记着自己这两位伟大的祖先，在新蔡葛陵楚墓出土的一批竹简中，发现有楚人祭祀祖先的文字记载，如编号甲三188的简上有"祷楚先老童、祝融、鬻熊，各两牂"②。新蔡楚墓出土编号为甲三11、甲三24的残简上又载："昔我先出自颛顼，宅兹睢、漳，以选迁处。"③《左传·僖公二十六年》载楚人灭夔子一事："夔子不祀祝融与鬻熊，楚人让之，对曰：'我先王熊挚有疾，鬼神弗赦，而自窜于夔，吾是以失楚，又何祀焉？'秋，楚成得臣、斗宜申帅师灭夔，以夔子归。"④ 战国时代的楚国大诗人屈原在其长篇诗作《离骚》的开篇便说："帝高阳之苗裔兮，朕皇考曰伯庸。"⑤ 以此来看，楚人出自颛顼、祝融之传说并非空穴来风。

2. 楚国早期的发展

作为原居于中原地区祝融氏的八姓后裔，一些仍在中原发展，而另一些则迁到东方或黄河以北，但独有芈姓季连远迁至江汉流域。《史记》载，"季连生附沮，附沮生穴熊。"⑥ 但从穴熊之后至商末周初关于楚人的史事均无记载。而近年来藏于清华大学的一批战国楚简中发现有一篇名曰《楚居》的简书，较为详细地记载了楚人从季连一直到战国中期的历史，特别是楚人迁徙的具体情况，《楚居》原文如下：

> 季连初降于騩山，抵于穴穷。前出于乔山，宅处爰波。逆上汌水，见盘庚之子，处于方山，女曰妣隹，秉兹率相，詈秀四方。季连

---

① （西汉）司马迁：《史记》，上海古籍出版社1997年版，第1341—1342页。
② 陈伟：《读新蔡简札记（三则）》，简帛研究网，2004年1月30日。
③ 董珊：《新蔡楚简所见的"颛顼"和"雎漳"》，简帛研究网，2003年12月7日。
④ （晋）杜预：《春秋经传集解》，上海古籍出版社1988年版，第361—362页。
⑤ （南宋）洪兴祖：《楚辞补注》，中华书局1983年版，第1页。
⑥ （西汉）司马迁：《史记》，上海古籍出版社1997年版，第1341—1342页。

第十三章 春秋战国楚人的北进与淮河流域族群的演化

闻其有聘,从,及之泮,爰生纻伯、远仲,游徜徉,先处于京宗,穴酓迟徙于京宗,爰得妣厉。逆流载水,厥状聂耳,乃妻之,生侸叔、丽季。丽不从行,溃自胁出,妣厉宾于天,巫并该其胁以楚,抵今日楚人。至酓狂亦居京宗。至酓绎与屈紃经,使䣝嗌卜徙于至酓狂亦居京宗。至酓绎与屈紃,使䣝嗌卜徙于夷屯,为梗室,室既成,无以内之,乃窃䣝人之犝以祭。惧其主,夜而内尸,抵今日祭,祭必夜。至酓只、酓䵣、酓樊及酓锡、酓渠,尽居夷屯。酓渠徙居发渐。至酓䓞、酓挚居发渐。酓挚徙居旁屽。至酓延自旁屽徙居乔多。至酓甬及酓严、酓霜及酓雪及酓䬃、酓咢及若敖酓仪,皆居乔多。若敖酓仪徙居䣝。至焚冒酓率自䣝徙居焚。至宵敖酓鹿自焚徙居宵。至武王酓通自宵徙居免,焉始□□□□□福。众不容于免,乃溃疆浧之陂而宇人焉,抵今日郢。至文王自疆浧徙居湫郢,湫郢徙居樊郢,樊郢徙居为郢,为郢复徙居免郢,焉改名之曰福丘。至堵敖自福丘徙袭䣝郢。至成王自䣝郢徙袭湫郢,湫郢徙□□□□居睽郢。至穆王自睽郢徙袭为郢。至庄王徙袭樊郢,樊郢徙居同宫之北。若敖起祸,焉徙居蒸之野,蒸之野□□□,□袭为郢。至共王、康王、嗣子王皆居为郢。至灵王自为郢徙居乾溪之上,以为处于章华之台。景平王即位,犹居乾溪之上。至昭王自乾溪之上徙居㵘郢,㵘郢徙居鄂郢,鄂郢徙袭为郢。阖庐入郢,焉复徙居乾溪之上,乾溪之上复徙袭㵘郢。至献惠王自㵘郢徙袭为郢。白公起祸,焉徙袭湫郢,改为之,焉曰肥遗,以为处于西溇,西溇徙居鄢郢,鄢郢徙居司吁。王太子以邦复于湫郢,王自司吁徙蔡,王太子自湫郢徙居疆郢。王自蔡复鄢。柬大王自疆郢徙居蓝郢,蓝郢徙居䣱郢,䣱郢复于朋沮,王太子以邦居朋郢,以为处于㽹郢。至悼哲王犹居朋郢。中谢起祸,焉徙袭肥遗。邦大瘠,焉徙居鄩郢。①

《楚居》言季连"初降于騩山",騩山即大騩之山,又称具茨山,其地在河南省禹州、新郑、新密交界处,在祝融之墟新郑附近,与古史所载相

---

① 李学勤主编:《清华大学藏战国竹简一·楚居》,中西书局2010年版,第181—182页。

257

一致。穴穷、乔山、爰波、洲水、方山、京宗等地则不可考。从《楚居》所记来看，楚人之所以称"楚"，是因为穴熊妻妣疠，生侸叔、丽季，丽季从妣疠的肋下而出，巫者用楚（荆条）将妣疠之肋骨逢合，楚人因此称为楚。整理者认为这里的穴熊即鬻熊，丽季即熊丽。从《楚居》所记楚人的世系来看，季连娶盘庚之女，说明季连生活于商盘庚时期，而盘庚当商代中期。从各种典籍来看，祝融的其他子孙如昆吾、彭祖等早在夏朝初年就已建国，且都成为威震一方的方国。从夏初至盘庚时期已逾700余年，这似乎与传说、历史记载相差太远，所以我们不能判定《楚居》所记的真实性。

《史记·楚世家》对商末周初以来的楚人史实记载已是比较清楚了："周文王之时，季连之苗裔曰鬻熊，鬻熊子事文王，早卒。其子曰熊丽，熊丽生熊狂，熊狂生熊绎。熊绎当周成王之时，举文、武勤劳之后嗣而封熊绎于楚蛮，封以子男之田，姓芈氏，居丹阳。"①

楚国初封之时，只是一个子爵诸侯国，尽管当年鬻熊竭力事奉文王，其子熊绎又勤劳于武王之事，但周之重器没有分给楚人，楚人在周王室更没有地位，所以势单力薄的熊绎只有带领楚人一方面恭于王事，另一方面壮大自己的力量。《左传·昭公十二年》子革曾回忆熊绎时的情形曰："昔我王熊绎，辟在荆山，筚路蓝缕，以处草莽。跋涉山林，以事天子。唯是桃弧、棘矢，以共御王事。"②

经过成康两世苦心经营，楚人力量慢慢壮大，且开始不听周王号令，于是周昭王率兵伐楚，回师的途中在汉水被楚人伏击身亡。周夷王时，楚君熊渠在江汉一带的威望大大提高，成为江汉一带最有实力的诸侯国，并兴兵伐庸、杨粤，至于鄂地，楚人势力开始向东方扩展，一直到达了今天的武昌一带。并声称"我蛮夷也，不与中国之号谥"③。并分封长子康为句亶王，中子红为鄂王，少子执疵为越章王，将自己与周王朝放在平等的位置。后来担心引起中原诸侯的共愤和周人的讨伐，周厉王时熊渠取消了几个儿子的封号。

---

① （西汉）司马迁：《史记》，上海古籍出版社1997年版，第1342—1343页。
② （晋）杜预：《春秋经传集解》，上海古籍出版社1988年版，第1356—1357页。
③ （西汉）司马迁：《史记》，上海古籍出版社1997年版，第1343页。

此后，楚人在与周王朝的斗争中，又不断得到发展，并趁着王室衰微，无力南顾，进一步巩固自己在江汉流域的地位，拓展疆域，为楚人后来的发展打下了基础。

3. 春秋战国时期楚国盛衰

周幽王为犬戎所杀，平王东迁，周王朝式微，这为楚人进一步强盛创造了有利条件。春秋前期，楚国出现了两位著名的君王楚武王和其子楚文王。楚武王熊通继位之后，开始准备经略中原，公元前706年熊通伐随，随人不服，熊通曰："我蛮夷也。今诸侯皆为叛相侵，或相杀。我有敝甲，欲以观中国之政，请王室尊吾号。"[①] 熊通伐随一是向周王朝和中原诸侯示威，二是想通过随人为之传话于周王室。随人便向周王朝请示尊封楚国，却遭到了周王朝的拒绝。熊通大怒，乃自立为武王，从此楚人便与周王朝再没有妥协，君王一直为"楚王"自居，而周王朝和中原诸侯仍称其为"楚子"。

至楚文王、成王之时，先后灭了江汉流域的诸小国，一直到达淮河流域，并灭了淮河上游南岸的众多诸侯国，且以此为基地经略中原与淮河的中游地区。

当楚人势力进入中原腹地之后，与当时的中原霸主晋国发生了不可避免的冲突，于是两国爆发了春秋时期著名的晋楚城濮之战，此战以楚人失败而告终，楚成王稍有收敛。

穆王、庄王时期，楚人再一次兴兵中原，楚庄王以伐陆浑戎的名义将军队推进到东都洛阳附近，且问鼎中原，成为号令中原的一代霸主。

当楚人向淮河中上游发展时，与刚刚兴起的吴国发生了利益冲突，两国之间展开了百年的较量。公元前506年，吴国君王阖闾和其大臣伍子胥、伯嚭带领唐国、蔡国与东夷的军队进攻楚国，连败楚军，吴人攻入楚之都城郢，楚人申包胥入秦求救，解楚之围。

吴人灭亡之后，楚人的势力进一步向东推进，至战国时期一直到达淮河下游的东海之滨。

---

① （西汉）司马迁：《史记》，上海古籍出版社1997年版，第1345页。

整个战国时代，秦、楚、齐三家最为强大，为了抑制秦人，楚怀王曾作为中原诸侯之长，联合中原诸侯攻秦，然以失败而告终，怀王之后，楚人走向衰败。楚襄王二十一年（公元前278年）秦国大将白起带兵攻破郢都，襄王仓皇北迁，后居淮河上游的陈地（今河南淮阳），至考烈王时又迁至淮河中游的寿春（今安徽寿县）

公元前223年，秦将王翦、蒙武攻陷寿春，俘获楚国最后一代君王负刍，楚国灭亡。

二 吴楚之争与春秋时期政治格局的变化

吴之先祖吴太伯与周王室本为一脉。据《史记·吴太伯世家》载："吴太伯，太伯弟仲雍，皆周太王之子，而王季历之兄也。季历贤，而有圣子昌，太王欲立季历以及昌，于是太伯、仲雍二人乃奔荆蛮，文身断发，示不可用，以避季历。季历果立，是为王季，而昌为文王。太伯之奔荆蛮，自号句吴。荆蛮义之，从而归之千余家，立为吴太伯。"[1] 当武王克商之后，大封诸侯，正式册封太伯之后周章为吴君。楚之先祖鬻熊事文王，在克商之役中建功立业，克商之后封其后熊绎于楚，爵之以"子"。当西周时期，吴居中原之东南，楚居中原之西南，本风马牛不相及也。至春秋时期，由于楚日益强大，北入中原，并沿淮河由西向东推进；吴国也开始变得强大起来，逐渐向西北发展。在春秋中期吴、楚在安徽与江苏一带相遇，开始了长达一百多年的拼杀、争夺。吴、楚之争不仅改变了春秋中期之后周王室的政治格局，同时也催化了楚文化、吴文化与中原文化的大融合。

1. 吴楚百年斗争史

楚武王继位之后，向中原经营成为楚国战略发展的重点；至楚成王、楚穆王时，楚人在巩固中原战果的同时，将主要军事力量放在了淮河流域，沿淮河上游向中游发展，先后灭了淮河上游的弦、黄、江、蒋、蓼和

---

[1] （西汉）司马迁：《史记》，上海古籍出版社1997年版，第1342—1343页。

淮河中游的英、六。前615年群舒反楚，楚穆王执舒子平，围巢。至此，楚人已完全控制了淮河上游，并将其前沿阵地延伸至淮河中游地区，且向南进至安徽境内的长江北岸。

鲁宣公八年（前601年），"楚为众舒叛，故伐舒蓼，灭之。楚子疆之，及滑汭，盟吴、越而还。"① "滑汭"，杨伯峻先生以为："在今合肥市、庐江县之东，而在巢县、无为之间。"② 这是吴、越两国第一次出现在《左传》之中。

公元前597年，在晋楚邲之战中，晋人大败，因此对楚人怨之甚深。此时，楚人申公巫臣由于国内的斗争而出奔晋，并得到晋人重用，派他出使吴国，"以两之一卒适吴，舍偏两之一焉。与其射御，教吴乘车，教之战陈，教之叛楚。……蛮夷属于楚者，吴尽取之，是以始大，通吴于上国。"③

从成公七年（584年）吴楚正式交战开始，至哀公二十二年（前473年）吴国灭亡结束，两国在一百多年内，频繁交战。吴国与楚国的前期争夺主要在安徽省淮河流域和江淮之间展开。楚人的势力深入吴地，曾经南至安徽芜湖，东至江苏镇江。至后期，吴人开始主动向楚人发动进攻，将战火引向楚人控制区，于是安徽西部和河南东部就成了两国争夺的焦点地带。在吴人强盛时，曾一度远途奔袭楚国，攻占楚人的郢都，成为楚国历史上的奇耻大辱。

成公十七年（前574年），作为群舒集团成员之一的舒庸人叛楚，"道吴人围巢，伐驾，围厘、虺，遂恃吴而不设备。"④ 楚人灭掉舒庸，驾、厘、虺三地均属楚，"驾与厘当在今安徽无为县境。虺则在今安徽庐江县境。"⑤ 为了报吴人侵楚地，四年之后，楚人子重率大军伐吴，不仅收复为楚人所占之地，而且一直打过长江，攻占鸠兹，"鸠兹，吴邑，当在今安徽芜湖市东南二十五里。"⑥ 由于过度轻敌，最后楚军大败，楚国大将邓廖

---

① （晋）杜预：《春秋经传集解》，上海古籍出版社1988年版，第564页。
② 杨伯峻：《春秋左传注》，中华书局1981年版，第696页。
③ （晋）杜预：《春秋经传集解》，上海古籍出版社1988年版，第689页。
④ 同上书，第781页。
⑤ 杨伯峻：《春秋左传注》，中华书局1981年版，第904页。
⑥ 同上书，第925页。

被俘,参战的"组甲三百、被练三千"只剩下"组甲八十、被练三百",子重也因战败而死。吴人乘胜北进,占领驾(今无为县境)地。

襄公十三年(前560年)秋,楚共王卒。吴趁机侵楚,楚国大将养由基和子庚与吴师战于庸浦。庸浦,杨伯峻认为在今安徽无为县南长江北岸①。大败吴师。次年秋天,楚子囊再次伐吴,驻军棠地。"棠,今江苏六合县稍西而北二十五里。"②吴人不与楚战,楚师退,在半路上为吴人袭击,楚师大败。这一仗之后,两国十年内没有大的冲突。

襄公二十四年(前549年)夏天,楚王以水军攻吴,无功而还。吴人为报复楚人,唆使舒鸠人(在今安徽舒城县)叛楚。楚军进入荒浦(今舒城县东南十五里)。"荒浦,舒鸠地。《方舆纪要》谓黄陂河在舒城县东南十五里周八里许。黄陂即荒浦之间。"③舒鸠人请受盟,楚军还。次年,舒鸠人终于叛楚而归于吴,楚令尹子木亲自率军伐之,吴人救舒鸠,吴楚战于离城(今舒城县西)。"杜注:'离城,舒鸠城。'则当在今舒城县之西,为楚军至舒鸠所经之邑。"④吴师败,八月,楚灭舒鸠。同年十二月,吴子诸樊伐楚,战于巢(今安徽巢县东北五里),楚人伏箭而射之,吴王被射死。

昭公四年(前538年)楚灵王带领诸侯军伐吴,陈侯、许男、顿子、胡子、沈子、淮夷之诸小国皆参加了这场战争。诸侯联军深入吴地,攻占朱方(今江苏镇江市丹徒区南)。

为了缓解楚人大军逼境的压力,吴人将军队开出国门,进入楚人的领地作战。当攻占朱方的诸侯军退去之后,吴人兴兵北伐楚,占领棘(河南永城县南)、栎(河南新蔡县北二十里)、麻(今安徽砀山县北二十五里)。这三处均为楚国东北境的重镇。

为报复吴人,昭公五年(前537年)楚灵王又带领诸侯军队伐吴,据《春秋·昭公五年》载诸侯军包括楚、蔡、陈、许、顿、沈、徐、越等国。诸侯军由于轻敌,被吴人败之于鹊岸,杨伯峻先生认为"鹊岸在今安徽无

---

① 杨伯峻:《春秋左传注》,中华书局1981年版,第1002页。
② 同上书,第1018页。
③ 同上书,第1093页。
④ 同上书,第1104页。

为县至铜陵市北沿长江北岸一线"①。诸侯军西退，两军在安徽霍丘至巢县一带对峙，楚人最后无功而返，为防备吴人，楚灵王派"沈尹射待命于巢，薳启强待命于零娄（今安徽金寨县北）"②。

昭公六年（前536年）吴楚再战，楚军驻于乾溪（今安徽亳县东南七十里），吴人败之于房钟（今安徽蒙城县西南）。昭公十二年（前530年）楚灵王死于军中，趁楚国发生内乱，吴人于昭公十三年（前529年）攻占州来（安徽凤台）。

昭公二十三年（前519年）楚率顿、胡、沈、蔡、陈、许小国之军与吴人战于鸡父（今固始县东南），大败楚军及诸侯军，"获胡、沈之君及陈大夫。"③ 昭公二十四年（前518年）吴人又占领巢、钟离（今安徽凤阳县东北）。昭公二十七年（前515年）吴人围潜（今安徽霍山县东北三十里）。昭公三十一年（前511年）吴人又占领潜、六（今安徽六安），并向东进入河南东南部，包围弦地（今河南省罗山县西北）。此后，吴人的势力向西推进，吴楚两国在安徽西部与河南东部反得争夺。

定公四年（前506年）吴人联合蔡侯、唐侯伐楚，先败楚师于柏举（今湖北麻城县东北），再败楚于清发（涢水支流，在湖北安陆县），又败楚人于雍澨（今湖北京山县西南），"五战及郢。"后得秦人相救，方击退吴人，收复郢都。

此后，吴人完全控制了淮河中游地区，楚人在淮河上游与吴人对峙，不敢轻易发动对吴国的战争。而吴人自信心大增，向南使越国臣服，向北攻伐齐、鲁等大国，哀公二十二年（前473年）终于为越人所灭。吴楚之争也告结束。

2. 吴楚之争与春秋后期政治格局的变化

由于吴楚之争，不仅使当时中原诸侯将注意力转向东南和南方，同时，也使北方诸侯不由自主地加入这场百年争战之中。因此，吴楚两国的斗争，使春秋后期政治与战争中心逐渐向南方转移；各诸侯国从维护自身

---

① 杨伯峻：《春秋左传注》，中华书局1981年版，第1271页。
② （晋）杜预：《春秋经传集解》，上海古籍出版社1988年版，第1272页。
③ 同上书，第1501页。

利益出发，纷纷加入吴、楚两大阵营，即使如秦、晋、齐、鲁这样的大国也不例外，从而导致了诸侯联盟的分化与重组。

（1）政治与军事中心南移

在春秋前期与中期，楚人经过武王、文王、庄敖、成王、穆王五代君主的努力，楚国已经发展成南方最有实力的强国，与秦、晋、齐、鲁抗衡。公元前606年楚庄王问鼎中原，公元前597年在邲之战中楚人大败晋军，这一系列的行动使周王室和中原诸侯感到了来自楚国的前所未有的巨大压力。此后，晋、齐、鲁等大国对中原诸侯的号召力大大削弱，再也不能发动大规模的对楚战争。而淮河流域和中原腹地的许多诸侯国纷纷投向楚国，居于南国的楚人得到了霸主地位。当楚人稳定了北方之后，转而沿淮河向东经营，与吴人的冲突开始。吴人也正式登上了春秋后期的历史舞台。随着吴楚争夺的加剧，北方大国晋、鲁、齐、秦和南方新崛起的越国都以各自不同的方式加入斗争中来，有些甚至成为吴楚争霸中重要的政治和军事力量。在这种情况下，春秋时代的政治中心逐渐由北方转向南方。

随着政治中心南移，诸侯争战的中心也跟着南移至吴楚两国。春秋后期的一百多年来，见于《左传》记载的吴楚交战有24次。尤其在春秋晚期，"楚自昭王即位，无岁不有吴师。"①

（2）诸侯联盟的分化与重组

在春秋中期，中原诸侯包括晋、齐、鲁、秦等大国尚能够结成有效的军事与政治联盟以对付楚人，楚人也携随、许、陈、蔡等小国逐鹿中原。至春秋后期，随着楚人深入中原，中原诸侯或为其所灭，或纷纷依附之，晋人已没有力量与之争胜。为了牵制楚人，晋人便与吴人达成同盟，以助吴人与楚争战。成公七年晋人帮助吴人，不仅送给吴人战车，还教给吴人先进的射御之术、车战之术和排兵布阵之法。成公十五年（前576年），鲁、吴两国在钟离（今安徽凤阳县东北）相会，自此鲁、吴建立了初步的外交关系。襄公二十九年（前544年），吴公子札出使中原鲁、齐、郑、卫、晋等5国。吴公子札凭借其博学、儒雅，赢得了出访各国要员的好感，从而也进一步加强了吴与中原大国的沟通。在春秋后期的前段与中

---

① （晋）杜预：《春秋经传集解》，上海古籍出版社1988年版，第1628页。

段，北方的晋、鲁、齐等成了吴人实际上的稳固联盟。

在晋人的帮助下，吴人果然与楚人反目，并向楚人控制地进犯。由于楚人部署在淮河中游的军事力量不足，再加上这一带为楚人灭亡的诸侯国并没有完全真心归顺楚人，致使淮河中游地区楚人的占领地几乎全部到了吴人手中。

楚人为对付吴国，也建立起了另一个阵线。首先是将西北强国秦国拉到自己的阵营之中，《左传·襄二十六年》载，楚与秦联军入侵吴，"及零娄，闻吴人有备而还。遂侵郑"①。定公四年（前505年）吴人攻入楚之郢都，次年秦人以子蒲、子虎为帅，以五百乘救楚，大败吴军，收复郢都。同时，楚人也收服淮河流域的一些小诸侯国，用其人力、物力为其征战。《春秋·成公四年》载：楚子、蔡侯、陈侯、郑伯、许男、徐子、滕子、顿子、胡子、沈子、小邾子、宋世子佐、淮夷会于申。……秋七月，楚子、蔡侯、陈侯、许男、顿子、胡子、沈子、淮夷伐吴。次年，蔡侯、陈侯、许男、顿子、沈子、徐人、越人和楚王一起再次伐吴。昭公二十三年（前519年），"吴人伐州来，楚薳越帅师及诸侯之师奔命救州来"②。据《春秋·昭公二十三年》载，当时楚人所率领的诸侯之师包括顿、胡、沈、蔡、陈、许等诸侯国的军队，这些国家原本是归顺于楚国的，成为楚人在淮河流域的联盟，他们的力量虽不强大，但却能大张楚人之势。

三 楚人对淮河流域的统一促进了族群的融合

春秋前期，经过楚武王和文王时期的准备，至文王时便对汉水流域的众多诸侯国大动干戈，先后灭亡申、吕、邓等国，基本统一了南阳盆地，然后沿随枣走廊向东进发，使淮河流域诸侯国受到威胁，并最终也没摆脱灭亡的悲剧。清人高士奇在其《左传纪事本末》中曾分析说：

> 夫先世带砺之国，棋布星罗。南扞荆蛮而北为中原之蔽者，最大

---

① （晋）杜预：《春秋经传集解》，上海古籍出版社1988年版，第1501页。
② 同上。

陈、蔡，其次申、息，其次江、黄，其次唐、邓，而唐、邓尤逼处方城之外，为楚门户。自邓亡，而楚之兵申、息受之；申、息亡，而楚之兵江、黄受之；江黄亡，而楚之兵陈、蔡受之；陈、蔡不支，而楚兵且交于上国矣。当鲁桓初立，邓侯不远而来朝，则其不安僻陋，而慕恋诸夏之心可念也。自楚势渐张，而蔡、郑为邓之会，内外强弱之大机，系于此矣。使陈、蔡、申、息、江、黄、唐、邓诸国，诚能协心并力，互为唇齿。楚伐一国，诸国提兵共击之，楚未必不震慑而自沮也。夫随之为国，限在方城内，于楚尤逼。而能屡抗楚锋，犹为后亡，况合诸国之力以相存救，何楚之不敌乎？乃会邓之后，绝不闻深谋远虑，使邓首折而入于楚，楚爱是目无诸姬，乘破竹之势，北门启而长淮以外无岁不受兵，诚失计也。然楚自灭邓，县申、息，残江、黄，以至六、蓼诸国，无不兼并，地几半天下。[①]

当然，高氏认为淮河流域诸国之亡是由于不能相互团结一致而抵抗楚国，但这只是一厢情愿。从楚文王至战国时代，淮河流域的大多数诸侯国都亡于楚国，有些虽非楚人所灭亡，但最后其地也都归楚人所有。楚人所亡淮河流域诸国情况大致如此：

1. 楚所灭淮河上游诸侯国

息国，大约于前683年为楚文王所灭。地在今天信阳息县县境，故城在今息县县城西十里处的青龙寺。息亡后，楚人于此地置息县，成为楚人与北方诸侯逐鹿中原和向东经略淮河中游地区的前沿阵地，申、息之兵也是楚人进攻中原诸侯的先锋。

弦国，前655年为楚成王所灭。弦国，隗姓，子爵诸侯国，是北方狄人中的赤狄，为炎帝部族的后裔。弦国故地在今天光山县西北部。

黄国，前648年灭于楚成王。黄国，嬴姓，为东夷的一支，子爵诸侯国。位于今河南省信阳市潢川县境内。

江国，前623年亡于楚穆王。江国，嬴姓，东夷部族的一支，与黄同

[①]（清）高士奇：《左传纪事本末》，中华书局1979年版，第660页。

姓。江国地处今河南正阳县南部、信阳市平桥区东北部和罗山县北部一带，都城位于淮河北岸。

蓼国，前622年亡于楚穆王。蓼国，颛顼之后，姬姓。其地在河南固始县，故城位于今固始县城北。

蒋国，前622年亡于楚穆王。蒋国，姬姓，伯爵，周公旦第三子伯龄所封之地，与凡、邢、祭、茅、胙等为兄弟之国。地在今天河南省淮滨县境。楚人灭蒋之后，于兹设期思县。

赖国，前538年亡于楚灵王。赖国，姬姓，子爵，其地在息县的西北部，故城址位于息县包信镇傅店村。楚灭赖之后，迁其民于今湖北的宜城市。

道国，前500年前后亡于楚昭王。道国，姬姓。主要活动于今河南确山县境和驻马店市南部，故城在今驻马店市区南部古城镇。

顿国，前496年亡于楚昭王。顿国，姬姓。其初封之地在今商水县平店乡李岗村附近，称为北顿。后来南迁至今项城市南顿镇，称为南顿。

陈国，前478年亡于楚惠王。陈国，妫姓，舜之后裔，周朝初年，封妫满于陈以奉舜祀。陈国在春秋后期60多年里两次被楚人灭而复立，最后还是为楚人所灭。陈国在今淮河北岸的周口淮阳，都城在今淮阳县城东的新蔡河西岸。

蔡国，前447年亡于楚惠王。文王之子、武王之弟蔡叔度始封于今河南省上蔡县，称蔡国。春秋时，蔡平侯迁至新蔡，蔡昭侯迫于楚人之压力而东迁至州来（今安徽凤台县），史称下蔡。楚灭蔡之后，蔡国之王族南迁至望蔡、高蔡等地。

应国，姬姓，侯爵，封于周代初年，地在今平顶山地区，故城在今天沙河与彭水交汇处的沙河北岸。约在春秋中期亡于楚。

许国，姜姓，炎帝之裔，始封于周武王时，第一代国君为文叔，封地在今河南许昌东，至战国初为楚所灭。在春秋时期，许人为郑、楚所迫，在70年时间先后五次举国迁徙，从许至叶、城父，再至叶、白羽、容城，至战国时终为楚所灭。

养国。子爵诸侯，嬴姓，是东夷部族中到达淮河上游最远的一支。养国是史籍失载的一个周代诸侯国，近年来在南阳桐柏养国墓中出土大量养国青铜器,方让世人知道了这个养国的存在。养人归于楚当在楚武王或楚文王时期,归楚之后的养国贵族在楚为官,最著名者有养由基。

柏国,出自传说中的柏皇氏,子爵。故城在今河南省西平县西南、小洪河南岸的出山镇和芦庙一带,春秋时期亡于楚。

房国,祁姓,帝尧之子丹朱之后裔所封之国,子爵。故城在今驻马店遂平县故城。春秋后期为楚国所灭。

2. 楚所灭淮河中下游诸侯国

英国,前646年亡于楚成王。英国为东夷皋陶部族的后裔,偃姓。其活动地在今天安徽、湖北、河南三省交界处。

六国,前622年亡于楚穆王。六国也是皋陶之后,偃姓,属东夷部族。六国在夏、商时期就以方国而存在,至周代仍为诸侯国。其活动地在今天安徽六安一带,故城在今天六安市的城东乡。

舒国,于楚穆王时归附于楚。舒国,偃姓,群舒之首。前615年之前舒人归楚,后舒叛之,楚人执舒子平。舒国故城即汉晋时期的舒县故城,位于今天庐江县西偏南的陈埠乡城池村城池埂。

舒蓼,前601年亡于楚庄王。舒蓼,与舒国同姓,群舒之一。其在今舒城县、六安市和霍山县交界处,位于群舒之西境。

舒庸,前574年亡于楚共王。《左传·鲁成公十七年》载,当吴楚之战时,舒庸趁着吴人败楚师,于是叛楚,并引导吴人围巢,伐驾,围厘、虺遂。于是楚公子橐帅军灭之。舒庸在今安徽庐江县西北、舒城县东部一带。

舒鸠,前548年亡于楚康王。舒鸠,亦偃姓,群舒之一。其地在今安徽舒城县一带。

胡国,前506年亡于楚昭王。胡国,归姓,北方赤狄的后裔。西周时期,胡国位于河南省漯河市境,在春秋初期迁至安徽阜阳境内,故城在今安徽阜阳西北的颍水西岸、泉河北岸一带。

莒国,前431年亡于楚简王。莒国,子爵,少昊之后,东夷的一支,嬴姓。其故城在今山东莒县县城。

舒龙,群舒之一支,主要活动范围当在今安徽舒城县南部地区。

舒鲍，群舒之一支，主要活动在舒城县西南地区。

舒龚，群舒之一支，故城在今潜山县北四十五里的龙潭街。

有些诸侯国虽然没有直接亡于楚国，但这些诸侯国的疆土最终都为楚人所有，如淮河上游的项国、沈国，淮河中游的钟离国，淮河下游的徐国等。

为楚人所灭的淮河流域诸侯国，其族源十分复杂，几乎包括了上古时期大部分古老的部族。如周王室姬姓的息国、蒋国、赖国、道国、顿国、蔡国、应国，炎帝族的弦国、许国、胡国，东夷族嬴姓的黄国、江国、养国、莒国，东夷族偃姓的英国、六国、舒国、舒蓼、舒庸、舒鸠、舒龙、舒鲍、舒龚，舜之后裔妫姓的陈国，柏皇氏之后裔柏国，尧之后裔祁姓的房国等。

早在夏商两朝，淮河流域就是方国众多的区域，夏商王朝对之或安抚、分封，或武力征讨，但都这一带仍然没有能纳入两朝的核心统治区域；在西周时代，东夷、西戎、北狄和南蛮依然是威胁周王朝的主要外部势力。经过西周历代君王的东征和齐、鲁两国的讨代，原本生活于胶东半岛和鲁中南的东夷族已不足为患，然从这里迁到淮河流域的东夷族和原本生活在淮河流域的土著居民，形成了另一种庞大的势力，这便是西周中期到春秋时代史书和金文中多次提到的"淮夷"和"南淮夷"。当以炎、黄等为核心的"中原族群"业已逐渐形成且在文化上基本达到共识的时候，而淮河流域除姬姓以外的很多诸侯国仍然保持着其各自的族群文化习惯，有着深刻的族群意识。

当代表着强大的南蛮势力楚人进入淮河流域之后，吞并了淮河流域的诸侯国，占有其土地，在其国土上设立郡县，或将其王室成员南迁至楚国本土，或就地疏散、安置，并让来自不同族群的人们混居、杂处。经过500多年的经营，不仅结束了淮河流域诸侯林立的局面，同时也有效地使这一区域不同部族、族群的人们融合在了一起，为秦王朝"编户齐民"的实施创造了条件，也使这一区域在汉代顺理成章地纳入了汉民族文化圈。

第十四章 周代淮河流域的文化融合

周王朝初期就开始对淮河流域实行军事征讨和诸侯分封软硬结合的方式进行政治与经济各方面的控制，这一行为不仅改变了淮河流域的政治生态，同时也在某些程度上改变了这一地区居民的结构。由于统治的不断强化，使周王朝的礼制文化由上至下在淮河流域得到广泛的传播，并最终生根。而在春秋中期之后，随着楚人向北进入淮河流域，也带来了楚文化，并与这一地区的地域文化、中原文化发生碰撞、融合。春秋后期，楚人、中原集团和吴越的反复征战，吴越文化、中原文化、楚文化和淮河流域地方文化再一次产生大融合。而从春秋中期至战国晚期所兴起的诸子争鸣，涌现出一大批思想家，其中最具影响的儒家、道家和墨家三家的创始人及主要代表人物都生活在淮河流域，各种思想在这里孕育、产生、发展，并相互激荡、融合，从而为我国古代思想的发展做出了巨大贡献。

这种多文化因素融合在一起所产生的新型淮河流域文化最终成为中华民族文化的一个有机组成部分。

一 中原宗周文化对淮河流域的影响

先秦时期，周王朝对淮河流域的统治毫无疑问是最为有效的，对这一地区的文化输出、渗透、影响也是最为显著的。由于各个诸侯国的治国方略有所不同，再加上地方势力的大小有别，使不同地域的中原宗周文化也呈现出不同的面貌。《史记》所载齐、鲁两国在最开始时所采用的治国之策最具代表性。

《史记·齐太公世家》载：

第十四章 周代淮河流域的文化融合

太公至国，修政，因其俗，简其礼，通商工之业，便鱼盐之利，而人民多归齐，齐为大国。①

《史记·鲁周公世家》载：

鲁公伯禽之初受封之鲁，三年而后报政周公。周公曰："何迟也？"伯禽曰："变其俗，革其礼，丧三年然后除之，故迟。"太公亦封于齐，五月而报政周公。周公曰："何疾也？"曰："吾简其君臣礼，从其俗为也。"及后闻伯禽报政迟，乃叹曰："呜呼，鲁后世其北面事齐矣！夫政不简不易，民不有近；平易近民，民必归之。"②

一起被分封至东土的齐、鲁分别采用了不同的政策，齐国是"因其俗，简其礼"，而鲁国则采用的是"变其俗，革其礼"，"变其俗，革其礼"虽然能够强化文化的变革和有效实行周王朝礼制文化的推行，却不能简其政，以实现"平易近民"；"因其俗，简其礼"却是在推行王朝礼制文化的基础上因地制宜、因俗制宜，实现多种文化因子的并存并最终达到多元文化的有机融合。

同时，由于周王室对淮河流域各地区统治力量的强弱，也使得中原宗周文化对上游和下中游各区域的影响表现出不同的态势。

在上游地区，由于商人在这里就已经奠定了较好的统治基础，周王朝将这一区域全盘接收，并且从军事、行政和文化等各方面全面渗透。周王朝先后在这里分封了大量的嫡系的姬姓诸侯国，如蔡、息、赖、蒋、道、应、郑、随、顿等，同时又分封了较早归于华夏族群的陈、柏、房、许、邻、番等。这些诸侯国的存在不仅有效地巩固了周王朝在淮河流域的统治，也使得宗周的礼制文化在这一区域实现了广泛的传播，从西周至战国时期，中原宗周文化一直是淮河上游地区北岸大片地域的主流文化。在南

---

① （西汉）司马迁：《史记》，上海古籍出版社1997年版，第1199页。
② 同上书，第127—7228页。

岸的豫南信阳地区和南阳桐柏地区，尽管存在着养、黄等东夷族群的分支，也有着自己的独特的地方文化，但也较为明显地受到中原文化的深远影响。1986年在浉河港墓葬发现一批铜器，其中有带铭文的"父乙簋""扩父乙卣""父乙瓿""父乙角""父丁簋"等，还有一批觯、爵等铜器，它属于西周早期的铜器，简报认为铭文中的"扩"等都是"方国名或族徽"①。尽管从铭文来看，这应该是早在商族时期就居住于豫南地区的大家族，但青铜器的形制与西周中原地区早期铜器无异。黄国为东夷族群，是较早迁移至淮河上游的一支，虽然它保留着东夷文化因子，但也体现出中原文化的特色，黄君夫妇墓和黄季佗父墓都采用土坑竖穴木椁墓，非东夷葬俗而是中原文化中的丧葬习俗；黄君夫妇墓中的器物组合为鼎、豆、壶、盘、匜，这和虢国墓器物组合相近；黄国出土的鼎，从形制和纹饰上绝大多数都具有北方同期铜器的特点；其铜器所体现出来的质朴与厚重之风则直接承袭了中原宗周文化的风格②。

而中游地区情况则较为复杂，淮北地区的宋国、沈国和胡国，或为周王室的姬姓诸侯国，或来自中原文化圈中族群，他们深受中原文化的影响，所以这一带文化发展与周代中原文化的发展呈同向发展趋势。而在江淮地区则不然，这一带为东夷族偃姓群舒所盘踞的区域，文化根深蒂固、别具一格，陆勤毅、宫希成主编的《安徽江淮地区商周青铜器》对周代安徽江淮地区的青铜器的出土情况和其特征有一个较为详细的梳理：

> 西周青铜器发现较多，不少出土情况较为复杂，成组的器物也颇丰。此一时期有代表性的组群有：金寨斑竹园出土鬲、尊、爵3件器物，其中的鬲式斝，颈下饰弦纹两周，分裆，袋足鼓出，鋬内腹壁有铭文"父乙"。潜山县彰法山出土有尊、瓿、觯各1件，枞阳官塘村发现鼎2、尊1，来安顿丘山遗址出土簋、鬲各1，凤阳出土爵、觯、戈、矛等，还有一些零星出土的器物。主要器类有鼎、簋、瓿、鬲、爵、斝、尊、盉、匜、甬钟等。纹饰主要有兽面纹、夔龙纹、凤鸟

---

① 欧谭生：《河南信阳县浉河港出土西周早期铜器群》，《考古》1989年第1期。
② 信阳地方史志编纂委员会：《信阳地区志》，生活·读书·新知三联书店1992年版，第793页。

纹、窃曲纹、波曲纹、重环纹、乳钉纹、云雷纹、弦纹等。鼎为圆鼎，大致有垂腹、圆腹、盆形腹。簋在本区并非主要器类，但来安出土的一件方座无耳小簋造型别致，器身似瓿，下设方座，内底可能设悬铃。器腹主要饰连珠纹，内设小乳钉，圈足部位设饰连续排列的S纹饰。连体式甗1件，袋足部位饰兽面纹，颇具晚商遗风。鬲1件，仅高8.4厘米，侈口，折沿，方形立耳，器腹圆鼓，连弧裆，蹄足短小。器表无纹饰。爵为卵腹居多，纹饰有兽面纹、蕉叶纹、弦纹等。尊为觚式，分垂腹和鼓腹两类，垂腹尊纹饰精美，颈及以下部位纹饰复杂，以腹部的凤鸟纹最为醒目。鼓腹尊腹部饰窃曲纹。觯2件，扁体觯，无盖，侈口，直宽颈，深垂腹，低圈足。腹两侧各饰一只大兽面，颈、圈足部位以夔纹装饰。圆体觯，形体细长，长颈，深长腹，圆形盖，下部鼓垂，低圈足。除颈部饰两周凸弦纹外，其余部位未见纹饰。合肥出土的一件龙钮盖盉，圆形盖，与鋬由两节铜环相接，盖面上一龙盘踞兀立，高直颈，圆底，下设三短柱足，颈部饰一圈窃曲纹，腹部饰瓦纹。匜1件，三蹄足，槽式流，尾设环状平鋬，顶端有一扇形平板状装饰，面上饰云雷纹，口沿下腹部饰四组顾首龙纹，间以云纹。甬钟在寿县、长丰、舒城、太湖、巢湖等地有发现，甬多不封闭，钲部与枚四周设小乳钉，舞、鼓间以云纹装饰，篆间多夔纹。

本区属于春秋时期的器物数量最多，颇具地方特色。较为重要的出土地点有舒城凤凰嘴、舒城河口、肥西小八里、六安燕山村、寿县魏岗、怀宁杨家牌、凤阳卞庄、凤阳大东关等。出土器类主要有鼎、簋、缶、盉、鬲、盘、匜、罍、尊等，纹饰以窃曲纹、蝉纹、重环纹、夔纹、蟠螭纹、蟠虺纹、云雷纹、弦纹为代表，圆点纹也经常是一些器耳的装饰图案。这批器物中，鼎的数量最多，分立耳和附耳两类，器腹又可分为环腹、盆腹、小口罐形、兽首（牺首）造型，其中一些较具地方特色：如一类盆腹小鼎，立耳外撇，短蹄足，腹部有一周窄纹饰带，常为重环纹或窃曲纹。盖鼎，有立耳和附耳两类，前者也有平板状盖面，器腹常有扉棱状装饰，下腹多有三角蝉纹。后者器型厚重高大，有平顶器盖，中间有桥形钮，周圈还有三个曲折状平板捉手，多以窃曲纹装饰。兽首鼎是另一个较多发现的本区器物，鼎身、兽首、附耳、平盖，其中寿县魏岗一件稍有例外，其装饰羊首，鼎足扁平外曲，与首对应一侧饰一平板状尾，与匜的装饰手法相似。盉的数量其次，类型多样，有扁盉、盘口盉、提梁盉等。其中以盘口盉数量最多，有的曲柄上翘，盘形口，中腹部设短管状流。另一类罐形盉也具特色，圆体缶式，有管状流。簠为圆盖簠和小方簠两类，圈足，器型甚小，纹饰简单。肥西小八里方簠造型奇特，盖四角尖凸，腹四边各设一圆环，器身饰长鼻兽纹。缶为圆体罐子式，口有平盖，腹饰二小一举成名钮，平底，器表光素。匜、盘也是本区常见器物，匜多三蹄足式，尾设龙首鋬，腹饰窃曲纹等纹饰。盘为附耳，浅腹，圈足，或有窃曲纹。罍为圆腹罐式，或被称为缶，属楚式风格，肩有圆饼状装饰，并设两个龙首环耳。尊2件，六安燕山村所出尊属于大口垂腹尊，颈冲服凤鸟纹带，在凤鸟纹带之间有一突起相对称的兽首耳。桐城出土龙耳尊，肩上有两耳如龙，圈足外撇。口沿、肩、腹饰龙纹。个别青铜器铸有族徽，在春秋时期青铜器上尚不多见，这些族属保留了早期习惯。也为探讨其来源提供了可能。

本区战国时期青铜器，除了大量的兵器、工具外，礼乐器数量和种类也较为丰富，订器类有鼎、壶、敦、盘、钲等。鼎，一般器表较薄，长蹄足，足根有兽首装饰，子口承盖，盖中心有环钮，周圈设三个8字型小捉手，盖、腹饰蟠螭纹，底有较重的烟炱痕。壶多为圆形，两肩设铺首衔环，纹饰组合相近，除分别仅有弦纹外，颈部多饰三角纹，肩、腹、圈足有交错三角纹，并填以卷云纹。敦、均基本为环形，各有三足两环耳，兽蹄足或兽钮形足，器表素面或装饰三角纹和卷云纹。潜山出土的一件刻纹盘纹饰精细，敞口，直腹，平底，外腹刻有很浅的云气纹图案，纹饰浅而细，拓而不可得。钲，潜山、安庆一带的战国墓出土，长圆柄，椭圆形腔体，凹弧口，素面或以三角纹、蟠螭纹等装饰，潜山的一件钲柄末端还有兽首装饰，在腔体四周饰一圈三角雷纹。[1]

---

[1] 陆勤毅、宫希成主编：《安徽江淮地区商周青铜器》，文物出版社2014年版，第3—4页。

从这些情况来看，安徽江淮地区的青铜器确实有着自己独特的文化面貌，但也同样受到中原文化的影响，一些青铜器尽管样式各异，却体现出中原礼制文化的存在：大部分鼎都具有中原文化的特征；1959年在舒城凤凰嘴发现一座古墓，出土了包括兽首鼎、铉鼎、鬲、盉等十余件铜器，属春秋中期之物。器物组合方式以奇数相配，与淮河流域土著文化不同，具有中原周文化的特色，铜器上的纹饰主要有波纹、回字纹、窃曲文、蟠虺纹、蟠龙纹、云纹等，与新郑铜器的纹饰相似。① 2006—2008年，先后发掘了蚌埠的双墩一号墓和凤阳板桥镇的卞庄一号墓，墓葬年代在春秋中后期，墓中出土的编钟铭文有"童丽君柏""童丽君柏之季子康"字样，经考证，"童丽"即为史书中记载的"钟离"，本为东夷嬴姓的一支。钟离国墓地所呈现的文化特色尽管具有东夷原始文化的鲜明特征，但其器物组合却与同期中原地区的礼制情况十分接近，明显受到了中原礼制文化的影响。② 而随着楚人和吴人先后进入这一地区，使这地区的中原周文化因素迅速衰退，吴楚文化特别是楚文化成了淮河中游江淮地区的主流文化。

在下游地区，周代主要诸侯国有鲁、滕、薛、茅、颛臾、邾、小邾、向、偪阳、鄅、徐、郯、邳、鄫、莒等。由于周王朝屡次军事打击和以鲁国为代表的中原族群的文化输出和礼制的推行，使这一地区受中原文化影响之深度与广度反而远超出淮河中游地区。从考古情况来看，在这一地区出土大量的周式铜器和陶器，其中很多铜鼎的样式与纹饰与中原周鼎相同，绳纹陶鬲、簋、罐、豆等与中原周文化地区的同类器物相似③。在礼制方面虽保留一些地方文化因素，但多数时候采用鼎、簋相配的方式，与中原周文化相同④。在薛城故地发现的铜器从器形到纹饰都可以看到中原文化的特征，"铜器的纹饰，多用垂鳞纹、瓦纹、窃曲纹、云雷纹、蟠螭

---

① 安徽省文化局文物工作队：《安徽舒城出土的铜器》，《考古》1964年第10期。
② 安徽省文物考古研究所、蚌埠市博物馆：《安徽蚌埠双墩一号春秋墓发掘简报》，《文物》2010年第3期；安徽省文物考古研究所、凤阳县文物管理所：《安徽凤阳卞庄一号春秋墓发掘简报》，《文物》2009年第8期。
③ 陈朝云：《夏商周中原文明对淮河流域古代社会文明化进程的影响》，《文史哲》2005年第6期。
④ 山东省文物考古研究所、沂水县文物管理站、沂水县文物管理站：《山东沂水刘家店子春秋墓发掘简报》，《文物》1984年第9期。

纹等，界纹多用凸弦纹，耳、把、钮等则多饰以兽首纹和鸟形纹，这些特征与中原地区的河南上村岭虢国墓地、洛阳中州路春秋早中期墓出土铜器，以及曾国铜器的纹饰特征相近。"① 从西周至春秋前期，让周王室最为担心的外族势力便是东夷族的徐国，徐国文化虽自成一体，但同时也不可避免地受到中原周文化的影响，在邳州九女墩发掘的三号墩属于徐国墓葬，出土一大批器物，青铜器中的覆盘形弧盖鼎、盖豆、提链壶等为中原同期常见器形；编钟在形制上与中原各国的编钟十分接近；出土的车马器、生活工具等与当时中原各国所使用的基本相同。由此说明当时中原周文化包括礼制文化对徐人的影响。

二 吴、楚文化的交流与淮河流域文化的融合

在西周时代，无论是楚国、吴国还是越国，都处于长江流域，它们与淮河流域很多异姓诸侯国一样，除偶尔与其他诸侯国通婚之外，几乎很少参加周王室和中原各诸侯国的朝、聘、会盟。整个江淮流域的诸侯国处于文化的独立发展时期。

楚民族在其文化形成过程中，首先吸纳苗蛮文化，兼容百越文化、夷濮文化、巴蜀文化和氐羌文化，从而形成了独具特色的民族文化。在楚民族的文化心理上表现出的崇火尚凤、亲鬼好巫、追求浪漫的文化特征，与中原文化中崇拜神龙、敬鬼神而远之、观照现实形成鲜明对照。也许是因为云绕雾罩，使南楚文人多了些许妙想，楚文化向来具有追求一种华丽、纤巧之美倾向，无论是楚人的文学创作，还是音乐、舞蹈和绘画艺术都透出一个"丽"字。

吴文化则是由太伯从西北迁至长江三角洲地区所带来的古老的中原文化与江浙土著文化融合而产生的，由于其地理因素等影响，吴文化"古朴而不失精美，温柔而不失刚劲，刚柔相济，向善求美。……吴人的人性纤巧，文秀雅儒"②。

---

① 山东省济宁市文物管理局：《薛国故城勘查和墓葬发掘报告》，《考古学报》1991 年第 4 期。
② 谢忠凤：《长江文化生态与民族精神形态》，《湖北师范学院学报》2008 年第 6 期。

由于楚国的北伐与东进、吴人的北征与西来,加强了江淮流域与中原的沟通,从而也实现了楚文化、吴文化、淮河流域土著文化与中原文化的大融合。所以程有为在其《先秦时期吴楚地区与中原的经济文化交流》一文中总结说:"春秋时期,吴、楚通过政治上的北上争霸、盟会、聘问,军事上的战争、征服、灭国,经济上的战争掠夺、馈赠、贡献、商业往来,以及人才和技术的交流和引进,文化方面的互相通婚、吸收等,与中原诸国进行多种渠道的交流,使两地在经济发展水平上逐渐接近,文化上也出现了融合趋同的趋势。战国时期,吴楚地区和中原地区在经济、文化方面的区别已不明显。"[1]

1. 楚文化与中原文化的大融合

楚国北进中原,在占有汉水和淮河流域诸侯国的土地的同时,将楚文化渗透入这一带,马世之说:"中原南部诸国文化在西周晚期均属中原文化范畴。约从春秋早期开始,渐渐受到楚文化的影响,从器物的形制和花纹来看,出现了一些楚文化的因素。楚灭中原诸小国以后,使得当地原有的文化发生深刻的变化,并被纳入了楚文化的范畴。"[2] 这是侧重于楚文化对汉水、淮河流域土著文化的影响,但同时,中原文化也正是在这一带反过来也影响着楚文化,从而实现了南北文化的大融合。

随着湖北随州曾侯乙墓的出土,大量的铜器、漆器、玉器及绘画呈现在世人面前。由于曾国为北方姬姓之国,而很早就归附楚国,所以曾的文化充分体现了楚文化与中原文化的融合。谭西维曾经说过:"曾钟在科学文化上的成就,正是周、曾、楚多种文化交融的结晶,是就曾侯乙编钟而言。其实曾侯乙墓整个文物在艺术上之所以成就辉煌,其原因亦如此,是这一个时代列国文化大交流、大融合的结晶。其在文化艺术上的整体风格,显然是在继承中原周文化基础上吸收了楚文化因素而形成的具有时代特性、地域特点的周、曾、楚文化的交融体。只是在若干年后,随着曾国在政治上的灭亡,其文化才全部被融于楚文化之中,再过若干年后,融于

---

[1] 程有为:《先秦时期吴楚地区与中原的经济文化交流》,《鄂州大学学报》2008年第5期。
[2] 马世之:《中原楚文化研究》,湖北教育出版社1995年版,第169页。

整个中华民族文化共同体之内了。"① 这种评价是客观的，也说明曾国文化见证和呈现了南北文化的大融合。同时，楚文化同样影响了处于中原腹地的许国、蔡国、陈国文化。姜姓的许国最早位于河南许昌，春秋之后沦为楚国附庸。2002年在叶县澧河南岸发掘了一座许国墓，出土青铜器280余件。经考证，该墓为许灵公墓。墓中同时使用箍口鼎、簠、缶和升鼎、簋、方壶两套礼器组合，兼用楚、周之礼制②。足可说明楚文化对许国的深刻影响。

2. 楚文化与淮夷、东夷文化的融合

由于楚人最早占领的是淮河上游地区，所以从春秋中期就开始影响着这一地区的文化。黄国是周代位于豫南的一个小诸侯国，嬴姓，东夷之裔。早在西周以前便沿淮河西迁至淮河上游地区，最后在潢川县境立国。"由于黄国所处的特殊地理位置，其文化既有东夷或淮夷的文化因子，又具有显著的中原文化的特征，同时也在一定程度上受到楚文化影响。黄国文化在融合多元文化因子之后，形成了自己独特的文化传统，展示出不同凡响的文化成就。"③

随着考古文物的不断发现，从出土的黄国青铜器、墓制等，展现出东夷文化、中原文化与楚文化的融合。黄君墓中双鼎同出，这是在东夷、淮夷墓中常见现象，它与中原地区"鼎俎奇而笾豆偶"、诸侯用九鼎或七鼎的礼制有别，黄夫人墓随葬的两件曲銎盉常见于安徽、江淮地区西部的群舒故地。这种淮夷式的盉多呈瓠形、束腰，很有地方特色；黄国贵族流行土坑竖穴木椁墓，显然是采用了中原文化中的丧葬习俗，黄君墓出土的鼎，从形制到配套组合也为周式，器物风格总体上与中原接近，承袭了周文化的质朴与厚重；黄君墓使用青膏泥填封墓室，是南方江汉地区的文化习俗，黄国墓葬地面高大封冢和以青膏泥填充墓室、庞大的椁室结构和设置边箱分放器物的诸多制度，为以后的楚人多所继承和发展，成为楚文化

---

① 谭维四：《试论曾侯乙墓文物的辉煌艺术成》，《东南文化》2005年第3期。
② 李元芝等：《许公宁透空蟠虺纹青铜饰件——先秦失蜡法之一器例》，《中原文物》2007年第1期。
③ 金荣权：《古黄国历史变迁与文化特征综论》，《中州学刊》2009年第1期。

的特色因素。

在古代楚地，采用的是平地起坟的土墩墓制；而我国古代中原地区一般遵循着"墓而不坟"的文化传统。这南北两种文化在淮河流域交流，从而在黄国文化中得到融合。这种墓制最终成为后代中国最典型的墓葬方式。

这种情况也体现在番、养等诸侯国的文化上。番、养二国皆属于淮河上游的诸侯国，位于南阳桐柏县的养国与黄同为嬴姓，从目前发掘的养国墓的情况来看，春秋早期养、黄两国铜器风格非常接近，鼎制为偶鼎，粢盛器也使用镂空豆、平底盆。到了春秋晚期之后，大量使用方壶、盥缶等楚器。

楚文化对淮河中游的影响与融合较上游为晚。结合考古发现，学者认为：安徽江淮地区的楚文化的发展经历了三个时期，从青铜器来看，春秋中期该地区的土著文化占有绝对的优势，春秋晚期之后，楚文化已经在很大程度上影响了这一区域文化，并与该地区文化进行了融合。战国时期，由于楚人的统治与文化的传播，这一地区的文化和两湖地区的楚文化有着相同的面貌。可以说，正因为楚文化的进入，使得淮河中游江淮之间的文化由最开始的独立发展，到慢慢楚化，最终完全融入楚文化之中，成为楚文化的一个有机组成部分。

3. 吴楚交争促进了楚、吴、中原文化的融合

《左传成公七年》载：晋国的巫臣出使吴国，教吴人射箭、驾车和布阵作战之术，并且让吴人与楚为敌。这当是吴与中原正式实现官方交往的开始。春秋后期，楚国与吴国反复争夺，促进了吴、楚文化与中原文化互相吸收和影响。"在长江下游地区所发现的西周春秋时期的青铜器大体上可分为四类：一是中原青铜器，是吴人直接从中原带来的；二是越人和楚人的青铜器；三是吴人模仿中原样式铸造的青铜器；四是吴人自己设计创造出来的新式铜器。"[①] 这些器物的发现，充分说明了吴、楚、中原文化的相互交流。

[①] 程有为：《先秦时期吴楚地区与中原的经济文化交流》，《鄂州大学学报》2008年第5期。

在中原诸侯国中，蔡国与楚国是交往最为频繁的两个国家，也是恩怨纠缠不清的国家。受中原诸侯的压力，蔡平侯在楚人的帮助下，由上蔡迁都新蔡，"所制货币是用金块、青铜铸的郢爰、蚁鼻。币厚四毫米，边长十三毫米，呈正方形，币面铸有'郢爰'字样"①。

随后蔡人与楚人反目而投入吴的怀抱，蔡昭侯将都城迁至近吴的州来（今安徽凤台），后来在淮南蔡家岗2号墓中出土的文物中有三件铭有"蔡侯产"的用剑，表明那是蔡声侯之墓。"出土铜器的铭文，生动地反映了蔡侯当时的境遇，既要虔诚'左右楚王'，又要嫁姊以'敬配吴王'。蔡昭侯墓中的吴王光鉴，蔡声侯墓中的吴王夫差戈和吴太子剑，更是蔡、吴两国关系的物证。……"②

最能体现楚、吴、越文化交流的就是鸟书的流传。

鸟书字体颀长，笔画纤细匀称，大多曲折连卷。最早出现在春秋、战国时期的青铜礼器和兵器上，如楚王子午鼎、楚王酓肯盘、王子于戈、楚王孙渔戈、子䁊之用戈、攻吴王光剑、越王州句剑、越王州句矛等。汉代，鸟书又称虫书、鸟虫书、鸟篆，十分盛行。

从考古来看，鸟书在先秦流传的范围十分广泛，包括长江中下游地区、汉水流域、淮河流域等，如楚、蔡、申、越、吴、曾等国。春秋、战国时代众多的鸟虫书作品中，最早的应属楚王子午鼎（公元前558年），最晚的为战国晚期楚考烈王（公元前265—公元前238年）的楚王酓肯盘；从数量说则以越为最（属于越国器者就多达60多件）。所以学者较为普遍地认为：鸟虫书创于楚国的可能性比创于越国的可能性要大。

鸟书的产生与楚文化有着密不可分的关系：楚文化中尊凤尚巫的文化习俗，以瘦为美的审美倾向，对自由境界的崇尚等都是滋生鸟书的文化基础。

鸟书在楚国出现之后，随着楚人的北伐与东征，这种书法也被带到了汉水流域、淮河流域和长江下游地区。

楚文王在公元前688年后灭掉位于南阳的姜姓申国，在申地置县，镇

---

① 陈昌远：《有关古蔡国的几个历史地理问题》，《中国历史地理论丛》1998年第3期。
② 中国社会科学院考古研究所编：《新中国的考古发现与研究》，文物出版社1984年版，第303页。

守申县的最高行政与军事长官称为"申公",但这个申公并不是申国的姜姓贵族,而是彭氏家族。1975年3月在南阳市西关发现的一座古墓,发掘出随葬的青铜器等遗物,其中有一件铭文为"申公彭宇"的铜簠,引起了学者们的关注,研究者认为这是一座春秋中期前段的墓葬,这个"申公彭宇"为申县的最高行政长官。2008年7月又在南阳市中心城区八一路与工业路交叉口西北角一施工工地发现了一大型古墓群,除出土大量的礼器、乐器、兵器、玉器外,考古人员还清理出720件皮甲,并从一件青铜戈上发现了几个十分精美的凤凰一样的图案,经过辨认,这种凤凰图案是鸟虫篆,为"彭所之戈"四字,表明墓主人是申公彭宇的后代。这是我们可以确定的楚鸟书首次向北方流传。

至春秋后期,鸟书从汉水流域东传至淮河流域,为当时楚国的同盟国蔡国人所欣赏,并随着楚人军事势力的扩张而流传至长江下游的吴、越之地,春秋晚期和战国时代鸟书在淮河下游和长江下游地区得到发扬光大。

1959年安徽淮南市蔡家岗发掘的蔡侯产墓,出有三件《蔡侯产剑》、一对《越王者旨於赐戈》。《越王者旨於赐戈》制作精良,铭文错金鸟篆,是越国赠蔡的贵重礼物。戈铭自称为:"徐侯之皇、越王者旨於赐。"[①] 上海博物馆藏春秋时期蔡国青铜器有"蔡公子果戈",戈胡部有鸟篆书铭文6字:"蔡公子果之用"[②]。可见春秋后期鸟书在当时的蔡国十分流行。

鸟书在长江下游的流行,是楚文化东传的结果,也是吴越文化与楚文化交流的结果。

三 战国时期淮河流域的族群融合与文化交流

进入战国时代,经过春秋时期的诸侯征战、兼并,弱小的诸侯国相继灭亡,周天子名存实亡,朝不保夕。韩、赵、魏三家分晋,姜姓的齐国已成为田氏之天下。实力雄厚的诸侯国各自为政,战争成为解决纷争的最常用、最有效的方式。刘向在《战国策·叙》中曾如此描述战国之形势:

[①] 董楚平:《六件"蔡仲戈"铭文汇释——兼谈蔡国的鸟篆书问题》,《考古》1996年第8期。
[②] 智龛:《蔡公子果戈》,《文物》1963年第3期。

至秦孝公，捐礼让而贵战争，弃仁义而用诈谲，苟以取强因而矣。夫篡盗之人，列为侯王；诈谲之国，兴立为强。是以传相仿效，后生师之，遂相吞灭，并大兼小，暴师经岁，流血满野；父子不相亲，兄弟不相亲，夫妇离散，莫保其命，湣然道德绝矣。晚世益甚，万乘之国七，千乘之国五，敌侔争权，盖为战国。贪饕无耻，竞进无厌；国异政教，各自制断；上无天子，下无方伯；力功争强，胜者为右；兵革不休，诈伪并起。当此之时，虽有道德，不得施谋；有设之强，负阻而恃固；连与交质，重约结誓，以守其国。故孟子、孙卿儒术之士，弃捐于世，而游说权谋之徒，见贵于俗。是以苏秦、张仪、公孙衍、陈轸、代、厉之属，生从横短长之说，左右倾侧。苏秦为纵，张仪为横；横则秦帝，从则楚王；所在国重，所去国轻。①

在如此情况下，西周以来为奉前代贤王之祀而建立的诸侯国绝大多数已不存在，世代居于自己诸侯国中的古老氏族也随着国家的破灭和君王的消失而被瓦解。

淮河流域是战国时代战争最为频繁的地区之一，西周至春秋时期所谓的华夏、东夷、荆蛮的概念也随着形势的变化而几乎不复存在，族群的融合进入了一个全新的时代，为这一地区最终融入华夏民族圈画上了一个完美的句号。

1. 战国时期淮河流域的形势的变化

至战国时，周代林立的大小诸侯国已所剩无几，实力强大者有秦、楚、齐、赵、燕、魏、韩七国，后世称为"战国七雄"。淮河流域为楚、韩、魏等国所分割，在这些大国的夹缝中还有十多个残存的中小诸侯国，如宋、鲁、滕、莒、邾、小邾、郯、薛、越、邳等。

宋国，在春秋时期就是在齐、晋、楚三个大国夹缝中生存的中等诸侯国，由于较好地利用了晋、楚、齐等大国的关系，从而得以保全自己的国家，并向南灭掉曹国等，使其疆域扩展至淮河流域地区。至战国时期，宋

---

① （西汉）刘向：《战国策·叙》，上海书店1987年版，第2页。

北部和东部与齐相连，南与楚接壤，西与魏紧邻，与周边大国相比，实力较弱。公元前318年，宋康王实行政治改革，富国强兵，于是宋国慢慢强大起来，并与周边大国相对抗，于是东伐齐而取其五城，南攻楚取其地三百余里，西侵魏而取其二城。正因为宋同时与齐、楚、魏三个大国为敌，为自己的灭亡埋下了祸根。公元前286年，齐国联合楚、魏而攻宋，败其军，破其城，宋康王逃至倪国，齐人杀之，宋国亡，宋国的所有土地被齐、楚、魏三国瓜分。

鲁国，原本是西周分封的一等大国，可是至春秋时期由于"三桓"专政，公室卑弱，鲁国在春秋诸侯国的角逐中渐落下风。至战国时期，鲁穆公时期实行改革，以公仪休为鲁相，并从三桓手中夺回政权，确立了王室的权威。然而由于鲁国力量一直无法恢复，无法参与战国大国之间的争夺，终于在公元前256年，楚考烈王攻占鲁国。楚人迁鲁国的顷公至下邑，七年后鲁顷公死于柯地，鲁祀遂绝。

滕国，故城在今滕州市西南。战国初期，滕国无法主导自己的命运，公元前415年为越所灭，又复国。至战国中期，滕国一直存在，所以《孟子》记载滕定公与其子滕文公之事。《孟子·滕文公上》曰：

> 滕定公薨。世子谓然友曰："昔者孟子尝与我言于宋，于心终不忘。今也不幸至于大故，吾欲使子问于孟子，然后行事。"然友之邹问于孟子。孟子曰："不亦善乎！亲丧固所自尽也。曾子曰：'生，事之以礼；死，葬之以礼，祭之以礼，可谓孝矣。'诸侯之礼，吾未之学也；虽然，吾尝闻之矣。三年之丧，齐疏之服，飦粥之食，自天子达于庶人，三代共之。"然友反命，定为三年之丧。父兄百官皆不欲，曰："吾宗国鲁先君莫之行，吾先君亦莫之行也，至于子之身而反之，不可。且志曰：'丧祭从先祖。'"曰："吾有所受之也。"谓然友曰："吾他日未尝学问，好驰马试剑。今也父兄百官不我足也，恐其不能尽于大事，子为我问孟子。"然友复之邹问孟子。孟子曰："然。不可以他求者也。孔子曰：'君薨，听于冢宰。歠粥，面深墨。即位而哭，百官有司，莫敢不哀，先之也。'上有好者，下必有甚焉者矣。'君子之德，风也；小人之德，草也。草尚之风必偃。'是在世子。"然友反

命。世子曰:"然。是诚在我。"五月居庐,未有命戒。百官族人可谓曰知。及至葬,四方来观之,颜色之戚,哭泣之哀,吊者大悦。①

《孟子·滕文公上》又记:

滕文公为世子,将之楚,过宋而见孟子。孟子道性善,言必称尧舜。世子自楚反,复见孟子。孟子曰:"世子疑吾言乎?夫道一而已矣。成覵谓齐景公曰:'彼丈夫也,我丈夫也,吾何畏彼哉?'颜渊曰:'舜何人也?予何人也?有为者亦若是。'公明仪曰:'文王我师也,周公岂欺我哉?'今滕,绝长补短,将五十里也,犹可以为善国。书曰:'若药不瞑眩,厥疾不瘳。'"②

《孟子·滕文公上》还曰:

有为神农之言者许行,自楚之滕,踵门而告文公曰:"远方之人闻君行仁政,愿受一廛而为氓。"文公与之处,其徒数十人,皆衣褐,捆屦、织席以为食。陈良之徒陈相与其弟辛,负耒耜而自宋之滕,曰:"闻君行圣人之政,是亦圣人也,愿为圣人氓。"陈相见许行而大悦,尽弃其学而学焉。陈相见孟子,道许行之言曰:"滕君,则诚贤君也;虽然,未闻道也。贤者与民并耕而食,饔飧而治。今也滕有仓廪府库,则是厉民而以自养也,恶得贤?"③

《孟子·梁惠王下》也说:

滕文公问曰:"滕,小国也,间于齐楚。事齐乎?事楚乎?"孟子对曰:"是谋非吾所能及也。无已,则有一焉:凿斯池也,筑斯城也,

---

① (周)孟子:《孟子》(四书集注本),岳麓书社1987年版,第362—363页。
② 同上书,第361页。
③ 同上书,第362—363页。

与民守之，效死而民弗去，则是可为也。"①

由此可知，在战国中后期，滕国仍然存在，最后可能亡于宋康王。

邾国，战国时期称为邹，后来为楚宣王所灭，楚人将邾人迁至湖北黄冈境内外内，设邾县。

小邾国史称郳、倪，小邾国最后灭亡于战国时代。

郯国，故城在今郯城县城北。公元前414年越王朱勾灭郯，以郯子鸪归。

薛国，故城在滕州市南。战国时为齐所灭，齐威王封少子田婴于薛地。

邳国，其地本在今江苏邳县，战国初年迁至山东峄县，是为上邳。公元前261年，为楚考烈王所灭②。

越国早期主要活动在浙江绍兴一带。至春秋后期，越国灭亡吴国，越国势力也一度到达鲁地，东至东海，西迄皖，成为春秋至战国中期东南部的大国。公元前306年，越王无疆伐齐、攻楚，兵败身亡，越国于是分崩离析，子弟们争相立王称君，居住于东南沿海，其中东越、闽越皆为其后人所建的国家。

莒国界于齐、鲁之间，据《史记·楚世家》载："（楚）简王元年，北伐灭莒。八年，魏文侯、韩武子、赵桓子始列为诸侯。"③ 楚简王元年当公元前431年。

可见至战国时期，淮河流域虽然有十余个诸侯国，但最强者当属楚、魏、韩三国，至战国中后期，齐人势也到达了淮河北部，于是齐、楚、魏、韩四国成为淮河流域的主宰，以武力割据代替了西周以来的诸侯国疆域，原本的部族、氏族观念也逐渐淡化直至消失。

2. 文化精英对族群意识的淡化

在西周和春秋时代，由于大量诸侯国的存在，其臣民的氏族意识还是

---

① （周）孟子：《孟子》（四书集注本），岳麓书社1987年版，第322页。
② 马世之：《中原古国历史与文化》，大象出版社1998年版，第29—30页。
③ （西汉）司马迁：《史记·秦本纪》，上海古籍出版社1997年版，第1362页。

比较浓厚的，一些士大夫表现出对自己君主的忠诚和对诸侯国的依恋。但到战国时期，随着诸侯国的大量灭亡，土地与人口也随之归于胜利者一方，这样原有的氏族和族群意识也随之慢慢消失。在士阶层，这一点更加突出。当时的文化精英们族群意识越来越淡化，甚至在内心深处不着任何痕迹。产生舍弃族群观念的原因很多，归纳起来主要有三种：

（1）功名之心的膨胀改变了个人的身份认同

战国时代，随着人们的自主意识的觉醒，一大批士人开始思考人生的价值，从而确立人生价值取向，并将实现功名利禄视为人生的最高目标。如当初为了出人头地而西游于秦的苏秦，在游说秦惠王失败之后，回到家中，父母看不起他，嫂子轻慢他，妻子不理睬他，这些严重地伤害了苏秦的自尊心，为了报复秦国，苏秦便转而实施合纵之策，联合赵、楚、齐、魏、燕、韩六国西攻秦国。最后取得成功，衣锦还乡，父母、嫂子、妻子等家人郊迎三十里，看到这种情况之后，苏秦感叹说："嗟乎！贫穷则父母不子，富贵则亲戚畏惧。人生世上，势位富贵，盍可忽乎哉！"[①] 而苏代更是赤裸裸地说："臣以为廉不与身俱达，义不与生俱立。仁义者，自完之道也，非进取之术也。"[②]

可以说，苏秦、苏代等一大批谋士们虽然在有些时候也能为诸侯国排忧解难，甚至使一些即将发起的战争消于无形，但很多时候他们又是无端战争的挑起者，是当时天下混乱的制造者。他们很多的游说行为不是为了天下苍生，也不是为了使所说对象的繁荣、富强、平安，而是通过各种近乎欺诈的手段使当时的君主能够采纳他们的意见，从而获得卿相之位和锦衣玉食，抬高自己在天下的地位，以实现他们所追求的人生价值。

在他们心中，已经不知道自己原本属于哪个诸侯国，也不知道自己源于哪个氏族，只知道利用什么方式才可能达到自己的目的，哪怕牺牲仁义、道德。

（2）人才地位的提升及人才观念的变化淡化了地域观念

战国时期，随着私学规模的扩大，受教育的人越来越多，一大批出身

---

① （西汉）刘向：《战国策·秦策一》，上海书店1987年版，第18页。
② 同上书，第64页。

中低层的士人为改变自己的地位、命运或实现个人的价值而奋斗,还有一些有理想的士人为了改变当时社会而周游列国。而对于上层统治者来说,为适应战国纷争的需要,笼络人才就成了立足于不败之地的重要保证。正因为双方的需求,使得战国时期的人才地位大大提高,而人才观念也随之发生重大变化。一大批士人离开自己的故土和族人而投奔实力强大的诸侯国或可以施展自己才华的高官显贵,或为卿士,或为食客、门人,很多人甚至为曾经灭亡了自己国家的"敌人"而效力。

李斯在其《谏逐客书》中有着十分精彩的论述:

> 昔缪公求士,西取由余於戎,东得百里奚於宛,迎蹇叔于宋,来丕豹、公孙支於晋。此五子者,不产于秦,而缪公用之,并国二十,遂霸西戎。孝公用商鞅之法,移风易俗,民以殷盛,国以富疆,百姓乐用,诸侯亲服,获楚、魏之师,举地千里,至今治疆。惠王用张仪之计,拔三川之地,西并巴、蜀,北收上郡,南取汉中,包九夷,制鄢、郢,东据成皋之险,割膏腴之壤,遂散六国之从,使之西面事秦,功施到今。昭王得范雎,废穰侯,逐华阳,疆公室,杜私门,蚕食诸侯,使秦成帝业。此四君者,皆以客之功。由此观之,客何负于秦哉!向使四君却客而不内,疏士而不用,是使国无富利之实而秦无疆大之名也。……臣闻地广者粟多,国大者人众,兵强则士勇。是以太山不让土壤,故能成其大;河海不择细流,故能就其深;王者不却众庶,故能明其德。是以地无四方,民无异国,四时充美,鬼神降福,此五帝、三王之所以无敌也。①

李斯的这一番话揭示了秦国在战国时代快速崛起的原因,那就是利用其他诸侯国的贤能之士对秦国进行大变革,同时利用这些客卿的智慧为秦国发展服务;而有志之士也正因为秦国能礼贤下士而争相西入秦国。在这种背景下,就形成了自上而下的"地无四方,民无异国"的观念,从而也使原有的诸侯国、氏族的观念融入"天下"的大观念之中。

---

① (西汉)司马迁:《史记》,上海古籍出版社1997年版,第1493页。

实际上，在战国时代，很多诸侯国也都十分重视人才的选拔与聚集，如齐国，为招纳贤才而专设稷下学宫，为齐相多年的孟尝君更是以尊重贤才、礼遇谋士而著称，正因如此才使孟尝君手下门客达三千人之多。但三千食客并非孟尝君门人的全部，据《史记·孟尝君列传》载："太史公曰：吾尝过薛，其俗间里率多暴桀子弟，与邹、鲁殊。问其故，曰：'孟尝君招致天下任侠，奸人入薛中盖六万余家矣。'"① 如果这条记载属实，孟尝君仅招致的任侠之士竟有六万余人，那么其他的门客到底有多少人就应该是个十分惊人的数字。

正因战国时代诸侯国的纷争与兼并以及族群意识的淡化，使得一向对中国与四夷分得很清楚的孟子的观念也发生了变化。《孟子·滕文公上》批评陈相说："今也南蛮鴃舌之人，非先王之道，子倍子之师而学之，亦异于曾子矣。吾闻出于幽谷迁于乔木者，未闻下乔木而入于幽谷者。鲁颂曰：'戎狄是膺，荆舒是惩。'周公方且膺之，子是之学，亦为不善变矣。"② 仍将楚人视为南蛮，但在《梁惠王上》又说："然则王之所大欲可知已。欲辟土地，朝秦、楚，莅中国而抚四夷也。以若所为求若所欲，犹缘木而求鱼也。"③ 将秦与楚并列，把楚从"四夷"之中独立出来表述。

（3）合纵抗秦使楚人被接纳为"中国"的成员

春秋时期，秦国虽偏处于西部一隅，但周王朝和中原诸侯却没有把它视为最大的敌人，甚至不把它当成"另类"，而楚人则是周王朝和中原诸侯一直不敢忘怀的最大的敌人和"另类"。但进入战国时代，特别是秦孝公之后，秦国任用商鞅变法，日益强盛，向东蚕食诸侯，尽管中原诸侯采用合纵之策与秦人较量，最终都以失败而告终，使得东方各国对秦人越来越忌惮，并将之称为"虎狼之国"，视为中原诸侯共同的敌人。而原本"非我族类的"楚国人因为早已占据了淮河流域，并控制了一部分中原地区，与中原诸侯国交往频繁且共同抗击秦国，反而变成了中原各国的同盟军，并且渐渐变成了"中国"的一部分。所以《战国策·赵策四》曰：

---

① （西汉）司马迁：《史记》，上海古籍出版社 1997 年版，第 1816 页。
② （周）孟子：《孟子》（四书集注本），岳麓书社 1987 年版，第 374 页。
③ 同上书，第 304 页。

"天下争秦,秦王受负海内之国,合负亲之交以据中国。"①《战国策·韩策三》也说:"中国白头游敖之士皆积智欲离秦、韩之交,伏轼结轫西驰者,未有一人言善韩者也;伏轼结轫东驰者,未有一人言善秦者也。皆不欲韩、秦之合者何也?则晋、楚智而韩、秦愚也。晋、楚合,必伺韩、秦;韩、秦合,必图晋、楚。"②

为了对付共同的敌人秦国,中原诸侯曾推举楚人两次为盟主,一次是在楚怀王时期,"苏秦约从山东六国共攻秦,楚怀王为从长。至函谷关,秦出兵击六国,六国兵皆引而归"③。另一次是在战国后期的楚考烈王时期,"春申君相二十二年,诸侯患秦攻伐无已时,乃相与合从,西伐秦,而楚王为从长,春申君用事。至函谷关,秦出兵攻,诸侯兵皆败走。"④ 战国时期,除秦以外的各诸侯国的联盟为中原包括淮河流域各族群的融合创造了非常有利的条件。

3. 楚人长期有效的统治加速了淮河流域的族群融合

战国初期,楚人实际上已基本上统一了以淮河干流两岸为主体的淮河上游和中游大部分地区,使这一地区古老的氏族所建立的诸侯国大部分为楚人所灭亡,楚人据其地、役其民。随着吴国和越国的灭亡,楚人将其势力一直扩展至淮河下游,直至海滨,于是从夏代以来淮夷的所有区域完全为楚人所占领,东夷的一部分地区也划入楚人的版图。楚人的扩张与对淮河流域广大地区的统治不仅使这一地区林立的诸侯国纳入统一的治理区域,更主要的是将原来居住于淮河流域众多氏族,甚至淮河与长江下游的吴人集团与越人集团都纳入楚人的管辖范围,从而实现了这一地区的统一与族群间的融合。

在战国中后期,随着楚人的北迁,相继定都于淮河上游的淮阳和淮河中游的寿县,将政治与文化中心都向北移到了淮河流域,加强了中原各大诸侯国的联系,为楚民族融入华夏集团打下了坚实的基础。正因为楚人对

---

① (西汉)刘向:《战国策》,上海书店1987年版,第83页。
② 同上书,第48页。
③ (西汉)司马迁:《史记·楚世家》,上海古籍出版社1997年版,第1364页。
④ (西汉)司马迁:《史记·春申君列传》,上海古籍出版社1997年版,第1839页。

淮河流域的控制和重心的北移，使以淮河流域的为中心的楚人、东夷、淮夷、越人及这一区域的其他氏族或族群实现了基本融合，并逐渐向中原族群融合，促进了后来汉民族的最终形成。

在楚人统治下，原本生活在淮河流域不同氏族的人们已开始认同楚文化，甚至都以楚人自居，如陈胜，原本为阳城人，即今天的周口市商水县人，商水本属周代的姬姓诸侯国顿国，春秋时顿国为楚人所灭亡，至战国中后期，这里又邻近楚国的都城，所以陈胜自称楚人，在秦末起义时，陈胜自立为王，号为张楚，史称为陈王。项梁与项羽叔侄本为项地人，《史记·项羽本纪》曰："项氏世世为楚将，封于项，故姓项氏。"[1]《史记正义》引《括地志》云："今陈州项城县城即古项子国。"[2] 因为世代为楚之将并镇守楚人北方重镇项地而遂以楚人自居，项梁起义之后为号召楚人反秦便找到了楚怀王的孙子心，立为国王，号曰"楚怀王"[3]。项羽带领楚军及诸侯军灭秦之后自称为西楚霸王。

相比东夷、淮夷为主体的夷人和以楚人为主体的南蛮与华夏集团的融合来说，西狄与北戎的融入进程就慢得多。

---

[1] （西汉）司马迁：《史记》，上海古籍出版社1997年版，第202页。
[2] 同上。
[3] 同上书，第206页。

第十五章　周代淮河流域文化激荡与诸子思想的发展

周代从西周到战国长达800年的时间里，是中国文化发展非常重要的时期，甚至影响着中国后世文化的发展方向与特质。西周时期，由于周王室具有较强的统治权威，礼法制度出自王室，所以西周的都城无疑是当时的政治与文化中心。春秋时期，周王室东迁至洛阳，在春秋前期洛阳便成为一个政治与文化中心。至春秋中后期，由于诸侯征伐，周王朝再也不能有效地号令天下诸侯，东都洛阳也慢慢丧失了其作为政治和文化中心的地位。各强大的诸侯国如齐、晋、秦、楚等相继称霸天下，而号令天下的权力与军事实力息息相关。至战国时代，周王室更是名存实亡，秦、楚、齐、魏、赵、韩、燕等国相互征伐，弱肉强食，天下处于四分五裂的状态，政治中心不复存在。

从春秋中期至战国时代，天下动乱与诸侯各行其政，也同时带来了学术的自由之风。在文化发展与传播方面，官学垄断地位结束，私学产生；史官文化式微，民间文化精英辈出；学术争鸣兴起，诸子百家大放异彩。从地域来看，秦地由于尚军功，这一时期的文化发展较为缓慢，也直接影响了后来秦始皇的治国之策和焚书坑儒的行为。燕赵地区好气任侠、慷慨悲歌，产生一大批侠义慷慨之士，学术却弱于南方。

在中原以淮河流域为中心的黄河和长江之间的广大地区，中原文化、楚文化、齐鲁文化、吴越文化在这里交流、碰撞、激荡，文化精英云集，这些文化精英们来自社会各个阶层，他们以自己对人类社会历史的认知和理解，从而建立各自不同的哲学思想体系，虽然人生观、世界观存在着较大的差异，但都有一个共同的出发点：纯洁人性、拯救众生、规划人类社会的理想蓝图。在春秋中期至战国结束,形成了两个较为明显的文化中心,并且都在原为东夷活动地的东方齐鲁大地,一是以鲁国孔子为首的儒学系统,二是以齐国稷下学宫为主体的学术集团。

在春秋至战国时代所产生的学术精英和百家的代表人物中,有很多都生活在淮河流域,如:儒家创始人孔子和战国时期的代表人物孟子;道家的创始人老子,后继者老莱子、庄子;墨家的创始人墨翟;法家人物申不害,集大成式人物韩非;阴阳家代表人物邹衍;等等。

周王朝的中原文化为这些思想大家的产生提供了文化基础,而淮河流域的独特的文化因子和多文化的在这里交会滋养了各种文化思想。

一 儒家思想在淮河流域的产生与发展

孔子生活于春秋中后期,其独特的人生经历、勤奋好学的品德和以天下为己任的高远志向等综合因素成就了他伟大的人格和的深邃的思想,他所创立的儒家思想影响了中国后世文化两千多年。

据司马迁《史记·孔子世家》载:"孔子生鲁昌平乡陬邑。其先宋人也,曰孔防叔。防叔生伯夏,伯夏生叔梁纥。纥与颜氏女野合而生孔子。"《史记索隐》引《孔子家语》云:"孔子,宋微子之后。宋襄公生弗父何,以让弟厉公。弗父何生宋父周,周生世子胜,胜生正考父,考父生孔父嘉,五世亲尽,别为公族,姓孔氏。孔父生子木金父,金父生睪夷。睪夷生防叔,畏华氏之逼而奔鲁,故孔氏为鲁人也。"[①] 可见孔子原为商之后裔,且祖上曾为宋国之君主,至其曾祖父孔防叔时方由宋迁至鲁国。对其作为商人之裔和宋人的身份,孔子一直心中藏之,未敢忘矣,孔子临死之前,曾有一梦:"'夏人殡于东阶,周人于西阶,殷人两柱间。昨暮予梦坐奠两柱之间,予始殷人也。'后七日卒。"[②] 与其说是孔子知天命,信梦境,倒不如说这是孔子对自己祖根的认同和内心深处的牵挂。

但孔子毕竟出生在鲁国并在鲁国亡故,影响其一生最大者是鲁国的文

---

① (西汉)司马迁:《史记》,上海古籍出版社1997年版,第1494页。
② (西汉)司马迁:《史记·孔子世家》,上海古籍出版社1997年版,第1520页。

化特别是由鲁国所存留的周王室的礼乐制度。由于周公旦的功绩，从周成王时，鲁国就具有"郊祭文王"和"奏天子礼乐"的特权，而从第一代封君伯禽开始鲁人一直致力于以周之礼制来教化东夷之民。所以周之礼乐文化对孔子产生重大影响，从孩童时期便已对周礼有特殊的兴趣，"孔子为儿嬉戏，常陈俎豆，设礼容"[1]。

为了扩展自己在礼、乐、政事、为人之道等各方面的知识，孔子不耻下问，到处拜师，广泛学习，孔子曾至周王室向老子问礼，临别之际，老子还送给孔子一番话：曰："聪明深察而近于死者，好议人者也。博辩广大危其身者，发人之恶者也。为人子者毋以有己，为人臣者毋以有己。""孔子自周反于鲁，弟子稍益进焉。"[2] 学琴于鲁人师襄，问政于楚大夫叶公诸梁。同时也十分关注被正统的史官文化所轻视甚至否定的东夷文化，《左传·昭公十七年》载，孔子专门到郯国，向郯子学习，受益颇多，并且对别人说"吾闻之：'天子失官，学在四夷'，犹信"[3]。

对于同时代的思想家、政治家等，无论见过还是没有见过，但心中充满敬佩，甚至以师礼事之，或在心目当作自己的老师。《史记·孔子弟子列传》载："孔子之所严事：于周则老子；于卫，蘧伯玉；于齐，晏平仲；于楚，老莱子；于郑，子产；于鲁，孟公绰。"[4] 而这些人大多也都是当时生活于淮河流域的著名人物。

当孔子离开鲁国之后，先后去过齐国、卫国、宋国、郑国、蔡国、陈国和楚国，然而从孔子周游列国情况来看，其主要活动地在黄淮之间，且以淮河流域为主。亲眼看见因君王无道、诸侯征伐给百姓带来的深重苦难，也深深地感受到因礼乐崩坏而使人心不古。

但是，虽有救民济世之心愿，无奈心有余而力不足，游于列国而不得用，晚年归于鲁国，著述《春秋》，整理《诗》《书》《礼》《易》，并以诗书礼乐教授弟子，"弟子盖三千焉，身通六艺者七十有二人。"[5] 据《史

---

[1] （西汉）司马迁：《史记·孔子世家》，上海古籍出版社1997年版，第1494页。
[2] 同上书，第1496页。
[3] （晋）杜预：《春秋经传集解》，上海古籍出版社1988年版，第1421页。
[4] （西汉）司马迁：《史记》，上海古籍出版社1997年版，第1695页。
[5] （西汉）司马迁：《史记·孔子世家》，上海古籍出版社1997年版，第1516页。

记》《孔子家语》等记载,孔子贤能弟子中大部分生活于淮河流域,如鲁人曾晳、曾参、颜无繇、颜回、颜之仆、颜哙、颜何、商瞿、闵子骞、冉求、冉耕、冉雍、冉孺、宰予、子路、有若、子思、公西华、公冶长、巫马施、颜幸、宓不齐、南宫括、漆彫开、公伯缭、樊迟、公夏首、公肩定、申党、县成、左人郢、秦非、乐欸、邦巽、孔忠、公西葴、陈人子张、公良孺、宋人司马耕、楚人秦商,等等。

当孔子去世之后,"弟子及鲁人往从冢而家者百有余室,因命曰孔里。鲁世世相传以岁时奉祠孔子冢,而诸儒亦讲礼乡饮大射于孔子冢。孔子冢大一顷"①。

可以说,孔子的思想的形成与定型与他所生活与活动的淮河流域的思想、文化、时代背景等息息相关。

孔子死后,其弟子与门人不懈地传播孔子思想,至战国时期,儒家思想在百家思想中绽放光华,造就了如孟子、荀子等这样的一代大儒,同时也正是他们又将孔门思想得以丰富和发扬。正如司马迁所说:"天下并争于战国,儒术既绌焉,然齐鲁之间,学者独不废也。于威、宣之际,孟子、荀卿之列,咸遵夫子之业而润色之,以学显于当世。"②

孔子之后,同为鲁地人的战国时代的孟轲受业于孔子之孙子思的门人,以发扬与传播孔子思想为己任。学成之后,便想将自己治国、平天下的理念用于实践,而此时恰逢各国变法强兵,诸侯合纵连横相攻伐的时代,孟子首先北游于齐,事齐宣王,齐宣王不用其言。又东至魏国,惠王因为他的观点不合时宜而不能采纳。于是孟子只好回到邹地,"与万章之徒序诗书,述仲尼之意,作孟子七篇"。③ 孟子将孔子以"仁"为核心的哲学思想用于剖析人性,提出"性善论";在孔子强调的"德政"基础上形成"仁政"与"王道"的社会政治理论。大力提倡"义",并从多角度阐释"义"的内涵。将孔子的"仁"与"义"结合起来,认为"仁"是一个人的思想基础,而"义"则是一个人的行为方式和表现,正所谓:

---

① (西汉)司马迁:《史记·孔子世家》,上海古籍出版社1997年版,第1520页。
② (西汉)司马迁:《史记·儒林列传》,上海古籍出版社1997年版,第2356页。
③ (西汉)司马迁:《史记·孟子荀卿列传》,上海古籍出版社1997年版,第1815页。

"仁，人之安宅也；义，人之正路也。"① 孟子所说的义内涵十分丰富，但归纳起来主要包括三个方面的内容：其一为"道义"，"君臣有义"者是也②；其二为"正义"，"士穷不失义，达不离道"者是也③；其三为人的尊严与气节，"羞恶之心，义也"，不受嗟来之食者是也④；孟子不仅将孔子思想发扬光大，同时也大大地丰富了孔子所创立的儒家思想的内涵。

继孟子之后，战国时代最后一位大儒是荀子，荀子虽为赵人，但其中年以后主要活动在淮河流域，据《史记·孟子荀卿列传》载："（荀子）年五十始来游学于齐。……田骈之属皆已死齐襄王时，而荀卿最为老师。齐尚修列大夫之缺，而荀卿三为祭酒焉。齐人或谗荀卿，荀卿乃适楚，而春申君以为兰陵令。春申君死而荀卿废，因家兰陵。李斯尝为弟子，已而相秦。荀卿嫉浊世之政，亡国乱君相属，不遂大道而营于巫祝，信機祥，鄙儒小拘，如庄周等又猾稽乱俗，于是推儒、墨、道德之行事兴坏，序列著数万言而卒。因葬兰陵。"⑤ 荀子既是战国诸子争鸣的总结者，也是儒家思想的集大成者，他立足于儒家思想，同时批判地吸纳了墨家、法家和道家等思想精华，奠定了儒家成为经世致用之学的理论和实践基础。

二 道家思想在淮河流域的产生与传播

道家是先秦时期一个重要的哲学流派，它在当时虽然不如儒家和墨家显赫，弟子也不如儒、墨两家众多，但其学术思想对中国后代却产生了重大影响；其独特的自然观、宇宙观、社会观和对人生的领悟，在我国思想史上表现出永恒的魅力。道家崇尚自然，以"道"为哲学核心，在道家看来，道是天地万物之本源，又规定了万物之所以成为万物的特质，它先天地而生，无质无形，然而又无所不在、无时不在。道家主张"顺应自然""返璞归真""清静无为""贵柔"等。创始人为春秋后期的老子，战国时

---

① （周）孟子：《孟子·离娄上》（四书集注本），岳麓书社1987年版，第403—404页。
② （周）孟子：《孟子·滕文公上》（四书集注本），岳麓书社1987年版，第372页。
③ （周）孟子：《孟子·尽心上》（四书集注本），岳麓书社1987年版，第502页。
④ （周）孟子：《孟子·告子上》（四书集注本），岳麓书社1987年版，第409页。
⑤ （西汉）司马迁：《史记·孟子荀卿列传》，上海古籍出版社1997年版，第1804—1805页。

期的庄子是其最有影响的继承者。

老子，姓李名耳，"楚苦县厉乡曲仁里人"①，今河南周口鹿邑县人，曾为周王室史官，后隐去。著《道德经》（又名《老子》）传于世。老子强调无为而治，清静自正，其哲学思想中有很大成分体现出治国思想。

其一，提出绝圣弃智，对百姓采用愚民政策。"绝圣弃智，民利百倍；绝仁弃义，民复孝慈。"②"是以圣人之治，虚其心，实其腹，弱其志，强其骨，常使民无知无欲。"③ 老子认为，唯有使民无知无欲，才能确保人们安居乐业，不生争夺之心，不生相害之心，不为虚名而自乱性情。

其二，对于统治者来说要善用权谋，也就是后代所说的"帝王权术"。老子提出："将欲歙之，必固张之；将欲弱之，必固强之；将欲废之，必欲固兴之；将欲夺之，必欲与之，是谓微明。柔弱胜刚强，鱼不可脱于渊，国之利器不可示人。"④ 一个君王既要有实权，但又不可将自己置于众人的敌对的地位，而是通过权术来使自己处于安全状态。

其三，主张谨慎地对待战争。老子不主张轻易用兵，但也不完全反对战争，在老子看来，战争本为"凶事"，不得已而用之。所以他说："兵者不祥之器，非君子之器，不得已而用之。"⑤ 还说："以道佐人主者不以兵强天下，其事好还。师之所处，荆棘生焉；大军之后，九有凶年。"⑥ 又说："用兵有言，吾不敢为主而为客，不敢进寸而退尺。是谓行无行，攘无臂，扔无敌，执无兵。祸莫大于轻敌，轻敌几丧吾宝，故抗兵相加哀者胜矣。"⑦ 在对待战争态度方面，老子比儒家、墨家等都更为开明，也比其后继者庄子开明，对正义的战争和必要的战争还是容忍的。

其四，主张无为而治。提出"治大国若烹小鲜"的观点⑧。老子认为，治理大国，不可扰民，也不可有大的改革行为，而应当采用清静无为之策

---

① （西汉）司马迁：《史记·老子伯夷列传》，上海古籍出版社1997年版，第1650页。
② （周）老子：《道德经》（二十二子本），上海古籍出版社1986年版，第2页。
③ 同上书，第1页。
④ 同上书，第4页。
⑤ 同上。
⑥ 同上。
⑦ 同上书，第8页。
⑧ 同上书，第7页。

略。更不可以使用苛政，不可以死来威胁百姓，因为"民不畏死奈何以死惧之？若使民常畏死而为奇者，吾得执而杀之孰敢？"① 治理大国如此，治小国也应以让人们安居乐业为目的，"小国寡民，使有什佰之器而不用，使民重死而不远徙，虽有舟舆无所乘之，虽有甲兵无所陈之，使人复结绳而用之，甘其食，美其服，安其居，乐其俗。邻国相望鸡犬之声相闻，民至老死不相往来"②。

老子作为一个史官，其观点体现出史官文化的特色，也有自己独立的人生思考。老子的哲学思想既有世俗之人的处世哲学，然而又有治国理政的策略，还有着极为浓厚的君王御人之术，无怪乎后人视之为"君王南面之术"。如班固《汉书·艺文志》云："道家者流，盖出自史官，历记成败存亡祸福之道，然后知秉要执本，清虚以自守，卑弱以自持，此君人南面之术也。"③

作为老子道家哲学的继承者的庄子，则更关注人生、民生，尤其是下层人的处世方略。与老子一样，庄子也生活在淮河流域，庄子，姓庄名周，战国时代蒙人，即今天的河南商丘民权县人，或言其为安徽蒙城人。庄子曾为漆园吏，后弃职。"与梁惠王、齐宣王同时。其学无所不阚，然其要本归于老子之言。故其著书十余万言，大抵率寓言也。作渔父、盗跖、胠箧，以诋訿孔子之徒，以明老子之术。畏累虚、亢桑子之属，皆空语无事实。然善属书离辞，指事类情，用剽剥儒、墨，虽当世宿学不能自解免也。其言洸洋自恣以适己，故自王公大人不能器之。"④ 庄子所生活的时代比老子时代更为动乱不安，民不聊生，"方今之时，仅免刑焉。福轻乎羽，莫之知载；祸重于地，莫之知避。"⑤ 仁、义、礼、信不为人们所遵从，实权在手便是真理在握。正如庄子所言："彼窃钩者诛，窃国者侯，诸侯之门而仁义存焉。"⑥ 正因为人生在世祸福莫测，再加上人的贪欲在庄子生活的时代表现得淋漓尽致，所以庄子极力强调保生、重生，强调精神

---

① （周）老子：《道德经》（二十二子本），上海古籍出版社1986年版，第8页。
② 同上书，第8—9页。
③ （东汉）班固：《汉书》，中华书局1985年版，第1732页。
④ （西汉）司马迁：《史记·老子伯夷列传》，上海古籍出版社1997年版，第1652页。
⑤ （清）王先谦：《庄子集解·人间世》，中华书局1987年版，第44页。
⑥ （清）王先谦：《庄子集解·胠箧》，中华书局1987年版，第86—87页。

的极大自由，以期在纷乱的世俗社会中寻求生命的存在，在极度压抑中寻求心灵的超脱与精神的自由。所以他的《逍遥游》将人的心灵自由扩展到极致；当见到树木因有用而被砍伐，鹅无用而被杀时，说明当今之世无论有才还是无才都可能会死于非命，所以庄子曰："周将处乎材与不材之间。材与不材之间，似之而非也。"①庄子的处世哲学虽然有些消极的表现，但对于生活动于乱世之中的世俗之人也是不得已的选择。

生活于淮河流域的道家学派人物除创始人老子和最重要的继承者庄子之外，还有隐居于山东蒙山的楚人老莱子。据《史记·老子伯夷列传》说："老莱子亦楚人也，著书十五篇，言道家之用，与孔子同时云。"②《史记正义》引《列仙传云》："老莱子，楚人。当时世乱，逃世耕于蒙山之阳，莞葭为墙，蓬蒿为室，杖木为床，蓍艾为席，菹芰为食，垦山播种五谷。楚王至门迎之，遂去，至于江南而止。曰：'鸟兽之解毛可绩而衣，其遗粒足食也。'"③另有楚人蜎子、长卢子、鹖冠子，齐人黔娄子，郑人关尹等④。

道家思想的产生与发展，是中原文化与南方楚文化等相互作用、相互融合的结果。

三　黄老之学的兴起和其与淮河流域文化的关系

黄老之学是继道家之后所兴起的一个学派，形成于春秋战国之际。学术界一般认为它的主要思想源自道家，甚至将其列为道家的一个分支。但是，它虽与道家有很大的渊源关系又与道家有着极大的区别。首先，黄老之学继承了道家的无为而治的政治主张，提倡"贵清静而民自定"，但黄老之学的无为与老子、庄子的无为又不相同，并非如老庄一样主张采用愚民政策，使民无知无欲，从而实现愚而治之，而是主张通过"省苛事，薄赋敛，毋夺民时"的治国之策，实现与民休息的目的，以此来安定民心、

---

① （清）王先谦：《庄子集解·山山木》，中华书局1987年版，第167页。
② （西汉）司马迁：《史记》，上海古籍出版社1997年版，第1652页。
③ 同上。
④ （东汉）班固：《汉书·艺文志》，中华书局1985年版，第1729—1730页。

第十五章　周代淮河流域文化激荡与诸子思想的发展

赢得民心；吸取墨家、法家和儒家的思想精髓，摒弃老庄所说的"惟其不争，故天下莫能与之争"的观点，认为"不争亦无成功"；不主张完全由天道来对下民施以惩罚，提倡仁爱，也提倡刑法，主张刑德并举、恩威并重；黄老一派的学者主张将无为与有为相结合，致力于经世致用，在政治上积极进取，这与庄子的思想更有很大的不同。

促进黄老之学快速发展的是齐国稷下团体，其中有齐人田骈、接子，楚人环渊，宋人宋钘，其人"皆学黄老道德之术，因发明序其指意。"①

稷下学宫是战国时期田齐所创办的"高等学府"，也是当时齐国的学术中心，它始建于齐桓公田午。因黄老之学不像庄子等人观点那样迂阔而不合时宜，而注重经世，所以从一开始，黄老之学便受到齐国官方的支持。当然，田齐政权支持黄老之学也与其地域文化和田齐政权所需要的舆论宣传有关。田齐的先人本为陈国人陈完，陈完是陈国君主陈厉公的儿子，在齐桓公时逃到齐国避难，最后就定居在齐国，其后代改为田氏。当田氏夺取的姜齐政权而代之以后，需要在理论和舆论上对其行为进行解释和辩护，以使其行为具有合理性，而黄老之学的产生正当其时。因老子所生之地鹿邑后来归入陈国，也是田齐祖先之国的著名人物；姜齐为炎帝后裔姜尚所封之国，现在田齐取而代之，要有一个让人信服的借口。于是田齐便想到与黄帝拉上关系了。由齐威王所做的《陈侯因敦》铭文曰："其唯因，扬皇考昭统，高祖黄帝，迩嗣桓文。"② 郭沫若认为此鼎为陈侯午之子齐威王所作，齐威王要光大其父桓公午的事业，远以自己的高祖黄帝为楷模，近要以齐桓公、晋文公为榜样。实际上，齐威王将田齐视为黄帝的后裔也是有历史依据的。尽管陈国为虞舜的后代所分封之国，但在春秋自战国所逐渐形成的五帝系统中，舜也出自黄帝一脉。齐威王不提自己的近祖舜，却去追念远祖黄帝，无不是寻找正统，因在古史传说中，黄帝最终战败炎帝而入主中原，成为华夏之正宗。自己既然是黄帝之裔，那么取代炎帝之后裔姜齐而拥立齐国也就顺理成章了。稷下学者将自己的学说冠以"黄老之学"的名目，一方面是为刚建立的田齐寻找治国之策，但另一方

---

① （西汉）司马迁：《史记·孟子荀卿列传》，上海古籍出版社 1997 年版，第 1804 页。
② 郭沫若：《两周金文辞大系图录考释》，科学出版社 1957 年版，第 220 页。

面也为宣扬田齐的正统地位起到了巨大作用。

四　全球视野下的邹衍大九州观念

在战国以前，由于人们认知的片面、视野的局限，一般将中原之地视为世界之中，故称为"中国"，而对"中国"之外的广大地区则知之甚少。至战国中后期，学者们对宇宙和地球都有了新的认识，而邹衍的大九州观念正是这种开放性思维状态下所产生的。邹衍的著作今天已不能见到，我们从司马迁《史记》中大致能够窥见其主要观点。《史记·孟子荀卿列传》载：

> 邹衍，后孟子。邹衍睹有国者益淫侈，不能尚德，若大雅整之于身，施及黎庶矣。乃深观阴阳消息而作怪迂之变，终始、大圣之篇十余万言。其语闳大不经，必先验小物，推而大之，至于无垠。先序今以上至黄帝，学者所共术，大并世盛衰，因载其禨祥度制，推而远之，至天地未生，窈冥不可考而原也。先列中国名山大川，通谷禽兽，水土所殖，物类所珍，因而推之，及海外人之所不能睹。称引天地剖判以来，五德转移，治各有宜，而符应若兹。以为儒者所谓中国者，于天下乃八十一分居其一分耳。中国名曰赤县神州。赤县神州内自有九州，禹之序九州是也，不得为州数。中国外如赤县神州者九，乃所谓九州也。于是有裨海环之，人民禽兽莫能相通者，如一区中者，乃为一州。如此者九，乃有大瀛海环其外，天地之际焉。其术皆此类也。然要其归，必止乎仁义节俭，君臣上下六亲之施，始也滥耳。王公大人初见其术，惧然顾化，其后不能行之。[①]

邹衍的大九州说在今天的人们看来不足为怪，但在战国时代提出确实有些惊世骇俗。我们不相信邹衍会周游全球，他的这种观点只是一种推测，但这种推测反映了战国时代的知识分子对世界新的认知。邹衍大九州

[①] （西汉）司马迁：《史记》，上海古籍出版社1997年版，第1802页。

观念的形成与齐国所处的地理位置有密切关系。齐国东临大海,当他们站在海边,看着无穷无尽的大海,观日出沧海之中,看潮起潮落,不禁会对大海那边是一个什么样子产生各种联想。于是也就产生了这种大胆的猜想。邹衍的观点当时能够接受的人并不是太多,但却启发了秦汉及其以后的人对世界地理的认知,战国秦汉之际所产生的《山海经》中的"海经"与"荒经"中的地理观念正是这种观点的再发挥。

在先秦诸子中,除儒家、道家、黄老之学、阴阳家等学派在这里产生、传播之外,墨家、法家等代表人物也都与淮河流域有着千丝万缕的联系。

墨家在先秦时期弟子众多,影响甚大,曾与儒家一同并称为当世"显学",为了使人世间不再有大大小小的战争与伤害,改变民不聊生的现状,墨家提出"兼爱""非攻""尚贤""明鬼""节用""节葬""非乐"等观点。墨家创始人为墨翟,世称墨子,出自社会下层。相传墨子为"宋之大夫"[1],或以为河南省鲁山县人,一说为滕国人。但无论哪一种说法,都不排除墨子本来出生于淮河流域,其主要活动地也大致在淮河流域一带。

法家代表人物之一申不害为韩国人,据《史记·申不害韩非列传》载:"申不害者,京人也,故郑之贱臣。学术以干韩昭侯,昭侯用为相。内修政教,外应诸侯,十五年。终申子之身,国治兵彊,无侵韩者。"[2] 而有着先秦法家思想之集大成者之称的韩非也是韩国人。这两位著名人物也都生活在淮河流域。

综上所述,在周代特别是从春秋中期至战国后期,随着周天子号令天下的能力减弱直至完全丧失,征伐出自诸侯,而文化中心也相继转移。诸子百家兴起,学者如满天星斗,遍布各个诸侯国。然而最为集中者则在黄淮之间这一区域。一方面是因为齐、魏等国相较其他诸侯国更重视学术,而更主要的则是因为淮河流域为多文化的汇聚、交融之地,更容易产生思想的碰撞与新观点的产生。

---

[1] (西汉)司马迁:《史记·孟子荀卿列传》,上海古籍出版社1997年版,第1806页。
[2] (西汉)司马迁:《史记》,上海古籍出版社1997年版,第1667页。

第十六章　先秦淮河流域文化发展及其历史地位

在中国文化发展进程中，黄河文明最早被学界所认可，接着长江文明也随着新的考古材料的不断发现和学界的综合研究而被肯定。然而界于黄河和长江两大流域之间的淮河流域文化则有意无意之间被两大流域文化所肢解甚至湮没。随着考古工作的不断深入和越来越多的史前文化遗址的发现，证明在史前时代，淮河流域不仅有着辉煌灿烂的史前文明，而且有着自己独立发展的文化体系，这种文化体系一方面持续地吸纳周边文化的精华而得到充实、发展，另一方面对其他文化序列产生着重大影响。在其文化发展过程中，由于这一区域所处的特殊地理位置，决定了它同时具有文化走廊和文化汇聚、交融地的重要意义。产生和发展于黄河中下游、中原地区和长江中下游的各种文化在这里实现纵横向的传播，又在这里碰撞、融合，从而获得新生。可以说，先秦淮河流域地区既是一个文化产生、发展的重要区域，也是一个多文化融合的重要区域，史前时期的裴李岗—贾湖文化、崧泽—良渚文化、大汶口—龙山文化、青莲岗文化、双墩文化、仰韶文化等都在这里汇集并融合，从而为三代的文化产生与发展奠定了基础；而三代以来，逐渐形成的中原文化、齐鲁文化、吴越文化、楚文化又在这一带交流、融合，最终促进了汉文化的形成。

先秦淮河流域的文明进程与文化融合既是中华文明发展的一个有机组成部分，同时也是早期中华文化的一个天然的"熔炉"，这一区域的文化发展与融合对促进中华文化的形成起到了举足轻重的作用。

第十六章　先秦淮河流域文化发展及其历史地位

一　史前时期淮河流域的主源文化

从考古发现来看，淮河流域早在旧石器的不同时期都有多支先民在此生息。在淮河下游山东省沂源县发现沂源猿人，为直立人，与北京人相类似；所以学者们认为沂源猿人可能是北京猿人的一个分支，他们生活在距今四五十万年以前。在淮河中游，1974年在安徽和县龙潭洞遗址出土了一些古人类化石和脊椎动物化石，于是生活在这里的古人类被命名为和县猿人，和县猿人属直立人，他们的一些性质与爪哇猿人很相似，也有一些特征则接近北京猿人；和县猿人生活在约距今30万—15万年。随后，又在安徽巢县银山洞穴发现古人类化石，学术界称为巢县智人或银山智人，巢县人生活的时代晚于北京猿人、和县猿人，年代约在距今20万—16万年前。2007年，考古工作者在淮河上游的许昌灵井旧石器遗址中发现了距今10万—8万年的人类头盖骨化石，这一遗址的文化从旧石器时代中期一直延续到旧石器时代晚期。遗址中出现北方的细石器和北方动物群，说明这一遗址的人群可能来自北方，是北方的猎人族群因气候变化而南迁的一部分。

由此说明，早在四五十万年以前淮河流域就有人类活动，一直到旧石器时代晚期，留下了众多的文化遗址。当然，由于考古发现的缺环，我们现在没法弄清楚这些早期古人类的去向，也无从探究他们所创造的旧石器时代的文化与这一地区新石器时代文化之间的有机联系。

在新石器时代，由于淮河流域特殊的地理位置和温润的气候，更适合人类居住和文化上的交流，使得这一地区的文化得到快速发展。上游的贾湖文化距今约9000—7000年前；中游的小山口、侯家寨、双墩文化距今8000—7700年，凌家滩遗址距今5300—5100年；下游的顺山集文化约为距今8500—7000年，北辛文化距今7500—6300年，大汶口文化距今约6500—4500年。

在新时石器时代，淮河流域的先民们所创造的文化无论在时代上久远方面还是在文明程度上都不亚于黄河流域的大地湾文化、仰韶文化，长江流域的彭头山文化、河姆渡文化、大溪文化、马家浜、崧泽—良渚文化以及屈家岭文化。与其他地区的新石器时代文化如内蒙古及东北地区兴隆洼文化等也毫不逊色。

早在20世纪70年代苏秉琦先生就曾经提出注重淮河流域文化的独特性，不应将淮河流域的文化湮没于黄河、长江两大流域文化之中，苏先生说：

> 徐夷、淮夷在我国古代历史上起过重要作用。如果把山东的西南一角、河南的东北一块、安徽的淮北一块与江苏的北部连在一起，这个地区出土的新石器时代遗存确有特色，这可能与徐夷、淮夷有关。有人说："江淮河济，谓之四渎"，不能把黄河流域、长江流域的范围扩大到淮河流域来，很可能在这个地区存在着一个或多个重要的原始文化。[①]

苏秉琦先生对淮河流域史前文化的预测无疑是准确的，在近几十年的考古发现中，越来越多的新石器时代遗址的发现都说明在史前时期淮河流域的文化虽然也受到周边文化的影响，并与之进行交流碰撞，却一直走着独立发展的道路，形成一种独具特色的区域性文化。

而多年来，淮河流域的史前文化的独立性没有被很多人所关注并认可，是因为它所处的地域和对其文化发展序列的梳理与定位。对黄河流域的早期文明而言，从西向东传播的大地湾文化—仰韶文化—中原龙山文化和下游的大汶口文化—山东龙山文化成为其主流和标志性文化；对长江流域的早期文明而言，中游的彭头山文化、大溪文化、屈家岭文化，下游的河姆渡文化—马家浜文化—崧泽文化—良渚文化，虽然其中游的几种文化类型之间的相互存在着什么样的关系在学术界尚有较大的争议，但学术界认为下游的几种类型的文化之间却有着较密切的关联，尤其是马家浜文化—崧泽文化—良渚文化，明显存在着前后承继的关系，形成一个较为完整的文化序列。相比较淮河流域的史前文化特别是新石器时代的文化而言，对其主源文化的梳理还有待深入，对其各种文化的承继关系也没有达

[①] 苏秉琦：《略谈我国东南沿海地区的新石器时代考古——在长江下游新石器时代文化学术讨论会上的一次发言提纲》，《文物》1978年第3期。

成共识。而一个区域的主源文化特色与文明程度、各种文化类型的承继关系正是确立这一区域史前文化历史地位的重要元素。换而言之，要确立淮河流域史前文化的独立性和历史地位，首先需要弄清楚这一区域史前文化的主源文化和其后续的继承与发展。

在探讨淮河流域史前文化特征及其地位时，张敏先生曾提出以青莲岗文化系统为核心的"东夷民族文化区"的观点，他认为："青莲岗文化系统的空间范畴应从山东半岛至太湖流域，包括海岱地区的后李文化、北辛文化、大汶口文化、龙山文化和胶东贝丘遗址、江淮地区的双墩文化、侯家寨文化、龙虬庄文化、薛家岗文化和凌家滩文化，宁镇地区的北阴阳营文化和太湖地区的马家浜文化、崧泽文化、良渚文化等不同空间、不同时间的新石器时代考古学文化；而具有上述文化特征的裴李岗文化、贾湖文化、王油坊类型龙山文化等淮系文化，甚至辽东地区的贝丘遗址，也可纳入青莲岗文化系统。简言之，青莲岗文化系统即'东夷民族文化区'。"[1] 张敏先生是通过对青莲岗文化的潜心研究，并对比周边文化特征所得出的结论。然而问题是：目前，对于青莲岗文化的源头、发展甚至年代、文化特色等问题在学术界都还存在着较大的争议；东夷民族文化区是否能够包括以山东为中心的环太湖地区、辽东地区、中原地区之一部分等这样大的区域。这些问题还需要进一步研究，并通过新的考古发现来进一步判断和验证。

到底哪一种文化类型是淮河流域史前文化中最有影响的文化，有学者早已关注，如栾丰实在《北辛文化研究》中也认为，裴李岗—贾湖文化与北辛文化之间存在着比较多的相同的因素，"裴李岗文化是汶、泗流域北辛文化的主要来源之"，而裴李岗—贾湖与大汶口这两大文化区的居民在体质特征上也有着较为相近的亲缘关系[2]。张敏先生在《龙虬庄》报告中则认为，龙虬庄文化来源于贾湖文化[3]。而高广仁、邵望平两位先生明确提出淮河流域主源文化的观点，他们认为淮河流域的主源文化应是贾湖文

---

[1] 张敏：《青莲岗文化的回顾与反思》，《东方考古》（第8集），科学出版社2011年版，第128页。
[2] 栾丰实：《北辛文化研究》，《考古学报》1998年第3期。
[3] 龙虬庄遗址考古队：《龙虬庄—江淮东部新石器时代遗址发掘报告》，科学出版社1999年版。

化，近二十多年来，两位先生发表过多篇文章来反复论证、说明自己的观点。2003年邵望平、高广仁两位先生发表《淮系古文化概说》一文，认为：

> 早期淮系文化的共同点可归为：磨盘磨棒、石镰、扁平大石铲与打制石器共存；有丰富多样的骨角质渔猎工具（如倒刺脱柄鱼镖）和蚌器（如蚌铲）；陶器群中的鼎（特别是釜形鼎、钵形鼎）、双耳小口壶、把手多见；都有陶错；有以犬为牲、以龟为灵的迹象；有伴随"迁出墓"的多人合葬和多人二次合葬的习俗遗迹；有死者手持特殊的物件的习俗（獐牙钩形器、蚌器或骨器等）；部分族群有"拔牙"、"人工枕骨变形"或"口含石球"习俗等文化因素。……考古发现与古史传说都证明，黄河、长江两大文化系统外，在淮河流域确实存在一个自有源头、自有文化特征、自有发展道路、相对独立的淮夷族群和淮文化大系。其源出自现今河南中部，渐次分迁东土，并在海岱区与诸如嵎夷、莱夷等族群，抟揉成了传说中的东夷集团，与华夏、苗蛮集团"三分天下"，成为中国上古史的主创者之一；为中国古代文明做出了卓越的贡献。①

接着两位先生又发表《贾湖类型是海岱史前文化的一个源头》②和《试论淮系史前文化及裴李岗文化的主源性》③两篇长文，进一步论证贾湖文化作为史前淮河流域主源文化的主要表现。文章认为，由于贾湖人次第向东迁徙，最终到达苏北和鲁中南地区，并与这里土著居民相融合，从而形成了后来的东夷族群，并将其文化也带至这一地区，首先影响到北辛文化，然后又生成了大汶口文化。文章从7个方面分析了贾湖文化影响和生成北辛—大汶口文化：

---

① 邵望平、高广仁：《淮系古文化概说》，载《中国史前考古学研究》，三秦出版社2003年版，第336—337页。
② 邵望平、高广仁：《贾湖类型是海岱史前文化的一个源头》，《考古学研究》（五），科学出版社2003年版，第121—128页。
③ 高广仁、邵望平：《试论淮系史前文化及裴李岗文化的主源性》，《燕京学报辑刊》2004年第17期。

其一，文化遗址存在着相似在灰坑和墓穴的填土之中掺入红烧土现象。这种行为的动机有待研究，但不排除文化上的联系。

其二，以龟为灵物，以犬为牺牲。贾湖人将龟灵崇拜带入海岱地区，使得山东泰安大汶口和兖州的王因，江苏的邳县刘林和大墩子等史前墓地都发现随葬龟甲的现象。

其三，有合葬与迁葬的现象。从考古发现来看，贾湖文化、北辛文化和大汶口文化墓地中都发现一脉相承的合葬与迁葬。尽管这种现象非贾湖—北辛—大汶口文化所独有，但可以作为一种共同现象来考察。

其四，三种文化所使用的陶器组合相似，贾湖墓葬中出现了陪葬的"明器"，说明贾湖文化已开使用明器之先河，这种文化现象为北辛—大汶口文化所继承。

其五，都有随葬獐牙器、绿松石饰和猪牙器的习俗。三种文化虽然跨越几千年，相距千里，但共同的文化信仰与审美习俗却没有被阻断。

其六，三种文化都有石磨盘、齿刃石镰和大石铲。尽管三处的石磨盘、磨棒的造型不同，但却存在着源流关系。

其七，都有相似的骨镞、骨镖和陶锉。

高广仁、邵望平两位先生从考古学的角度来分析贾湖—北辛—大汶口文化之间的承继关系，从而为淮河流域的史前文化找到了源头，也确立了贾湖文化在淮河流域史前时代的地位。简言之：北辛—大汶口文化的主要源头即贾湖文化，而后来的山东龙山文化—岳石文化又是继承大汶口文化发展而来，所以贾湖文化作为主源文化影响了整个了淮河流域的史前文化。

之后，一些学者也从不同角度、不同层面认同并丰富高、邵两位先生的观点，杨育彬、孙广清在《淮河流域古代文化与中华文明》一文中认为，随着裴李岗—贾湖人的东迁，一支在安徽北部与当地的土著文化结合而形成石山子文化；另一支到达淮南地区结合当地文化而发展成为侯家寨文化；还有一支远迁至鲁中南和苏北地区，演化发展成为北辛文化—大汶口文化；远迁苏北的一支又到达江中高邮地区，这里出现的龙虬庄遗址，即有贾湖文化的因素，"龙虬庄的稻作遗存是由贾湖传来"[①]。

---

① 杨育彬、孙广清：《淮河流域古代文化与中华文明》，《东岳论丛》2006年第3期。

我们赞同高、邵两位先生将贾湖文化作为淮河流域史前文化的主源文化的观点，但还有一种文化现象却令人费解，那就是在贾湖遗址中发现的一批至今仍可吹奏的七声音阶骨笛，这种骨笛制作工艺高超，它是贾湖文化中最有代表性的出土文物之一，然而从目前的考古发现中都再也没有相似的物件出现。作为一个部族的代表性文化随着族人的迁徙，不会突然之间消失得无影无踪，出现这种现象的原因可能是由于制作骨笛这种器物的鹤类在新居住地不再出现，也可能是因为考古尚没有发现。如果在将来的考古中，在淮河流域其他地方发现了这类骨笛，便可将贾湖文化的传播链条完整地连接起来，也更加能够证实贾湖文化的主源性。

二　先秦淮河流域文化的历史地位

1. 族群的迁徙与文化的交流推动了文化的大融合

早在距今 7000 年前后的新石器时代中期，中原的裴李岗—贾湖先民向东迁徙之时，也随之将裴李岗—贾湖文化带到了东方，并与山东海岱地区的土著文化相融合，从而产生了后来的北辛文化，北辛文化又孕育产生了大汶口、山东龙山文化。淮河上游的贾湖文化与淮河下游的北辛文化之间的相互联系，是史前时期淮河流域文化传播与融合的成功范例。

在新石器时代晚期，多支文化在淮河上游和中游地区交会、融合、发展。随着炎帝、黄帝族的势力进入中原地区，仰韶文化也随之进入淮河上游地区；以太昊、少昊氏为部族首领的东夷人力量得到快速发展，东夷部族在北辛文化基础上发展起来的大汶口—龙山文化也随着东夷部族人群的迁徙和文化的交流等原因而渐次进入淮河中游和上游地区；长江流域的屈家岭文化通过豫西南进入淮河上游地区，在豫南广泛传播，并与外来的仰韶文化、大汶口文化、龙山文化并存。正是这多种文化因素相互交流与融合，最终为独具特色中原文化的形成奠定了基础。

与此同时，在淮河流域的下游地区，大汶口和良渚文化这两种邻近的文化又有着长期的交流与影响。从考古发现来看，早在大汶口文化的早期阶段就与环太湖地区的崧泽文化有了一定的交流，这种交流到了良渚时期则显得更为频繁和密切。这些文化因素通过漫长历史时期的交流与融合，最终形成了后来最为典型的东夷和淮夷文化。大汶口—龙山文化与良渚文化的有机融合主要是在淮河下游地区完成的，而良渚文化的一些因素一旦为大汶口—龙山文化所吸纳，又通过文化交流与人员迁徙等因素进入中原地区，为中原文化所吸收并积淀下来，从而对后来的夏商周文明产生了一定影响，如良渚的玉器中的玉琮、玉璧、玉钺，陶器中的鼎、豆、壶三者的组合等，都为以后的商周礼制文化所继承，从而成为后来中国古代文明的一部分。

正是通过淮河流域这一特殊的过渡与交会地带的文化融合作用，使我国新石器时代几个主要的文化谱系如裴李岗—贾湖文化、仰韶文化—中原龙山文化、北辛—大汶口—山东龙山文化、马家浜—崧泽—良渚文化、屈家岭文化跨越长江与黄河得以完成交流与融合，从而奠定了后来中国上古文化大融合、大发展的基础。

经历夏商至西周和春秋战国时代，随着楚人势力的北渐，淮河流域不仅是楚人与中原诸侯争夺的前沿，同时也是中原文化与楚文化交流、碰撞、融合的黄金地带。当吴越势力从长江流域向北发展之时，吴越文化、齐鲁文化、中原文化与楚文化都在淮河流域相汇聚，从而实现了几大最具特色的区域文化的大交流与大融合。至战国中后期，随着周代众多诸侯国的相继灭亡、不同族群之间的融合，以中原族群为主体的华夏民族的概念越来越清晰，以中原文化为核心的华夏文化越来越丰富。淮河流域的族群融合、文化交流史不仅是先秦时期我国族群演化与文化融合的有机组成部分，同时更是这一时期族群与文化融合最具代表意义的重要区域之一。

2. 推动了后期中华文明的发展

（1）淮河流域是我国稻作农业的起源地之一

从物质层面讲，一个区域的稻作农业的发展代表着文明的一大进步，它是人类从游牧生活走向定居的农业生活的重要标志。考古发现证明，淮河流域最晚在新石器中期便已开始种植人工培育的水稻。淮河上游，在距今8000多年的贾湖遗址的一些红烧土块内发现了保存很好的稻壳印痕，经过鉴定，这些水稻属于人工栽培而非野生，同时在贾湖还出土了大量的用来翻土的石铲，用于收割水稻等农作物的齿刃石镰，用来加工水稻等谷物的石磨盘、石磨棒等，这些都表明贾湖人的水稻种植水平不仅达到一个非常高的水平，同时对于水稻的利用也达到很高水平；淮河中下游地区，距今8000余年顺山集遗址、距今7000多年前双墩遗址、距今6000多年龙虬庄遗址和距今5000年尉迟寺遗址等，都出土有人工培育的水稻。所以张居中认为，可以把黄河以南包括淮河、长江和珠江流域这一大的区域当作同一个广大的稻作农业起源地，而淮河流域与长江流域很可能同步进入了稻作农业的栽培阶段①。

由于气候的原因，我国上古时期南北所种粮食作物种类大有不同，南方的长江流域主要种植水稻，而华北和黄土高原地区则主要种植中国粟和黍类的作物。由于淮河流域是南北气候的过渡带，同时也是中国南方稻作农业区与北方旱作农业区的过渡地带，其农业作物也体现出水稻和旱作物混作的特点。贾湖文化遗址中已有水稻和旱作物混作的农业模式，在贾湖遗址中发现有水稻、野大豆等植物的种子；双墩遗址在红烧土残块中发现水稻稻壳印痕，同时还有小麦族植物、薏苡、燕麦等植物的淀粉粒；顺山集遗址出土有薏苡、水稻、小麦族等植物淀粉粒。杨玉璋等人研究表明："这一农业模式至迟出现于淮河上游距今8000年后的新石器时代中期后段，此后该农业生产模式在淮河上游地区经历了新石器时代晚期的快速发展阶段，至新石器时代末期完全确立了其在当时农业经济中的主体地位。"②

（2）龟灵崇拜成为我国后代占卜文化的源头

龟灵崇拜是我们史前文化中一个独特的文化现象，在贾湖遗址中出土了大量的龟甲，这些龟甲大多都是随葬之物，在贾湖人的墓地中有23座墓葬中有随葬的龟甲，多者有8龟，少者1龟。有些龟甲内还装有数量不等的各种颜色的小石子。从龟甲的分布情况和甲壳内的小石子来看，这些龟甲应当不是简单的日用品或仅用于把玩与装饰性的物品，龟甲的数量多少应与死者的地位、身份有关，其用途或反映出贾湖人在当时的某种宗教习俗，很可能是贾湖人所发明的早期卜筮，随着贾湖人的东迁，这种龟灵

---

① 张居中：《舞阳史前稻作遗存与黄淮地区史前农业》，《农业考古》1994年第1期。
② 杨玉璋等：《淮河上、中游地区史前稻—旱混作农业模式的形成、发展与区域差异》，《中国科学·地球科学》2016年第8期。

崇拜之俗与被带到了海岱地区，为北辛—大汶口—龙山文化所继承。根据现有的考古材料来看，在山东泰安大汶口、兖州王因，江苏邳县刘林和大墩子等墓地也都有随葬龟甲的现象，一些龟壳内装有石子或骨针等。从贾湖文化到大汶口文化这种一脉相承的龟灵崇拜现象，能够跨越千里之遥，延续数千年之久，绝对不是简单的习俗，而是能够反映一种深刻信仰的文化现象。如果说贾湖人和大汶口文化中的龟灵崇拜现象只是我国龟卜文化的萌芽的话，那么这种文化到了凌家滩文化中则发展、演变成比较成熟的龟卜文化。在安徽含山县铜闸镇凌家滩一座大墓中，墓主人腰部正中位置放置有1件玉龟及2件玉龟状器物，玉龟背甲尾端有两个对钻的小圆孔；玉龟腹内各置一件或两件玉签；与玉龟同时出土并叠压在一起的还有一块玉版，玉版正面有两个大小相套的圆圈，内外圆之间有八条直线将图案分为八等份。研究者认为这种图案当为我国的原始八卦[①]。

从凌家滩出土器物来看，反映出太阳崇拜、鸟崇拜和龟灵崇拜，它的主源是东夷部族的大汶口文化，当大汶口文化时期，东夷人的一支从海岱地区迁往江淮一带，在这里吸纳了皖中地区土著文化，并同时也融合了周边的史前文化，从而形成了独具特色的文化类型。凌家滩人将贾湖—大汶口文化中的龟灵崇拜进一步发展：龟灵崇拜的材料由原来的自然生物之龟甲变成了玉质龟甲；龟壳内所放置的石子、骨针等简易之物换成了精致的玉签；简单的占卜变成了配以天地四方、太阳崇拜等复杂内涵的高级仪式；在贾湖、大汶口文化中地位较高的人都可以拥有龟甲，或可以行使占卜之权，但到了凌家滩时期则成了由极个别人使用的神秘工具，占卜行为甚至成了最高权威的体现。于是，原始的龟灵崇拜演化成了史前宗教文化，多数人可以随身携带物品变成了由个别人掌管的部族的圣物，原始占卜行为变成了决定部族命运和行使生杀大权神秘仪式。古老的占卜术、原始的八卦文化在凌家滩文化中得到了升华并逐步走向成熟。

起源于淮河流域的这种古老的龟灵崇拜、占卜方式直接开启了我国传统的八卦文化和易经文化，同时也启发了商人用钻灼牛骨、龟甲定吉凶的方法。

[①] 陈久金：《含山出土玉片图形试考》，《文物》1989年第4期。

(3) 淮河流域是我国史前文字重要的起源地之一

文学的起源是一个十分复杂的问题，从有刻画符号到图形文字再到一定范围、一定时间连续使用的文字符号，然后到较为成熟的系统文字需要一个漫长的历史时期。考证文字的起源需要见到能够反映上古文字的相关资料，而容易腐坏的质材即使上面书写的有远古的文字，也会在漫长的历史时期经过水、火破坏、自然风化和霉变等因素而不可能存留下来，而可以让后人追寻其线索的只有幸存于深山悬崖上的岩画，深埋于地下陶器、龟甲、兽骨上字符，铸造于青铜器上的记事文字等。

从我们的先民开始有用某种图形或字符表达他们的思想的时候，那么文字的创作时代也就开始了，从这时起到商代的系统文字，这中间需要数千年乃至上万年，或许更长一些时间。文字的创造与使用既是我们的祖先大脑及其思维发展到一定水平的结果，也是人类文明发表到一定程度的结果。它是人类智慧的结晶，也是生活在中国大地上早期的不同族群的人们共同创造的精神财富。文字不可能由一人、一朝一夕来完成，因而传说时代的仓颉造字也就只是一个传说，但不排除他可能是当时刻画符号的规范者、总结者。

关于旧石器时期的文字资料今天知之甚少，只有个别地方的早期岩画可以视为那一时期图形文字或文字的雏形。随着考古不断的发现，可以说明至少从新石器早期开始，我们的祖先已经在他们制作的陶器、石器等生活用品上通过刻画某些符号、绘制抽象的图案来传达某种思想或作为某种标识。尽管这些不能算是后来我们所认可的汉字，却是汉字的雏形，是汉字在发展过程中必不可少的一环，从这个意义上来说，这些刻画符号与图形正是汉字的起源。

在淮河上游的贾湖遗址出土的龟甲、石器、陶器上发现有一些刻画符号，初步统计共有 16 例，按照今天的文字辨识标准或辨识习惯，这些符号很像"目""九""乙""甲""八""日""永"等，而且与后来殷墟出土的甲骨文中的写法十分相似①。在淮河中游的安徽蚌埠双墩遗址发现了数量更多的刻画符号，这些符号大多数是刻画在陶碗的外圈足内，也有少数在外

---

① 王晖：《中国文字起源时代研究》，《陕西师范大学学报》2011 年第 3 期。

腹部和器物的圈足内。双墩器物上的刻画符号既有简单的汉字形状，也有具有象形意义的图画状，比如"十"字形、三角形、圆形、鹿形、鱼形、网状形、猪形、建筑物形、蚕形、花瓣形等。从这众多的图案、符号来看，它是一套刻画讲究、应用范围较广、表意较为成熟的系统符号。在淮河下游的大汶口文化圈中，也发现一些文字符号，据专家研究，大汶口文化中的文字符号"主要发现在陵阳河、大朱家村、杭头、前寨以及尉迟寺遗址的陶尊或陶瓮上面，故而也称为陶尊文字。目前，此类陶尊文字或符号共发现 24 例。其形状有的像自然物体的日、月、山，有的则像工具和兵器，如斤、斧、锛、炅、戉、旦、封、皇、凡、南、享等等"[①]。

上述这些具有表意、记事功能的区域性的文字符号或图案尽管不能称为成熟的汉字，更不可能是广泛流传的系统文字，却经过一个群体在同一个时期的使用，并通过文化交流的方式得以在一定范围内传播，最终经过发展而成为后代汉字的有机组成部分。从这个意义上来说，淮河流域也是我国文字的一个重要的起源地。

---

① 何德亮：《大汶口文化的历史地位——纪念大汶口遗址发掘50周年》，《史前研究》，2009年，第179页。

参考文献

一 专著类

《国语》，上海书店1987年版。
《马克思恩格斯选集》，人民出版社1995年版。
《诗经》（十三经注疏本），中华书局1979年版。
班固：《汉书》，中华书局1985年版。
毕沅：《山海经新校正》（二十二子本），上海古籍出版社1986年版。
陈梦家：《殷墟卜辞综述》，中华书局1988年版。
陈子展：《诗经直解》，复旦大学出版社1985年版。
丁山：《甲骨文所见氏族及其制度》，中华书局1988年版。
丁山：《商周史料考证》，龙门联合书局1960年版。
董作宾：《殷虚文字甲编》，国立中央研究院历史语言研究所1948年版。
杜预：《春秋经传集解》，上海古籍出版社1988年版。
范晔：《后汉书》，中华书局2001年版。
傅斯年：《东北史纲》，上海古籍出版社2012年版。
高士奇：《左传纪事本末》，中华书局1979年版。
公羊高：《春秋公羊传》，中华书局1994年版。
顾栋高：《春秋大事表》，中华书局1993年版。
顾祖禹：《读史方舆纪要》，中华书局2005年版。
郭沫若：《卜辞通纂》，科学出版社1983年版。
郭沫若：《郭沫若全集》，科学出版社1982年版。
郭沫若：《两周金文辞大系图录考释》，科学出版社1957年版。
郭沫若：《殷契粹编》，科学出版社1965年版。

郭沫若：《中国史稿》，人民出版社 1976 年版。

郭沫若、胡厚宣：《甲骨文合集》，中华书局 1978—1982 年版。

何光岳：《东夷源流史》，江西教育出版社 1990 年版。

何新：《诸神的起源》，生活·读书·新知三联书店 1986 年版。

洪亮吉：《春秋左传诂》，中华书局 1987 年版。

洪兴祖：《楚辞补注》，中华书局 1986 年版。

皇甫谧：《帝王世纪》，辽宁教育出版社 1997 年版。

黄怀信、张懋镕、田旭东：《逸周书汇校集注》，上海古籍出版社 1995 年版。

潢川县志编委会：《潢川县志》，生活·读书·新知三联书店 1992 年版。

金景芳：《中国奴隶社会史》，上海人民出版社 1983 年版。

孔颖达：《尚书正义》（十三经注疏本），中华书局 1979 年版。

老子：《道德经》（二十二子本），上海古籍出版社 1986 年版。

李白凤：《东夷杂考》，河南大学出版社 2008 年版。

李昉：《太平广记》，中华书局 1961 年版。

李民、王健：《尚书译注》，上海古籍出版社 2004 年版。

李学勤：《东周与秦代文明》（增订本），文物出版社 1991 年版。

李学勤主编：《清华大学藏战国竹简》，中西书局 2010 年版。

郦道元：《水经注》，岳麓书社 1995 年版。

刘安：《淮南子》（二十二子本），上海古籍出版社 1986 年版。

刘文阁等：《2009 中国重要考古发现·河南正阳闰楼商代墓地》，文物出版社 2010 年版。

刘向：《战国策》，上海书店 1987 年版。

陆勤毅、宫希成主编：《安徽江淮地区商周青铜器》，文物出版社 2014 年版。

吕不韦：《吕氏春秋》（二十二子本），上海古籍出版社 1986 年版。

罗泌：《路史》（四库本），上海古籍出版社 2003 年版。

罗振玉：《三代吉金文存》，中华书局 1983 年版。

罗振玉：《殷虚书契前编》，民国元年上虞罗氏影印本。

马世之：《中原楚文化研究》，湖北教育出版社 1995 年版。

马世之：《中原古国历史与文化》，大象出版社 1998 年版。
马骕撰，王利器整理：《绎史》，中华书局 2002 年版。
茆泮林辑：《校辑世本》，中国书店 1991 年版。
蒙文通：《周秦少数民族研究》，龙门联合书局 1958 年版。
孟子：《孟子》（四书集注本），岳麓书社 1987 年版。
欧阳修等：《新唐书》，中华书局 1975 年版。
钱穆：《史记地名考》，商务印书馆 2001 年版。
秦嘉谟辑：《世本八种》，商务印书馆 1957 年版。
山东省博物馆：《山东金文集成》，齐鲁书社 2007 年版。
司马迁：《史记》，上海古籍出版社 1997 年版。
斯大林：《斯大林全集》，人民出版社 1953 年版。
宋敏求：《长安志》，成文出版社 1960 年版。
童书业：《历史地理论集》，中华书局 2004 年版。
王符：《潜夫论》（百子全书本），岳麓书社 1993 年版。
王国维：《王国维全集》，浙江教育出版社、广东教育出版社 2009 年版。
王先谦：《庄子集解》，中华书局 1987 年版。
王先慎：《韩非子集解》，中华书局 1998 年版。
王献唐：《炎黄氏族文化考》，齐鲁书社 1985 年版。
王宇信、杨升南、聂玉海：《甲骨文精粹释译》，云南人民出版社 2004 年版。
王震中：《商族起源与先商社会变迁》，中国社会科学出版社 2010 年版。
王震中：《中国古代国家的起源与王权的形成》，中国社会科学出版社 2013 年版。
息县志编委会：《息县志》，河南人民出版社 1989 年版。
信阳地方史志编纂委员会：《信阳地区志》，生活·读书·新知三联书店 1992 年版。
徐少华：《周代南土历史地理与文化》，武汉大学出版社 1994 年版。
徐文靖：《竹书纪年统笺》（二十二子本），上海古籍出版社 1986 年版。
徐旭生：《中国古史的传说时代》，文物出版社 1985 年版。
荀子：《荀子》（二十二子本），上海古籍出版社 1986 年版。

杨伯峻：《春秋左传注》，中华书局 1981 年版。

应劭：《风俗通义》（百子全书本），岳麓书社 1993 年版。

臧励和：《中国古今地名大辞典》，商务印书馆香港分馆 1982 年版。

曾毅公：《甲骨缀合编》，修文堂印行 1950 年版。

张澍稡集补：《世本》，中华书局 1985 年版。

张曜等：《山东通志》，上海古籍出版社 1991 年版。

张振犁：《中原古典神话流变论考》，上海文艺出版社 1991 年版。

郑樵：《通志》，中华书局 1995 年版。

郑玄笺，孔颖达疏：《毛诗正义》（十三经注疏本），中华书局 1979 年版。

中国社会科学院考古研究所编：《新中国的考古发现与研究》，文物出版社 1984 年版。

中国社会科学院历史研究所、伦敦大学亚非学院编辑：《英国所藏甲骨集》，中华书局 1985 年版。

周到主编：《河南省志·文物志》，河南人民出版社 1993 年版。

朱芳圃：《中国古代神话与史实》，中州书画社 1982 年版。

朱熹：《四书集注》，岳麓书社 1988 年版。

二 论文类

《河南信阳三里店古文化遗址》，《文物参考资料》1954 年第 6 期。

安徽省博物馆：《安徽肖县花家寺新石器时代遗址》，《考古》1966 年第 2 期。

安徽省文化局文物工作队：《安徽舒城出土的铜器》，《考古》1964 年第 10 期。

安徽省文物考古研究所：《安徽肥西县古埂新石器时代遗址》，《考古》1985 年第 7 期。

安徽省文物考古研究所、蚌埠市博物馆：《安徽蚌埠双墩一号春秋墓发掘简报》，《文物》2010 年第 3 期。

安徽省文物考古研究所、凤阳县文物管理所：《安徽凤阳卞庄一号春秋墓发掘简报》，《文物》2009 年第 8 期。

安徽省萧县博物馆：《萧县金寨村发现一批新石器时代玉器》，《文物》

1989 年第 4 期。

北京大学考古文博学院、郑州市文物考古研究院：《河南新密市李家沟遗址发掘简报》，《考古》2011 年第 4 期。

北京大学考古系、驻马店市文物保护管理所：《河南驻马店市党楼遗址的发掘》，《考古》1996 年第 5 期。

北京大学考古学系商周组、安徽省文物工作队：《安徽省霍邱、六安、寿县考古调查试掘报告》，《考古学研究》（三），科学出版社 1997 年版。

曹斌：《从商文化看商王朝的南土》，《中原文物》2011 年第 4 期。

曹定云：《北京乃商族发祥之地——兼论北京"燕"称之始》，《北京社会科学》1998 年第 1 期。

陈昌远：《商族起源地望发微——兼论山西垣曲商城发现的意义》，《历史研究》1987 年第 1 期。

陈昌远：《有关古蔡国的几个历史地理问题》，《中国历史地理论丛》1998 年第 3 期。

陈朝云：《夏商周中原文明对淮河流域古代社会文明化进程的影响》，《文史哲》2005 年第 6 期。

陈朝云、周军玲：《夏商周与淮河流域》，《郑州大学学报》2005 年第 2 期。

陈德珍、张居中：《早期新石器时代贾湖遗址人类的体质特征及与其他地区新石器时代人和现代人的比较》，《人类学学报》1998 年第 3 期。

陈久金：《含山出土玉片图形试考》，《文物》1989 年第 4 期。

陈伟：《读新蔡简札记（三则）》，《简帛研究网》2004 年 1 月 30 日。

陈旭：《仰韶文化渊源探索》，《郑州大学学报》1978 年第 4 期。

程有为：《先秦时期吴楚地区与中原的经济文化交流》，《鄂州大学学报》2008 年第 5 期。

初松：《"记陕西蓝田县新出土的应侯钟"一文补正》，《文物》1977 年第 8 期。

董楚平：《六件"蔡仲戈"铭文汇释——兼谈蔡国的鸟篆书问题》，《考古》1996 年第 8 期。

董珊：《新蔡楚简所见的"颛顼"和"雎漳"》，简帛研究网 2003 年 12 月

7日。

杜金鹏：《关于大汶口文化与良渚文化的几个问题》，《考古》1992年第1期。

段世君：《非子所居犬丘地望辨》，《人文杂志》1984年第6期。

方辉：《二里头文化与岳石文化》，《中原文物》1987年第1期。

方辉：《岳石文化衰落原因蠡测》，《文史哲》2003年第3期。

方酉生：《试论屈家岭文化》，《武汉大学学报》1986年第3期。

房迎三、沈冠军：《江苏旧石器时代考古20年回顾》，《东南文化》2010年第6期。

傅斯年：《蔡元培先生六十五岁庆祝论文集·夷夏东西说》，商务印书馆1932年版。

干志耿、李殿福、陈连开：《商先起源于幽燕说的再考察》，《民族研究》1987年第1期。

高广仁、邵望平：《试论淮系史前文化及裴李岗文化的主源性》，《燕京学报辑刊》2004年第17期。

高江涛、庞小霞：《岳石文化时期海岱文化区人文地理格局演变探析》，《考古》2009年第11期。

葛治功、林一璞：《大贤庄的中石器时代细石器——兼论我国细石器的分期与分布》，《东南文化》1985年第1期。

韩建业：《双墩文化的北上与北辛文化的形成——从济宁张山"北辛文化遗存"论起》，《江汉考古》2012年第2期。

何德亮：《大汶口文化的历史地位——纪念大汶口遗址发掘50周年》，《史前研究》，2009年。

何德亮：《山东新石器时代环境考古学研究》，《东方博物》（第11辑），浙江大学出版社2004年版。

何德亮、牛燕：《后李遗址与后李文化》，《史前研究》，三秦出版社2010年版。

河南省文化局文物工作队：《河南泌阳板桥新石器时代遗址的调查和拭掘》，《考古》1965年第9期。

河南省文物考古研究所：《许昌灵井旧石器时代遗址2006年发掘报告》，

《考古学报》2010 年第 1 期。

河南省文物考古研究所、信阳市文物管理委员会：《河南罗山县李上湾新石器时代遗址》，《华夏考古》2000 年第 3 期。

河南省文物研究所、周口地区文化局文物科：《河南淮阳平粮台龙山文化城址试掘简报》，《文物》1980 年第 3 期。

河南文物工作队信阳发掘小组：《河南信阳市阳山新石器时代遗址试掘记》，《文物参考资料》1955 年第 8 期。

胡秉华：《山东汶上县东贾柏村新石器时代遗址发掘简报》，《考古》1993 年第 6 期。

华东文物工作队：《淮安县青莲岗新石器时代遗址调查报告》，《考古学报》1955 年第 9 期。

黄万波：《安徽和县猿人化石及有关问题的初步研究》，《古脊椎动物与古人类》1982 年第 3 期。

黄中业：《从考古发现看商文化起源于我国北方》，《北方文物》1990 年第 1 期。

纪达凯：《江苏灌云大伊山新石器时代遗址第一次发掘报告》，《东南文化》1988 年第 2 期。

冀和：《试论皖北地区新石器时代早期文化》，《中原文物》1997 年第 2 期。

冀和、王敏：《安徽宿县发现新石器时代遗址》，《考古》1986 年第 4 期。

金景芳：《商文化起源于我国北方说》，《中华文史论丛》1978 年第 7 期。

金荣权：《古黄国历史变迁与文化特征综论》，《中州学刊》2009 年第 1 期。

景以恩：《先商族源于济南大辛庄考》，《管子学刊》2008 年第 2 期。

阚绪杭、周群：《安徽蚌埠双墩新石器时代遗址发掘》，《考古学报》2007 年第 1 期。

李伯谦：《从崧泽到良渚——关于古代文明演进模式发生重大转折的再分析》，《考古学研究》（十），科学出版社 2012 年版。

李伯谦：《二里头类型的文化性质与族属问题》，《文物》1986 年第 6 期。

李光雨、刘爱民：《枣庄东江小邾国贵族墓地发掘的意义及相关问题》，

《东岳论丛》2007 年第 2 期。

李慧芬：《从长江流域考古学文化看商代的南土》，《沧桑》2009 年第 5 期。

李家浩：《应国禹簋铭文考释》，《文物》1999 年第 9 期。

李锦山：《郯国公室墓葬及其相关问题》，《枣庄学院学报》2005 年第 1 期。

李鲁滕：《略论前掌大商代遗址群的文化属性和族属》，《华夏考古》1997 年第 4 期。

李修松：《试论凌家滩玉龙、玉鹰、玉龟、玉版的文化内涵》，《安徽大学学报》2001 年第 6 期。

李学勤：《论含山凌家滩玉龟、玉版》，《中国文化》1992 年第 1 期。

李学勤：《小邾国墓及其青铜器研究》，《东岳论丛》2007 年第 2 期。

李玉洁：《夏人"十迁"及夏都老丘考释》，《中州学刊》2013 年第 2 期。

李元芝等：《许公宁透空蟠虺纹青铜饰件——先秦失蜡法之一器例》，《中原文物》2007 年第 1 期。

李占扬：《关于中原地区新、旧石器时代文化过渡问题的思考——以灵井遗址为例》，《考古学研究》第 7 辑，2008 年。

李占扬：《河南灵井"许昌人"遗址的考古新收获》，《化石》2009 年第 3 期。

李占扬：《河南许昌灵井旧石器遗址研究思路及最新进展》，《东方考古》第 9 辑。

林留根、甘恢元、闫龙：《江苏泗洪顺山集新石器时代遗址发掘报告》，《考古学报》2014 年第 4 期。

林留根、甘恢元、闫龙、江枫：《江苏泗洪县顺山集新石器时代遗址》，《考古》2013 年第 7 期。

临朐县文化馆、潍坊地区文物管理委员会：《山东临朐发现齐、郍、曾诸国铜器》，《文物》1983 年第 12 期。

刘敦厚：《考古传说与典型龙山文化》，《山东大学学报》1963 年第 2 期。

刘九伟：《道国·"中路"·路（道）姓》，《湛江海洋大学学报》2005 年第 5 期。

栾丰实：《北辛文化研究》，《考古学报》1998 年第 3 期。

栾丰实：《良渚文化的北渐》，《中原文物》1996 年第 3 期。

栾丰实：《试论岳石文化与郑州地区早期商文化的关系——兼论商族起源问题》，《华夏考古》1994 年第 4 期。

栾丰实：《崧泽文化向北方地区的扩散》，《东南文化》2015 年第 1 期。

马世之：《新密古城寨城址与祝融之墟问题探索》，《中原文物》2002 年第 6 期。

孟原召：《屈家岭文化的北渐》，《华夏考古》2011 年第 3 期。

南京博物院：《1987 年江苏新沂花厅遗址的发掘》，《文物》1990 年第 2 期。

南京博物院：《江苏邳县四户镇大墩子遗址探掘报告》，《考古学报》1964 年第 2 期。

欧谭生：《河南信阳县浉河港出土西周早期铜器群》，《考古》1989 年第 1 期。

欧谭生、李绍曾：《河南淮滨发现新石器时代墓葬》，《考古》1981 年第 1 期。

逄振镐：《山东旧石器文化概论》，《华夏考古》1994 年第 4 期。

任伟：《从"应监"诸器铭文看西周的监国制度》，《社会科学辑刊》2002 年第 5 期。

韧松、樊维岳：《记陕西蓝田县新出土的应侯钟》，《文物》1975 年第 10 期。

山东省济宁市文物管理局：《薛国故城勘查和墓葬发掘报告》，《考古学报》1991 年第 4 期。

山东省文物考古研究所、沂水县文物管理站、沂水县文物管理站：《山东沂水刘家店子春秋墓发掘简报》，《文物》1984 年第 9 期。

商水县文化馆：《河南商水发现一处大汶口文化墓地》，《考古》1981 年第 1 期。

邵望平、高广仁：《淮系古文化概说》，《中国史前考古学研究》，三秦出版社 2003 年版。

邵望平、高广仁：《贾湖类型是海岱史前文化的一个源头》，《考古学研究》（五），2003 年。

沈冠军、房迎三、金林红：《巢县人年代位置新证据及其意义》，《人类学学报》1994 年第 3 期。

史党社、任建库：《槐里犬丘与秦人早期历史相关的一点线索》，《文博》2002 年第 6 期。

朔知：《安徽淮河流域早期原始文化略说》，《东南文化》1999 年第 5 期。

朔知：《从凌家滩文化看中国文明的起源》，《安徽史学》2000 年第 3 期。

朔知等：《安徽含山县韦岗遗址新石器时代遗存发掘简报》，《考古》2015 年第 3 期。

苏秉琦：《略谈我国东南沿海地区的新石器时代考古——在长江下游新石器时代文化学术讨论会上的一次发言提纲》，《文物》1978 年第 3 期。

苏秉琦：《七十年代初信阳地区考古勘察回忆录》，《中原文物》1981 年第 4 期。

孙波、崔圣宽：《试论山东地区新石器时代早期遗存》，《中原文物》2008 年第 3 期。

孙丹：《略论史前时期黄、淮河流域随葬猪下颌骨习俗》，《考古》2017 年第 10 期。

谭维四：《试论曾侯乙墓文物的辉煌艺术成》，《东南文化》2005 年第 3 期。

田继宝：《试论海岱龙山文化消退的原因》，《史前研究》，2000 年。

田名利：《凌家滩墓地玉器渊源探寻》，《东南文化》1999 年第 5 期。

涂乔、赵彦志、云峥等：《安徽泗县程台新石器遗址调查简报》，《南方文物》2005 年第 1 期。

王长丰：《"息"方国族氏考》，《中原文物》2007 年第 2 期。

王恩田：《山东商代考古与商史诸问题》，《中原文物》2001 年第 4 期。

王晖：《中国文字起源时代研究》。《陕西师范大学学报》2011 年第 3 期。

王吉怀：《专家座谈安徽蒙城尉迟寺遗址发掘的收获》，《考古》1995 年第 4 期。

王吉怀、吴加安、梁中合：《安徽宿县小山口和古台寺遗址试掘简报》，《考古》1993 年第 12 期。

王明达：《浙江余杭反山良渚墓地发掘简报》，《文物》1988年第1期。

王宁：《商民族来源新说》，《民族论坛》1997年第4期。

王树明：《大汶口文化墓葬中龟甲用途的推测》，《中原文物》1991年第2期。

王永波、王守功、李振光：《海岱地区史前考古的新课题——试论后李文化》，《考古》1994年第3期。

王幼平：《新密李家沟遗址研究进展及相关问题》，《中原文物》2014年第1期。

王玉哲：《秦人的族源及迁徙路线》，《历史研究》1991年第3期。

王玉哲：《先周族最早来源于山西》，《中华文史论丛》1982年第3辑。

王震中：《先商的文化与年代》，《中原文物》2005年第1期。

卫聚贤：《殷人自江浙迁徙于河南》，《江苏研究》第三卷1937年第5、6期。

魏继印：《从先商文化的主要来源看商族起源地》，《中原文物》2009年第6期。

魏继印：《淮河流域大汶口文化的族属探析》，《中原文物》2018年第2期。

魏兴涛：《新中国成立以来河南新石器时代考古发现与研究》，《华夏考古》2012年第2期。

吴加安：《安徽北部的新石器文化遗存》，《考古》1996年第9期。

吴茂霖：《1981年发现的安徽和县猿人化石》，《人类学学报》1983年第2期。

吴荣清：《江苏灌云大伊山遗址1986的发掘》，《文物》1991年第7期。

吴山菁：《略论青莲岗文化》，《文物》1973年第6期。

武津彦：《略论河南境内发现的大汶口文化》，《考古》1981年第3期。

向绪成：《对黄河下游青莲岗时期诸类文化遗存的认识》，《华夏考古》1995年第2期。

肖燕：《苏北淮海地区青莲岗文化新论》，《华夏考古》1998年第1期。

谢忠凤：《长江文化生态与民族精神形态》，《湖北师范学院学报》2008年第6期。

徐基:《试说青莲岗文化与北辛—大汶口文化的关系》,《山东大学学报》1991年第1期。

徐淑彬:《鲁东南旧石器考古的新收获——兼谈鲁东南与苏北地区旧石器文化的关系》,《东南文化》1988年第2期。

徐淑彬、马玺伦、孔凡刚:《山东省沂水县南洼洞发现旧石器》,《考古》1985年第8期。

徐淑彬、徐敏生:《山东郯城县黑龙潭细石器遗址》,《考古》1986年第8期。

徐淑彬、杨深富:《山东日照秦家官庄发现旧石器》,《考古》1985年第5期。

徐淑彬、赵敬民、黄新忠:《山东郯城望海楼发现旧石器地点》,《考古》1989年第11期。

许春华、张银运:《安徽巢县人类化石地点的新材料》,《人类学学报》1986年第4期。

许春华、张银运、陈才弟、方笃生:《安徽巢县发现的人类枕骨化石和哺乳动物化石》,《人类学学报》1984年第3期。

严文明:《黄河流域新石器时代早期文化的新发现》,《考古》1979年第1期。

严文明:《论青莲岗文化和大汶口文化的关系》,《文物集刊》第1辑,文物出版社1980年版。

杨亚长:《试论商族的起源与先商文化》,《北方文物》1988年第2期。

杨玉璋等:《淮河上、中游地区史前稻—旱混作农业模式的形成、发展与区域差异》,《中国科学·地球科学》2016年第8期。

杨育彬、孙广清:《淮河流域古代文化与中华文明》,《东岳论丛》2006年第3期。

叶文宪:《商族起源诸说辨析》,《殷都学刊》1993年第3期。

尹焕章、袁颖、纪仲庆:《江苏邳县刘林新石器时代遗址第二次发掘》,《考古学报》1965年第2期。

尹焕章、张正祥:《洪泽湖周围的考古调查》,《考古》1964年第5期。

尹焕章、张正祥:《江苏邳县刘林新石器时代遗址第一次发掘》,《考古学报》1962 年第 1 期。

曾昭燏、尹焕章:《江苏古代历史上的两个问题》,《江海学刊》1961 年第 12 期。

张弛:《论贾湖一期文化遗存》,《文物》2001 年第 3 期。

张国硕:《商族的起源与商文化的形成》,《殷都学刊》1995 年第 2 期。

张敬国:《安徽含山大城墩遗址第四次发掘报告》,《考古》1989 年第 2 期。

张敬国:《安徽含山凌家滩新石器时代墓地发掘简报》,《文物》1989 年第 10 期。

张敬国:《安徽含山县凌家滩遗址第五次发掘的新发现》,《考古》2008 年第 3 期。

张敬国:《朝拜圣地:凌家滩》,《中原文物》2002 年第 1 期。

张敬国:《含山凌家滩遗址第三次考古发掘主要收获》,《东南文化》1999 年第 5 期。

张居中:《试论贾湖类型的特征及与周围文化的关系》,《文物》1989 年第 1 期。

张居中:《舞阳史前稻作遗存与黄淮地区史前农业》,《农业考古》1994 年第 1 期。

张居中、李占扬:《河南舞阳大岗细石器地点发掘报告》,《人类学学报》1996 年第 2 期。

张敏:《青莲岗文化的回顾与反思》,《东方考古》(第 8 集),科学出版社 2011 年版。

张敏:《崧泽文化三题》,《东南文化》2015 年第 1 期。

张学海、李玉亭:《大汶口文化的新发现》,《华夏考古》2009 年第 4 期。

赵青芳:《南京市北阴阳营文化遗址发掘的近况》,《江海学刊》1956 年第 1 期。

郑州市城市科学研究会华夏都城之源课题组:《关于华夏都城之源的课题研究报告》,《郑州日报》2012 年 8 月 24 日。

智龛:《蔡公子果戈》,《文物》1963 年第 3 期。

中国社会科学院考古研究所安徽工作队、蚌埠市博物馆:《安徽蚌埠市禹会龙山文化遗址祭祀台基发掘简报》,《考古》2013年第1期。

周国兴:《河南许昌灵井的石器时代遗存》,《考古》1974年第2期。

邹厚本、谷建祥:《青莲岗文化再研究》,《东南文化》1992年第1期。

后　　记

在先秦时期，淮河流域不仅是我国上古文化重要的发源和发展的地区，也是重要的族群迁徙走廊和文化传播的大通道。随着黄河流域、长江流域的史前族群向这一带的迁徙及其与当地土著居民的融合，同时也带来了各自的文化，使多种文化因子在这里相互碰撞、交流、融合。这种族群与文化的融合不仅使淮河流域在上古时期具有重要的地位，同时也为华夏民族的形成和中华民族文化的形成奠定了基础。

由于历史和地理的多重因素，使淮河流域的上古文化一直没有得到深入的研究和应有的重视。正是有感于此，本人在近十多年来，对淮河流域的族群与文化进行梳理、探索、研究，以期比较客观地反映其文化面貌与文化地位。

《先秦淮河流域族群演化与文化融合》为本人国家社科基金项目的最终研究成果。获得信阳师范学院出版资助和淮河文明研究中心的支持。在项目研究过程中，作为课题组核心成员闫孟莲、岳银做了大量的资料收集、整理与调研工作。一并记于此，并表示诚挚的谢意。

金荣权
2019 年 2 月